ktm053 Foto: rk

Rainer Krack
Kathmandu Valley

„Im Tal gibt es so viele Tempel wie Wohnhäuser
und so viele Götterbilder wie Menschen."

Colonel William Kirkpatrick (1754–1812)

Impressum

Rainer Krack
Kathmandu Valley

erschienen im
Reise Know-How Verlag Peter Rump GmbH
Osnabrücker Str. 79, 33649 Bielefeld

1. Auflage 2009

Gestaltung:
Umschlag: G. Pawlak, P. Rump (Layout); M. Luck (Realisierung)
Inhalt: G. Pawlak (Layout); M. Luck (Realisierung)
Karten: C. Raisin; der Verlag
Fotos: der Autor (rk); M. Schlachter (ms)
Titelfoto: der Autor (Yogis am Durbar Square in Kathmandu)

Lektorat: M. Luck

Druck und Bindung: Wilhelm & Adam, Heusenstamm

ISBN 978-3-8317-1793-4
Printed in Germany

Dieses Buch ist erhältlich in jeder Buchhandlung Deutschlands, Österreichs, der Niederlande, Belgiens und der Schweiz. Bitte informieren Sie Ihren Buchhändler über folgende Bezugsadressen:

Deutschland
Prolit GmbH, Siemensstr. 16,
D-35463 Fernwald (Annerod)
sowie alle Barsortimente

Schweiz
AVA/Buch 2000
Postfach, CH-8910 Affoltern a.A.

Österreich
Mohr-Morawa Buchvertrieb GmbH
Sulzengasse 2, A-1230 Wien

Niederlande, Belgien
Willems Adventure
www.willemsadventure.nl

Wer im Buchhandel trotzdem kein Glück hat, bekommt unsere Bücher auch über unseren **Büchershop im Internet:**
www.reise-know-how.de

Wir freuen uns über Kritik, Kommentare und Verbesserungsvorschläge.

Alle Informationen in diesem Buch sind vom Autor mit größter Sorgfalt gesammelt und vom Lektorat des Verlages gewissenhaft bearbeitet und überprüft worden.

Da inhaltliche und sachliche Fehler nicht ausgeschlossen werden können, erklärt der Verlag, dass alle Angaben im Sinne der Produkthaftung ohne Garantie erfolgen und dass Verlag wie Autor keinerlei Verantwortung und Haftung für inhaltliche und sachliche Fehler übernehmen.

Die Nennung von Firmen und ihren Produkten und ihre Reihenfolge sind als Beispiel ohne Wertung gegenüber anderen anzusehen. Qualitäts- und Quantitätsangaben sind rein subjektive Einschätzungen des Autors und dienen keinesfalls der Bewerbung von Firmen oder Produkten.

Rainer Krack

Kathmandu Valley

km054 Foto: rk

Reise Know-How im Internet

Aktuelle Reisetipps und Neuigkeiten
Ergänzungen nach Redaktionsschluss
Büchershop und Sonderangebote

www.reise-know-how.de
info@reise-know-how.de

Wir freuen uns über Anregung und Kritik.

Vorwort

Nepal, Land der abertausend Berge, Götter und Legenden: Es gibt wohl nur wenige Länder auf der Welt, die eine solche magische Anziehungskraft ausüben wie dieser Hindu-Staat zwischen den Achttausendern des Himalaya und der heißen Tiefebene des Terai. Die höchsten Berge der Erde machen es zu einer Art naturgegebenem Weltwunder, und seine facettenreiche, größtenteils unverfälschte Kultur fesselt auch denjenigen, der sich Berge lieber aus bequemer Distanz anschaut. Nepal bietet für jeden etwas, ob Bergsteiger, Kultur-Freak oder schlichtweg Urlauber.

Glücklicherweise steht das Land heute jedermann offen, was nicht immer so war, denn in früheren Jahrhunderten war Europäern der Besuch des Landes von dessen Herrschern strikt untersagt, von wenigen Ausnahmen abgesehen.

Ende des 18. Jahrhunderts gelangte ein Abgesandter der East India Company, ein Colonel *Kirkpatrick,* nach Nepal, und Anfang des 19. Jahrhunderts durften die Briten einen „Residenten" oder Botschafter nach Kathmandu entsenden. In der Folgezeit vermochten Europäer nur vereinzelt Sondergenehmigungen zur Einreise zu erringen. Waren die Genehmigungen schon schwer abzutrotzen, so stand den wenigen Auserwählten eine höchst strapaziöse Reise durch dichten, von wilden Tieren beherrschten Dschungel bevor. Zu einer solchen entbehrungsreichen Tour „muss man alles (Notwendige) selber mitführen, vom Mehl zum Brotbacken bis zur Ausrüstung fürs Campieren" – so der französische Nepal-Reisende *Gustave Le Bon,* der seine Erfahrungen 1883 unter dem Titel „Voyage au Nepal" niederschrieb.

1951 öffnete sich Nepal ausländischen Besuchern, und ein Jahrzehnt später begann zaghaft der Tourismus, dem durch die damaligen schlechten Verkehrswege noch enge Grenzen gesetzt waren. Mittlerweile hat sich die Infrastruktur enorm verbessert – für nepalesische Verhältnisse zumindest. Im Vergleich zu vielen anderen asiatischen Ländern, auch dem großen Nachbarn Indien, hinkt das Land noch weit hinterher. Die brisante politische Lage in den 1990er Jahren und zu Beginn des 21. Jahrhunderts hatte die wirtschaftliche Entwicklung weitgehend zum Stillstand gebracht. Leider sind in der Zwischenzeit auch die ehemals fast undurchdringlichen Wälder weniger geworden, sodass heute nicht mehr „wilde Bestien" drohen, sondern ökologische Probleme. „Entwicklung" hat ihren Preis, das stellt man heute auch in Nepal fest.

Das **Kathmandu Valley** ist in vielerlei Hinsicht das Herzstück des Landes. Hier sitzt die politische und (bescheidene) wirtschaftliche Macht des Landes, und immer mehr Zuwanderer aus den Bergregionen ziehen hinunter in die Hauptstadt, um dort ihr Auskommen zu finden. Auch für Touristen ist das Kathmandu-Tal von erheblicher Anziehungskraft: Außerhalb der geschäftigen, lauten Metropole finden sich zahlreiche kleine Orte, in denen die Zeit stehen geblieben scheint, und es locken sattgrüne Felder, Waldhaine und Berge. Es bedarf nur eines kurzen Ausflugs von Kathmandu, und man befindet sich scheinbar in Reichweite der Bergriesen des Himalaya. Das Kathmandu Valley bietet seinen Besuchern so viel, dass man leicht einen Monat dort verbringen und jeden Tag einen anderen Ort besuchen könnte.

Zur Naturschönheit des Tals kommt die oft umwerfende **Freundlichkeit der Nepalesen** – mancher Besucher mag sich fragen, wie ein so armes Volk so entspannt, herzlich und entgegenkommend sein kann. Von dem starken Überlebensdruck, den bedrückenden materiellen Verhältnissen, unter denen die meisten Einwohner leben müssen, spürt man nicht viel. Die Nepalesen sind ein äußerst liebenswertes Volk.

Um die Nepalesen und das Herz ihres Landes, das Kathmandu Valley, kennen zu lernen, sei dieses Buch eine kleine Hilfe. Namasté und willkommen in Nepal!

Rainer Krack, Anfang 2009

Inhalt

Hinweise zur Benutzung

Zur Schreibweise von Nepali- und Sanskritbegriffen

Zwar gibt es in Fachkreisen ein festgelegtes Transkriptionssystem für Vokabeln aus dem Nepali, Sanskrit, Hindi und Marathi – alle diese Sprachen benutzen dasselbe Alphabet –, dieses ist für Laien jedoch kaum verständlich. Demnach müsste der Gott Krishna eigentlich „Kṛṣṇa" geschrieben werden, die Göttin Lakshmi „Lakṣmī", und das Hindu-Epos Ramayana wäre „Rãmãyana". Auf diese linguistisch akkurate, den Nicht-Indologen aber verwirrende Schreibweise wurde im folgenden Text verzichtet.

Die im Buch gewählte Transkriptionsweise kommt der wissenschaftlichen dennoch so weit als möglich entgegen, wenn auch aus Gründen der Konvention des öfteren Abstriche gemacht wurden. So müsste sich die Stupa von Swayambhunath eigentlich Svãyambhÿnãth schreiben, mit V statt mit W. Im Nepali gibt es zwar diesen Laut, der wie W klingt, er müsste, genau genommen, aber als V transkribiert werden.

Für Verwirrung sorgt auch das nepalesische B, das häufig mit dem V vertauscht zu werden scheint. Tatsächlich sind die beiden Buchstaben oft austauschbar: Bhairav (ein anderer Name für Shiva) kann auch Bhairab geschrieben werden, Vinayak (ein anderer Name für Ganesh) auch Binayak. Jeweils beide Versionen sind gleichwertig.

Verzichtet wurde meist auch auf die für Laien unverständliche Transkribierung des behauchten C, das etwa wie tsch-h auszusprechen wäre. Behauchte Laute sind Konsonanten, denen ein H „nachgehaucht" wird. Diese Laute führen oft zu merkwürdig aussehenden Gebilden wie z.B. Chhetrapati (ein Stadtteil Kathmandus), das etwa Tsch-h-etrapati ausgesprochen werden müsste. In vielen derartigen Fällen wurde die Schreibweise vereinfacht, in diesem Beispiel zu Chetrapati. In der nepalesischen Praxis sind beide Versionen anzutreffen.

Aus all diesen Gründen tauchen zahlreiche nepalesische Begriffe je nach Quelle auch in den unterschiedlichsten Schreibvarianten auf. Dadurch sollte man sich aber nicht allzu sehr verwirren lassen.

Abkürzungen

Im Folgenden einige in Nepal geläufige Abkürzungen, von denen sich viele auch in diesem Buch wiederfinden:

A.C.	air-conditioned (mit Klimaanlage)
c/o	care of (bei, zu Händen)
D	double room (Doppelzimmer)
Dept.	department (Abteilung)
Dorm	dormitory (Schlafsaal)
Exp.	express (Expressbuss, -zug)
ft.	foot/feet (Fuß; 1 Fuß =30,48 cm)
Govt.	government (Regierung)
G.P.O.	General Post Office (Hauptpostamt)
IC	Indian Currency (indische Währung, Indische Rupien)
KTM	Kathmandu (Flughafencode der IATA)
lb./lbs.	libby/libbies (engl. Gewichtseinheit; 1 libby = 453,6 g)
NC	Nepalese Currency (nepalesische Währung, Nepalesische Rupien)
NRs.	Nepalesische Rupien
P.O.B.	Post Office Box (Postfach)
R.	Rupee (1 Rupie)
Rd.	Road (Straße)
Rs.	Rupees (Rupien)
Stn.	Station (Zug-/Busstation)

Exkurse

Hinweis zu den Karten:

Die Karten in diesem Buch wurden so sorgfältig wie möglich recherchiert.

Hinweise zu den in den Karten verwendeten Symbolen finden sich in der vorderen Umschlagklappe. Die Übersichtskarte dort enthält auch einen Blattschnitt mit Seitenangaben.

In den Kopfzeilen der Buchseiten steht ein Verweis auf die jeweiligen in den Kontext passenden Stadtpläne bzw. Karten.

Karten

Hinweis: Die **Internet- und E-Mail-Adressen** in diesem Buch können – bedingt durch den Zeilenumbruch – so getrennt werden, dass ein Trennstrich erscheint, der nicht zur Adresse gehören muss!

Was man unbedingt wissen muss

•Bettler – Man sollte nur solchen Personen etwas geben, bei denen offensichtlich Not herrscht, oder solchen, die keiner Arbeit nachgehen können, z.B. Alte und Behinderte. Auf keinen Fall sollte man das Betteln von Kindern unterstützen, auch wenn sie um Süßigkeiten, Kugelschreiber o.Ä. betteln. Wer Gutes tun will, kann sich an eine karitative Organisation wenden.

•Drogen – Obwohl Hanf vielerorts wild wächst, ist der Konsum von Haschisch und Marihuana/Ganja – und auch der Konsum anderer Drogen – verboten. Haschischrauchen ist nur den Sadhus erlaubt, da es als ein Teil ihres religiösen Rituals gilt. Auf Drogenkonsum stehen hohe Strafen – und nepalesische Gefängnisse gehören zu den ungemütlichsten der Welt.

•Essen – In Kathmandu und anderen wichtigen Touristenorten gibt es Essen zahlreicher Geschmacksrichtungen – Nepalesisch, Indisch, Tibetisch, Europäisch-Kontinental, Italienisch, Chinesisch, Mexikanisch, Thai usw.

•Elektrizität – Fast alle Unterkünfte im Kathmandu Valley sind ans Stromnetz angeschlossen. Einige beziehen Strom teilweise durch Solarzellen. Die Spannung ist 230 V Wechselstrom.

•Flugverbindungen – Derzeit gibt es keine direkte Flugverbindung aus den deutschsprachigen Ländern nach Kathmandu. Die günstigsten Flugverbindungen verlaufen über Abu Dhabi, Bahrain, Delhi, Kolkata (Kalkutta) oder Bangkok, wo jeweils umgestiegen werden muss. Verbindungen, bei denen mehr als einmal umgestiegen werden muss, sind meist die preiswertesten. Kathmandus Tribhuvan Airport ist der einzige internationale Flughafen Nepals.

•Handeln – Auf Märkten, an Straßenständen und in vielen Geschäften kann (bzw. muss!) um den Preis gehandelt werden. Sogar in vielen Hotels kann man einen besseren Preis aushandeln, vor allem in der touristenarmen Nebensaison (etwa Mai bis September). Nicht gehandelt werden kann in Supermärkten.

•Handy – Wer ein Handy hat, das nicht auf ein bestimmtes Netz festgelegt ist, kann sich in Kathmandu eine SIM-Karte zulegen und preiswert innerhalb Nepals und ins Ausland telefonieren.

•Impfungen – Zur Einreise in Nepal sind keine Impfungen vorgeschrieben.

•Internet – In Kathmandu finden sich zahlreiche, sehr preiswerte Internet-Läden, einige weitere in den kleineren Orten des Kathmandu Valley. Eine Reihe von Hotels in Kathmandu und auch einige Restaurants verfügen über WLAN.

•Kalender – Im Oktober 2008 beschloss die maoistisch-kommunistische Regierung, Jahresangaben auf dem Nepal Sambat, einem alten nepalesischen Kalender, zu begründen. Demnach ist unser Jahr 2009 das nepalesische Jahr 1129. Zuvor war ein anderes System in Gebrauch, der Vikram Sambat, nach dem 2009 das Jahr 2066 ist.

•Klima – Von etwa Mitte November bis Mitte Februar kann es empfindlich kalt sein (Nachttemperaturen wenig über dem Gefrierpunkt), vor allem in höher gelegenen Orten wie z.B. Nagarkot. Notfalls lassen sich warme Kleidungsstücke oder Ausrüstungsgegenstände preiswert in Kathmandu kaufen. In der Regenzeit von Ende Juni bis Ende September/Anfang Oktober kommt es zu starken Regenfällen, die einen ganzen Tag oder länger anhalten können. Es gibt aber auch sonnige, regenfreie Tage.

●Medizinische Versorgung – In Kathmandu und der Zwillingsstadt Patan gibt es einige Krankenhäuser mit akzeptablem bis gutem Standard. Für den Notfall sollte man eine rudimentäre Reiseapotheke bei sich haben, vor allem, wenn man in kleineren Orten des Kathmandu Valley zu wohnen gedenkt. Die Bestandteile der Reiseapotheke können problemlos in Kathmandu gekauft werden, auch Medikamente, die bei uns der Rezeptpflicht unterliegen.

●Landverbindung – Kathmandu ist durch Straßen mit China (Tibet) und Indien verbunden. Es gibt Grenzübergänge, die von Touristen passiert werden können. Manche Grenzübergänge zwischen Indien und Nepal sind nur für Einwohner dieser beiden Länder passierbar.

●Preisniveau – Nepal ist eines der ärmsten Länder der Welt und für Reisende sehr preiswert. Wer ganz sparsam leben möchte, kann mit 10 bis 20 Euro pro Tag auskommen.

●Ruhetag – Nicht der Sonntag, sondern der Samstag ist der nepalesische Ruhetag. An diesem bleiben Behörden und auch viele Geschäfte geschlossen. Es ist mit Abstand der verkehrsärmste Tag und der beste für Fahrradtouren.

●Tempelbesuche – Das Allerheiligste vieler hinduistischer Tempel darf nur von Hindus aufgesucht werden. In diesem Falle steht am Eingang ein Schild mit dem Hinweis „Admission for Hindus Only“. In manchen Tempelbereichen, die auch von Nicht-Hindus betreten werden können, müssen die Schuhe ausgezogen werden. Siehe auch hierzu etwaige Hinweisschilder.

●Visum – Das Visum für Nepal kann sowohl bei nepalesischen Auslandsvertretungen als auch an den Grenzübergängen und auf Kathmandus internationalem Flughafen eingeholt werden. Das Visum ist gebührenpflichtig; je nach Gültigkeitsdauer des Visums werden unterschiedliche Gebühren erhoben.

●Währung und Wechselkurs – Für 1 Euro bekommt man ca. 103 nepalesische Rupien (Anfang 2009). Die Nepalesische Rupie ist an die Indische Rupie gekoppelt; Kurs: 1 Nep. Rs. = 1,60 Ind. Rs. Man kann in Nepal zu obigem Kurs mit kleinen indischen Banknoten bezahlen. Manchmal bekommt man indisches Wechselgeld (nur Scheine) heraus. Nicht bezahlen kann man mit indischen 500- und 1000-Rupien-Scheinen, deren Einfuhr in Nepal verboten ist.

●Wasser – Leitungswasser sollte auf keinen Fall getrunken werden. In Flaschen abgefülltes Mineralwasser bzw. gereinigtes und gefiltertes Wasser ist überall für ein paar Cent erhältlich.

●Zeitverschiebung – Nepal liegt in einer eigentümlichen Zeitzone: Das Land ist Indien um 15 Min. voraus, Mitteleuropa um 3¾ Std. (Sommerzeit) bzw. 4¾ Std. (Winterzeit).

kim076 Foto: rk

Praktische Tipps A–Z

ktm074 Foto: rk

ktm075 Foto: rk

Altertümlicher Brunnen in Patan (kein Trinkwasser für Touristen!)

Dämonenpuppen

Das Allerheiligste eines Tempels ist für Nicht-Hindus tabu!

An- und Rückreise

Mit dem Flugzeug

Seit die Lufthansa ihre Direktflüge von Frankfurt nach Kathmandu und Austrian Airlines von Wien nach Kathmandu in den Jahren des Maoisten-Konflikts eingestellt haben, gibt es **keine direkte Flugverbindung** von den deutschsprachigen Ländern nach Nepal mehr. Reisende müssen über andere Transitorte einreisen.

Am bequemsten aus dem deutschsprachigen Raum sind die **Umsteigeverbindungen** mit Etihad Airways von Frankfurt und München über Abu Dhabi nach Kathmandu, mit Gulf Air über Bahrain nach Kathmandu und mit Qatar Airways von Berlin-Tegel, Frankfurt, München und Wien über Doha nach Kathmandu. Diese Flüge finden zwar nicht täglich statt, aber mehrmals wöchentlich mit passenden Anschlüssen am jeweiligen Umsteigeflughafen. Die **Flugzeit** beträgt beispielsweise von Frankfurt über Doha nach Kathmandu rund zwölf Stunden.

Eine andere Möglichkeit, um nach Kathmandu zu kommen, ist ein Flug zunächst **nach Delhi oder Kolkata (Kalkutta).** Günstig ist dann die Weiterreise per Flug ab Delhi oder Kolkata, die beide u.a. von der Lufthansa und Air India angeflogen werden. Verbindungen nach Delhi gibt es auch mit vielen anderen Gesellschaften. Von Delhi und Kolkata bestehen Verbindungen nach Kathmandu mit Indian, ehemals Indian Airlines (www.indianairlines.in), von Delhi auch mit Jet Airways (www.jetairways.com) und dem Billigflieger Jetlite (www.jetlite.com). Indian fliegt saisonal auch von Varanasi (Benares) nach Kathmandu, siehe diesbezüglich die Website des Unternehmens. Flugzeit von Delhi 90 Min., von Kolkata 70 Min., von Varanasi 55 Min. Der größte Nachteil der Flugverbindungen nach und von Kathmandu über Delhi oder Kolkata ist allerdings, dass die meisten Flugzeuge mit Verbindungen von und nach Europa in Delhi und Kolkata etwa um Mitternacht landen oder starten und Weiterflüge nach Kathmandu erst vormittags und Rückflüge von Kathmandu schon nachmittags stattfinden. Es ist also in Delhi oder Kolkata bis zum Weiterflug eine Wartezeit von zehn und mehr Stunden zu überbrücken.

Weder Indian noch Jet Airways sind Low-Budget-Fluggesellschaften; die Preise bei Internetbuchungen über die Website der jeweiligen Airline sind zumeist relativ hoch, besonders bei Jet Airways. Letztere nimmt Nicht-Indern zudem mehr ab als Indern. Günstiger kommt man möglicherweise davon, wenn man das Ticket gleich von Deutschland zusammen mit dem Flugticket nach Indien bucht, oder aber – wenn man sich in Indien aufhält – vor Ort in einem Reisebüro.

Flugpreise

Je nach Fluggesellschaft, Jahreszeit und Aufenthaltsdauer in Nepal bekommt man ein Economy-Ticket von Deutschland, Österreich und der Schweiz hin und zurück nach Kathmandu **ab rund 800 Euro** (inkl. aller

Steuern, Gebühren und Entgelte). Am teuersten ist es in der Hochsaison von Oktober bis März, in der die Flugpreise für einen Hin- und Rückflug über 1000 Euro p.P. betragen können.

Preiswertere Flüge sind mit **Jugend- und Studententickets** (je nach Airline alle jungen Leute bis 29 Jahre und Studenten bis 34 Jahre) möglich. Außerhalb der Hauptsaison gibt es einen Hin- und Rückflug von Frankfurt nach Kathmandu ab etwa 650 Euro.

Kinder unter zwei Jahren fliegen ohne Sitzplatzanspruch für 10% des Erwachsenenpreises, ansonsten werden für ältere Kinder die regulären Preise je nach Airline um 25 bis 50% ermäßigt. Ab dem 12. Lebensjahr gilt der Erwachsenentarif oder ein besonderer Jugendtarif (s.o.).

Von Zeit zu Zeit offerieren die Fluggesellschaften befristete **Sonderangebote.** Dann kann man z.B. mit Gulf Air für etwa 650 Euro von Frankfurt über Bahrain nach Kathmandu und zurück fliegen. Diese Tickets haben in der Regel eine befristete Gültigkeitsdauer und eignen sich nicht für Langzeitreisende. Ob für die gewünschte Reisezeit gerade Sonderangebote für Flüge nach Nepal auf dem Markt sind, lässt sich im Internet der Website von Jet-Travel (www.jet-travel.de) unter „Flüge" entnehmen, wo sie als „Schnäppchenflüge" nach Asien mit aufgeführt sind.

In Deutschland gibt es von Frankfurt aus die häufigsten Verbindungen nach Kathmandu. Tickets für Flüge von und nach anderen deutschen Flughäfen sind oft teurer. Da kann es für Deutsche attraktiver sein, mit einem **Rail-and-Fly-Ticket** per Bahn nach Frankfurt zu reisen (entweder bereits im Flugpreis enthalten oder nur 30 bis 60 Euro extra). Man kann je nach Fluglinie auch einen preiswerten Zubringerflug der gleichen Airline von einem kleineren Flughafen in Deutschland buchen. Außerdem gibt es **Fly & Drive-Angebote,** wobei eine Fahrt vom und zum Flughafen mit einem Mietwagen im Ticketpreis inbegriffen ist.

Buchung

Folgende **zuverlässigen Reisebüros** haben meistens günstigere Preise als viele andere:

- **Jet-Travel,** Buchholzstr. 35, 53127 Bonn, Tel. 0228-284315, Fax 284086, www.jet-travel.de. Auch für Jugend- und Studententickets. Sonderangebote im Internet unter „Schnäppchenflüge".
- **Globetrotter Travel Service,** Löwenstr. 61, 8023 Zürich, Tel. 044-2286666, www.globetrotter.ch. Weitere Filialen siehe Website.

Die vergünstigten Spezialtarife und befristeten Sonderangebote kann man nur bei wenigen Fluggesellschaften in ihren Büros oder direkt auf ihren Websites buchen; diese sind jedoch immer auch bei den oben genannten Reisebüros erhältlich. Im Übrigen sollte man

Buchtipps – Praxis-Ratgeber:
- Frank Littek
Fliegen ohne Angst
- Erich Witschi
Clever buchen, besser fliegen
(beide Bände Reise Know-How Verlag)

Mini-„Flug-Know-how“

Check-in

Nicht vergessen: Ohne einen **gültigen Reisepass** kommt man nicht an Bord eines Flugzeuges nach Nepal.

Bei den meisten internationalen Flügen muss man **zwei bis drei Stunden vor Abflug** am Schalter der Airline eingecheckt haben. Viele Airlines neigen zum Überbuchen, d.h. sie buchen mehr Passagiere ein, als Sitze im Flugzeug vorhanden sind, und wer zuletzt kommt, hat dann möglicherweise das Nachsehen.

Wenn ein **vorheriges Reservieren** der Sitzplätze nicht möglich war, hat man die Chance, einen Wunsch bezüglich des Sitzplatzes zu äußern.

Das Gepäck

In der **Economy Class** darf man in der Regel nur **Gepäck bis zu 20 kg pro Person** einchecken (steht auf dem Flugticket) und zusätzlich ein Handgepäck von 7 kg in die Kabine mitnehmen, welches eine bestimmte Größe von 55 x 40 x 23 cm nicht überschreiten darf. In der Business Class sind es meist 30 kg pro Person und zwei Handgepäckstücke, die insgesamt nicht mehr als 12 kg wiegen dürfen. Man sollte sich beim Kauf des Tickets über die Bestimmungen der Airline informieren.

Aus Sicherheitsgründen dürfen **Taschenmesser, Nagelfeilen, Nagelscheren,** sonstige Scheren u.Ä. nicht mehr im Handgepäck untergebracht werden. Diese Gegenstände sollte man unbedingt im aufzugebenden Gepäck verstauen, sonst werden sie bei der Sicherheitskontrolle einfach weggeworfen. Darüber hinaus gilt, dass Feuerwerke, leicht entzündliche Gase (in Sprühdosen, Campinggas), entflammbare Stoffe (in Benzinfeuerzeugen, Feuerzeugfüllung) etc. nichts im Passagiergepäck zu suchen haben.

Flüssigkeiten oder vergleichbare Gegenstände in ähnlicher Konsistenz (z.B. Getränke, Gels, Sprays, Shampoos, Cremes, Zahnpasta, Suppen) dürfen nur in der Höchstmenge von jeweils 0,1 Liter als Handgepäck mit ins Flugzeug genommen werden. Die Flüssigkeiten müssen in einem durchsichtigen, wiederverschließbaren Plastikbeutel transportiert werden, der maximal 1 Liter Fassungsvermögen hat.

Rückbestätigung

Bei den meisten Airlines ist heutzutage die **Bestätigung des Rückfluges** nicht mehr notwendig. Allerdings empfehlen alle Airlines, sich dennoch telefonisch zu erkundigen, ob sich an der Flugzeit nichts geändert hat, denn kurzfristige Änderungen der genauen Abflugsuhrzeit kommen beim zunehmenden Luftverkehr heute immer häufiger vor.

Wenn die Airline allerdings eine Rückbestätigung *(reconfirmation)* **bis 72 oder 48 Stunden vor dem Rückflug** verlangt, sollte man auf keinen Fall versäumen, die Airline kurz anzurufen, sonst kann es passieren, dass die Buchung im Computer der Airline gestrichen wird; der Flugtermin ist dahin. Das Ticket verfällt dadurch aber nicht, es sei denn, die Gültigkeitsdauer wird überschritten, aber unter Umständen ist in der Hochsaison nicht sofort ein Platz auf einem anderen Flieger frei.

Die **Rufnummer** kann man von Mitarbeitern der Airline bei der Ankunft, im Hotel, dem Telefonbuch oder auf der Website der Airline erfahren.

wissen, dass die günstigsten Flüge keineswegs immer online im Internet buchbar sind. Häufig haben Jet-Travel und der Globetrotter Travel Service auf Anfrage preiswertere Angebote.

Last Minute

Wer sich erst im letzten Augenblick für eine Reise nach Kathmandu entscheidet oder gern pokert, kann Ausschau nach Last-Minute-Flügen halten, die von einigen Airlines mit deutlicher Ermäßigung **ab etwa 14 Tage vor Abflug** angeboten werden, wenn noch Plätze zu füllen sind. Diese Last-Minute-Flüge lassen sich nur bei Spezialisten buchen:

- **L'Tur,** www.ltur.com, (D)-Tel. 01805-212121, (A)-Tel. 0820-600800, (CH)-Tel. 0848-808088; 140 Niederlassungen europaweit.
- **Lastminute.com,** www.de.lastminute.com, (D)-Tel. 01805-777257.
- **5 vor Flug,** www.5vorflug.de, (D)-Tel. 01805-105105.
- **Restplatzbörse,** www.restplatzboerse.at, (A)-Tel. (01) 580850.

Rückflug

Zum Rückflug von Kathmandu sollte man mindestens **2 Std. vor dem Abflug einchecken.** Manche Airlines verlangen von ihren Passagieren, 3 Std. vorher zu erscheinen, doch wenn man dann pünktlich ist, muss man oft feststellen, dass die Schalter noch geschlossen sind.

Vor dem Einchecken muss an einem Schalter eine **Flughafengebühr** *(Airport Departure Tax)* bezahlt werden. Deren Höhe richtet sich nach Zielort: bei Flügen in SAARC-Länder (Indien, Pakistan, Bangladesch, Bhutan, Sri Lanka, Malediven) 1356 Rs., bei Flügen in alle anderen Länder 1695 Rs.; die Flughafengebühr bei Inlandsflügen beträgt 170 Rs. Der Schalter für die Bezahlung der Flughafengebühr im internationalen Terminal des **Tribhuvan Airport** in Kathmandu befindet sich rechts hinter dem Eingang. Der Flughafen hat die Homepage www.tiairport.com.np, die allerdings schon lange nicht mehr aktualisiert worden ist.

Überlandfahrt von Indien

Die Anreise nach Nepal kann auch auf dem Landweg über Indien erfolgen. Für Ausländer, sprich alle Nationalitäten außer Nepalesen und Inder, kommen offiziell nur **sechs Grenzübergänge** in Betracht: Dhangadhi und Mahendranagar (beide in Westnepal), Nepalganj, Sunauli bei Bhairawa, Rauxaul bei Birganj und Kakarbhitta in Ostnepal.

Zwar können die **Einreisevisa** an den Grenzübergängen eingeholt werden, gelegentlich aber stellen sich die Beamten stur und verlangen ein Schmiergeld. Oder sie beharren darauf, dass die Visumgebühr exakt in US-Dollar bezahlt werden muss, obwohl es nach den geltenden Regeln auch der Gegenwert in Rupien täte.

Die wichtigsten Anreisewege

Von Darjeeling: Per Kleinbahn oder Bus zum nordbengalischen Verkehrsknotenpunkt Siliguri; von dort aus per Bus zum Grenzübergang Kakarbhitta,

ktm058 Foto: rk

wo sich auch ein *Tourist Information Centre* befindet. Von Kakarbhitta weiter per Bus nach Biratnagar (110 km), von wo zahlreiche Anschlussbusse zur Verfügung stehen. Die Nepal Airlines fliegt zweimal täglich von Biratnagar nach Kathmandu.

Von Kolkata (Kalkutta): Mit dem Zug zunächst nach Gorakhpur in Uttar Pradesh (ca. 20 Std.), von dort per Bus nach Sunauli/Bhairawa. Sowohl ab Sunauli als auch ab Bhairawa fahren Busse direkt nach Kathmandu. Die Nepal Airlines bietet pro Woche drei Flüge auf der Strecke Bhairawa - Kathmandu.

Von Varanasi (Benares): Per Bus zum Grenzort Rauxaul, von dort mit der Rikscha über die Grenze nach Birganj. Ab Birganj fahren Direktbusse nach Kathmandu. Nepal Airlines fliegt einmal täglich ab Simra (20 km nördlich von Birganj) nach Kathmandu. Falls keine direkte Busverbindung Benares - Rauxaul zu bekommen ist, dann von Benares nach Gorakhpur fahren und dort in einen Bus nach Rauxaul umsteigen. Als Alternative kann die Grenze bei Sunauli/Bhairawa passiert werden, dann nach einem Bus Benares - Sunauli bzw. Gorakhpur - Sunauli Ausschau halten.

Von Patna: Mit dem Bus nach Rauxaul und dann wie oben beschrieben weiter.

Von Delhi: Zahlreiche Reisebüros offerieren direkte Busfahrten nach Kathmandu, mit Grenzübertritt entweder bei Sunauli oder Rauxaul. Oft muss an der nepalesischen Grenze der Bus gewechselt werden, was einem beim Kauf des Tickets möglicherweise nicht mitgeteilt wird. Nachfragen! Oft sind die Busse auch längst nicht so luxuriös wie angepriesen. Eine Alternative wäre die Bahnfahrt bis Rauxaul und dann weiter per Bus.

Überlandfahrt von Tibet

Von Tibet war in der jüngeren Vergangenheit die Einreise über Land möglich. Mitte 2008, zur Zeit der Olympischen Spiele in Peking, wurde der Grenzposten von China allerdings geschlossen, und es war nicht klar, ob und wann er wieder geöffnet werden würde. Bezüglich der aktuellen Lage informiere man sich bei einer chinesischen Auslandsvertretung.

Der **Grenzposten** zwischen China/Tibet und Nepal befindet sich in **Dram** (chines. Zhangmu; 2300 m ü.N.N.), wo man auch übernachten kann. Nach Dram erreicht man nach 8 km die „Friendship Bridge" (tibetisch *Dzadrok Zampa*) – falls keine Busse zur Verfügung stehen, muss gelaufen werden. Dann folgt der nepalesische Grenzort **Kodari.** Der nepalesische Grenzposten öffnete früher täglich um 9.30 Uhr, die chinesische Seite um 10 Uhr Peking-Zeit.

Thai-Airways-Maschine auf dem Tribhuvan Airport Kathmandu

Über den **Arniko Highway** gelangt man weiter ins Landesinnere von Nepal, bis hin nach Kathmandu. Möglich ist auch ein Abstecher zum 110 km entfernten Jiri (Abzweigung bei Baliphi am Arniko Highway, 44 km von der Grenze entfernt).

Ausrüstung

Der Umfang der Ausrüstung hängt in erster Linie vom **Reiseprogramm** und der **Jahreszeit** ab. Grundsätzlich ist an ein Paar solider Wanderschuhe zu denken, und in der Regenzeit ist natürlich eine Regenjacke und/oder ein Schirm angebracht. Alle Ausrüstungsgegenstände lassen sich in Kathmandu preiswerter als in Europa kaufen. Im Touristenviertel Thamel gibt es zahlreiche Läden, die sich auf Wander- und Trekkingausrüstungen spezialisiert haben. In der kühlen Jahreszeit von Anfang/Mitte November bis etwa Ende Februar sollten eine Jacke und ein warmer Pullover mit im Gepäck sein. Wer in höher gelegene Orte wie z.B. Nagarkot fährt, sollte gleich beides dabeihaben. Insgesamt sollte man sich aber nicht zu sehr mit Gepäck belasten, das Meiste kann man wie gesagt in Kathmandu preiswert nachkaufen.

Medizin-Set

Für den Notfall sollte man einige Medikamente bei sich haben. Das gilt vor allem, wenn man auch in den kleineren Orten des Kathmandu Valley übernachtet, wo der nächste Arzt und die nächste (rudimentär ausgestattete) Apotheke etliche Kilometer entfernt sind. **Medikamente** können preiswert in einigen sehr gut bestückten Apotheken in der New Road in Kathmandu gekauft werden, auch solche, die in Europa der Rezeptpflicht unterliegen. Die Rezeptpflicht wird meist außer Acht gelassen. Die meisten der in Nepal erhältlichen Medikamente sind in Indien hergestellt und – obwohl ein wenig teurer als in Indien – im Vergleich zu europäischen Preisen spottbillig. Beim Kauf sollte aufs Verfallsdatum geachtet werden, das jeweils auf der Packung aufgedruckt ist.

Ein Medizin-Set sollte die folgenden **Bestandteile** enthalten: Verbandszeug und Heftpflaster (möglichst in verschiedenen Größen und Formaten), Aspirin, Paracetamol, Jodtinktur und Desinfektionssalbe und ein Breitbandantibiotikum (z.B. Bactrim, Doxycyclin o.Ä.; diese Antibiotika können gegen eine Reihe von Infektionen wirksam sein, sollten aber nur im Notfall ohne medizinische Aufsicht eingenommen werden).

Außerdem: **Wasserentkeimungstabletten** (daheim in jeder Apotheke erhältlich) und zu Trekking-Touren auch **Mineralsalzlösungen** und Vitamintabletten. Die Mineralsalzlösungen sind unter verschiedenen Markennamen erhältlich (auch in Nepal) und führen dem Körper durch übermäßiges Schwitzen verlorene Mineralstoffe zu. Die internationale Bezeichnung für die Mittel ist ORS *(Oral Rehydration Salts)*. Auch bei Durchfällen werden diese, abgepackt als Pulver in Portionsbeuteln, empfohlen, da der Körper auch dann stark an Wasser verliert.

Die **Vitamintabletten** helfen, etwaigem Vitaminmangel auf einer Trekking-Tour oder in einem abgelegenen Ort bei mangelhafter Ernährung vorzubeugen. Zu warnen ist aber vor Präparaten, die allzu hohe Dosen Vitamin A und Vitamin D aufweisen, wie z.B. das in Nepal erhältliche Präparat Supradyn. Beide Vitamine können überdosiert Vergiftungen hervorrufen. Von Mitteln wie Supradyn zur Prophylaxe nur eine halbe Tablette pro Tag einnehmen. Die volle Dosis ist nur bei schon eingetretenen schweren Mangelerscheinungen anzuraten.

Weiterhin ist ein zuverlässiges **Anti-Durchfallmittel** zu empfehlen, das im Notfall den Darm in Schnellzeit verschließt.

Personen, die besonders allergisch gegen Insektenstiche sind, sollten sich auch ein **Mückenschutzmittel** zulegen, das die Plagegeister für einige Stunden fernhält.

Toilettenartikel

Diese sind in Nepal oft teurer als daheim, und wer nicht auf sein spezielles Kurpflege-Shampoo verzichten möchte, sollte es lieber im Gepäck haben. Alltägliche **Hygieneartikel** (Zahnpasta, Seife etc.) hingegen sind sehr preiswert, vor allem wenn sie lokal hergestellt sind bzw. in Indien.

Asket am Gorakhnath-Tempel in Kathmandu

ktm060 Foto: rk

Unbedingt anzuraten ist die Mitnahme eines **Sonnenschutzmittels,** da die Sonne in den Höhenlagen eine ungeheure Strahlungsintensität aufweist. Je nach Jahreszeit und Zielort empfehlen sich verschiedene Lichtschutzfaktoren. So reicht in Kathmandu ein Mittel mit Lichtschutzfaktor 10 bis 15, bei Trekking-Touren besser 30 bis 40. Sonnenschutzmittel sind z.T. auch in Kathmandu erhältlich (z.B. im Touristenviertel Thamel), allerdings meist viel teurer als zu Hause und möglicherweise nicht mit dem gewünschten Lichtschutzfaktor.

ktm059 Foto: rk

Frauen sollten sich bei Bedarf **Tampons** von zu Hause mitbringen, die bei asiatischen Frauen generell recht unpopulär und damit wenig erhältlich sind. In den kleinen Supermärkten in Thamel in Kathmandu sind sie vorrätig, in kleineren Orten im Kathmandu Valley aber möglicherweise nicht.

In Nepal gibt es die sogenannten **Moskito-Spiralen** *(moskito coils)* zu kaufen, die wie ein Räucherstäbchen abgebrannt werden, und deren Qualm die Moskitos angriffsunfähig macht. Eine Spirale brennt ca. 8 Std. lang. Da die Spiralen gesundheitsschädliche Substanzen enthalten, sollte der Raum gut belüftet werden. Wer „zur Sicherheit" zwei oder mehrere Spiralen gleichzeitig abbrennt, wacht am nächsten Morgen höchstwahrscheinlich mit einem Brummschädel auf. Sonderlich zu empfehlen sind die Spiralen nicht.

Kleidung

In der kühlen **Jahreszeit** von November bis Februar ist selbst für Kathmandu die Mitnahme von Pullover oder Jacke anzuraten, morgens und abends kann es empfindlich kalt werden. Ganz zu schweigen natürlich von den höheren Lagen. Für die warme Jahreszeit empfiehlt sich leichte Baumwollkleidung, leger, aber nicht „schlampig". Für die Regenzeit von Mai bis September ist eine Regenjacke mit Kapuze eine gute Investition. Diese sollte so leicht wie möglich, luftdurchlässig und wasserabstoßend sein. In Kathmandu gibt es sie preiswert zu kaufen.

Für den Fall, dass man bei Nepalesen eingeladen wird oder der Besuch im Restaurant eines Luxushotels oder im Spielkasino ansteht, sollte **ordentliche Kleidung** vorhanden sein. Dabei braucht man nicht zu übertreiben, eine gute Hose/Rock, Hemd/Bluse und ein paar „richtige" Schuhe – keine Gummilatschen – sind ausreichend.

Je nach geplanten Wanderaktivitäten sollte mehr oder weniger solides **Schuhwerk** vorhanden sein, zu Trekking-Touren feste Bergstiefel. Am besten, man läuft diese schon zu Hause etwas ein, um sich nicht vor Ort mit Blasen herumplagen zu müssen. Wander- und Bergschuhe kann man ebenfalls in Kathmandu kaufen oder ausleihen. In Kathmandu selber genügt ein normales Paar Leder- oder Sportschuhe. Allzu teuer brauchen sie nicht zu sein, denn besser werden die Schuhe auf Kathmandus oft nicht sehr sauberen und mit Schlaglöchern übersäten Gehwegen nicht.

Wer in billigen Unterkünften übernachtet, die nur ein Gemeinschaftsbad *(common bathroom)* haben, sollte **Gummi- oder Badelatschen** dabeihaben. Barfüßig riskiert man eine Fußpilzerkrankung.

Karten

Sehr übersichtlich, detailliert und aktuell sowie handlich ist die **Nepal-Karte** im Maßstab 1:500.000 aus dem „world papping project", die im Reise Know-How Verlag erschienen ist.

Ein langjähriger Spezialist für allgemeine, Detail- oder Spezialkarten ist **Därr's Travel Shop,** Theresienstr. 66, 80333 München, Tel. 089-282032. Gratiskataloge gibt es auf Anfrage (siehe auch www.daerr.de).

Zahlreiche **Trekking- und andere Karten** sind in Kathmandu in jedem besseren Buchladen erhältlich. Eine hervorragende Auswahl hat Pilgrim's Book House in Thamel, Kathmandu, ebenso die Hauptfiliale gegenüber dem Hotel Himalaya in Patan.

Sonstiges

Bei Trekking-Touren oder im Winter beim Nächtigen in höheren Lagen (z.B. in Nagarkot) leistet ein **Schlafsack** gute Dienste. Zwar bieten so gut wie alle Unterkünfte in der kalten Jahreszeit ausreichend Decken an, ein Geruchstest lässt jedoch oft erahnen, wie oft diese seit der letzten Wäsche schon benutzt wurden ...

Dringend zu empfehlen ist eine **Taschenlampe,** da selbst in Kathmandu oft der Strom ausfällt. Dies passiert häufig bei starken Regenfällen, oder aber der Stromfluss an Privatverbraucher wird von den Elektrizitätswerken bewusst gekappt, um genügend Strom für die Fabriken zu haben – „load shedding" heißt diese Sparmaßnahme, die auf dem ganzen indischen Subkontinent praktiziert wird.

In absoluten Billigunterkünften in kleinen Orten könnte ein **Vorhängeschloss** wichtig werden, da Zimmer in solchen Unterkünften oft per Schloss verriegelt werden und das eigene Schloss immer das sicherste ist. Derartige Unterkünfte sind im Kathmandu

Valley aber sehr selten, und gegebenenfalls kann man sich in Kathmandu noch ein Schloss zulegen (z.B. in der New Road und den umliegenden Geschäftsstraßen). Zum Verschließen der Gepäckstücke sollte man ein kleines **Gepäckschloss** haben.

Empfehlenswert ist zudem ein Vorrat an **Ohropax,** da Nepals streunende Hunde nachts oft ganze Stadtteile oder Ortschaften wachhalten. In Kathmandu kommt der immense Straßenverkehr hinzu bzw. das unablässige Hupen und Klingeln der Verkehrsteilnehmer. Das Touristenviertel Thamel ist vom Lärm nicht verschont, und im entsprechenden Kapitel werden wir besonders auf Unterkünfte hinweisen, die ruhig gelegen sind und den Ohrenpropf ersparen.

Autofahren

Verkehrsregeln

Verkehrsregeln? Westliche Beobachter des nepalesischen Verkehrs mögen zu dem Schluss kommen, es handele sich um eine uneingeschränkte Freistil-Version von Verkehr, in dem jeder gerade das tut, was ihm spontan einfällt. Offiziell gibt es natürlich Regeln, die im Prinzip denen in Europa gleichen. Verkehrszeichen sind (sofern vorhanden) die international üblichen. Gesondert zu erwähnen ist allerdings der im Land geltende **Linksverkehr,** genau wie in allen anderen Ländern des indischen Subkontinents. Der Verkehr in Kathmandu ist in den letzten Jahren chaotisch angewachsen; zu den Hauptstoß-

zeiten lässt sich eine kurze Entfernung oft schneller zu Fuß zurücklegen als mit dem Taxi.

Äußerst wichtig ist die Regel: **Kühe haben immer Vorfahrt!** Jeder nepalesische Fahrer drosselt das Tempo, wenn er am Horizont eines oder mehrere der heiligen Tiere erblickt, und gegebenenfalls hält er an. Das Verletzen oder Töten von Kühen kann grundsätzlich hohe Gefängnisstrafen einbringen, das gilt auch im Straßenverkehr. Zudem besteht das nicht unerhebliche Risiko, dass der Unglücksfahrer der Selbstjustiz der lokalen Bevölkerung zum Opfer fällt. Glücklicherweise sieht man Kühe im Kathmandu Valley weit seltener auf oder an der Straße als im benachbarten Indien. In den kleineren Orten des Tales spazieren dafür oft Hühner oder Enten über die Straßen, und wer sie überfährt, wird mit überhöhten Wiedergutmachungsforderungen des Besitzers konfrontiert werden.

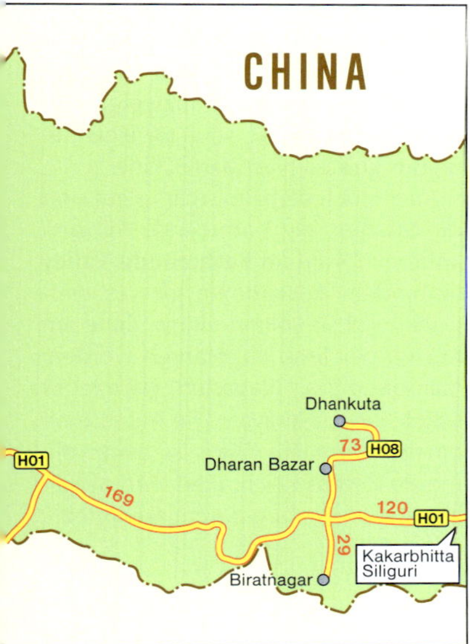

Ganz allgemein ist dringend davon abzuraten, einen Pkw, Jeep etc. selber zu steuern. Kein Europäer, der nicht länger auf dem indischen Subkontinent gelebt hat, ist den dortigen Verkehrsverhältnissen gewachsen. Besser man leiht sich ein Fahrrad aus und hält sich so weit wie möglich ganz links am Straßenrand, oder man vertraut sich einem einheimischen Fahrer an.

Die wichtigsten Verkehrswege in Nepal

Die einzigen Verkehrswege von Bedeutung sind die insgesamt ca. 6000 Kilometer langen Straßen des Landes, deren Zustand aber nicht selten zu wünschen übrig lässt. Minderwertige Baumaterialien und die Wucht des Monsuns lassen sie oft vorzeitig löchrig werden. Die Flüsse kommen als Verkehrswege nicht in Betracht, da sie über viele Stromschnellen führen und starken jahreszeitlichen Schwankungen ausgesetzt sind: Mancher in der Regenzeit reißender Strom wird in der heißen Jahreszeit zum gerade mal knöcheltiefen, kläglichen Rinnsal. Die wichtigsten unter den Straßenverbindungen sind die **Highways,** auf Nepali **Rajmarg,** „Königsstraßen", genannt. Mit dem brüsken Ende der Monarchie in Nepal ist es durchaus möglich, dass das „Raj" im Namen („König") irgendwann ersetzt werden wird.

Der **Prithvi Rajmarg** (190 km) führt vom Westrand Kathmandus über den Verkehrsknotenpunkt Mugling nach Pokhara. Der erste Abschnitt zwischen Kathmandu und Mugling ist oft in besserem Zustand als die Strecke von Mugling nach Pokhara.

Der **Siddharta Rajmarg** (186 km) verbindet Pokhara mit Bhairawa und der 4 km weiter südlich gelegenen Grenze zum indischen Bundesstaat Uttar Pradesh. Die Strecke führt über den interessanten Ort Tansen und ist teilweise sehr spektakulär, wenn nicht gar atemberaubend, mit engen Haarnadelkurven, die auch einem Atheisten ein Stoßgebet entlocken können.

Bei Butwal am Siddharta Rajmarg zweigt der **Mahendra Rajmarg** (East-West-Highway) in östliche Richtung ab und verläuft über Narayangh-at (sehr guter Straßenzustand) nach Hetauda (auch noch sehr gut), von wo er 26 km lang – bis Amlekhganj – mit dem Tribhuvan Highway einhergeht. Ab Amlekhganj führt er weiter nach Osten über Rajbiraj nach Biratnagar und zur 6 km entfernten Grenze des indischen Bundesstaates West Bengal. Weite Streckenabschnitte westlich und östlich von Rajbiraj befinden sich allerdings in miserablem Zustand, der am besten per Jeep überwunden wird. Mit 510 km ist der Mahendra Rajmarg der längste Highway Nepals.

Der **Tribhuvan Rajmarg** (158 km) zweigt bei Naubise (26 km westlich von Kathmandu) vom Prithvi Rajmarg in südlicher Richtung ab und führt über zahllose Serpentinen nach Daman, Hetauda, Amlekhganj (zwischen den beiden letztgenannten Orten ist er deckungsgleich mit dem Mahendra Highway) nach Birganj und schließlich zur 3 km südlich gelegenen Grenze zum indischen Bundesstaat Bihar.

Der **Arniko Rajmarg** (144 km) ist ein Geschenk der chinesischen Regierung. Dieser Highway verläuft von Kathmandu über Dhulikhel, Barabise und Kodari zur Grenze mit Tibet. Der Straßenzustand ist recht gut, der Abschnitt ab Kodari ist in der Regenzeit wegen der Gefahr von Erdrutschen aber oft unbefahrbar.

Außer diesen Highways gibt es noch einige andere relativ gute Straßen. Auffallend gut ist die Strecke **von Dharan Bazar nach Dhankuta** (73 km), die von Engländern gebaut wurde und zu den schönsten Bergstraßen des Landes gehört.

Ebenso gut ist die 18 km lange Straße, die 8 km westlich **von Mugling** vom Prithvi Rajmarg abzweigt und **nach Gorkha** führt, auch sie eine Gabe des großen Nachbarn China.

Auch noch verhältnismäßig gut sind die Straßen, die Kathmandu mit den anderen Orten **im Kathmandu Valley** verbinden. Ausnahmen gibt es dennoch, und so sollten einige Ziele am besten per Jeep angefahren werden: Namobuddha, Nagarjun (Jamacho) und Ichangu Narayan. Die Anfahrt mit einem normalen Pkw ist zwar die meiste Zeit möglich, man wird möglicherweise aber arg durchgeschüttelt.

Krishna Sari Shop in Kathmandu

Highway Permits und Straßengebühren

An einigen Stadtgrenzen oder anderen Kontrollposten muss eine Straßenbenutzungsgebühr **(Road Tax)** entrichtet werden, die in die Kassen des betreffenden Nagar Panchayat, der Stadtverwaltung, fließt. Diese Gebühren belaufen sich jeweils auf 10 bis 50 Rs. Beim Verlassen des Ortes muss die dazu ausgestellte Quittung noch einmal an einem Checkposten vorgezeigt werden. Fährt man mit einem Taxi, sind die Kosten üblicherweise vom Passagier zu tragen. Falls man bei einem Reiseunternehmen eine Tour gebucht hat, sollten die Gebühren von dem Unternehmen bezahlt werden, egal ob man per Auto oder Bus fährt.

Einkaufen und Souvenirs

Nepal generell als ein Einkaufsparadies zu bezeichnen, wäre sicher zu hoch gegriffen; im Bereich des Handwerklichen lässt sich aber so manch nettes Souvenir erstehen.

Seit Senkung der Einfuhrzölle in den 1990er Jahren lohnt der Kauf von **Kameras, Objektiven, Uhren** und anderen **technischen Geräten.** Die günstigsten Geschäfte dafür finden sich in der New Road in Kathmandu. Die Waren stammen zumeist aus Singapur oder Hongkong, wo sie zum Großhandelspreis eingekauft wurden – aufgrund der niedrigeren Mieten und Löhne können sie dann in Nepal billi-

ktm061 Foto: rk

ktm062 Foto: rk

ger als in Singapur verkauft werden. Vorsicht aber, gelegentlich wird eine brandneue Kamera vorgezeigt, und nach Preisvereinbarung tauscht der Händler die Kamera blitzschnell gegen eine gebrauchte aus! Siehe auch unter „Sonstiges" in der Stadtteilbeschreibung New Road, Kathmandu. In der New Road und den umliegenden Straßen lässt sich zur Not auch ab ca. 2000 Rs. ein Handy kaufen.

Etwas teurer als in Europa sind **Kosmetika.** Falls die auffallend preiswert auftauchen, handelt es sich möglicherweise um Imitationsware.

Khukri – das Messer der Gurkhas

Nicht gestattet ist die Ausfuhr von **Antiquitäten,** das sind nach dem nepalesischen Gesetz Kunstobjekte, die 100 Jahre oder älter sind. Probleme kann es auch mit solchen Objekten geben, die so aussehen, als hätten sie das erlaubte Alter überschritten. Für solche Gegenstände sollte man sich beim Department of Archaeology (National Archives Building, Ram Shah Path, Kathmandu) eine entsprechende Bescheinigung ausstellen lassen. Ohne diese kann es bei der Ausreise theoretisch zur Konfiszierung des Artikels kommen.

Eines der beliebtesten Souvenirs ist sicher das **Khukri,** das legendäre Messer der Gurkha-Soldaten. Khukris werden rings um den Durbar Square in Kathmandu von Straßenhändlern zu Hunderten angeboten, die Preise liegen zwischen 200 und 1000 Rs. Diese Khukris sind alle speziell für Touristen produziert, ein authentisches altes Stück, das vielleicht schon an Kriegsgegnern „ausprobiert" wurde, dürfte viel teurer werden – vorausgesetzt, sein Besitzer gibt es überhaupt her.

Dieselben Stände in Kathmandu, die Khukris veräußern, bieten oft auch tibetische Gebetsmühlen und andere **buddhistische Kultgegenstände** an, ebenso preiswerten Schmuck u.Ä.

Sehr populär sind auch die **Thangkas,** tibetische religiöse Stoffgemälde, die es in zahlreichen Geschäften in Kathmandu gibt (z.B. an der Nordseite des Durbar Square in Kathmandu, in Thamel und anderswo). Die Preise können ungeheuer variieren – von Hunderten bis zu Tausenden von Rupien –, und entsprechend besteht auch ein großer Handelsspielraum.

Eine Spezialität Bhaktapurs sind **Masken** aus Papiermaché oder Holz, die alle mehr oder weniger furchterregende Dämonen darstellen. Die Papiermaché-Masken sind zwar meist farbenprächtiger und auf den ersten Blick attraktiver, dafür aber auch weniger haltbar. Zahlreiche Läden in Bhaktapur verlangen stark überzogene Preise; um sich einen Überblick zu verschaffen, sollte man sich vielleicht erst einmal in den folgenden zwei Geschäften umsehen: im staatlichen Handicraft Emporium in der New Road, Kathmandu, und/oder bei Pilgrim's Book House in Thamel. Beide Läden bieten meist gute Ware zu akzeptablen Preisen.

Das Handicraft Emporium hat auch eine Auswahl eines anderen typischen Bhaktapur-Artikels, der holzgeschnitzten **Pfauenfenster,** verkleinerte Nachbildungen des berühmten *Peacock Window* an der Pujari Math in Bhaktapur.

Ebenfalls meist aus Bhaktapur stammen die bunten **Dämonenmarionetten,** die aus Papiermaché und Stoff hergestellt werden. Diese geben eine originelle Dekoration ab. Erhältlich sind sie in zahlreichen Geschäften in den touristischen Bezirken von Kathmandu und Bhaktapur.

Patan ist berühmt für seine **Metall- und Bronzegießereien.** In der Umgebung des dortigen Durbar Square findet sich eine Reihe von Geschäften, die oft sehr filigran hergestellte Götterfiguren anbieten.

Das textile Kennzeichen des nepalesischen Mannes ist die **Topi,** die teils bunte, teils einfarbige „Nepali-Kappe". Eine besondere Anhäufung von Topi-Läden findet sich um Asan Tol und Indra Chowk in Kathmandu. Frauen sollten sich auf keinen Fall die für Männer reservierte Topi aufsetzen.

In der Gasse südlich des Asan Tol und des Annapurna-Tempels finden sich einige kleine Läden, die spottbillige **Haushalts- oder Küchenartikel** aus China verkaufen. Dort kann man sich schon für ca. 150 Rs. einen Heißwasserkocher kaufen (falls man sich im Zimmer selber Tee machen will), und für Minimalbeträge gibt es Essgeschirr, das man vielleicht gut auf einer Wandertour gebrauchen könnte.

Bezüglich Kleidung lohnt sich der Kauf von **Wollpullovern,** die zu Beginn der kühlen Jahreszeit plötzlich an jedem Kleiderständer hängen. Einige Geschäfte in Thamel bieten recht gute und zum Teil sehr preiswerte **Lederjacken** an.

Sehr gefragt sind **tibetische Teppiche,** die von Tibet-Flüchtlingen bzw. deren in Nepal geborenen Nachkommen gefertigt werden. Fabrikationszentren befinden sich u.a. in Jawlakhel (Patan) und in Gokarna. Die Werkstätten in Patan können besucht werden. Vorsicht jedoch beim Fotografieren, einige Unternehmen lassen neue Designs nicht ablichten. Das übliche Format der Teppiche ist 90 x 160 cm, die Preise können viele Tausend Rupien erreichen – größere Ausgaben sollte man vielleicht nur tätigen, wenn man etwas von Teppichen versteht. Für die

Ausfuhr von Teppichen ist eine Zollgenehmigung einzuholen; der Händler sollte diese Formalität übernehmen. Pro Paket darf nur ein Teppich ausgeführt werden.

Wer nepalesische Radiostationen hört oder nepalesisches TV sieht, entwickelt vielleicht einen Geschmack für die **nepalesische Musik.** CDs (auch mit indischer klassischer Musik oder Hindi-Filmmusik) gibt es in einigen Läden in der New Road in Kathmandu und im Stadtteil Thamel. Die Preise sollten eigentlich bei ca. 50 Rs. pro CD liegen, an Touristen werden sie aber meist für das Doppelte oder Dreifache verkauft. Selbst für DVDs mit westlichen Filmen (Piratenprodukte) zahlen Einheimische nur 50 oder 60 Rs. Bei all diesen Käufen gilt es, gut zu handeln. In der Geschäftsstraße New Road kommt man eventuell preiswerter davon als in Thamel, wo die Händler an Touristen gewöhnt sind, denen das Geld locker in der Tasche sitzt.

Nepal produziert recht guten **Tee,** der in Ostnepal, nahe dem indischen Darjeeling, angepflanzt wird. Eine gute Auswahl davon gibt es in einigen Geschäften an Patans Durbar Square und am Ganga Path, nahe dem Durbar Square in Kathmandu, sowie auch im Pilgrim's Book House in Kathmandu und Patan. Die Preise sind meist extrem niedrig, außer bei einigen exotischen Mischungen und „New-Age"-Tees, die Pilgrim's verkauft.

Pilgrim's Book House in Thamel ist ansonsten eine großartige Bezugsquelle für **Bücher.** Es ist einer der bestbestückten Buchläden auf dem indischen Subkontinent, die Auswahl in dem zugestellten Laden ist grandios. Oft findet man seltene Bücher, die längst nicht mehr gedruckt werden, aber auch die neuesten Bestseller sind dabei. Besonders groß ist die Auswahl an Büchern über Asien (vor allem Indien und Nepal), darunter viele historische Reisebeschreibungen u.Ä. Viele Reiseschriftsteller decken sich hier mit Hintergrundmaterial ein. Die Bücher bei Pilgrim's sind per Computer katalogisiert, und es wird in der Database nachgesehen, ob der gewünschte Titel auf Lager ist. Zudem gibt es ein großes Sortiment an Handwerksartikeln, dazu „New-Age"-Produkte, darunter Düfte zur Aromatherapie, Seifen aus Naturprodukten, Räucherstäben usw. Das Sortiment von Pilgrim's ist auch per Internet bestellbar, siehe www.pilgrimsbooks.com. Pilgrim's ist insgesamt ein toller Laden, umso erstaunlich, wie bescheiden seine Anfänge waren: *Ram Tiwari,* der indische Besitzer, begann seine geschäftliche Laufbahn mit dem Verkauf von Büchern auf dem Bürgersteig von Varanasi (Benares).

Hinweis: Da sich die **Einreisebestimmungen kurzfristig ändern** können, raten wir, sich kurz vor Abreise beim Auswärtigen Amt (www.auswaertiges-amt.de bzw. www.bmaa.gv.at oder www.dfae.admin.ch) oder bei der jeweiligen Botschaft zu informieren.

Einreisebestimmungen

Visum

Bürger Deutschlands, Österreichs und der Schweiz erhalten bei der Einreise ein **Touristen-Visum,** das 60 Tage gilt. An den Schaltern am Flughafen von Kathmandu, an denen die Visa ausgestellt werden, befindet sich eine Wechselstelle, an der ausländische Devisen in nepalesisches Geld eingetauscht werden können.

Ein 15-Tage-Visum kostet 25 US$, ein 30-Tage-Visum 40 US$, ein 90-Tage-Visum 100 US$, alle drei gültig für eine unbeschränkte Anzahl von Einreisen *(multiple entries)*. Die Summe kann auch in jeder anderen konvertierbaren Währung bezahlt werden. Außer der Visumgebühr ist ein **Passfoto** vorzulegen, dazu das ausgefüllte **Visumformular.** Der **Reisepass** hat vom Ausstelldatum des Visums mindestens noch sechs Monate gültig zu sein. Die Visumformulare liegen auf Tischen vor den Visumschaltern aus. Die Abfertigung an den Schaltern geht meist recht zügig, es ist mit Wartezeiten von lediglich ¼ bis ½ Std. zu rechnen.

Visa lassen sich auch an den **Grenzübergängen** zu Indien und China ausstellen. Die Einreisestellen *(Entry Points)* sind Kathmandu (Flughafen) sowie die indisch-nepalesischen Grenzstationen bei Dangadhi, Mahendranagar, Nepalganj, Bhairawa, Birganj und Kakarbhitta, hinzu kommt Kodari, die Grenze zu Tibet/China. Außer diesen Grenzübergängen existieren noch weitere, sie sind aber bisher nur für Inder und Nepalesen passierbar.

Visa erteilen auch die **nepalesischen Auslandsvertretungen** (s.u.). Man kann sich also sein Visum schon vor der Reise ausstellen lassen. Falls man nicht am Ort der Botschaft wohnt, lohnt sich der Aufwand aber kaum, zumal die Visumgebühr in Europa eher höher ist als am Flughafen in Kathmandu. Die Gebühren sind je nach Land, in dem das Visum erteilt wird, unterschiedlich. Die nepalesischen Vertretungen in Deutschland erteilen Visa für 15/30/90 Tage, die 20/35/85 Euro kosten. Die Visa werden als *Multiple Entry Visa* ausgestellt, d.h. während der Gültigkeitsdauer des Visums kann man beliebig oft in Nepal einreisen. Kinder bis zu zehn Jahren erhalten das Visum kostenlos. Zu den oben genannten Visumgebühren kann eine zusätzliche Bearbeitungsgebühr von bis zu 5 Euro erhoben werden. Die Visumgebühr ist bei Beantragung auf das Konto des betreffenden Konsulats einzuzahlen, zwecks Kontonummer siehe unter www.nepalembassy-germany.de.

Das nepalesische **Konsulat in Wien** erteilt 60-Tage-Visa mit einer Einreise zu 40 Euro und 60-Tage-Visa mit unbegrenzter Anzahl von Einreisen zu 90 Euro. Nimmt man danach innerhalb eines Jahres ein neues Visum, so bekommt man nur ein 30-Tage-Visum mit einer Einreise (30 Euro). Das Geld ist generell in bar zu zahlen, keine Überweisungen! Kinder bis zu zehn Jahren zahlen keine Visumgebühr.

Schweizer können ihre Anträge beim Konsulat in Wien oder in Deutschland einreichen.

In anderen Ländern gelten wiederum andere Tarife. So kostet ein 60-Tage-Visum mit einer Einreise bei der nepalesischen Botschaft in Bangkok 1400 Baht (ca. 27 Euro), bei der Botschaft in Singapur 60 S$ (ca. 28 Euro). Wer vor seiner Nepal-Reise andere Länder in Asien bereist, sollte sein Visum besser dort einholen, zumal man so auch vermeidet, dass - bei sehr langen Reisen - zwischendurch die Gültigkeitsdauer des Visums abläuft.

Weitere Informationen erteilen die Botschaft und Konsulate (s.u.).

Visumverlängerung

Das Touristen-Visum kann beim zuständigen Immigration Office in Kathmandu (und Pokhara) jederzeit problemlos bis zu einer Gesamtaufenthaltsdauer von **120 Tagen** verlängert werden. Einzureichen sind dazu ein ausgefülltes **Antragsformular** und ein **Passfoto.** Die **Verlängerungsgebühr** beträgt bis zu 15 Tage Verlängerung 30 US$ (zu bezahlen in nepalesischem Gegenwert), bei über 15 Tagen 2 US$ pro Tag. Nach 120 Tagen Aufenthalt ist eine weitere Verlängerung um 30 Tage möglich, in diesem Falle muss jedoch ein konkreter Grund zu einem weiteren Aufenthalt vorhanden sein. Die Entscheidung liegt im Ermessen der Beamten. Mehr als 150 Tage Aufenthalt pro Kalendarjahr sind Touristen nicht gestattet.

Für Verlängerungen ist in Kathmandu zuständig:

- **Department of Immigrantion**
Bhrikuti Mandap, Kathmandu,
Tel. 01-4223590, 01-4222453,
01-4224757, 01-4223681,
Fax 01-4223127, www.immi.gov.np.
Geöffnet So bis Do 10–17 Uhr (Febr. bis Okt.) bzw. 10–16 Uhr (Nov. bis Jan.), Fr 10–15 Uhr, die Anträge sind jeweils von 10–15 Uhr einzureichen.

Botschaft und Konsulate

- **Embassy of Nepal**
Guerickestr. 27, 2. Stock, 10587 **Berlin,**
Tel. 030-343599-20/-21/-22,
Fax 030-34359906,
www.nepalembassy-germany.de.
Auf der Website können die Antragsformulare für das Visum heruntergeladen werden.
- **Honorary Consulate General of Nepal**
- Johanna-Melber-Weg 4,
60599 **Frankfurt a.M.,**
Tel. 069-62700608, Fax 069-62700611;
- Jungfernstieg 44, 20354 **Hamburg,**
Tel. 044-35713340, Fax 044-35713341;
- Hohenzollernring 26, 50672 **Köln,**
Tel. 0211-2338381, Fax 0211-2338382;
- Börsenstr. 3, 70174 **Stuttgart,**
Tel. 0711-1812683, Fax 0711-1812685;
- Ottostr. 9, 80333 **München,**
Tel. 089-44109259, Fax 089-45872525;
- Akazienstr. 30, 1230 **Wien,**
Tel. 01-28800100, Fax 01-28800111,
www.nepal.at.

Visum-Antragsteller können persönlich bei der Auslandsvertretung vorsprechen oder aber das Visum per Post beantragen. Dazu lade man das **Visumformular** aus dem Internet herunter (s.o.) und schicke es ausgefüllt mit dem gültigen Reisepass, einem Passbild, der Quittung über die eingezahlte Visumgebühr und einem frankierten Rückumschlag an die nächstgelegene nepalesische Vertretung. Die Visumgebühr muss auf das Konto derselben Vertretung geschickt werden, bei der auch das Visum beantragt wird. Die Kontonummern stehen unter www.nepalembassy-germany.de. Bei postalischem Antrag ist mit einer Bearbeitungszeit von ein bis zwei Wochen zu rechnen. Das Visum ist nach Ausstellung sechs Monate lang gültig, d.h. man muss innerhalb von sechs Monaten einreisen, ansonsten verfällt es.

Für **Geschäfts-** und **Studenten-Visa** gelten andere Bedingungen als für Touristen-Visa, siehe diesbezüglich ebenfalls auf obiger Website.

Weitere nepalesische Auslandsvertretungen

- **Indien**

– Embassy of Nepal,
Barakhamba Rd., New Delhi 110001, 011-23327361, Fax 011-23326857;
– Royal Nepalese Consulate General,
1, National Library Ave., Alipore, Kolkata 700027, Tel. 033-4791117, Fax 033-4791410.

- Weitere nepalesische Vertretungen findet man über das Ministry of Foreign Affairs unter **www.mofa.gov.np** (Stichwort „Nepalese Missions").

Einfuhrbeschränkungen

Es gelten die international üblichen Begrenzungen: **Erlaubt** ist die Einfuhr von max. 200 Zigaretten oder 20 Zigarren, zwei Flaschen oder zwölf Dosen Bier und 1 l Spirituosen.

Gewisse **Beschränkungen** bestehen beim Import von Fotoapparaten, Film-/Videokameras, elektronischen Geräten etc. Wer jedoch keine Großhandelsmengen mit sich führt, wird keinen Ärger bekommen. Notfalls kann man sich die Artikel im Pass eintragen lassen, wodurch bei der Ausreise festgestellt wird, ob diese das Land auch wieder verlassen.

Filmmaterial unterliegt theoretisch auch Begrenzungen, aber selbst Mengen von mehr als 50 Filmen werden nach eigenen Erfahrungen nicht beanstandet.

Nepalesische **Währung** darf nicht eingeführt werden, ausländische dagegen in jeder beliebigen Menge, außer indischen 500- und 1000-Rupien-Scheinen – diese sind verboten, weil davon viele falsche Scheine in Umlauf sind.

Ausfuhrbeschränkungen

Nicht ausgeführt werden dürfen **Antiquitäten,** d.h. in Nepal Objekte, die 100 Jahre oder älter sind. Es macht also keinen Sinn, sich auf einen scheinbar günstigen Antiquitätenkauf einzulassen, denn man macht sich bei der Ausfuhr strafbar – und eventuell hat einem der Händler ohnehin einen nagelneuen Artikel aufgeschwatzt, der „auf alt" getrimmt wurde.

Um Probleme bei der Ausreise zu vermeiden, sollten solche Stücke, die ein übereifriger Zöllner als Antiquität ansehen könnte, beim **Department of Archeology** geprüft werden (National Archives Building, Ram Shah Path, Kathmandu). Dort kann dann eine Bestätigung ausgestellt werden, dass der Artikel ausführbar ist. Echte Antiquitäten müssen hier vorgelegt werden, und es muss ein entsprechender Antrag zur Ausfuhr gestellt werden.

Nicht ausgeführt werden dürfen **Pretiosen** wie Gold, Silber, Edelsteine, lebende oder tote **wilde Tiere** oder Teile davon (z.B. Felle, Zähne etc.).

Bei der Rückeinreise gibt es auch **auf europäischer Seite Freigrenzen, Verbote und Einschränkungen,** die man beachten sollte, um eine böse Überraschung am Zoll zu vermeiden. Folgende **Freimengen** darf man zollfrei einführen (EU und Schweiz):

- **Tabakwaren** (für Personen ab 17 Jahren): 200 Zigaretten oder 100 Zigarillos oder 50 Zigarren oder 250 g Tabak oder eine anteilige Zusammenstellung dieser Waren.
- **Alkohol** (für Personen ab 17 Jahren) **in die EU:** 1 l Spirituosen (über 22 Vol.-%) oder 2 l Spirituosen (unter 22 Vol.-%) oder eine anteilige Zusammenstellung dieser Waren, sowie 4 l nicht-schäumende Weine und 16 l Bier; **in die Schweiz:** 2 l bis 15 Vol.-% und 1 l über 15 Vol.-%.
- **Andere Waren** (in die EU): 10 l Kraftstoff im Benzinkanister; für See- und Flugreisende bis zu einem Warenwert von insgesamt 430 Euro, über Land Reisende 300 Euro, alle Reisende unter 15 Jahren 175 Euro (bzw. 150 Euro in Österreich); (in die Schweiz): neu angeschaffte Waren für den Privatgebrauch bis zu einem Gesamtwert von 300 SFr. Bei Nahrungsmitteln gibt es innerhalb dieser Wertfreigrenze auch Mengenbeschränkungen.

Wird die Wertfreigrenze überschritten, sind **Einfuhrabgaben** auf den Gesamtwert der Ware zu zahlen und nicht nur auf den die Freigrenze übersteigenden Anteil. Die Berechnung erfolgt entweder pauschal oder nach dem Tarif jeder einzelnen Ware zuzüglich sonstiger Steuern.

Einfuhrbeschränkungen bestehen u.a. für Tiere, Pflanzen, Arzneimittel, Betäubungsmittel, Feuerwerkskörper, Lebensmittel, Raubkopien, verfassungswidrige Schriften, Pornografie, Waffen und Munition; in Österreich auch für Rohgold und in der Schweiz auch für CB-Funkgeräte.

Nähere Informationen:

- **Deutschland:** www.zoll.de oder beim Zoll-Infocenter, Tel. 069-469976-00.
- **Österreich:** www.bmf.gv.at oder beim Zollamt Villach, Tel. 04242-33233.
- **Schweiz:** www.ezv.admin.ch oder bei der Zollkreisdirektion in Basel, Tel. 061-2871111.

Essen und Trinken

Speisen

Die ursprüngliche nepalesische Küche spiegelt die einfachen Lebensverhältnisse wider und ist entsprechend schlicht und begrenzt. Das Standardgericht besteht aus **Reis** *(bhat),* zu dem eine Art herzhafter **Linsenbrei** *(dal)* und/oder **Gemüse-Currys** *(tarkari)* serviert werden. Als Beilage gibt es meist klein geschnittene Zwiebeln *(piyaj),* ein wenig Pickles *(acar)* – das sind sauer-scharf eingelegte Früchte (z.B. unreife Mangos, Limonen etc.) –, gelegentlich auch eingelegtes Gemüse oder Knoblauch. Hausgemachter Joghurt *(dahi)* rundet die Mahlzeit ab. Die obige Kombination von Dal-Bhat-Tarkari ist so etwas wie Nepals Nationalgericht, kann auf die Dauer aber recht eintönig werden.

Zeitlose Mode:
Ehepaar in traditioneller Kleidung

ktm063 Foto: rk

Glücklicherweise ist man nicht auf rein nepalesische Kost angewiesen. Zur Abwechslung bieten sich **tibetische** oder – in weit größerem Maße – **indische Gerichte** an. Fast alle halbwegs besseren Restaurants in Kathmandu kochen indisch und nicht nepalesisch. Das ist einerseits auf den großen Zustrom von Indern zurückzuführen, andererseits wohl ebenso auf die Tatsache, dass auch den besser situierten Nepalesen ihre eigene Küche ein wenig zu monoton geworden ist.

In erster Linie gibt es **nordindische Gerichte,** die zwar nur mäßig gewürzt, aber oft wahre Kalorienbomben sind. Mit Öl, Ghi (geklärte Butter) und Kohlehydraten wird nicht gegeizt. Positiv schlägt dafür zu Buche, dass sie nachhaltig sättigen.

Relativ neu sind einige kleinere Restaurants, die leichtere **südindische Küche** anbieten. Dabei handelt es sich aber eher um Snacks oder Nebenmahlzeiten – eine Art südindisches Fastfood –, die nichtsdestoweniger sehr schmackhaft sind.

Daneben gibt es in Kathmandu eine große Auswahl an **West-Speisen.** In den bekannten Travellerzentren muss niemand auf sein Morgen-Müsli, Vollkorn-Käsebrot oder Spinat-Lasagne verzichten. In dieser Beziehung kann der Aufenthalt in Kathmandu zu einem wahren Schlemmertrip werden. Die Qualität ist durchweg gut.

ktm064 Foto: rk

Einige Gerichte

•**Alu Gobhi** – Würziges Gemüsegericht aus Kartoffeln *(alu)* und Blumenkohl *(gobhi)*.
•**Matar Paneer** – Gemüsegericht mit Erbsen *(matar)* und Käsebrocken *(paneer)*.
•**Palak Paneer** – Gemüsegericht aus würzigem Spinat *(palak)* mit Käsebrocken *(paneer)*.
•**Sahi Paneer Korma** – Kaloriengranate aus dicken Käsebrocken in cremiger Soße mit Cashew-Nüssen und Rosinen.
•**Channa Masalla** – Eiweißreiches Gericht aus großen Kichererbsen.
•**Tandoori Chicken** – In einem Tonofen *(tandur)* zubereitetes Huhn, das zuvor mit einer würzigen Joghurt-Soße bestrichen wurde.
•**Momo (Kothe)** – Tibetische Fleisch- oder Gemüseklöße (gedämpft oder gebraten).
•**Thupka** – Tibetische Fleischsuppe.
•**Mulligatawny Soup** – Herzhafte indische Linsensuppe.
•**Masalla Dosa** – Südindisches knuspriges Teiggericht mit Gemüsefüllung und Chutney.
•**Idli** – Südindischer gedämpfter Reiskuchen, serviert mit Chutney.
•**Paratha** – In Öl gebackener Vollkornfladen, zum Teil mit Füllung aus Kartoffel *(Alu Paratha)* oder Rettich *(Muli Paratha)*.
•**Nan** – Großes, etwa dreieckiges Fladenbrot, manchmal mit Füllung aus Käse *(Paneer/Cheese Nan)*, Zwiebeln *(Onion Nan)* oder gesüßt und mit Früchten *(Kashmiri Nan)*.
•**Puri** – In Fett gesottener Teigfladen, der dabei aufgeht wie ein Ballon.
•**Roti** – Im Ofen gebackenes Fladenbrot.
•**Chapati** – Dünnes Fladenbrot.
•**Biryani** – Reisgericht entweder nur mit Gemüse *(Vegetable Biryani)* oder mit Huhn *(Chicken Biryani)*.
•**Barfi** – Süßigkeit aus Milch, Zucker und je nach Geschmacksrichtung diversen anderen Zutaten.
•**Gulab Jamun** – Süße Teigbälle, eingelegt in Zuckersirup.
•**Jalebi** – Eine Art Brezel, leicht gesüßt und in Fett gesotten.

Indischer Bananenverkäufer

Getränke

Das nepalesische Nationalgetränk ist der **Tee (Chiya/Chai),** zu dem, anders als bei uns, Teeblätter, Milch und Zucker zusammen aufgekocht werden. Dazu werden bisweilen Gewürze wie Kardamom *(alaichi)*, Ingwer *(aduwa)* und Zimt *(sinkauli)* gegeben, was einen herrlich erfrischenden Effekt hervorzaubert. Leider wird mit **Zucker** meist sehr großzügig umgegangen, und manche Tasse Tee kann lang vergessene Zahnplomben in zuckende Erinnerung rufen ... Es empfiehlt sich deshalb, bei der Bestellung *chin thorai* („wenig Zucker") bzw. *chin bina* („ohne Zucker") hinzuzufügen.

Wasser ist ansonsten natürlich der beste Durstlöscher, vom Trinken des normalen Leitungswassers muss aber abgeraten werden. Man sollte nur zu den in Plastikflaschen abgefüllten Mineralwassern greifen, die in jedem Krämerladen erhältlich sind.

Auf **Alkoholisches** braucht nicht verzichtet zu werden, es gibt eine Reihe von einheimischen und importierten Bieren, dazu importierter Wein und auch Härteres. Viele Tibeter oder Bergvölker brauen sich ihr eigenes **Chang,** das auf vergorenem Hopfen basiert. **Raksi** ist ein weit verbreiteter, preiswerter Reisschnaps. **Tongba** ist ein nicht minder beliebtes Gebräu aus vergorener Hirse. Vorsicht beim **Wein,** der in kleinen Supermärkten oft schlecht gelagert ist (keine Klimaanlage). Gelegentlich sieht man zehn Jahre alte Weißweine, die schon zu einer dicken braunen Brühe mutiert sind.

Die professionellste Lagerung und beste Auswahl an Weinen, aber auch anderen Spirituosen, hat **Green Line Center** in Kathmandu, am Kantipath, 5 Min. Fußweg von Thamel entfernt, Tel. 01-4257277.

Importierte Alkoholika sind wegen relativ niedriger Zölle weit billiger als in den meisten anderen Ländern Süd- oder Südostasiens.

Mit etwas Vorsicht zu genießen ist der **Lassi,** ein süßes bzw. gesalzenes, an sich sehr erfrischendes Joghurtgetränk: Diesem ist immer Wasser oder Eis untergemischt. „Sicher" dürfte er nur in den teuren Luxushotels sein, wo er so viel kostet wie eine ganze Mahlzeit in einem Normalrestaurant. Das Wasser dafür sollte ausreichend lang abgekocht worden sein.

Preise

Was die Preise angeht, so hängen die Ausgaben natürlich in erster Linie vom Geldbeutel und von den **Ansprüchen** ab. Das erwähnte nepalesische Dal-Bhat-Tarkari kostet meistens um die 60 bis 200 Rs., mehrere Nachschläge inbegriffen. Eine kleine südindische Mahlzeit, bestehend z.B. aus Idli und Masalla Dosa (s.o.), liegt etwa bei 80 Rs. Ab etwa 200 Rs. lässt sich schon recht gut nordindisch essen. In einem First-Class-Restaurant (z.B. in einem Fünf-Sterne-Hotel) sollte man 800 bis 1000 Rs. pro Person einkalkulieren; falls man Wein oder andere Alkoholika trinkt, kann es erheblich teurer werden. Es gibt natürlich alle möglichen Zwischenstufen. Westliche Mahlzeiten sind am Landesstandard gemessen relativ teuer. So kostet eine Pizza in einem sehr guten Lokal ab 250 Rs. aufwärts.

Achtung, **Steuern:** In den Restaurants von Hotels wird auf die Speisen oft derselbe Steuersatz aufgeschlagen wie auf die Zimmer. Der Satz kann 10 bis 15% betragen, dazu kommt eventuell noch eine Bedienungsgebühr von 10%, besonders in Luxushotels.

Geld und Kosten

Nepalesische Währung

Die nepalesische Währungseinheit ist die **Nepalesische Rupie,** die in **100 Paisa** unterteilt ist. „Rupie" oder auf Nepali **Rupiya** leitet sich vom Sanskrit-Begriff *rupa* für „Silber" ab, womit angedeutet ist, woraus die Münzen ursprünglich geprägt waren. Bei Preisangaben wird „Rupien" meist zu **Rs.** verkürzt (bzw. R. bei nur einer Rupie). Im internationalen Bankgeschäft sind die Abkürzungen NR oder NC *(Nepali Currency)* üblich, um die Währung von der Indischen Rupie zu unterscheiden (IR oder IC). Rupiya steht im heutigen nepalesischen Sprachgebraucht auch ganz allgemein für „Geld".

Münzen gibt es offiziell zu 10, 25 und 50 Paisa und zu 1, 2, 5 und 10 Rupien. Die kleinen Münzen unter 1 Rupie sind praktisch kaum noch in Gebrauch, da sie bei Nepals relativ hoher Inflation praktisch keinen Wert mehr haben. Selbst ein Bettler wird bei einer

Gabe von nur einer Rupie eine saure Miene machen.

Banknoten gibt es zu 1, 2, 5, 10, 20, 25, 50, 100, 500 und 1000 Rupien. Die Einer- und Zweier-Noten sind zumeist sehr abgegriffen und schmuddelig, sie werden aber auch immer seltener, weil die Summen so minimal sind. Besonders leicht zu verwechseln sind die 10-Rupien- und 25-Rupien-Scheine, die jeweils eine bräunliche Farbe aufweisen. Auf der Rückseite des 25er-Scheins findet sich eine rosafarbene Kuh (!), was das Unterscheiden etwas erleichtert.

Geld wechseln

Ende Februar 2009 galten folgende **Wechselkurse:**

- **1 Euro** = 102,16 Rs.
- **1 SFr.** = 68,90 Rs.
- **1 US$** = 79,64 Rs.
- **1 Ind. Rupie** = 1,60 Rs.

Der Wechselkurs für die Indische Rupie ist offiziell festgesetzt, da Indien Nepals übermächtiger Handelspartner ist und Kursschwankungen weitreichende wirtschaftliche Folgen hätten. Alle anderen Währungen unterliegen den üblichen **Schwankungen.** Die Tageskurse werden in den englischsprachigen Tageszeitungen abgedruckt; im Internet kann man alle aktuellen Kurse weltweit unter www.fxconverter.com abrufen.

Beim Geldwechsel sollte man sich nicht zu viele 500- oder 1000-Rupien-Noten geben lassen, die woanders oft nicht gewechselt werden können. Selbst mit 100-Rupien-Noten kann es gelegentlich Probleme geben. Nicht angenommen werden sollten zu arg zerfledderte oder mit Klebeband geflickte Scheine, die niemand akzeptiert. Beim Geldwechsel also den **Zustand der Scheine** überprüfen.

Gewechselt werden kann u.a. in **Banken** (zumeist Mo bis Fr 9–15.30 Uhr), die Prozedur ist oft jedoch zeitraubender als in den privaten Wechselstuben (s.u.). In Nepal ist nicht der Sonntag arbeitsfrei, sondern der Samstag. Samstags bleiben alle Regierungsämter, Banken und auch zahlreiche Geschäfte geschlossen. Die Nepal Bank in der New Road ist werktags von 7–19 Uhr geöffnet.

Auch am Samstag geöffnet sind die zahlreichen privat betriebenen **Wechselstuben,** die sich vor allem in Thamel und anderen Touristenzentren in Kathmandu finden. Die Öffnungszeiten sind unterschiedlich, viele sind bis 21 oder 22 Uhr geöffnet. Die Kurse variieren leicht, und wer größere Summen zu wechseln gedenkt, sollte sich zuvor ein wenig umsehen. Nicht selten lässt sich auch feilschen und ein leicht höherer Kurs herausschlagen als auf den Schautafeln angegeben ist. Die privaten Wechselstuben akzeptieren auch Bargeld in Währungen, die in Banken unter Umständen abgelehnt werden. Wer aus Thailand anreist, kann ohne weiteres thailändische Baht mitbringen, oder aus Singapur Singapur-Dollars. Die Wechselstuben nehmen auch Reiseschecks in den geläufigen Währungen an. Generell sind die Wechselstuben den Banken vorzuziehen, da viele Banken eine geringe Gebühr beim Wechseln von Bargeld oder Schecks einstreichen (0,5–1,5%).

Wer aus Indien **Indische Rupien** mitbringt, braucht diese nicht einmal zu wechseln. Indische Rupien werden in Nepal fast überall angenommen, außer 500- und 1000-Rupien-Scheine, deren Besitz in Nepal offiziell verboten ist. Indische Rupien werden ansonsten zum offiziellen (festgelegten) Kurs von 1:1,60 (s.o.) angenommen. Man kann also durchaus im Hotel oder Restaurants mit Indischen Rupien bezahlen, manchmal bekommt man auch Indische Rupien als Wechselgeld heraus. Diese kann man getrost annehmen.

Geldwechsel ist auch an den Rezeptionen einiger **großer Hotels** möglich, aber in der Regel zu sehr ungünstigen Kursen.

Gelegentlich bieten noch **Schwarzhändler** ihre Dienste an, aufgrund erleichterter Devisengesetze ist diesen aber praktisch der Boden unter den Füßen entzogen – die „Schwarz"-Kurse sind heute zumeist niedriger als die der Banken oder Wechselstuben.

Reiseschecks

Für Deutsche und Österreicher sind **Euro-Reiseschecks** zu empfehlen. Wer sich gegen Kursschwankungen absichern möchte, könnte sich die Hälfte der Reiseschecks in Euro ausstellen lassen, die andere Hälfte in US-Dollar; ob der Aufwand jedoch lohnt, ist fraglich, denn beim Kauf von Dollar-Reiseschecks mit Euro geht schon eine kleine Summe als Wechselgebühr verloren.

Schweizer Staatsbürger sollten sich **Reiseschecks in Schweizer Franken** ausstellen lassen. Diese werden überall im Kathmandu Valley angenommen. Generell werden die Reiseschecks aller namhaften Banken akzeptiert.

Bei der **Stückelung** der Reiseschecks – aber auch beim Bargeld – sollte man darauf achten, auch ein paar kleinere Beträge bzw. Scheine mitzunehmen. Damit kann dann am

ktm067 Foto: rk

Luftballons für die Festdekoration

Schluss der Reise schnell noch etwas gekauft werden, ohne dass ein großer Schein oder Reisescheck eingelöst werden müsste, dessen Großteil dann wieder zurückzutauschen wäre.

Kreditkarten

Kreditkarten der namhaften Kreditinstitute (American Express, VISA, MasterCard etc.) werden in den **gehobenen Hotels** und **einigen Geschäften** akzeptiert. Für **Barabhebungen** per Kreditkarte kann das Kreditkartenkonto je nach ausstellender Bank mit einer Gebühr von bis zu 5,5% belastet werden, für das bargeldlose Zahlen werden hingegen nur 1–2% für den Auslandseinsatz berechnet. Also am besten viel bargeldlos bezahlen und für Bargeld gleich größere Summen mit der Maestro-Karte abheben. In jedem Einzelfall ist aber zu klären, ob beim Bezahlen mit der Karte zum Preis noch ein Prozentsatz aufgeschlagen wird. Außerdem gibt es gelegentlich Kreditkartenbetrug, und die Karte sollte so weit wie möglich nur in seriös wirkenden Unternehmen eingesetzt werden. Zudem informiere man sich bei seiner Bank, welche Gebühren beim Bezahlen mit der Karte anfallen.

Bankautomaten

In Kathmandu gibt es vielerorts Bankautomaten (ATM), an denen mit ausländischen **Bank- oder Kreditkarten** Geld abgehoben werden kann. Für die Barabhebung vom Geldautomaten mit Maestro- oder Cirrus-Symbol mit der **Maestro-Karte** (in Deutschland auch EC-Karte genannt) wird je nach Hausbank pro Abhebung eine Gebühr von 1,30–4 Euro bzw. 4–6 SFr. berechnet. Bankautomaten finden sich u.a. in Thamel, am Durbar Marg und in der New Road. Die Höchstsumme, die bei einer Transaktion abgehoben werden kann, beträgt je nach Bank 10.000 oder 20.000 Rupien.

Überweisungen

Am schnellsten lassen sich Überweisungen mit **Western Union** tätigen, die weltweit Tausende von Zweigstellen betreibt. Nach Einzahlung kann das Geld in der Regel schon innerhalb einer Stunde vom Empfänger abgeholt werden. Im Kathmandu Valley existieren Dutzende von Zweigstellen, darunter einige in Thamel, Patan, Bhaktapur und sogar in noch kleineren Orten im Valley (siehe Telefonbuch oder unter www.westernunion.com). Für den Transfer muss man die Person, die das Geld schicken soll, vorab benachrichtigen. Diese muss dann bei einer Vertretung von Western Union (in Deutschland u.a. bei der Postbank) ein entsprechendes Formular ausfüllen und den Code der Transaktion telefonisch oder anderweitig übermitteln. Zur Geldabholung mitzubringen ist der Reisepass, und es ist eine Code-Nummer anzugeben, die dem Einzahler bei der Zahlung gegeben wird. Je nach Höhe der Summe wird eine Gebühr ab derzeit 10,50 Euro erhoben.

Etwas preiswerter, aber evtl. nicht ganz so schnell sind Überweisungen mit **MoneyGram** (www.moneygram.com). Im Kathmandu Valley gibt es auch einige Dutzend MoneyGram-Vertretungen, einige davon in Thamel, Patan und in Bhaktapur.

Überweisungen an nepalesische Banken können einige Tage in Anspruch nehmen, selbst wenn sie mit dem zeitsparenden SWIFT-System getätigt werden. Falls man die Bankkarte nicht verloren hat, sollte man sich lieber Geld auf sein Heimatkonto überweisen lassen und das Geld dann in Nepal abheben.

Preise/Kosten

Als eines der ärmsten Länder Asiens stellt Nepal für den Reisenden auch **eines der billigsten Reiseziele** dar. Die Preise von Waren oder Dienstleistungen machen meist nur einen Bruchteil dessen aus, was man daheim zu zahlen hätte. Selbst an süd- oder südostasiatischen Verhältnissen gemessen ist Nepal sehr preiswert; so sind die Preise für Hotel und Essen oft nur halb so hoch wie z.B. in Thailand, oder ein Viertel bis die Hälfte unter denen in Indien (jeweils bei gleicher Qualität). Nepal ist - wenn man nicht in Fünf-Sterne-Hotels nächtigt - generell ein Low-Budget-Reiseziel.

Wer das erste Mal nach Nepal fliegt, kennt natürlich das allgemeine **Preisniveau** nicht, und das Wissen darum muss oft erst teuer erkauft werden. Um ein Gefühl für die Preislagen zu bekommen, folgt hier eine Liste mit Preisen für ein paar alltägliche Waren. Zu beachten ist, dass Nepal 2008 eine offizielle **Inflationsrate** von 9% hatte. Billiger wird also auch hier nichts.

Dass **auf Märkten gefeilscht** werden muss, ist sicher bekannt. Wer etwas Nepali (oder auch Hindi) beherrscht, kommt am besten davon. Die „Sprachhilfe Nepali" im Anhang enthält das dazu benötigte Vokabular.

Preisbeispiele

- **Tageszeitung** (The Kathmandu Post): 3 Rs.
- **Glas Tee:** 10–30 Rs. (in Restaurants von Luxushotels teurer)
- **Flasche Mineralwasser** (1 l): 15–20 Rs.
- **Dal-Bhat-Tarkari** (1 Portion): 60–200 Rs., in Touristenhotels oft teurer
- **Mangos** (1 kg): 40–100 Rs. (je nach Qualität und Jahreszeit)
- **1 Apfel:** 15–30 Rs.
- **Stück Seife:** 10–30 Rs.
- **Brennen einer Foto-CD:** 100–120 Rs.
- **Leichte Baumwollhose:** ab 200 Rs.
- **1 l Benzin:** 90 Rs., auf dem Schwarzmarkt in Zeiten von Knappheit bis zu 150 Rs.

Reisekasse

Wie viel Geld man braucht, hängt natürlich von den **Ansprüchen** und der **Reisedauer** ab. Im Folgenden eine grobe Übersicht, mit welchen **Ausgaben pro Tag** zu rechnen ist. Zu diesen Summen sind noch die Kosten von Einkäufen, Reisen innerhalb des Landes, Trekking-Touren u.Ä. hinzuzuzählen. Wie man aber sieht, ist ein Nepal-Aufenthalt für jeden Geldbeutel erschwinglich.

Unteres Ausgabenniveau (alle Preise in Euro)

- Unterkunft: 2–8
- Essen: 3–6
- Bus/Fahrrad 1–2
- **zusammen: 6–16 Euro**

Mittleres Ausgabenniveau

- Unterkunft: 8–20
- Essen: 5–15
- Taxi: 5–15
- **zusammen: 18–50 Euro**

Hohes Ausgabenniveau

- Unterkunft: 20–50
- Essen: 15–35
- Taxi: 15–25
- **zusammen: 50–100 Euro**

Luxusklasse

- Unterkunft: 50–150
- Essen: 30–50
- Mietwagen mit Fahrer: 30–60
- **zusammen: 110–260 Euro**

Gesundheit

„Verabredet man sich morgens mit einem gesunden Menschen für den kommenden Abend, und geht man dann zur vereinbarten Zeit zu ihm hin, erfährt man, dass er tot ist und bald kremiert werden wird." Mit diesen wenig optimistisch stimmenden Worten beschrieb im Jahr 1883 der französische Archäologe *Gustave Le Bon* die nepalesischen Gesundheitsverhältnisse. So gefährlich ist das Land natürlich schon längst nicht mehr, doch das Krankheitsrisiko ist immer noch weit höher als in westlichen Ländern. Für Touristen sind schwerwiegende Erkrankungen bei angemessener Hygiene und der Beachtung einiger Grundregeln (s.u.) jedoch selten. Wichtig ist sicher auch die psychologische Einstellung, denn wer glaubt, er müsse unbedingt krank werden, der wird es vielleicht auch.

Die nachstehenden Angaben dienen der raschen Orientierung, welche Vorschriften und Gesundheitsvorsorgemaßnahmen für eine Reise nach Nepal zu beachten sind. Die Angaben zu Impfungen, Malaria, Darminfektionen und Tollwut wurden uns freundlicherweise vom Centrum für Reisemedizin **(www.travelmed.de)** zur Verfügung gestellt. Sie ersetzen auf keinen Fall eine individuelle ärztliche Beratung. Eine Gewähr für die Informationen (Stand Anfang 2009) kann nicht gegeben werden.

Wasser

Das Trinken von Wasser, sei es aus der Leitung oder aus dem Brunnen, ist strikt zu unterlassen, die Gefahr einer Hepatitis oder von Infektions- und Wurmerkrankungen ist sehr hoch. Man sollte ausschließlich **Mineralwasser aus der Flasche** trinken. In sehr guten (teuren) Hotels und Restaurants sollte das Wasser eigentlich abgekocht und gefiltert sein, hundertprozentig darauf verlassen kann man sich allerdings nicht. Das Zähneputzen mit unbehandeltem Wasser ist weniger gefährlich, da man im Idealfall nichts davon schluckt. Wer dennoch sicher gehen will, sollte auch dazu nur Mineralwasser benutzen.

Allgemeine Hygiene

Armut und mangelnde Schulbildung bilden die Ursachen für schlechte hygienische Verhältnisse. Mehr als die Hälfte aller Infektionskrankheiten werden durch schmutzige Hände übertragen, folglich sollte man sich so oft wie möglich die **Hände waschen.** Das gilt besonders vor den Mahlzeiten und nach dem Stuhlgang. In diesem Zusammenhang wird auch der Sinn des nepalesischen Grußes „Namasté" deutlich, bei dem der Grüßende seine Handflächen aneinanderlegt, anstatt sie – als feucht-warme Bakterienschleudern – seinen Mitmenschen darzureichen.

Der Hygienestandard nepalesischer **Restaurants** lässt meist zu wünschen übrig. Um sich keinem erhöhten Risiko auszusetzen, sollten die ganz billigen und einfachen Restaurants gemieden werden, falls eine Ausweichmöglichkeit besteht. Zur Feststellung der Sauberkeit eines Restaurants empfiehlt sich ein Blick in die Toilette: Falls diese, als üblicherweise vernachlässigter Teil eines Restaurants, sauber ist, kann man auch davon ausgehen, dass das Essen sauber zubereitet wird. Allzu häufig glänzt der Speiseraum und der Gang zur Toilette gerät zu einem unappetitlichen Abstieg. Weniger zuverlässig ist am Geschirr der Sauberkeitsgrad eines Restaurants abzulesen. Schmierige Gläser mit zahlreichen Fingerabdrücken und brauner Teekruste sind ein Warnzeichen.

Nahrungsmittel, die man sicherheitshalber meiden sollte, sind **Salate** oder sonstiges **Gemüse** sowie schalenloses, ungewaschenes **Obst.** In Kathmandus Touristengegenden gibt es mittlerweile zahlreiche Restaurants, die sehr professionell geführt sind, und Salat und Gemüse sollten dort eigentlich einwandfrei sein – ganz verlassen kann man sich nicht darauf, das Risiko einer Darmerkrankung besteht immer.

Besondere Vorsicht ist beim Verzehr von **Fleisch** geboten, das im Rohzustand oft von dicken Fliegenschwärmen bedeckt ist. Auch ist die Lagerung der Fleisches nicht immer optimal. Der Fleischkonsum sollte besser reduziert und/oder auf die gehobenen Restaurants beschränkt werden.

Sonnenschutz

Je nach Jahreszeit und Höhenlage wird die Haut mehr oder weniger durch schädliche UV-Strahlung in Mitleidenschaft gezogen. Unbedingt anzuraten ist somit die Benutzung einer Sonnencreme, die **mindestens Lichtschutzfaktor 15 bis 20** aufweist.

Impfungen

Zwar besteht **für die Einreise** in Nepal **keinerlei Impfpflicht,** dennoch sind einige Impfungen anzuraten, in erster Linie gegen Typhus und Hepatitis B.

Empfohlener Impfschutz

Generell: Standardimpfungen nach dem deutschen Impfkalender, spez. Tetanus, Diphtherie, außerdem Hepatitis A und Polio.

Je nach Reisestil und Aufenthaltsbedingungen im Lande ist außerdem ein Impfschutz zu erwägen gegen **Typhus** (grundsätzlich), gegen **Hepatitis B** (bei Reisen durch das Landesinnere unter einfachen Bedingungen (Rucksack-, Trekking-, Individualreise) mit einfachen Quartieren/Hotels, bei Camping-Reisen, Langzeitaufenthalten, praktischer Tätigkeit im Gesundheits- oder Sozialwesen, bei engem Kontakt zur einheimischen Bevölkerung), gegen **Tollwut** (bei vorhersehbarem Umgang mit Tieren bzw. den oben genannten Reisebedingungen) und gegen **Japanische Enzephalitis** (bei oben genannten Reisebedingungen bzw. bei besonderen Aufenthaltsbedingungen in bestimmten ländlichen Gebieten; Impfstoff in Deutschland nicht zugelassen, Beschaffung über Apotheken mit entsprechenden Erfahrungen).

Wichtiger **Hinweis:** Welche Impfungen letztendlich vorzunehmen sind, ist abhängig vom aktuellen Infektionsrisiko vor Ort, von der Art und Dauer der geplanten Reise, vom Gesundheitszustand sowie dem eventuell noch vorhandenen Impfschutz des Reisenden. Da im Einzelfall unterschiedlichste Aspekte zu berücksichtigen sind, empfiehlt es sich immer, rechtzeitig (etwa vier bis sechs Wochen) vor der Reise eine persönliche Reise-Gesundheits-Beratung bei einem reisemedizinisch erfahrenen Arzt oder Apotheker in Anspruch zu nehmen.

Malaria

Ein **Risiko** besteht **ganzjährig,** Hauptübertragungszeit sind die Monate Mai bis Oktober und hier vor allem Juni, Juli und August. Das Malaria-Risiko variiert je nach Landesregion: mittleres Risiko (höher in der Regenzeit, geringer in der Trockenzeit) im südlichen Tiefland (Terai-Distrikte), besonders im Regenwaldgürtel entlang der indischen Grenze mit den Nationalparks Royal Chitwan und Bardia; geringes Risiko in den nach Norden ansteigenden Tälern des Himalaya; als **malariafrei** gelten Höhenlagen über 1300 m und **Kathmandu.**

Vorbeugung

Ein konsequenter Mückenschutz in den Abend- und Nachtstunden verringert das Malariarisiko erheblich **(Expositionsprophylaxe).** Die wichtigsten

ktm068 Foto: rk

Holzschnitzereien in Bhaktapur

Maßnahmen sind: In der Dämmerung und nachts Aufenthalt in mückengeschützten Räumen (Räume mit Air Condition, Mücken fliegen nicht vom Warmen ins Kalte); beim Aufenthalt im Freien in Malariagebieten abends und nachts weitgehend körperbedeckende Kleidung (lange Ärmel, lange Hosen); Anwendung von Insekten abwehrenden Mitteln an unbedeckten Hautstellen (Wade, Handgelenke, Nacken); im Wohnbereich Anwendung von Insekten abtötenden Mitteln in Form von Aerosolen, Verdampfern, Kerzen, Räucherspiralen; Schlafen unter dem Moskitonetz (v.a. in Hochrisikogebieten).

Ergänzend ist die Einnahme von Anti-Malaria-Medikamenten (**Chemoprophylaxe**) evtl. zu empfehlen. Zu Art und Dauer der Chemoprophylaxe fragen Sie Ihren Arzt oder Apotheker, bzw. informieren Sie sich in einer qualifizierten reisemedizinischen Beratungsstelle. Malariamittel sind verschreibungspflichtig.

Darminfektionen

Risiko für **Durchfallerkrankungen** besteht landesweit. Immer wieder werden örtliche Ausbrüche wässriger Diarrhoen aus diversen Landesteilen berichtet. **Cholera** ist möglich, wurde aber in letzter Zeit offiziell nicht bestätigt. **Typhus** kommt im Land verbreitet vor. Seit 2005 wurden jährlich vier bis sechs Erkrankungen an **Polio** durch Wildviren mit Herkunft aus Indien registriert, die meisten aus dem südlichen Grenzgebiet. Hygiene beachten, Polio-, evtl. Typhus-Impfung.

Tollwut

Landesweit ist ein **hohes Risiko** gegeben, besonders durch **streunende Hunde.** Nach jedem verdächtigen Kontakt sofort Arzt aufsuchen und auf Verwendung moderner Impfstoffe achten. Im Zweifelsfall Auskunft bei der deutschen diplomatischen Vertretung einholen. Eine vorbeugende Impfung ist zu empfehlen, speziell bei längeren Aufenthalten. Moderne Gewebekultur-Impfstoffe und homologes Immunglobulin sind in Nepal schwer erhältlich.

Reiseapotheke

Vergessen Sie nicht, eine kleinere oder größere Reiseapotheke mitzunehmen, damit Sie **für kleinere Notfälle** gerüstet sind (wenigstens Medikamente gegen Durchfall, Fieber und Schmerzen sowie Verbandstoff, Pflaster und Wunddesinfektion). Nicht vergessen: Medikamente, die der Reisende ständig einnehmen muss! Wenn Sie spezielle Fragen zur Reiseapotheke haben, wenden Sie sich am besten an eine Apotheke mit reisemedizinisch qualifizierten Mitarbeitern.

Medizinische Hilfe

In Notfällen wende man sich telefonisch an seine **Botschaft,** die eine Liste von Vertrauensärzten parat hat. Außerhalb der Öffnungszeiten oder falls ein Anruf nicht möglich ist, ist das **Bir Hospital** in Kathmandu die richtige Adresse (Kantipath, Tel. 01-4221119), das auch über einen Not- und Unfalldienst verfügt. Weitere Krankenhausadressen siehe unter „Wichtige Adressen" im Kapitel Kathmandu.

Informationen

Nepal unterhält in Deutschland, der Schweiz und Österreich **kein Fremdenverkehrsamt.** Informationen können daher nur bei den diplomatischen Vertretungen Nepals eingeholt werden (Adressen im Kapitel „Einreisebestimmungen"). Siehe auch die Website des **Nepal Tourism Board** (www.welcomenepal.com).

Wer sich besonders intensiv für Nepal interessiert, kann die **Deutsch-Nepalische Gesellschaft e.V.** (DNG) kontaktieren: Postfach 190327, 50500 Köln, www.deutsch-nepal.de, Besucheradresse: Hohenzollernring 26, 50672 Köln, Tel. 0221-2338380 (nur Di und Do 10–12 Uhr), Fax 0221-2338382.

Internet

In den Touristenzentren findet sich an jeder Ecke ein **Cyber-Café.** Die Preise fürs Surfen sind sehr niedrig (20–30 Rs./Min.). Die Internetläden bieten das gesamte Internetprogramm, Chatten mit MSN oder Yahoo, oft auch Skype u.a. Die Verbindungen sind allerdings oft noch etwas langsam. Außerhalb von Kathmandu können sie extrem langsam sein, und es dauert manchmal eine Minute, bis eine Seite aufgebaut ist.

Viele Hotels sind mit WLAN-Internet ausgerüstet, und wer ein Laptop dabeihat, kann im eigenen Zimmer im Web surfen. Die **WLAN-Verbindungen** können gelegentlich sehr langsam sein, manchmal hilft es, den Standort im Zimmer zu wechseln. Selbst wenn das Hotel keine eigene WLAN-Verbindung hat, so kann man versuchen, auf irgendeiner offenen Verbindung kostenlos zu surfen. Im Touristenviertel Thamel findet man nahebei sicher mindestens ein halbes Dutzend offene Verbindungen. Ob man in eine davon einloggen kann, ist natürlich nicht garantiert.

Zu **Websites,** die für Kathmandu bzw. Nepal von Interesse sind, siehe **im Anhang.**

Maße und Gewichte

Längenmaße

• 1 inch	2,54 cm
• 1 foot	30,48 cm
• 1 yard	91,44 cm
• 1 mile	1,609 km

Flächenmaße

• 1 square inch	6,425 cm²
• 1 square foot	929,029 cm²
• 1 square yard	0,836126 m²
• 1 acre	1½ Morgen
• 1 square mile	2,59 km²
• 1 ropani	510 m²
• 1 bigha	6770 m²/0,677 ha

Raummaße

• 1 cubic inch	16,387 cm^3
• 1 cubic foot	0,028332 m^3
• 1 cubic yard	0,7647 m^3

Gewichtsmaße

• 1 ounce	28,35 g
• 1 pound	453,59 g
• 1 hundredweight	50,8 kg
• 1 long ton	1016,05 kg
• 1 pau	199,4 g
• 1 seer (sir)	0,797 kg
• 1 dharni	2,393 kg

Notfälle

Verlust von Geldkarten

Bei Verlust oder Diebstahl der Kredit- oder Maestro-(EC-)Karte sollte man diese umgehend sperren lassen. Für deutsche Karten gilt die einheitliche **Sperrnummer 0049-116116,** im Ausland zusätzlich 0049-30-40504050.

Für österreichische und schweizerische Karten gelten:

- **Maestro-(EC-)Karte**
(A)-Tel. 0043-1-2048800,
(CH)-Tel. 0041-44-2712230,
UBS: Tel. 0041-848-888601,
Credit Suisse: Tel. 0041-800-800488.
- **MasterCard**
Internationale Tel. 001-636-7227111.
- **VISA**
Tel. 0043-1-7111-1770,
(CH)-Tel. 0041-58-9588383.
- **American Express**
(A)-Tel. 0049-69-9797-1000,
(CH)-Tel. 0041-44-6596333.
- **Diners Club**
(A)-Tel. 0043-1-501350,
(CH)-Tel. 0041-58-7508080.

Verlust von Reiseschecks

Nur wenn man den Kaufbeleg mit den **Seriennummern** der Reiseschecks sowie den **Polizeibericht** vorlegen kann, wird der Geldbetrag von einer größeren Bank vor Ort binnen 24 Stunden zurückerstattet. Also muss der Verlust oder Diebstahl umgehend bei der örtlichen Polizei und auch bei American Express bzw. Travelex/Thomas Cook gemeldet werden. Die Rufnummer für Ihr Reiseland steht auf der Notrufkarte, die Sie mit den Reiseschecks bekommen haben.

Ausweisverlust/ Dringender Notfall

Wird der Reisepass oder Personalausweis im Ausland gestohlen, muss man dies bei der örtlichen Polizei melden. Darüber hinaus sollte man sich an die nächste diplomatische Auslandsvertretung seines Landes wenden, damit man einen **Ersatz-Reiseausweis** zur Rückkehr ausgestellt bekommt (ohne kommt man nicht an Bord eines Flugzeuges!).

Auch in **dringenden Notfällen,** z.B. medizinischer oder rechtlicher Art, bei der Vermisstensuche, Hilfe bei Todesfällen o.Ä. sind die **Auslandsvertretungen** bemüht, vermittelnd zu helfen.

„Glockenruf“ zum Gebet
(in Budhanilakantha)

- **Deutschland**
Gyaneshwar, Tel. 01-4412786, 4416527, 4416832, 4416655.
- **Österreich**
22 Manakamana Marg, Nagpokhari, Naxal, Tel. 01-4434648, 4434690, 4434860, 4434825.
- **Schweiz**
Jawalakhel, Ekanta Kuna, SDC-Compound, Lalitpur, Tel. 01-5549225.

Bei Nutzung eines europäischen Mobiltelefons die Vorwahl 1 weglassen.

Post und Telefon

Das Zentrum der postalischen Dienstleistungen ist das Hauptpostamt oder **General Post Office** (G.P.O.) am Kantipath in Kathmandu, nahe des weit sichtbaren weißen Bhimsen Tower. Geöffnet So bis Do 10–17 Uhr, Fr 10–15 Uhr, Tel. 01-4223512, 01-4223521, 01-4223528, enquiry@gpo.gov.np. Das etwas südlich davon gelegene **Central Telecommunication Office** (C.T.O.) für Telexe, Faxe und Auslandsgespräche ist bis 24 Uhr geöffnet. Allerdings lohnt sich der Weg dorthin kaum, denn in den Touristenbezirken gibt es **an jeder Ecke Läden,** von denen man preiswert Faxe schicken oder telefonieren kann. Dem Hauptpostamt ist das **Nepal Philatelic Bureau** angeschlossen, in dem Sammler nepalesische Briefmarken kaufen können (Tel. 01-4241895, philatelic@hons.com.np).

ktm065 Foto: rk

Karten, Briefe und Pakete

Postkarten nach Deutschland und in andere mitteleuropäische Länder **kosten** 12 Rs., „Aerogramme“, bei denen die Briefmarke schon aufgedruckt ist und die zu einem Brief zusammengefaltet werden, 14 Rs. Normalbriefe (bis 20 g) kosten 18 Rs. Die **Laufzeit** bis Europa beträgt ab Kathmandu zehn bis 14 Tage, von abgelegeneren Orten entsprechend länger. Laufzeiten von ein bis zwei Monaten kommen gelegentlich vor.

Es lohnt jedoch kaum, wegen einer Minimalausgabe wie einer Briefmarke zum G.P.O. zu gehen. **Briefmarken und Aerogramme** können gegen einen kleinen Aufpreis auch in Buch- oder Schreibwarenläden gekauft werden, manchmal erledigen diese auch die Aufgabe bei der Post. Ansonsten kann man Postsendungen an der Rezeption seines Hotels abgeben. Die Sendungen werden dann gesammelt, zur Post gebracht und abgeschickt.

Das Hauptpostamt unterhält einen **Postlagerdienst** *(poste restante)*, geöffnet Mo bis Fr 9–14 Uhr. Falls die Beamten die Post nicht gleich finden, sollte man auch unter dem Vornamen nachsehen lassen, denn in Nepal geht es bei ausländischen Vor- und Nachnamen nicht selten durcheinander.

Päckchen oder Pakete sollten per **EMS** (Express Mail Service) geschickt werden, einem sehr zuverlässigen Express-Service. Der Frachtpreis unterscheidet sich danach, ob man Dokumente (dazu zählen auch Briefe) versendet oder Waren. Der Unterschied ist aber minimal: So kostet eine Dokumentensendung von 500 g nach Deutschland 1600 Rs., ein Warenpaket mit demselben Gewicht 1650 Rs. Bei einem Gewicht von 1 kg beträgt der Preis 1950/2000 Rs. Jede weitere 500 g kosten 350 Rs. mehr, die Warensendungen bei über 2 kg noch einmal 100 Rs. zusätzlich. Die Laufzeit beträgt vier bis sechs Tage.

Verboten ist u.a. die Versendung von Antiquitäten, Goldbarren, Bargeld, Pelzen und Fellen. Im Zweifelsfall siehe Details auf der Website der nepalesischen Post, www.gpo.gov.np.

Eilige Pakete oder Dokumente lassen sich über **private Kurierdienste** verschicken, z.B. DHL (www.dhl.com/wrd/sarea/np.html), FedEx (www.ftn.fedex.com/locations/asia.html) oder UPS (www.ups.com). Die Büros der Kurierdienste sind nicht immer leicht aufzufinden, es reicht aber anzurufen, daraufhin werden die zu versendenden Gegenstände oder Dokumente beim Versender abgeholt. Die Verpackung wird üblicherweise vom Kurierdienst gestellt. Die Preise dieser Dienste sind etwas höher als die bei EMS.

Pakete, darunter auch Seefrachtpakete, lassen sich auch in der **Foreign Post Section** am Kantipath aufgeben (geöffnet Mo bis Fr 9.15–14 Uhr), gleich ums Eck vom G.P.O. Preislich kommt man dabei besser weg als bei den Kurieren (bei der sehr billigen Seefracht ohnehin), es ist aber mehr als fraglich, ob der Zeitaufwand lohnt – es kann einige Stunden dauern, bis man alle bürokratischen Schritte hinter sich hat und das Paket endlich los ist.

Die Pakete können gegen geringe Gebühren versichert werden, wie die Verlustsumme dann von zu Hause aus in Nepal eingeklagt werden soll, ist natürlich eine andere Frage.

Ferngespräche

In den Touristenbezirken wie Thamel oder Freak Street befinden sich **zahlreiche Telekommunikations-Läden,** von denen günstig telefoniert werden kann, auch ins Ausland. Die preiswertesten Verbindungen kommen über das Internet zustande: Das Telefonieren nach Europa kostet über Internettelefon 10 bis 30 Rs./Min. Deutlich teurer ist es, wenn man über eine normale Landverbindung spricht, der Preis liegt dann bei 60 bis 120 Rs./ Min. Manche Telefonläden erlauben Rückanrufe in ihrem Unternehmen, d.h. man kann im Ausland kurz anrufen und sich dann von dort zurück anrufen lassen (kostenlos für den Empfänger!).

Telefongespräche lassen sich auch **von Hotels** aus führen, wobei aber vorher abzuklären ist, wie hoch die Servicegebühren sind, die das Hotel auf die regulären Telefongebühren aufschlägt – das Telefonieren aus Hotels kann eine sehr teure Angelegenheit sein.

Telefonieren mit dem eigenen Handy

Mit einem in Europa angemeldeten Handy kann man sich – je nach Roamingverträgen des europäischen Anbieters – in ein nepalesisches Handynetz einklinken und telefonieren. Da das **Roaming** meist extrem teuer ist, weil man auch zahlt, wenn man von Zuhause angerufen wird, sollte man die Mailbox abstellen. Der Anrufer zahlt nur die Gebühr ins heimische Mobilnetz, die teure Rufweiterleitung ins Ausland zahlt der Empfänger.

Wesentlich preiswerter ist es, sich von vornherein auf **SMS** zu beschränken, der Empfang ist dabei in der Regel kostenfrei. Der Versand und Empfang von **Bildern per MMS** ist hingegen nicht nur relativ teuer, sondern je nach Roamingpartner auch gar nicht möglich. Die **Einwahl ins Internet** über das Mobiltelefon, um Daten auf das Notebook zu laden, ist noch kostspieliger – da ist ein Gang ins nächste Internet-Café weitaus günstiger.

Falls das Mobiltelefon **SIM-lock-frei** ist (keine Sperrung anderer Provider vorhanden ist) und man innerhalb Nepals viele Gespäche führen muss, kann man sich eine örtliche **Prepaid-SIM-Karte** besorgen. In vielen kleinen Läden oder Supermärkten, unter anderem im Touristenbezirk Thamel, gibt es Prepaid-SIM-Karten des Unternehmens Mero Mobile zu kaufen. Die Starterkarten kosten ab Haus 138 Rs., die Läden wollen jedoch auch Profit machen, und so zahlt man zumeist um 200 Rs. Man kann aber auch gleich Karten mit einem Wert von 500 oder 1000 Rs. kaufen. Ist der Geldwert auf der Karte verbraucht, kauft man sich eine Aufladekarte. Zur Erteilung der Karte muss ein Formular ausgefüllt sowie ein Passfoto und eine Fotokopie der Seiten mit den Personalangaben im Reisepass vorgelegt werden.

Mit den SIM-Karten von Mero Mobile kann man in 110 Länder telefonieren. Eine Minute nach Europa **kostet** 51,53 Rs., eine Minute nach Indien je nach Tageszeit 15,80 bis 21,61 Rs. Textnachrichten ins Ausland kosten 10,31 Rs. Eingehende Anrufe oder Textnachrichten sind kostenlos.

Bei Mero Mobile können auch **Handys ausgeliehen** werden. Weitere Informationen unter www.telestial.com, „Prepaid SIM Cards".

Mit **internationalen Telefonkarten** *(International Calling Cards)*, die von mehreren Unternehmen angeboten werden, lässt es sich noch preiswerter ins Ausland telefonieren. Dazu muss vor der Nummer des Empfängers die Code-Nummer gewählt werden, die auf der Telefonkarte angegeben ist. Handy- und Telekommunikations-Läden, Supermärkte und viele kleine Allerweltsläden verkaufen diese Karten. Der Nachteil ist, dass die Verbindungen nicht immer ganz so gut sind, gelegentlich auch unterbrochen werden.

- **Buchtipp:** Viele nützliche und Geld sparende Tipps zum mobilen Telefonieren bietet das Buch **„Handy global – mit dem Handy ins Ausland"** aus der Praxis-Reihe des Reise Know-How Verlags.

Ortsgespräche

Ortsgespräche lassen sich **von Hotels** und **Guest Houses** oder von **Geschäften** aus führen. Die meisten Geschäftsinhaber gestatten das, wenn man sie darum bittet. Dafür werden zumeist 5 Rs. verlangt.

Telefonzellen gibt es nicht, nur einige **Münztelefone,** die zumeist in oder an irgendwelchen Läden installiert sind. Diese nehmen 2-Rupien-Münzen an und sind nur für Ortsgespräche benutzbar.

Ortsgespräche mit einer **SIM-Karte** von Mero Mobile kosten ab ca. 3 Rs./Min. Der exakte Preis ist davon abhängig, ob man ein Telefon an einer Landverbindung anruft oder ein Handy. In letztem Falle unterscheiden sich die Preise noch danach, ob der Empfänger dasselbe Telefonnetz benutzt oder ein Fremdnetzwerk.

Vorwahlen

Internationale Vorwahlnummern

Nepal hat die internationale Vorwahl **00977.** Um einen der unten genannten Orte von außerhalb des Landes anzurufen, wähle man diese Nummer, gefolgt von der betreffenden Ortsvorwahl, jedoch ohne die ihr vorangehende Null; Beispiel: Kathmandu ist unter 00977-1 zu erreichen. Danach ist die Nummer des dort gewünschten Anschlusses zu wählen. Beim Telefonieren mit Handy werden die Ziffern 00 einfach durch ein „+" ersetzt, also +977-1 ist dann die Vorwahl für Kathmandu.

Deutschland hat übrigens die Vorwahl 0049, Österreich 0043 und die Schweiz 0041.

Die wichtigsten nepalesischen Vorwahlnummern

Da Nepal über ein relativ dünnes Telefonnetz verfügt, werden die Vorwahlnummern **nicht nach Orten, sondern nach Bezirken** vergeben. Aus diesem Grunde weisen jeweils mehrere Orte die gleiche Vorwahlnummer auf.

Baglung	068
Baitadi	095
Bandipur	065
Banepa	011
Beni	069
Besi Shahar	066
Bhairawa	071
Bhaktapur	01
Bharatpur	056
Bhimfedi	053
Bidur	010
Biratnagar	021
Birganj	051
Butwal	071
Charikot	049
Dadeldhura	096
Damauli	065
Darchula	093
Dhading	010
Dhangadhi	091
Dhankuta	026
Dharan Bazar	021
Dhulikhel	011
Dipayal	094
Doti	094
Gaur	055
Gorahi	082
Gorkha	064
Hetauda	057
Ilam	027
Itahari	025
Janakpur	041
Kalaiya	053
Kakarbhitta	023
Kathmandu	**01**
Krishnanagar	076
Kusma	067
Lalitpur (Patan)	01
Mahendranagar	091
Nepalganj	081
Palpa (Tansen)	075
Patan (Lalitpur)	01
Parashi	078
Pokhara	061
Rajapur	084
Ramechhap	047
Simra	053
Sindhuli	047
Surkhet	087
Syangja	063
Tansen (Palpa)	075
Taulihawa	076
Tikapur	010
Trisuli Bazar	010
Triveni	078
Tulsipur	082

Fax

Hierfür bieten sich die oben erwähnten privaten **Telekommunikations-Läden** an. Ein Seite Fax nach Deutschland kostet 60 bis 120 Rs. Die meisten besseren Hotels verschicken ebenfalls Faxe, meist aber mit erheblichem Aufpreis.

Sicherheit und Kriminalität

Das Kathmandu Valley ist generell sehr sicher, Touristen haben nicht viel zu befürchten. Nachts kommt es in abgelegenen Stadtteilen gelegentlich zu Überfällen (fast ausschließlich auf Einheimische) – man sollte nachts nicht wahllos durch dunkle Gegenden spazieren. Selbst die Hauptstadt Kathmandu ist nachts größtenteils sehr dunkel, viel Beleuchtung gibt es außer in Thamel, am Durbar Marg und in der New Road nicht. Zudem muss man bedenken, dass die Jahre des Maoisten-Konflikts negative soziale und ökonomische Spuren im Land hinterlassen haben, und viele Menschen leben von der Hand in den Mund. Kathmandus Taxifahrer fahren nachts mit einer Begleitperson, um Überfällen vorzubeugen. Die meisten Überfälle ereignen sich in Stadtteilen, in die sich nachts normalerweise kein Tourist verirrt.

Für die Sicherheit der Touristen, aber auch für Beschwerden, ist die **Tourist Police** zuständig. Deren Hauptbüro befindet sich am Büro des Nepal Tourism Board im Bhrikuti Mandap, Tel. 01-4247041, Fax 01-6213591, touristpolice@ntb.org.np. Das Büro sollte So bis Fr von 8–18 Uhr und an Feiertagen von 10–17 Uhr besetzt sein. Außerdem gibt es kleine Außenstellen der Tourist Police am Tribhuvan Airport und am Basantapur Square in Kathmandu.

Reisehinweise/Sicherheitslage

Aktuelle Reisehinweise zu allen Transitländern neben Hinweisen zur allgemeinen Sicherheitslage erteilen:

- **Deutschland:** www.auswaertiges-amt.de und www.diplo.de/sicherreisen (Länder- und Reiseinformationen), Tel. 030-5000-0, Fax 5000-3402.
- **Österreich:** www.bmeia.gv.at (Bürgerservice), Tel. 05-01150-4411, Fax 05-01159-0 (05 muss immer vorgewählt werden).
- **Schweiz:** www.dfae.admin.ch (Reisehinweise), Tel. 031-3238484.

Aufbewahrung von Wertsachen

Zur Aufbewahrung von Geld und Schecks empfiehlt sich ein **Brustbeutel** oder ein **Geldgürtel.** Letzterer sollte so beschaffen sein, dass man ihm nicht ansieht, welch kostbaren Inhalt er birgt. Deshalb ist ein Gürtel mit innen verlaufendem Reißverschluss besser geeignet als einer, an dem eine wulstige Tasche befestigt ist. Es sollte nicht zu erkennen sein, ob und wo man Geld hat. Zur Sicherheit kann noch irgendwo in einem Kleidungsstück etwas Geld als Reserve eingenäht werden, für den Fall, dass der Geldbeutel oder -gürtel abhanden kommt. Gleiches gilt im Prinzip für Schecks. Zu beachten ist natürlich, dass die Schecks gesondert von den dazugehörigen Quittungen aufbewahrt werden, denn wenn auch diese weg sind, gibt es keinen Ersatz.

Das Verstauen von **Reisepapieren** ist etwas schwieriger, da sie nun einmal sperriger sind. Reisepass und sonstige Papiere passen gut in größere Brustbeutel oder, wenn es nicht anders geht, in eine Umhängetasche. Die entsprechenden Fächer sollten mit einem Reißverschluss versehen sein – den Pass versteckt man am besten unter einem Haufen wertlosen Kram. So wird den (sehr wenigen) Taschendieben ihr Gewerbe zumindest erschwert.

Von allen wichtigen Papieren (besonders von den Seiten mit den Personalangaben und dem Visum mit Einreisestempel, den Scheckquittungen etc.)

ktm069 Foto: rk

sollten mehrere **Fotokopien** gemacht werden. Das erleichtert im Notfall vieles. Damit nicht auch die Fotokopien verloren gehen, könnte man sie scannen und in seiner Mailbox im Internet aufbewahren.

Ein paar Sicherheits-Tipps

Alle wichtigen Mitbringsel gehören ins **abgeschlossene Gepäck** und sollten nicht offen im Hotelzimmer herumliegen. Gelegenheit macht Diebe! Zu den beliebteren „Souvenirs" gehören auch Kugelschreiber, Kosmetika, Kleidung etc. Manches Zimmermädchen „zapft" sich täglich etwas Shampoo oder Kosmetik aus der Flasche, sodass der/die Besitzer/in es gar nicht merkt. Generell aber sei gesagt, dass die allermeisten Hotelangestellten grundehrlich sind und sich auch nicht an Geld vergreifen, das man hat herumliegen lassen. Noch ein Hinweis: Die Wahrscheinlichkeit eines Diebstahls erhöht sich kurz vor der Abreise aus einem Hotel, da der Übeltäter davon ausgeht, der Diebstahl werde erst entdeckt, wenn der Gast schon weit weg ist – aus diesem Grund sollte man dem Zimmerpersonal nicht unnötigerweise den Abreisetag mitteilen (nur der Rezeption, so weit es nötig ist).

Nepali-Sprachkenntnisse nicht erforderlich

Kreditkarten sollten nicht wahllos eingesetzt werden, sondern nur in Etablissements, die einen seriösen Eindruck machen.

In den heißen Monaten April und Mai scheinen einige Gemüter sehr gereizt zu sein (besonders in Kathmandu), und es kommt häufiger als sonst zu **Streitereien auf der Straße,** z.B. zwischen Verkehrsteilnehmern. Wer aggressiv angepöbelt wird – was allerdings sehr selten ist –, sollte eine kühlen Kopf bewahren und den Aggressor ignorieren.

Drogenanbieter sind gelegentlich Spitzel, die mit der Polizei zusammenarbeiten und den Käufer nach getätigtem Handel ausliefern. So verdienen sie doppelt, erst am Verkauf, dann durch die vom Verhafteten erpressten Schmiergelder. Hanfpflanzen wachsen überall wild im Kathmandu Valley, selbst auf Mittelstreifen von belebten Straßen sieht man sie zuweilen; Haschisch-Rauchen ist dennoch nur den Sadhus erlaubt, für die es Teil des religiösen Rituals ist.

Frauen sollten nepalesischen Männern gegenüber zurückhaltend auftreten, so wie es die einheimischen Frauen auch tun. Zu große Freundlichkeit oder Offenheit kann als „Einladung" verstanden werden. Vergewaltigungen von westlichen Frauen sind sehr selten vorgekommen.

In den **„Dance Bars",** die in den letzten Jahren überall im Kathmandu Valley aus dem Boden geschossen sind, werden den Gästen oft überhöhte Rechnungen präsentiert. Man sollte jeden Drink unmittelbar nach Erhalt bezahlen und die Rechnung genau prüfen. Siehe bezüglich der „Dance Bars" auch im Kapitel „Unterhaltung" bei Kathmandu.

Buchtipps – Praxis-Ratgeber:
- Matthias Faermann
Schutz vor Gewalt und Kriminalität unterwegs
- Birgit Adam
Als Frau allein unterwegs
(beide Bände Reise Know-How Verlag)

Unterkunft

Derzeit stehen im ganzen Land mindestens 30.000 Hotel- und Guest-House-Zimmer zur Verfügung, 25.000 davon in Kathmandu. Zimmer gibt es in allen erdenklichen Preislagen, vom primitiven 1-Euro-Unterschlupf bis hin zur 600-Euro-Präsidentensuite.

Guest-House-Zimmer liegen generell in der Preislage von 5–30 US$, wobei in ganz billigen Zimmern natürlich keinerlei Komfort zu erwarten ist. Oft ist man auf ein Gemeinschaftsbadezimmer angewiesen und es gibt nur kaltes Wasser, was in der kalten Jahreszeit sehr unangenehm sein kann. In der höheren Preislage hat man ein eigenes Badezimmer, mit heißem und kaltem Wasser, dazu evtl. noch ein Fernsehgerät. Bessere Guest Houses verfügen über ein eigenes Restaurant. Diese Guest Houses unterscheiden sich eigentlich nicht von Hotels der unteren Mittelklasse.

Mittelklasse-Hotels finden sich in der Preislage von 30–80 US$. In dieser Klasse wird meist sehr guter Komfort geboten, die Zimmer haben alle angeschlossenes Bad (heißes und kaltes Wasser) und in der höheren Preislage eine Klimaanlage, Telefon und Satelliten-TV. Fernseher gehören in der Klasse ab ca. 25 oder 30 US$ immer mehr zur Standardeinrichtung, in Kathmandu mehr als in kleineren Orten. Man kann zahlreiche nepalesische, indische und einige westliche Stationen empfangen (darunter BBC, CNN, Fox News, Discovery Channel, History Channel und möglicherweise das deutsche DW-TV). Einige Hotels in dieser Klasse in Kathmandu bieten zudem WLAN-Internet oder eine andere Möglichkeit des Internetzugangs. Ein Restaurant ist in so gut wie jedem Fall vorhanden. An der Rezeption frage man, ob ein Safe-Service besteht – viele Hotels haben Safes, in denen die Wertsachen ihrer Gäste aufbewahrt werden können. Klimaanlagen dienen in der kalten Jahreszeit als Heizung, wovon in den kalten Monaten Dezember und Januar gerne Gebrauch gemacht wird. In den Wintermonaten kann es ohne Heizung unangenehm kalt werden.

In **Hotels der Oberklasse** kostet ein Doppelzimmer 80–150 US$. Sie bieten eigentlich die gleichen Annehmlichkeiten wie oben, allerdings sollten die Zimmer noch etwas opulenter eingerichtet sein, zudem gibt es möglicherweise einen Swimmingpool oder andere Sportmöglichkeiten, zum Restaurant auch eine Bar usw.

Die Zimmer der **Luxusklasse** ab etwa 150 US$ haben in der Regel jede erdenkliche Annehmlichkeit: Klimaanlage, Sat-TV, Mini-Bar, Telefon, WLAN-Internet, gepflegtes Bad mit Badewanne und Dusche, Zimmer-Safe sowie 24-Std.-Room-Service. Dazu gibt es Swimmingpool, evtl. Jacuzzi und einen Tennisplatz, Spa, Fitness-Raum, Business-Center, Bar und meist gleich mehrere Restaurants mit unterschiedlicher Cuisine. Einige Luxushotels in Kathmandu verfügen über ein eigenes, 24 Std. geöffnetes Spielkasino. Das eine oder andere hat eine hauseigene Disco. Generell sind die Luxushotels zwar preiswerter als ihre Gegenstücke in Europa, am Landesstandard gemessen aber sind sie oft zu teuer. Die Mittelklasse-Hotels bieten in der Regel ein besseres Preis-Leistungsverhältnis.

Zimmersuche – worauf sollte man achten?

Elektrizität

Einige preiswerte oder abgelegene Unterkünfte in ländlichen Gegenden haben **möglicherwese keinen Strom,** was zwar sehr rustikal, aber vielleicht nicht jedermanns Sache ist. Im Zweifelsfall danach fragen! Im Kathmandu

Buchtipp – Praxis-Ratgeber:
- Erich Witschi
Unterkunft und Mietwagen clever buchen
(Reise Know-How Verlag)

ktm066 Foto: rk

Schilderwald in Kathmandu

Valley gibt es praktisch keine stromlosen Unterkünfte mehr, oft kommt es aber zu stundenlangen Stromausfällen oder der Strom wird von den Elektrizitätswerken bewusst gekappt, um genug „Saft" für Fabriken übrig zu haben (eine Praxis, die *load-shedding* genannt wird).

Heißes Wasser

Die meisten besseren Unterkünfte annoncieren zwar „hot water", ob es dann aber wirklich hot ist, sei erst einmal dahingestellt. Beim Ansehen des Zimmers **nachprüfen,** ob heißes Wasser fließt oder nicht! Eine kalte Dusche im winterlichen Nagarkot beispielsweise kann eine echte Herausforderung sein.

Toilette

Toiletten sind entweder „westlich" oder – in sehr einfachen Unterkünften in abgelegeneren Gebieten – „Nepali". Einheimische Toiletten sind die üblichen **asiatischen Hock-Klos,** die aus hygienischen Gründen den westlichen allemal vorzuziehen sind, nur kann sich nicht jeder daran gewöhnen.

Bettwäsche

Es empfiehlt sich, einen Blick auf die Bettwäsche zu werfen, die bisweilen nicht jedem **Hygieneanspruch** gerecht wird. In sehr zweifelhaften Unterkünften sollte man auch einmal die Matratze anheben: In dem einen oder andern Extremfall sind dort auch schon Kakerlaken entdeckt worden. Ob man sich die Übernachtung in einem solchen Etablissement antut, muss jeder für sich entscheiden.

Decken- oder Tischventilator

Funktioniert er oder dient er nur als Deko? Antesten!

Moskitonetz/-gitter

Moskitonetze sind besonders nützlich **in ländlichen Gegenden.** Gibt es Netze im Zimmer, so ist das ein Plus. Vor den Fenstern sollten sich nach Möglichkeit Moskitogitter befinden, sodass man diese zur Durchlüftung öffnen kann, ohne dass die Plagegeister dabei Einlass finden.

Tresor-Service

Gleich an der Rezeption fragen, ob ein Tresor vorhanden ist, in dem man seine Wertsachen deponieren kann! In manchen Oberklasse-Hotels findet sich ein elektronischer Safe auf dem Zimmer.

WLAN-Internet

Vorhanden oder nicht? Wichtig für Geschäftsleute oder andere Reisende mit Laptop. Immer mehr Hotels ab der Mittelklasse aufwärts bieten WLAN. Es ist zu klären, ob die Verbindung kostenlos ist oder ob man dafür bezahlen muss (dann Einloggen mit Benutzernummer, die vom Hotel gestellt wird).

Preise

Die meisten Unterkünfte im Kathmandu Valley nennen ihre Preise **in US-Dollar,** einige in **Rupien,** ein paar wenige in **Euro.** Bei den Unterkunftsempfehlungen in diesem Reiseführer sind die Preise jeweils in der Währung angegeben, die das betreffende Unternehmen nennt. Bei Dollar- und Euro-Preisen sollte man vorab klarstellen, welcher Rupien-Kurs dafür berechnet wird, denn manche Hotels berechnen dem Gast einen sehr ungünstigen Kurs.

Preisermäßigungen: In der Nebensaison **von April/Mai bis September** sind fast in jedem Hotel oder Guest House Preisnachlässe möglich. Manche Häuser gehen von sich aus mit dem Preis herunter, in anderen muss man handeln. Reduzierungen von 30 bis 50% sind durchaus üblich, besonders, wenn man länger zu bleiben gedenkt. In der Regenzeit sind die Hotels oft nur zu 10 bis 20% ausgelastet und jeder Gast zählt.

Steuern und Service Charge: Jeder Besitzer einer Unterkunft muss einen gewissen Steuersatz abführen, den er auf seinen Zimmerpreis aufschlägt. In der Regel wird der zusätzliche Steuersatz separat vom Preis genannt, sodass sich der Endpreis erhöht. Beim Einchecken ist zu klären, ob das Personal an der Rezeption den Endpreis nennt oder den Preis vor dem Steueraufschlag. Die Steuern können je nach Hotel-Klassifizierung bei 10 bis 15% liegen. Luxushotels berechnen zusätzlich oft noch 10% Service Charge (Bedienungsgebühr). Bei vielen Unterkünften der Unter- oder Mittelklasse wird auf den Steueraufschlag verzichtet, was eine Art indirekte Preisreduktion ist. Oft kann man sich durch Feilschen auch vom Zahlen der Steuer befreien. Das alles ist gleich beim Einchecken abzuklären, nicht erst, wenn die Rechnung zu begleichen ist.

Hauptsaison/Buchungen

In der Hauptsaison **von Oktober bis März** sind viele Unterkünfte schon Wochen im Voraus ausgebucht. Viele sind mit Tourgruppen belegt. Zur Sicherheit sollte man sich ein Zimmer zumindest für den ersten Tag nach der Ankunft reservieren. Danach kann man sich vor Ort immer noch nach einer anderen Bleibe umsehen.

Verhaltenshinweise

Zwar sind die Nepalesen im Allgemeinen ein sehr tolerantes Volk, doch sollte diese Tatsache nicht als Freibrief gewertet werden. Wie in jeder anderen Gesellschaft auch, gibt es spezifische Tabus, derer man sich bewusst sein und die man nicht verletzen sollte.

Das **Betreten des Allerheiligsten von Hindu-Tempeln** ist nur Hindus gestattet. Nicht-Hindus sind aber direkt am Tempel, auf dem Innenhof des Tempels, in einigen evtl. umliegenden, dazugehörigen Gebäuden etc. zugelassen – nur eben nicht im zentralen Heiligtum. In der Praxis kann natürlich niemand feststellen, ob der Tourist nun Hindu ist oder nicht, was einzig zählt, ist die Hautfarbe: So wird jeder Weiße automatisch als Nicht-Hindu angesehen, jede Person mit indisch-nepalesischen Gesichtszügen als Hindu, es sei denn, er gibt sich durch Kleidung (z.B. die Moslem-Kappe) o.Ä. als Nicht-Hindu zu erkennen. An vielen größeren Tempeln sind am Zugang zum Hauptheiligtum Verbotsschilder angebracht: „Admission for Hindus only" – Eintritt nur für Hindus!

Beim **Betreten von Wohnhäusern** sind die Schuhe an der Schwelle auszuziehen. Das gilt im Prinzip auch für die heiligen Bezirke der Tempel, nur betrifft dies ja, wie oben dargelegt, nicht den Touristen. **Schuhe gelten als unrein,** da sie den Schmutz der Straße an sich haben und da sie – im Falle von Lederschuhen – von toten Tieren stammen. In der hinduistischen Gesellschaft fällt daher das Bearbeiten von Leder traditionell den Kastenlosen zu, die sich nach orthodoxer Auffassung ohnehin nicht mehr verunreinigen können. Ein Haus mit Schuhen zu betreten entspricht ungefähr dem Affront, in einem westlichen Heim auf den Fußboden zu spucken.

Die **Küche eines Hauses** ist ein abgeschirmter Bereich, den man nicht unaufgefordert betreten sollte. Diese Regel gilt in erhöhtem Maße bei traditionellen Brahmanen-Familien, deren Speisen ansonsten verunreinigt würden. Den alten Kastenregeln zufolge dürfen Brahmanen nur essen, was von Brahmanenhand gekocht wurde, und die Anwesenheit eines Nicht-Brahmanen in der Küche würde die absolute rituelle Reinheit gefährden. In Anbetracht der wachsenden Zahl von Restaurants in Nepal, in denen vornehmlich Nicht-Brahmanen kochen, und im Zuge der allmählichen Auflösung des Kastendenkens nimmt die Bedeutung dieser Regel zwar ab, dennoch sollte man sich von der Küche fernhalten.

Wenn die Hausfrau das **Essen serviert,** werden die männlichen Familienmitglieder zuerst bedient, erst wenn diese gegessen haben, essen die Frauen. Das mag dem („aufgeklärten") europäischen Gast missfallen, es zu kritisieren ist jedoch fehl am Platze. Weibliche Gäste aus dem Westen werden

Der Gott Bhairav in seiner furchterregenden Manifestation (Kala Bhairav)

ktm071 Foto: rk

zumeist mit den Männern gleichgestellt und bekommen das Essen gemeinsam mit ihnen.

Nepalis sind, gemessen an unseren Verhältnissen, zwar meist arm und kleiden sich entsprechend einfach, dennoch wird bei der **Kleidung** auf **Anstand und Sitte** geachtet. Dass Westler – besonders Frauen – gelegentlich „halb nackt" (so sehen es die Nepali) auftreten, ist in den Augen der Einheimischen unverständlich und verwerflich. Frauen sollten keine gewagten Ausschnitte präsentieren, ebenso ist von Shorts und Miniröcken abzuraten. Nepalesische Frauen verhüllen ihren Körper fast gänzlich mit dem Sari, und so kann man sich denken, welchen Effekt nackte Frauenhaut auf nepalesische Männer hat. Viele junge Frauen im Kathmandu Valley tragen heute Jeans und T-Shirt, aber „sexy" Outfits sind tabu. Auch männliche Reisende sollten sich eine gewisse Zurückhaltung auferlegen, ein nackter Oberkörper beispielsweise ist überhaupt nicht gern gesehen. So zeigen sich höchstens Arbeiter auf dem Feld.

Beim Sitzen müssen die Füße so platziert werden, dass die Fußsohlen auf niemanden zeigen, denn das wäre eine Beleidigung.

Buchtipp – Praxis-Ratgeber:
- Harald A. Friedl
Respektvoll reisen
(Reise Know-How Verlag)

Öffentliche Zärtlichkeiten unter heterosexuellen Paaren sind verpönt. Unter Nepalis ist selbst das Händchenhalten eine kleine Sensation, von Küssen ganz zu schweigen. Schon Filmküsse bringen das (männliche) Publikum in Wallung – Küssen gilt als hocherotischer Akt.

Anders verhält es sich mit dem **Händchenhalten unter Männern,** das ein Zeichen der Freundschaft ist. Manche Nepalis fassen im Gespräch die Hand des Besuchers, wobei sie natürlich nicht ahnen, dass es demjenigen peinlich sein könnte.

Die **linke Hand** wird bei traditionellen nepalesischen Toiletten zum Reinigen nach dem Stuhlgang benutzt und gilt daher als **unrein.** Deshalb sollten damit keine Lebensmittel angefasst und auch keine Personen berührt werden. Diese Regel wird allerdings auch von Einheimischen verletzt, so z.B. von Kellnern, die das Chapati achtlos mit der Linken reichen. Dieses Fehlverhalten sollte jedoch kein Maßstab sein.

Westliche Touristinnen fordern mit ihrer offenen, forschen Art oft Missverständnisse bei einheimischen Männern heraus. Allzu lockere Gespräche, ein kumpelhaft-freundliches Verhalten und auch nur die Erwiderung von Blickkontakt erzeugen bei vielen nepalesischen Männern den Eindruck von sexueller Zugänglichkeit. Um das zu vermeiden, ist eine „traditionell weibliche" Zurückhaltung angebracht, wie sie die Nepalesinnen instinktiv betreiben: Gespräche sollten mit einer gewissen Distanziertheit geführt werden, erotische Themen sind unter allen Umständen zu meiden. Blicke von Fremden sollten nicht erwidert werden, eine nepalesische Frau, die das täte, würde als sehr dubios angesehen.

Frauen dürfen die **Topi,** die nepalesische Männerkappe, niemals aufsetzen, das wäre eine schlimme Beleidigung der Männer. Die Kappe ist so sehr Teil der männlichen Landestracht, dass Männer sie auf Ausweisfotos tragen müssen.

Das **Feuer** ist heilig, besonders das Küchenfeuer, in dem niemals Abfall verbrannt werden darf. Falls beim Trekking oder Wandern Abfall verbrannt werden muss, so sollte dies kurz vor Aufbruch vom Lager geschehen und nicht, bevor das Essen darauf gekocht wird.

Im Allgemeinen lassen sich die Nepalis sehr gerne **fotografieren,** jedoch nicht alle. Vor dem Fotografieren von Personen sollte immer um Erlaubnis gebeten werden. In vielen Fällen wird der/die Betreffende ein wenig Kleingeld verlangen, es empfiehlt sich also, immer einen Vorrat an kleinen Münzen und Scheinen dabeizuhaben. 10 bis 20 Rs. für ein paar Fotos sollten ausreichen. Nicht unterstützen sollte man allerdings das Verhalten einiger Einwohner, besonders von Kindern, die sich scheinbar freundlich für Fotos anbieten, nur um danach Geld fordern zu können. Zu den geldgierigsten „Fotomodellen" gehören viele Sadhus, heilige Männer (bzw. „heilige" Männer), die mehr für Fotos posieren als sich ihrer Religion zu widmen. Diese sieht man vor allem am Durbar Square in Kathmandu und am Pashupatinath-Tempel. Viele dieser Sadhus putzen sich bewusst fotogen heraus, um so Touristen anzulocken und dann hohe Fotogebühren von ihnen abzukassieren. 20 Rs. sollten auch hier reichen. Jeder Tourist, der 100 oder 200 Rs. zahlt, macht nachfolgenden Touristen das Leben umso schwerer.

Die **Bettelei** ist eines der unangenehmsten Probleme, mit denen der Tourist konfrontiert wird. Grundsätzlich sollte man nur solchen Personen etwas geben, die sich offensichtlich nicht selbst ernähren können, also Kranken, Krüppeln, Alten etc. Nichts geben sollte man dagegen den zahlreichen bettelnden Kindern, die sonst womöglich auf die Idee kommen, Bettelei sei einträglicher als Arbeit. Wer Gutes tun will, wende sich an eine der vielen Hilfsorganisationen, die die Spenden nutzbringend einzusetzen wissen.

Auf dem Boden liegende Speisen sind zu umgehen, das Darübersteigen würde sie rituell verunreinigen.

Kühe sind den Hindus heilig und werden oft sogar als die „Mutter" des Menschen bezeichnet. Dementsprechend groß ist der Freiraum, den sie genießen. Kühe liegen ungestört mitten auf der Fahrbahn, wandeln geruhsam durch Märkte, ganz wie es ihnen behagt. Viele Nepalesen lassen sich im Vorbeigehen von den Kühen „segnen", indem sie ihre rechte Hand zunächst zu deren Stirn, dann an die eigene führen. Das Schlachten von Kühen ist gesetzlich verboten, und ebenso wenig sollte man nach ihnen treten, Steine werfen o.Ä.

ktm070 Foto: rk

Nepal ist eines der ärmsten Länder der Welt, und es gehört für den Touristen zum guten Ton, **nicht mit seinem westlichen Reichtum** zu **protzen.** Die Nepalesen sind sich ihrer Abhängigkeit von ausländischer Hilfe durchaus bewusst und haben diesbezüglich einen gewissen kollektiven Minderwertigkeitskomplex entwickelt, den man nicht noch steigern sollte. Die Höhe des Einkommens, der Preis der Fotoausrüstung, die Ausgaben für das letzte Essen im Luxusrestaurant oder ähnliche Themen sollten umgangen werden. Es macht einem Nepalesen keine Freude, wenn er erfährt, dass der Tourist für eine Mahlzeit so viel ausgibt wie er selber in einer Woche verdient.

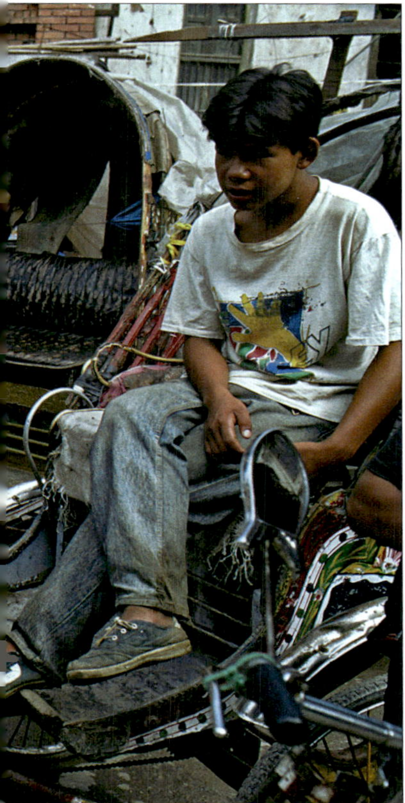

Die nepalesische **Form der Bejahung oder Zustimmung** ist dieselbe wie in Indien: Der Kopf wird mehrere Male seitlich von links nach rechts und umgekehrt gerollt, etwa so wie bei unserer Geste fürs „Nein". Je nach Intensität der Bewegung kann sie verschiedene Nuancen der Zustimmung ausdrücken: heftig – „Ja, auf jeden Fall", mittel – „Ja, wahrscheinlich", zögernd – „Ja, ich glaube", vielleicht auch: „Ich weiß eigentlich nicht". Darüber hinaus gibt es natürlich noch alle möglichen Zwischennuancen.

Das **„Nein"** wird durch ein kurzes seitliches Zucken des Kopfes ausgedrückt, möglicherweise unterstützt durch ein abfälliges Schnalzen.

Das Händeschütteln ist in Nepal generell nicht üblich, man **begrüßt oder verabschiedet** sich, indem man die Handflächen wie zum Gebet vor der Brust zusammenlegt und „Namasté" sagt. **„Namasté"** stammt aus dem Sanskrit und bedeutet frei übersetzt: „Ich grüße den Gott in dir". Gebraucht werden kann es zu jeder Tageszeit; solche Grußformeln wie „Guten Morgen", „Guten Tag" etc. werden in der Regel nicht benutzt. Nicht anwenden sollte man das Namasté jedoch gegenüber eindeutig Niedriggestellten wie Bettlern, Schuhputzern usw., die sich durch die unangemessen respektvolle Begrüßung verhöhnt fühlen könnten. In diesem Falle braucht nicht gegrüßt zu werden. Gelegentlich begrüßt man sich formlos mit dem patriotisch-forschen **„Jay Nepal!"** („Heil Nepal!"), das aus dem Mund eines Ausländers aber sicher für Heiterkeit sorgen wird.

Rikscha-Fahrer warten auf Kundschaft

Verkehrsmittel

Das Reisen innerhalb Nepals wird oft zu einem **unverhofften Abenteuer,** denn die öffentlichen Verkehrsmittel sind nicht immer zuverlässig, dafür um so langsamer und überfüllter. Viele Straßen sind lediglich rustikale Holperwege, die Vehikel und Fahrgäste auf eine harte Belastungsprobe stellen.

Die Nepalesen selber können gelassen darüber hinwegsehen, da die vorhandenen Verkehrsmittel immer noch bequemer sind als der **Fußmarsch,** der für viele Einwohner bis heute die einzige Methode ist, von einem Ort zum anderen zu gelangen. In den meisten Berggebieten gibt es nur Fußpfade, und feiertägliche „Spaziergänge" von vier oder fünf Stunden, um die Verwandten zu besuchen, werden leichten Fußes absolviert. Zu vielen Festen an verehrten Tempeln wandern die Gläubigen gar einige Tage lang zu Fuß, selbst wenn Straßen dorthin vorhanden sein sollten. Eine ganze Woche Marschzeit hin und zurück ist dabei eher die Regel als die Ausnahme. So betrachtet ist der Tourist auch mit den relativ bescheidenen Verkehrsmitteln des Landes noch gut bedient.

Staatliche Fluggesellschaft

Die staatliche Fluggesellschaft Nepal Airlines, Airline-Code RA, unterhält ein dichtes **Inlandsflugnetz** zu insgesamt 40 Flugplätzen. Von diesen können einige nur zu bestimmten Jahreszeiten angeflogen werden, die meisten aber verfügen über Allwetterbahnen, die – von extremen Wetterlagen abgesehen – das ganze Jahr hindurch benutzt werden können. In den meisten Fällen ist das Wort Flughafen etwas zu hoch gegriffen, da es sich nur um eine kurze Rollpiste und ein winziges Abfertigungsgebäude handelt.

Der Flugzeugpark besteht hauptsächlich aus sogenannten **STOL-Flugzeugen,** die mit extrem kurzer Rollbahn auskommen können (STOL = *short take-off and landing*). In den Bergtälern ist für lange Start- und Landepisten eben kein Platz. Die Maschinen sind in erster Linie 19-sitzige DHC-6 Twin Otter und – seltener – die 44-sitzige HS 748 Avro, die nur die größeren Flughäfen ansteuern kann, z.B. Kathmandu und Pokhara.

Etwas ärgerlich ist dieTatsache, dass Nepalesen und Inder zu sehr günstigen **Tarifen** fliegen können, wogegen Ausländern (d.h. allen sonstigen Nationalitäten) drei- bis viermal so hohe Preise abgeknöpft werden.

Die **Tickets** können mit ausländischen Devisen (US$, Euro, SFr. etc.) oder entsprechenden Reiseschecks bezahlt werden. Der Restbetrag wird in Rupien herausgegeben. In wenig besuchten Orten werden meist nur US$ akzeptiert. Die Summe kann aber auch in Rupien bezahlt werden – zur Festlegung des Rupien-Preises gilt der Tageskurs des Dollars –, dazu muss aber eine Bankquittung über die entsprechende Summe vorgewiesen werden, aus der hervorgeht, dass das Geld legal eingewechselt wurde. Einzuchecken ist mindestens eine Stunde vor Abflug.

•Flughafen Kathmandu, Auskunft: Tel. 01-4473110
•Büro der Nepal Airlines in Kathmandu: Head Office, NAC Building, Ecke New Rd./ Kantipath, Tel. 01-4220757, 01-4248625, Fax 01-4225347, www.royalnepal-airlines.com. Die Gesellschaft hieß früher Royal Nepal Airlines, nach dem Ende der Monarchie 2008 wurde das „Royal" entfernt. Nur in der Webadresse ist das anrüchige Wort noch präsent.

Private Fluggesellschaften

1992 wurde das staatliche Flugmonopol aufgehoben, woraus die Gründung einiger privater Fluggesellschaften resultierte. **Auf den wichtigsten Strecken,** z.B. von Kathmandu nach Pokhara, hat man heute die Auswahl unter mehreren Gesellschaften. Die Tickets der privaten Airlines können ohne Aufpreis in so gut wie allen Reisebüros im Land gekauft werden, oder – sofern man den oft längeren Weg auf sich nehmen mag – auch in den Stadtbüros der Airlines selber. Einige Airlines sind sehr klein – so verfügt z.B. Cosmic Air nur über ein Flugzeug.

Leider ist es um die **Flugsicherheit** in Nepal nicht immer gut bestellt. Zuletzt im Oktober 2008 verunglückte eine Maschine der Yeti Airlines bei der Landung in Lukla – unter den 18 Toten waren zwölf Deutsche. Es war der dritte tödliche Unfall bei Yeti Airlines, der größten der Privatgesellschaften. Insgesamt ist es seit 1990 zu über 40 Abstürzen gekommen. Nach Expertenmeinung sind 95% davon auf menschliches Versagen zurückzuführen. Allerdings wird das Fliegen durch das bergige Terrain und plötzliche Wetterumschwünge stark erschwert. Leider besteht zu vielen abgelegenen Ort kaum eine nennenswerte Alternative zum Flugzeug – im Falle von Strecken, die gut per Auto oder Bus befahrbar sind, sollte man vielleicht auf der Erde bleiben. Die Entscheidung muss jeder für sich selbst treffen.

Die Hauptbüros der wichtigsten privaten Fluggesellschaften

•Agni Air, Shantinagar, Prayag Marg, Tel. 01-4107812, Fax 01-4107523, www.agniair.com
•Buddha Air, Jawalakhel, Tel. 01-4521015, 01-4542494, Fax 01-4537726, www.buddhaair.com
•Cosmic Air, Maharajganj, Tel. 01-4427150, 01-4427358, Fax 01-4427084, www.cosmic-air.com
•Everest Air, P.O. Box 10760, Kathmandu, Tel. 01-4479094-5, 01-4480432, Fax 01-4470255
•Gorkha Airlines, Maharajganj, Tel. 01-4435122, Fax 01-4444525, www.gorkhaairlines.com
•Lumbini Airways, Kamaladi, Tel. 01-4483381, lumbiniair@wlink.com.np
•Mountain Air, Sinamangal, Tel. 01-4489062, Fax 01-4428546, mountainair@sbbs.wlink.com.np
•Necon Air, Sinamangal, Kalimati Tole, Tel. 01-4480565, reservation@necon.mos.com.np
•Shangri-La Air, Hattisar, Tel. 01-4415145, Fax 01-4439566
•Yeti Airlines, Thamel Office, Tel. 01-4213012, 01-4213002, Fax 01-42130005, www.yetiairlines.com

Die privaten Airlines kommen und gehen teilweise wie Eintagsfliegen, und möglicherweise ist die eine oder andere Linie verschwunden, und eine neue hat ihren Platz eingenommen.

Everest-Rundflug

Sowohl Nepal Airlines als auch die privaten Airlines bieten einen Everest-

Rundflug an: In der klaren Jahreszeit (etwa **von Oktober bis März**) starten jeden Morgen Flugzeuge zu einem etwa einstündigen Flug, der den höchsten Berg der Welt sowie seine Nachbarn zum Greifen nahebringt. Die Airlines bieten oft jeweils ein halbes Dutzend dieser Flüge pro Tag an; Abflug immer frühmorgens. Oft starten innerhalb weniger Minuten mehrere Maschinen. In den Monaten April/Mai finden die Flüge nur bei guter Sicht statt; kurzfristige Stornierungen aufgrund schlechten Wetters sind möglich. Kostenpunkt bei allen Gesellschaften z.Z. 156 bis 166 US$. Die Flüge können in allen Reisebüros in Kathmandu gebucht werden oder unter www.mountainflights.com.

ktm073 Foto: rk

Fahrten mit dem Heißluftballon

Das Unternehmen **Balloon Sunrise Nepal** hat Rundfahrten mit dem Heißluftballon von Kathmandu aus im Programm, Beginn ist kurz nach Sonnenaufgang. Es geht über das Kathmandu Valley in einer Höhe von 1200 bis 1500 m über dem Tal, was fast 3000 m ü.N.N. entspricht. Die Tour dauert ca. 1 Std. und kostet 195 US$ pro Person, inklusive Hoteltransfer, Frühstück und „Ballon-Zertifikat". Anfragen unter Tel. 01-4424131, Fax 01-4424157, www.catmando.com/balloon. Das Paket kann zum selben Preis auch von zahlreichen Reisebüros in Kathmandu arrangiert werden.

Hubschrauber

Hubschrauber können über jedes bessere **Reisebüro in Kathmandu** gechartert werden. So kann man sich z.B. den langen Trekk nach Muktinath ersparen. Tatsächlich werden die Hubschrauber oft von wohlhabenden Pilgern zu Orten wie Muktinath gechartert. Hubschrauber werden aber auch zum Krankentransport aus abgelegenen Gebieten eingesetzt. Je nach Typ, Passagierkapazität und Strecke belaufen sich die Kosten auf 1500 bis 5000 US$. Es gibt mehrere Unternehmen in Kathmandu, bei denen Hubschrauber gechartert werden können:

Die Schattenseite der Urlaubsidylle – Bettler in Kathmandu

- **Asian Airlines Helicopter,** Thamel, Tel. 01-4410086, 01-4423273
- **Cosmic Air,** Maharajganj, Tel. 01-4427150, 01-4427358, Fax 01-4427084, www.cosmic-air.com
- **Dynasty Aviation,** Lazimpat, Tel. 01-4410090, Fax 01-4414627
- **Fishtail Air,** Tinkune, Tel. 01-4485186, Fax 01-4485187
- **Gorkha Airlines,** Maharajganj, Tel. 01-4435122, Fax 01-4444525, www.gorkhaair-lines.com
- **Karnali Air,** Sinamangal, Tel. 01-4473141, Fax 01-4488288, karnaair@mos.com.np
- **Manang Air,** Tinkune, Sinamangal, Tel. 01-4496253
- **Shree Airlines,** Tripureswor, Tel. 01-4222948, Fax 01-4228324, www.shreeair.com

Überlandbusse

Das **unangenehmste Verkehrsmittel** Nepals sind wohl die Überlandbusse, die oft völlig überfüllt, extrem langsam und unbequem sind. Zum Glück sind die Strecken innerhalb des Kathmandu Valley, die man mit demselben Bus fahren wird, kaum jemals länger als 30 oder 35 km. Selbst dafür benötigen die Busse meist 1½ bis 2 Std. Der Vorteil sind die extrem niedrigen Preise; es gibt im Kathmandu Valley Busfahrten mit normalem Bus, die nur 0,50 Euro kosten. Zu beliebten Touristenorten wie Dhulikhel und Nagarkot fahren ab Thamel auch **bequeme Touristenbusse.** Diese sind zwar wesentlich teurer, für europäische Verhältnisse aber immer noch spottbillig.

Taxis, Mietwagen und Jeeps

Eine sehr gute Alternative zu den Bussen sind Taxis oder Mietwagen, die man günstig mieten kann. Besonders wenn sich mehrere Leute zusammentun, lässt sich hiermit sehr **preiswert** und vor allem **bequem** reisen.

Taxis können in Kathmandu oder Patan leicht zu Tagesausflügen oder auch für mehrere Tage dauernde Touren anheuern. Bei längeren Touren in vielleicht sogar abgelegene und bergige Orte lassen die Fahrer sich nicht auf den Taxameterpreis ein – es muss ein Preis ausgehandelt werden. Die Kalkulation sollte wie folgt aussehen: 20 bis 22 Rs. pro gefahrenem Kilometer, dazu ca. 100 Rs. für jede Stunde, die der Taxifahrer an irgendeiner Sehenswürdigkeit warten muss. Zur Preisberechnung sollte man sich kundig machen, wie weit das Ziel entfernt ist, und dann mit einer festen Preisvorstellung um den Fahrpreis handeln. Die Taxipreise sind natürlich von den jeweils aktuellen **Spritpreisen** abhängig. Anfang 2009 kostete ein Liter Benzin 90 Rs. (sehr viel für ein armes Land wie Nepal!), ein Liter Diesel 65 Rs. Bei Dieselfahrzeugen könnte man also einen besseren Preis aushandeln, die Taxis fahren in der Regel aber mit Benzin. Einige private Kleinbusse, die auch angemietet werden können, fahren mit Diesel.

Für **Rundfahrten,** die mehrere Tage dauern sollen, bietet sich ansonsten der **Mietwagen-Service eines renommierten Reiseunternehmens** an. Diese haben gegenüber den Taxifahrern einen Vorteil: Die Taxifahrer sind nicht immer sehr zuverlässig, und es könnte passieren, dass ein Chauffeur seine Passagiere sitzen lässt und nach Hause fährt, da gerade wieder eines der zahllosen nepalesischen Feste vor der Tür steht oder er nun genug verdient und keine Lust mehr zum Arbeiten hat – so etwas kommt tatsächlich vor. Dieses Phänomen des spurlosen Verschwindens von Angestellten kennt jeder Arbeitgeber in Nepal – es beschränkt sich nicht auf Taxifahrer. Auch viele Restaurant- oder Hotelbesitzer können ein Lied davon singen.

Disziplinierter als die Taxifahrer sind die Mietwagenfahrer, die bei den Reiseunternehmen arbeiten. Bei diesen Unternehmen lassen sich Mietwagen mit Fahrer anheuern, wobei die **Preise** je nach Wagentyp und Firma variieren: 1000 bis 3000 Rs./Tag plus die Kosten für den Sprit.

Ein sehr **zuverlässiges Unternehmen,** das zahlreiche Wagentypen zur Verfügung hat, ist **Yen Travels,** Durbar Marg, Post Box 76, Kathmandu, Tel. 01-4221232, 01-4224740, Fax 01-4226152, www.yetitravelsonline.com.

Versicherungen

Zunächst: Für alle abgeschlossenen Versicherungen sollte man die **Notfallnummern** notieren und mit der **Policenummer** gut aufheben! Bei Eintreten eines Notfalles sollte die Versicherungsgesellschaft sofort telefonisch verständigt werden!

Der Abschluss einer **Jahresversicherung** ist in der Regel kostengünstiger als mehrere Einzelversicherungen. Günstiger ist auch die **Versicherung als Familie** statt als Einzelpersonen. Hier sollte man nur die Definition von „Familie" genau prüfen.

Auslandskrankenversicherung

Die Kosten für eine ärztliche Behandlung in Nepal werden von den gesetzlichen Krankenversicherungen in Deutschland und Österreich nicht übernommen, daher ist der Abschluss einer privaten Auslandskrankenversicherung **unverzichtbar.**

Bei Abschluss der Versicherung – die es mit bis zu einem Jahr Gültigkeit gibt – sollte auf einige Punkte geachtet werden. Zunächst sollte ein **Vollschutz ohne Summenbeschränkung** bestehen, im Falle einer schweren Krankheit oder eines Unfalls sollte auch der **Rücktransport** übernommen werden. Diese Zusatzversicherung bietet sich auch über einen **Automobilclub** an, insbesondere wenn man bereits Mitglied ist. Diese Versicherung bietet den Vorteil billiger Rückholleistungen (Helikopter, Flugzeug) in extremen Notfällen.

Wichtig ist auch, dass im Krankheitsfall der **Versicherungsschutz über die vorher festgelegte Zeit hinaus** automatisch verlängert wird, wenn die Rückreise nicht möglich ist.

Schweizer sollten bei ihrer Krankenversicherungsgesellschaft nachfragen, ob die Auslandsdeckung auch für Nepal inbegriffen ist. Sofern man keine Auslandsdeckung hat, kann man sich kostenlos bei Soliswiss (Gutenbergstr. 6, 3011 Bern, Tel. 031-3810494, www.soliswiss.ch) über mögliche Krankenversicherer informieren.

Zur Erstattung der Kosten benötigt man ausführliche **Quittungen** (mit Datum, Namen, Bericht über Art und Umfang der Behandlung, Kosten der Behandlung und Medikamente).

Andere Versicherungen

Ob weitere Versicherungen wie eine Reiserücktritts-, Reisegepäck-, Reisehaftpflicht- oder Reiseunfallversicherung sinnvoll sind, ist individuell abzuklären. Gerade diese Versicherungen enthalten viele **Ausschlussklauseln,** sodass sie nicht immer Sinn machen.

Die **Reiserücktrittsversicherung** für 35–80 Euro lohnt sich nur für teure Reisen und für den Fall, dass man vor der Abreise einen schweren Unfall hat, schwer erkrankt, schwanger wird, gekündigt wird oder nach Arbeitslosigkeit einen neuen Arbeitsplatz bekommt, die Wohnung abgebrannt ist u.Ä. Nicht gelten hingegen: Terroranschlag, Streik, Naturkatastrophe etc.

Die **Reisegepäckversicherung** lohnt sich seltener, da z.B. bei Flugreisen verlorenes Gepäck oft nur nach Kilopreis und auch sonst nur der Zeitwert nach Vorlage der Rechnung ersetzt wird. Wurde eine Wertsache nicht im Safe aufbewahrt, gibt es bei Diebstahl auch keinen Ersatz. Kameraausrüstung und Laptop dürfen beim Flug nicht als Gepäck aufgegeben worden sein. Gepäck im unbeaufsichtigt abgestellten Fahrzeug ist ebenfalls nicht versichert. Die Liste der Ausschlussgründe ist endlos ... Überdies deckt häufig die Hausratversicherung schon Einbruch, Raub und Beschädigung von Eigentum auch im Ausland. Für den Fall, dass etwas passiert ist, muss der Versicherung als Schadensnachweis ein Polizeiprotokoll vorgelegt werden.

Hat man eine **Unfallversicherung,** sollte man prüfen, ob diese im Falle plötzlicher Arbeitsunfähigkeit aufgrund eines Unfalls im Urlaub zahlt.

Zeitverschiebung

Die **Nepal Standard Time** ist der mitteleuropäischen Zeit (MEZ) zur Sommerzeit (Ende März bis Ende Oktober) um 3 Std. 45 Min. voraus, zur Winterzeit 4 Std. 45 Min. – um 12 Uhr in Deutschland ist es also 15.45 Uhr bzw. 16.45 Uhr in Nepal. Der Indian Standard Time ist sie um 15 Min. voraus, d.h. 12 Uhr in Indien ist 12.15 Uhr in Nepal. Mit dieser merkwürdigen Zeitrechnung möchte sich Nepal bewusst vom großen Nachbarn Indien absetzen – einen „logischen" Grund für die Zeitverschiebung im Verhältnis zu Indien gibt es nicht.

Nepal in der Zeit voraus sind unter anderem Bangladesh (15 Min.), Thailand (1 Std. 15 Min.), Malaysia und Singapur (2 Std. 15 Min.).

ktm096 Foto: rk

ktm072 Foto: rk

Land und Leute

ktm080 Foto: ms

ktm091 Foto: rk

Beschaulicher Alltag in Panauti

Straßengewühl in Kathmandu

Gebetsmühlen

Geografie

Nepal befindet sich, eingeschlossen von den beiden bevölkerungsreichsten Ländern der Erde, Indien und China, zwischen dem 26. und 30. nördlichen Breitengrad und zwischen dem 80. und 88. östlichen Längengrad. Damit liegt es etwa auf der Höhe von Libyen oder dem nördlichen Saudi-Arabien.

Hauptstadt und Kommunikationszentrum des Landes ist **Kathmandu** (ca. 1 Mio. Einwohner), das in einer Talsenke – dem Kathmandu Valley – auf etwa 1300 m ü.N.N. liegt. Nepal gehört zu den wenigen Ländern **ohne direkten Zugang zum Meer,** woraus sich einschneidende wirtschaftliche Abhängigkeiten vom Transitland Indien ergeben. Der nächste Seehafen befindet sich in Kolkata (Kalkutta), fast 1000 km Landweg von Kathmandu entfernt.

Die Gesamtfläche des Landes beträgt **147.181 Quadratkilometer,** was etwa der gemeinsamen Landmasse der Schweiz und Österreichs entspricht. Der südliche Nachbar Indien, der aufgrund seiner Kulturverwandtschaft als eine Art Bruderland betrachtet wird, ist etwa 22 Mal so groß. Die größte Ost-West-Ausdehnung Nepals beträgt 885 km, die größte Nord-Süd-Ausdehnung liegt zwischen 145 und 241 km.

Trotz seiner kleinen Fläche umfasst Nepal geografische Zonen, wie sie unterschiedlicher nicht sein könnten. Sie reichen von den nur 60 m ü.N.N. gelegenen Tiefebenen im Süden bis zu den Bergriesen des Himalaya. Generell ist Nepal – ganz seinem Klischee entsprechend – ein **extrem gebirgiges Land.** 64% der Fläche liegen über 1000 m hoch, 28% über 3000 m und 10% über 5000 m. Alle Regionen, die über 5000 m hoch liegen, sind von permanentem Schnee bedeckt.

Das Land unterteilt sich in insgesamt **vier geografische Zonen:** die Tiefebene, genannt Terai, die sich nördlich anschließenden Shiwaliks (auch: Churia-Hügelkette), die Mahabharat-Kette und das Bergland (Nepali: Pahar), aus dem sich auch die Himalaya-Kette erhebt.

Das **Terai,** das unmittelbar an Indien grenzt, war bis in die jüngere Vergangenheit von dichtem Dschungel bedeckt, nur wenig besiedelt und galt aufgrund der weit verbreiteten Malaria als die „Fieberhölle" Nepals. Dieser schwer durchdringbare Wall aus Urwald und Krankheit isolierte Nepal lange gegen Süden, im Norden war das Land ohnehin durch das Hochgebirge abgeschnitten. Mit der Zurückdrängung der Malaria seit den 1960er Jahren wuchs im Terai die Bevölkerung, weite Waldflächen wurden gerodet und zu Ackerland gemacht. Betriebe nahmen ihre Arbeit auf. Heute versorgt das Terai weite Teile Nepals mit Nahrungsmitteln und erzeugt sogar Exportüberschüsse. Zahlreiche der größten Städte Nepals befinden sich im Terai und florieren zum großen Teil durch den Handel mit Indien. Die wichtigsten dieser Orte sind Biratnagar (170.000 Einw.), Birganj (120.000 Einw.), Bhairawa (75.000 Einw.) und

Nepalganj (65.000 Einw.). Das Terai wird an einigen Stellen von niedrigen Höhenzügen durchschnitten, die teilweise die Grenze nach Indien bilden oder nach Süden hin kleine Ebenen umschließen, die Inneres Terai genannt werden.

Den nördlichen Abschluss des Terai bilden die **Shiwaliks** oder **Churia-Berge,** die sich quer durch das ganze Land erstrecken. Vom Terai aus steigen diese - zum Erschrecken vieler Buspassagiere – enorm steil an und erreichen Höhen bis zu 1500 m. Dieser Streifen ist aufgrund seiner Bodenbeschaffenheit landwirtschaftlich nicht nutzbar, und das Gebiet ist entsprechend nur dünn besiedelt. Unkontrollierte Abholzungen haben zudem zu starker Bodenerosion geführt - die im Monsun ins Terai abfließenden, stetig zunehmenden Wassermassen haben aus diesem Grund schon manche Überschwemmungskatastrophe ausgelöst.

Nördlich der Shiwaliks erstreckt sich die **Mahabharat-Kette** mit Gipfelhöhen von 2000 bis 3000 m. Dieser Höhenzug stellt altes nepalesisches Siedlungsgebiet dar, das von den Fiebersümpfen im Süden und dem Himalaya im Norden umschlossen und für Feinde fast unerreichbar war. Da die vorhandenen Flusstäler sehr eng und zum Siedeln ungeeignet sind, ließ sich die Bevölkerung an den Talhängen nieder und schuf terrassenförmiges Ackerland. Die wichtigsten Städte dieser Region sind Dharan Bazar (120.000 Einw.), Hetauda (80.000 Einw.) und Butwal (80.000 Einw.).

Nördlich der Mahabharat-Kette folgt das **Bergland,** das die Täler von Kathmandu und Pokhara umschließt und sich in einer Breite von 50 bis 100 km quer durch das Land erstreckt. Üppige Niederschläge und das gemäßigte Klima machten diese Region zum Hauptsiedlungsgebiet: In der Vergangenheit beherbergte sie gut zwei Drittel der nepalesischen Bevölkerung. Mittlerweile leidet die Region unter Überbevölkerung, Bodenerosion und Bodenauszehrung. Die Folge davon ist ein stetig fallender Flächenertrag. Das veranlasst viele Bewohner zur Flucht in die größeren Städte, in denen sie sich ein sichereres Auskommen erhoffen. Der Ackerbau erfolgt auf unzähligen Terrassenfluchten, die den Bergen mühsam abgerungen wurden. Nassreis wird bis in Höhen von 2000 m angebaut, Mais bis zu 2500 m, Weizen bis 2800 m.

Aus dem Bergland erhebt sich das legendäre **Himalaya-Massiv,** dessen Gipfel sich unter ewigem Schnee befindet. Der Name Himalaya (Betonung auf dem ersten a) entstammt dem Sanskrit und bedeutet „Ort des Schnees". Hier erhebt sich auch der **Mt. Everest** (8848 m), der höchste Berg der Welt. In der Landessprache nennt er sich *Sagarmatha* oder „Kopf des Meeres" - ein treffender Hinweis darauf, dass sich hier vor Millionen von Jahren ein Meer befand. Der Himalaya bildete sich vor 140 Mio. Jahren, als sich die sogenannte Indische Platte aus dem Südkontinent (Godwanaland) löste und gen Norden auf die Eurasische Platte zudriftete. Durch den beim Aufeinandertreffen entstehenden Druck wurde der Himalaya aufgewölbt. Da die Landbewegung immer noch im Gange ist, erhöht sich der Himalaya jedes Jahr noch um einen Millimeter, der allerdings durch natürliche Erosion wieder abgetragen wird. Trotzdem ist der Mt. Everest nach neuesten Messungen eines ausländischen Forscherteams auf 8850 m angewachsen, die nepalesische Regierung beharrt jedoch bisher auf der althergebrachten Zahl.

Als Siedlungsgebiet spielt das Gebirge verständlicherweise eine untergeordnete Rolle, an seinen Südhängen liegt die **Siedlungsgrenze bei ca. 2500 m.** Einige Sommersiedlungen werden gelegentlich in Höhen bis 4400 m angelegt.

In der **Mythologie** der Nepalesen sind zahlreiche Berge des Himalaya mit ihren Göttern verknüpft und gelten als heilig. So z.B. der Machhapuchre (6993 m) im Annapurna-Massiv, der 1957 gegen den Willen weiter Teile der Bevölkerung von einer Bergexpedition in Angriff genommen wurde.

Die **zehn höchsten Gipfel** sind:

• **Mt. Everest**	8848 m
• **Kanchenjunga**	8586 m
• **Lhotse**	8516 m
• **Mt. Makalu**	8463 m
• **Dhaulagiri**	8172 m
• **Manaslu**	8163 m
• **Cho-Oyu**	8201 m
• **Annapurna I**	8091 m
• **Annapurna II**	7937 m
• **Annapurna III**	7582 m

Die Besteigung scheiterte jedoch – ein untrügerisches Zeichen der Macht der Götter –, und weitere Versuche wurden nicht mehr gestattet. Ohnehin hegen die Nepalesen wenig Verständnis für die Besteigung von Bergen aus abenteuerlichen Gründen.

An Teilen der Grenze zu Tibet erstreckt sich über 400 km – vom Ganesh Himal bis in den Nordwesten des Landes – die **nordhimalayische Trockenzone,** deren zerklüftete Öde an die Hochebenen von Tibet erinnert. Wegen ihrer lebensfeindlichen Bedingungen ist die Region nur spärlich besiedelt, nur in den Flussniederungen wird Ackerbau betrieben.

Aus den Gebirgsregionen ergießen sich zahlreiche **Flüsse** in Richtung Süden, die alle direkt oder indirekt in die heilige „Mutter Ganges" einfließen. Wie die Inder, so betrachten auch die Nepalesen viele ihrer Flüsse als Manifestationen der Götter, in die man die Asche der Toten streut, die dann zum Ganges und damit zur Erlösung treibt. Nepals wichtigste Flüsse sind der Karnali im Westen, der Gandaki in der Zentralregion und der Koshi im Osten. Sie entwässern gemeinsam etwa drei Viertel der Landesfläche.

Der **Wasserstand** der Flüsse ist stark von der Jahreszeit abhängig, und manch traurig dahinplätscherndes Rinnsal schwillt in der Regenzeit zu einem flutgewaltigen, reißenden Strom an. Zu dieser Jahreszeit führen viele Flüsse das 30-fache ihrer normalen Wassermenge, was sich im Zuge der zunehmenden Bodenerosion in Zukunft auch noch steigern kann: Das

Abholzen der Bergwälder, die zuvor große Teile des Regenwassers speicherten, lässt die Wassermassen der Flüsse und damit auch deren zerstörerische Kraft anschwellen und hat oft Überschwemmungen zur Folge. Andererseits bergen die Flüsse ein ungeheures **Potenzial an Energie:** Berechnungen zufolge verfügt Nepal, bei einem Flächenanteil von nur 0,94% der Erde, theoretisch über 2,27% des weltweiten hydro-elektrischen Potenzials. Bis dieses jedoch voll genutzt werden kann, wird noch so manches Wasser ungenutzt in den Ganges fließen.

ktm077 Foto: rk

Hanf (Cannabis sativa) wächst in Nepal vielerorts wild, der Genuss ist allerdings nur Sadhus erlaubt

Flora und Fauna

Flora

Entsprechend der geografischen Zonen kann man Nepal auch in **fünf größere Vegetationszonen** unterteilen: die tropische Zone im extremen Süden, die sich anschließende subtropische, die gemäßigte, die subalpine und schließlich die alpine Zone.

Die **tropische Zone** umfasst das Terai und das Innere Terai und ist die Heimat eines artenreichen Monsunwaldes. Der verbreitetste Baum ist der Sal-Baum *(Shorea robusta)*, dazu kommen Orchideenbäume, Dillenien, Katechu-Akazien, Wollbaum u.v.a. Das Terai ist Nepals fruchtbarste Region und bietet gute Voraussetzungen für den Reisanbau, der die Region zur Kornkammer des Landes gemacht hat. Weite Landstriche sind mit Zuckerrohr bepflanzt, das hier ebenfalls am besten gedeiht.

Die **subtropische Zone** befindet sich in Höhenlagen zwischen 1000 und 2100 m. Im westlichen Nepal finden sich darin Nadelwälder, die von der Emodikiefer *(Pinus ruxburghii)* dominiert werden; im Osten und in der Zentralregion herrschen Chilaunen- und Scheinkastanienwälder vor, durchsetzt mit Eichen, Erlen, Korallen- und Walnussbäumen. Vor allem im Osten wachsen diverse Rhododendron-Arten, die im März und April zu voller Pracht erblühen.

Die **gemäßigte Zone** erstreckt sich bis in Höhen von 3100 m und unterliegt einem feuchten, kühlen Klima. In den unteren Lagen finden sich u.a. Pinienwälder, Birken, Ahornbäume und Scheinkastanien, in den oberen Lagen Pappeln, Haselnuss-, Spindel- und Ahornbäume sowie Birken. In dieser Zone gedeihen auch zahlreiche Kräuter, die in der traditionellen Heilmedizin Verwendung finden.

Die **subalpine Zone** beginnt bei 3100 m und reicht bis zur Baumgrenze, die in den verschiedenen Landesteilen auf unterschiedlichem Höhenniveau liegt: im Westen bei 3650 m, in der Zentralregion bei 3800 m und im Osten bei 4100 m. Durch das ungastliche kalte Klima und Wassermangel ist die Vegetation hier sehr spärlich, es wachsen Hemlock- und Himalayatannen, Birken und Rhododendronwälder und vor allem verschiedene Kräuterarten. Darunter sind Steinquitte, Waldrebe, Seidelbast und Primeln.

Die **alpine Zone** beherbergt karge Trockensteppen, die zum Teil über 4500 m hoch liegen und nur wenige, anspruchslose Sträucher aufweisen. Bis 5000 m Höhe wachsen Blumen, von denen Nepal um die 6500 Arten aufweist. Dazu kommen insgesamt 375 Farnarten.

Die ungeheure Artenvielfalt, die den verschiedenen Klimazonen entspringt, ist natürlich nicht ungefährdet. 87% des Energiebedarfs wird aus Brennholz gedeckt, und die daraus resultie-

ktm078 Foto: rk

rende **Abholzung der Wälder** löst eine Kette von ökologischen Katastrophen aus: Erdrutsche, Überschwemmungen, vielen Tier- und Pflanzenarten wird die Lebensgrundlage entzogen. Waren 1990 noch knapp 40% der Landesfläche mit Wald bedeckt, dürften es heute kaum noch 25% sein. Holz ist ein wichtiges Exportgut und bringt dem Land jährliche Einnahmen von 50 bis 100 Mio. Rupien. Am meisten betroffen von der Waldzerstörung sind die mittleren Höhenzüge bis 2750 m, wo anstelle von Wäldern vielerorts nur noch ödes Strauchland zu finden ist.

Fauna

Insgesamt beheimatet Nepal über 800 Vogel-, 590 verschiedene Schmetterlings- und 120 Fischarten. In den Niederungen tummeln sich Gekkos und Warane, aber auch zahlreiche Schlangenarten. Letztere halten die Ratten- und Mäusepopulation in Grenzen (insgesamt 22 Arten), die Schätzungen gemäß ohnehin schon 15 bis 20% einer jeden Ernte vernichten. Ohne die Mäuse jagenden Schlangen wäre der Schaden noch höher.

Unter den **Schlangenarten,** die vor allem im Terai vorkommen, kaum in den Höhenlagen, sind Kobras, Königskobras, Pythons, Kraits und Vipern. Schlangenbisse werden hauptsächlich unter der Dorfbevölkerung des Terai registriert, die bei der Feldarbeit einem erhöhten Risiko ausgesetzt ist. Die Chance, bei einer Trekking-Tour eine Schlange zu Gesicht zu bekommen, ist sehr gering: Erstens werden die Schlangen mit zunehmender Höhe seltener, und zweitens flieht jede Schlange beim Gedröhn von einem Dutzend Trekker-Stiefeln. Schlangen haben zwar kein Gehör, nehmen durch ihren Körper aber die vom Boden ausgehenden Vibrationen auf.

In einigen Flüssen und Teichen leben **Wasserschlangen,** in den unteren Läufen der Flüsse Koshi, Mahakali und Narayani tummeln sich noch einige **Krokodile** und **Alligatoren.**

Wie nicht anders zu erwarten, beherbergt jede der so unterschiedlichen Klima- und Höhenzonen ihre eigenen **Tiergattungen.** So findet man im heißen Terai Affenarten wie Makaken und Languren, verschiedene Wildkatzen, Hyänen, Füchse, Mungos, Otter, Maulwürfe, Einhörnchen, Karnickel, Wildschweine, Schwarzbären und etliche Hirscharten. Dazu gesellen sich einige **vom Aussterben bedrohte Arten:** Im Jahr 2000 wurde die Zahl der Tiger auf insgesamt 360 bis 370 geschätzt, heute sind es aufgrund von Wilderei unter 150. Gesunken ist in den letzten Jahren auch die Zahl der Nashörner, deren Bestand derzeit auf insgesamt ca. 400 geschätzt wird (die meisten davon im Chitwan-Park). Dazu kommen wilde Wasserbüffel (unter 100), wilde Elefanten (ca. 100 bis 170), Bisons (100 bis 200), Schwarzhirsche (ca. 100) und Flussdelfine (unter 100).

Landschaft im Kathmandu Valley

Die Mittelgebirge **bis 3000 m** werden bevölkert von Makaken, Languren, Wölfen, Füchsen, verschiedenen Bärenarten, Wildschweinen, diversem Rotwild, Dschungelkatzen, Leoparden und Schakalen.

In Höhen **bis zu 4000 m** leben wiederum die allgegenwärtigen Languren, verschiedene Schaf- und Rotwildarten, Bären, Rote Pandas, Wölfe, Bergfüchse, Braun- und Himalaya-Bären und Schneeleoparden.

Nationalparks und Wildreservate

Seit der Gründung des ersten Nationalparks in Nepal im Jahre 1973, dem Royal Chitwan National Park, wurden bisher elf weitere Nationalparks oder Wildreservate geschaffen. Diese umfassen insgesamt eine Fläche von ca. **13.000 Quadratkilometern,** was etwa 9% der Landesfläche entspricht - eine beachtliche Zahl, die wohl von nicht vielen Ländern erreicht wird.

Informationen zu den Schutzgebieten werden erteilt vom Department of National Parks and Wildlife Conservation, P.O. Box 860, Barbar Mahal, Kathmandu, Tel. 2-20912.

Chitwan National Park

- **Gegründet:** 1973
- **Fläche:** 932 Quadratkilometer
- **Region:** Terai, bei Tadi Bazar/Bharatpur/Meghauli
- **Tiere:** Hirsche, Wildschweine, Krokodile, Alligatoren, Flussdelfine, Tiger, Leoparden, Rhinozerosse

Sagarmatha National Park

- **Gegründet:** 1976
- **Fläche:** 1148 Quadratkilometer
- **Region:** Khumbu, Ostnepal
- **Tiere:** Languren, Hirsche, Rote Pandas, Schwarzbären, Leoparden, Wölfe

Langtang National Park

- **Gegründet:** 1976
- **Fläche:** 1710 Quadratkilometer
- **Region:** Langtang Valley, Gosainkund
- **Tiere:** Hirsche, Yaks, Schneeleoparden, Rote Pandas, Wildschafe

Rara National Park

- **Gegründet:** 1976
- **Fläche:** 106 Quadratkilometer
- **Region:** Rara Lake, Karnali, Nordwest-Nepal
- **Tiere:** Moschushirsche, Schwarzbären

Shey-Phoks-Undo National Park

- **Gegründet:** 1984
- **Fläche:** 3555 Quadratkilometer
- **Region:** Ostnepal
- **Tiere:** Moschushirsche, Schneeleoparden, Wildschafe

Khaptad National Park

- **Gegründet:** 1984
- **Fläche:** 225 Quadratkilometer
- **Region:** Westnepal
- **Tiere:** Rote Pandas, Schwarzbären, Wildhunde, Fasane, Leoparden, Rhesus-Affen

Bardia National Park

- **Gegründet:** 1988
- **Fläche:** 986 Quadratkilometer
- **Region:** Bardia District
- **Tiere:** Tiger, Leoparden, wilde Elefanten, Hirsche, Rhinozerosse

Shukla Phanta Wildlife Reserve

- **Gegründet:** 1986
- **Fläche:** 155 Quadratkilometer
- **Region:** Kanchanpur District
- **Tiere:** wilde Elefanten, Tiger, Leoparden, Wildschweine, Hirsche

Koshi Tappu Wildlife Reserve

- **Gegründet:** 1976
- **Fläche:** 175 Quadratkilometer
- **Region:** Südost-Nepal, nahe Biratnagar
- **Tiere:** Tiger, wilde Büffel, Wildschweine, Hirsche

Parsa Wildlife Reserve

- **Gegründet:** 1984
- **Fläche:** 50 Quadratkilometer
- **Region:** Zentral-Nepal
- **Tiere:** Chital, Tiger, wilde Elefanten

Dhorpatan Hunting Reserve

- **Gegründet:** 1987
- **Fläche:** 1325 Quadratkilometer
- **Region:** Dhaulagiri Himal, Westnepal
- **Tiere:** Bären, Fasane, Truthähne

Shivapuri Wildlife Watershed Reserve

- **Gegründet:** 1976
- **Fläche:** 145 Quadratkilometer
- **Region:** nördlich von Budhanilakantha, Kathmandu Valley
- **Tiere:** Leoparden, Hasen, Hirsche, Vögel

Klima

Aufgrund der extremen Höhenunterschiede innerhalb des Landes gibt es logischerweise eine **Vielzahl von klimatischen Zonen,** und die Frage: „Wie ist das Wetter in Nepal im Oktober?" kann allgemeingültig nicht beantwortet werden. Wo in Nepal, das ist der springende Punkt. Denn während der Farmer im Terai unter herbstlicher Brutsonne schwitzt, riskiert der Everest-Bezwinger Erfrierungen; während es im Terai im Monsun Kübel schüttet, glitzert im Hochgebirge der ewige Schnee.

Grundsätzlich kann man das Jahr in **drei Haupt- und zwei Nebenjahreszeiten** unterteilen. Von Mitte Juni bis Anfang Oktober herrscht der bei Touristen so unbeliebte **Monsun,** den die Nepalesen *Ritu Hawa* nennen, die „Jahreszeit der Winde". Dies ist die ungünstigste Jahreszeit für Reisen, es gibt oft lange anhaltenden Regen, und

die sonst so weithin sichtbaren Berge sind dicht von Wolken verhüllt. Im Kathmandu Valley aber fallen die Regenfälle nicht so stark aus wie z.B. im Terai, und man kann durchaus einige Tage hintereinander erleben, an denen die Sonne scheint und es keinen Regen gibt. Der Vorteil der Regenzeit ist, dass sich die Natur in ihrem besten Gewand präsentiert, das ganze Tal ist in ein sattes Grün getaucht.

Das Ende des Monsuns leitet in die schönste Jahreszeit über, eine Art kurzen **Herbst,** der etwa von Mitte Oktober bis Mitte November dauert. Auf Nepali heißt er *Sharad Ritu,* die „Kühle Jahreszeit". Das Wetter ist klar, die Sicht gut, die Landschaften präsentieren sich nach den vorangegangenen Regengüssen in ein tiefes Grün getaucht.

Es folgt der **Winter** (*Hiuñdo* oder *Jarobela*), der etwa bis Ende Februar oder Anfang März dauert. Es kann empfindlich kühl werden, in Kathmandu werden gelegentlich Nachttemperaturen von knapp unter 0 Grad gemessen. Das Ende der kalten Jahreszeit wird durch das hinduistische Frühlingsfest Holi markiert, nach dem es tatsächlich oft schlagartig heiß wird.

Dieser **Frühling** oder *Basanta Ritu* geht schon bald in eine Art Vormonsun über (ca. Ende April), dessen gelegentliche Stürme den nahenden Regen ankünden.

Im Folgenden eine Übersicht, welches **Wetter** wann **im Kathmandu Valley** zu erwarten ist:

Januar – Kalte Nächte mit gelegentlich nur um 0 Grad, Tagestemperaturen um 21 Grad; nachts und morgens neblig, sonst sehr klar.

Februar – Tagestemperaturen um 24 Grad; in der zweiten Monatshälfte kein Morgennebel mehr, tagsüber aber gelegentlich geringe Wolkenbildung; ansonsten sehr klar. Immer noch sehr kalte Nächte, 1 oder 2 Grad über dem Gefrierpunkt.

März – Nachttemperaturen kaum unter 10 Grad, am Tage bei knapp 30 Grad; steigende Luftfeuchtigkeit und häufigere Wolkenbildung; gelegentlich dunstig.

Nebenbauten des Guhyeshvari-Tempels in Kathmandu

Mittlere tägliche Maximum- und Minimumtemperaturen in °C

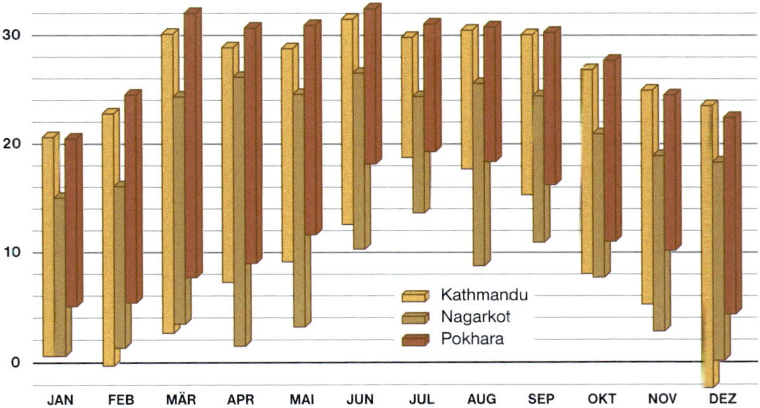

Durchschnittliche Regentage im Monat

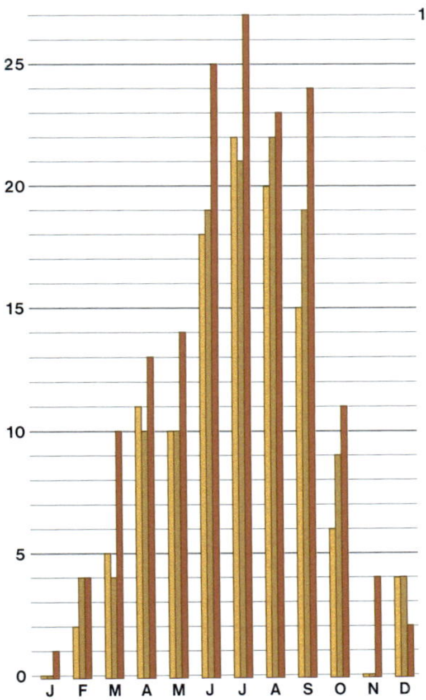

Durchschnittliche Niederschläge in mm

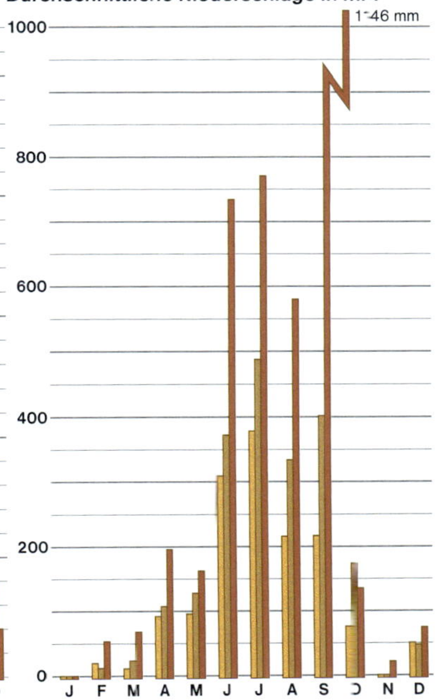

April – Nachttemperaturen kaum unter 13 Grad, tagsüber bis 32 Grad; verstärkte Dunstbildung und nachmittags gelegentlich Stürme, allerdings ohne Regen.

Mai – Der heißeste Monat mit Nachttemperaturen selten unter 16 Grad, tagsüber 32 bis 33 Grad, manchmal auch noch etwas darüber; mittlerweile starke Wolkenbildung und gelegentliche Schauer; ab der zweiten Monatshälfte zunehmende Trockenheit und starke Staubbildung, schwül.

Juni – Etwas höhere Nacht-, aber geringere Tagestemperaturen; erst zögerlich Schauer, die ab Monatsmitte kräftiger und ausdauernder werden.

Juli – Fast täglich Regen und relativ feucht; Tagestemperaturen, falls kein Regen um 30 Grad, bei Regen weniger. Nachts bei Regen 16 bis 20 Grad.

August – Immer noch etwa die gleichen relativ hohen Temperaturen und noch mehr Regen als im Vormonat.

September – Leicht absinkende Temperaturen, nachts 18 bis 22 Grad, tagsüber 30 bis 32 Grad; schon weniger Regen, besonders ab der zweiten Monatshälfte.

Oktober – Angenehme Temperaturen von nachts mind. 14 bis 16 Grad, am Tag max. 30 bis 32 Grad; in der ersten Monatshälfte eventuell noch ein gelegentlicher Schauer; alles ist herrlich ergrünt, das Wetter ist klar, nur wenig Wolkenbildung.

November – Es wird kühler, die Nachttemperaturen sinken bis auf 7 Grad, Tagestemperaturen max. 26 Grad; abends und nachts Nebel, ansonsten klarer, blauer Himmel.

Dezember – Kalt! Nachts manchmal unter 5 Grad, tagsüber höchstens 12 Grad; nachts und morgens Nebel, ansonsten klar und trocken.

Weitere Angaben, auch zu anderen Orten, entnehme man den folgenden Tabellen. Passionierte Wintersportler seien noch davor gewarnt, ihre Skiausrüstung nach Kathmandu zu schleppen: Den einzigen dort registrierten Schneefall gab es 1945!

Bevölkerung

Statistik

2008 hatte Nepal ca. **25 Mio. Einwohner,** was eine durchschnittliche Besiedlung von ca. 170 Einwohnern pro Quadratkilometer bedeutet (zum Vergleich: Deutschland 230 Einw./Quadratkilometer). Zu bedenken ist aber, dass weite Teile des Landes unbewohnbar sind und in den Hauptballungsgebieten eine viel höhere Bevölkerungsdichte herrscht – wie jedermann selber merken wird, der sich durch Kathmandus Altstadtgassen zwängen muss.

Kathmandu ist die dichtbesiedeltste Stadt mit über 3000 Einwohnern pro Quadratkilometer, jährlich verzeichnet sie einen Zuwachs von ca. 15%. An zweiter Stelle folgt Bhaktapur mit 2500 Einwohnern pro Quadratkilometer. Wie überall in der „Dritten Welt" wird eine **Abwanderung der Landbevölkerung** in die Städte registriert: Lebten dort 1971 nur 4% der Bevölkerung, so sind es heute über 15%. Außerdem ist eine Abwanderung in die fruchtbaren Regionen des Terai zu beobachten, da die Landwirtschaft in den Bergregionen mit sinkenden Flächenerträgen zu kämpfen hat. Heute leben 8% der Gesamtbevölkerung in den Hochgebirgen, 47% in den Hügelregionen und 45% im Terai.

Zwar scheint die Bevölkerungszahl relativ niedrig, der **jährliche Zuwachs** aber ist enorm. So hatte Nepal noch 1971 weniger als die Hälfte seiner heutigen Einwohner, nämlich 11,5 Mio. Innerhalb von zwei Jahrzehnten verdoppelte sich die Bevölkerung, und das etwas bombastische Wort „Bevölkerungsexplosion" ist keineswegs zu hoch gegriffen. Zum Vergleich: Indien, das Mutterland bevölkerungspolitischer Fehlschläge, benötigte 30 Jahre, um seine Bevölkerung von 350 auf 700 Mio. zu verdoppeln (1951 bis 1980). Seit 1970 wächst Nepals Bevölkerung durchschnittlich um 2,5% pro Jahr.

Im Durchschnitt bekommt eine nepalesische Frau 4,4 Kinder. Den hohen Geburtenzahlen steht eine sehr hohe Kindersterblichkeitsrate entgegen: Von 1000 Kindern bis zum Alter von 5 Jahren sterben 64 (in Deutschland sind es vier von 1000). **Hohe Kindersterblichkeit** bewirkt in Entwicklungsländern fast immer **hohe Geburtenzahlen,** da „zur Sicherheit" immer mehr Kinder gezeugt werden. In Ländern ohne soziales Sicherungsnetz sind Kinder, die die Eltern im Alter versorgen können, die einzig wirksame Lebensversicherung.

Ein Grund für das Bevölkerungswachstum liegt aber auch im **Analphabetentum** und dem daraus resultierenden Mangel an Verhütungswissen. 2005 galten nur 49% der Bevölkerung als alphabetisiert.

Ein nepalesisches Kind, das heute geboren wird, hat eine durchschnittliche **Lebenserwartung** von 63 Jahren. Im Gegensatz zu den Industrienationen, wo sich Frauen als langlebiger als Männer erweisen, liegen sie in Nepal etwa gleichauf mit den Männern. Vor einigen Jahren noch waren Frauen kurzlebiger als die Männer, die Tatsache, dass sie nun etwa dasselbe Alter erreichen, ist durchaus ein Fortschritt. Die Diskriminierung oder Vernachlässigung von Frauen oder weiblichem Nachwuchs hat auf dem indischen Subkontinent eine lange Tradition. Nicht selten müssen Frauen mehr arbeiten, bekommen aber weniger nahrhaftes Essen und werden im Krankheitsfalle schlechter versorgt.

Die Volksgruppen

Nepals Bevölkerung bildet keine homogene ethnische Gruppe, im Gegenteil: Es gibt **mindestens 36 verschiedene Volksgruppen,** die zum großen Teil ihre eigene Sprache sprechen und eigene Traditionen pflegen. Das Spektrum reicht von den Bhote-Völkern des Himalaya, die den Tibetern verwandt sind (Nepali *bhote* = „Tibet"; Vorsicht, das Wort gilt bei vielen Nepalesen heute als Schimpfwort im Sinne von „Hinterwäldler"!), bis zu den indo-arischen Gruppen des Terai. Der Begriff

ktm082 Foto: rk

„Nepalese“ ist – falls die Person nicht genauer definiert wird – etwa genauso vage wie das Wort „Europäer“.

Die verschiedenen Volksgruppen leben, falls sie nicht von der großen Wanderungswelle erfasst wurden, in den ihnen angestammten **Regionen:** Die Täler und Mittelgebirge sind die Heimat der Newar, Tamang, Magar, Limbu, Rai, Sunwar, Jirel, Kiranti, Thakali, Gurung, Magar, Chepang, Panchgaunle. Im Terai leben die Tharu, Satar, Rajbansi, Dhimal, Bodo, Dhangar, Majhi und Darai, und im Himalaya die bekannten Sherpa, dazu Lhomi, Thudam, Topke Gola, Lopa, Manangba, Baragaunle und Olangchung Gola.

Zu all den in Nepal ansässigen Völkern gesellen sich zunehmend **Inder,** die aufgrund eines entsprechenden indo-nepalesischen Abkommens Wohn- und Arbeitsrecht in Nepal genießen. Das begünstigt einen starken Zustrom aus den verarmten Unterschichten der angrenzenden indischen Bundesstaaten Uttar Pradesh und Bihar, aber auch aus den wohlhabenden Händlerkasten der Sindhi und Marwari. Mittlerweile leben einige Millionen Inder in Nepal, dessen Bevölkerung den Zuzug mit nur wenig Wohlwollen beobachtet. In der Umgangssprache werden die Inder „Dhoti“ genannt – eine Anspielung auf das gleichnamige Wickelgewand, das die meisten von ihnen tragen.

Die **wichtigsten nepalesischen Volksgruppen** im einzelnen sind:

Newar

Die Newar werden als die **„Ureinwohner" des Kathmandu Valley** betrachtet, die allerdings selbst keine homogene ethnische Gruppe darstellen. Die Newar-Gesellschaft entstand um das 6. Jh., als sich Kirata, Kollya, Salmaliya, Shakya, Licchavi und Shreshta im Kathmandu-Tal ansiedelten, und vermischte sich später mit weiteren Gruppen und Einflüssen. Der Begriff Newar umfasst deshalb sowohl Gruppen indo-arischer als auch tibeto-burmesischer Herkunft, und diese komplexe Zusammensetzung hat Ethnologen schon zu den unterschiedlichsten Herkunftstheorien verleitet.

Die Newar sprechen ihre eigene **Sprache, Newari,** die der tibeto-burmesischen Sprachenfamilie zuzuordnen ist, aber auch einige Sanskrit-Einflüsse aufweist. Geschrieben wird im **Devanagiri-Alphabet,** das auch für Nepali, Hindi, Marathi und Sanskrit verwendet wird. Die einst gebräuchliche eigene Newari-Schrift wird heute kaum noch benutzt.

Die Newar umfassen heute ungefähr **800.000 Personen,** von denen mehr als die Hälfte im Kathmandu Valley wohnen, der Rest in und um Pokhara, Tansen, Butwal und im äußersten Westen des Landes. Die meisten arbeiten als Handwerker, Geschäftsleute oder in der Landwirtschaft.

Newar-Mädchen in Bungamati

Gurung

Die Gurung sind ein **Bergvolk,** das die Gebiete von Gorkha bis Lamjung, Kaski und Syangja im Westen bewohnt und sich vor allem in den berühmten **Gurkha-Regimentern** einen Namen gemacht hat. Es gibt wohl kein Gurung-Dorf, in dem nicht ein paar Gurkha-Veteranen zu finden wären, die nun ihre Pension aufzehren. Abgesehen davon wird der Lebensunterhalt in erster Linie durch den Anbau von Reis, Weizen, Mais, Kartoffeln sowie mit der Schafzucht verdient.

Die Gurung-Gesellschaft ist in **zwei Hauptkasten** unterteilt, die **Char Jat** („Vier Stände") und **Sora Jat** („Sechzehn Stände"). Die Mitglieder der Char Jat haben den höheren Status, Ehen zwischen den Kasten sind nicht üblich. Die Char Jat unterscheiden sich weiterhin, wie der Name schon andeutet, in vier Unterklassen. Die Sora Jat bestanden ursprünglich einmal aus 16 Unterklassen, inzwischen sind es jedoch mehr. Untereinander erkennt man die Gruppenzugehörigkeit und damit den Status am Clansnamen. Heute leben schätzungsweise **250.000 Gurung** in Nepal.

Magar

Wie die Gurung, so zog es auch die Magar traditionell in die **Gurkha-Regimenter,** was den bescheidenen Einnahmen aus der Landwirtschaft eine Menge Pound Sterling zufließen ließ. Angebaut werden Reis, Hirse, Weizen, Buchweizen, Mais, Obst und Gemüse. Einige Bauern betreiben Ziegen- oder Schafzucht.

Die Magar gehören zu den tibeto-burmesischen Völkern und sprechen demnach eine dem Tibetischen verwandte Sprache. Diese ist jedoch in drei so unterschiedliche **Dialekte** gespalten, dass deren Sprecher untereinander kaum kommunizieren können.

Die Magar-Gesellschaft unterteilt sich in eine Reihe von **Thar** oder **„Clans“,** die sich untereinander weiter in Unterclans gliedern. Grundsätzlich wird den Clans keine spezielle Rangordnung zugeschrieben, in einigen Dörfern kann dies aber gelegentlich der Fall sein. Die meisten Magar heiraten strikt innerhalb ihres Clans, wobei Ehen zwischen Cousin und Cousine auffallend häufig sind. Die meisten Ehen sind von den Eltern arrangiert, einige Magar-Herren „rauben“ sich aber lieber eine Frau und heiraten ihre „Beute“ dann in einer Nacht- und Nebel-Aktion! Die meisten Magar leben über Westnepal verstreut, insgesamt ca. **350.000 Menschen.**

Thakali

Ihrer geringen Anzahl zum Trotz sind die Thakali **im Geschäftsleben** und besonders in der Gastronomie enorm **einflussreich.** Ursprünglich stammen sie aus dem Gebiet des Thak Khola (*khola* = „Fluss“) zwischen Annapurna und Dhaulagiri, breiteten sich aber schon Ende des 19. Jh. entlang des gesamten Kali-Gandaki-Tals aus; heute sind sie fast im ganzen Land anzutreffen. Ihr traditionelles Handelszentrum ist Tukche, dessen Name an den tibetischen Begriff für „Salzmarkt“ angelehnt ist. Tatsächlich hielten sie seit Mitte des 19. Jh. das Monopol für den Salzhandel mit Tibet in ihren Händen. Als einige ihrer Kaufleute die darauf erhobenen Steuern nicht mehr zahlen konnten, wandten sie sich anderen Handelszweigen zu.

Heute unterhalten viele von ihnen die Bhatti oder **Herbergen,** die an den Trekking-Routen liegen. Landwirtschaft ist in ihrem Wohngebiet aufgrund der dort vorherrschenden Trockenheit nicht stark verbreitet, bestenfalls in der Region südlich von Tukche, wo etwas mehr Regen fällt. Dort wird Malz, Mais, Weizen und Buchweizen angebaut, dazu Kartoffeln und Rettiche.

Auch die Thakali-Gesellschaft ist in **Clans** oder Sippen unterteilt, die jeweils ihrem eigenen Clansgott huldigen. Die **Religion** der Thakali ist eine esoterische Mixtur aus Buddhismus, Hinduismus, Shamanenkult und diversen anderen, tibetischen Kulten. **Thakali-Hochzeiten** sind traditionell „Raubhochzeiten“: Dazu versammeln sich Anverwandte und Freunde des hoffnungsvollen Bräutigams und entführen die Auserwählte, sobald sie ihr Haus verlässt. Dann wird sie so lange in der Verwandtschaft des Mannes festgehalten, bis ihre Eltern in die Heirat einwilligen. Einigen Männern bekommt das Ritual so gut, dass sie es gleich mehrmals im Leben absolvieren: Polygamie wird geduldet, ist aber nicht die Regel.

Zimmer mit Aussicht (in Sankhu)

Gemäß dem Zensus von 1981 gab es damals ca. 5300 Thakalis, heute sind es wahrscheinlich **7000 bis 8000 Personen.**

Rai

Die Rai sind ein Zweig der Kiranti-Volksgruppe, der noch die Limbu und einige kleinere Völker angehören. Als bevölkerungsreichster Kiranti-Zweig umfassen die Rai ca. **300.000 Personen.** Sie werden als tapfere Krieger angesehen. Im 2. Jh. soll das Kathmandu Valley von Kiranti-Königen beherrscht worden sein. Die Bezeichnung Rai bedeutet so viel wie „Häuptling". Noch heute zieht es die Männer in die Polizei oder Armee bzw. die Gurkha-Regimenter. Ansonsten bauen sie Reis, Hirse, Mais und Weizen sowie Orangen, Bananen, Guaven, Jackfruit und einige Gemüsesorten an. Sie gelten als harte und **ausdauernde Arbeiter,** die ihre wohlverdiente Freizeit aber zu genießen wissen mit selbst gebrannten Spirituosen, die sie aus überschüssigem Getreide gewinnen.

Die Rai-Gesellschaft ist in **Clans** unterteilt, die aus verschiedenen Orten oder Gebieten stammen. Am Clansnamen lässt sich erkennen, wo genau eine Sippe ursprünglich angesiedelt war. Die Hauptsiedlungsgebiete der Rai sind heute die Täler des Dudh Koshi und Arun River in Ostnepal, in den Distrikten Solu-Khumbu, Sagarmatha, Okhaldunga und Khotang Bhojpur. Die meisten Dörfer befinden sich in Höhen zwischen 1000 und 2000 m.

ktm081 Foto: rk

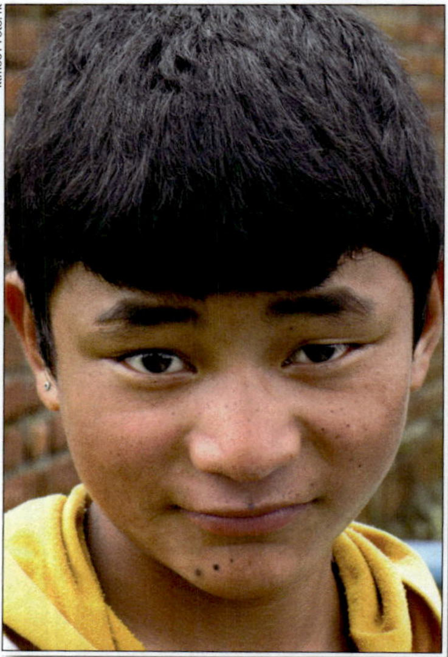

Tamang

Mit einer Bevölkerungszahl von ca. **750.000** sind die Tamang eine der größten Volksgruppen Nepals. Ihre Wohngebiete befinden sich in Höhenlagen zwischen 1600 und 2300 m, gelegentlich aber auch darüber, rings um das **Kathmandu Valley.** In Kathmandu kann man tagtäglich beobachten, wie Tamang mit Lasten auf dem Rücken, die ihr Körpergewicht überschreiten, durch die Straßen ziehen.

In erster Linie leben sie von der Landwirtschaft, sie gelten aber auch als **gute Handwerker.** Die Männer arbeiten oft als Zimmerleute, Maurer oder Pflugmacher, die Frauen weben wollene Winterjacken oder flechten Bambuskörbe und Schirme aus Blattwerk. Einige Priester der Tamang, die durchweg **Buddhisten** sind, malen Thangkas, die tibetischen religiösen Stoffgemälde. Ursprünglich waren die Tamang allerdings Pferdehändler, wie ihr Name auch andeutet: *ta* ist tibetisch für „Pferd", *mang* bedeutet „Händler". Sie gehören der tibeto-burmesischen Völkerfamilie an und sind laut Überlieferung in grauer Vorzeit aus Tibet eingewandert.

Die Gesellschaft ist in **Clans** oder Sippen unterteilt, die jeweils von einem gemeinsamen Ahnen abstammen sollen.

Sherpa

Wer hat nicht schon von den Sherpa gehört? Aufgrund ihrer Leistungen bei zahlreichen Hochgebirgs-Expeditionen ist ihr Name zum Synonym für einen „Lastenträger" geworden – doch in Wirklichkeit bedeutet der Name des stolzen Volkes **„Bewohner des Ostens".** Tatsächlich bewohnen sie in erster Linie Ostnepal; ihre Heimat ist der Distrikt Solu-Khumbu, wo sich ihre Dörfer in Höhen zwischen 3300 und 4600 m befinden. Sie leben von Landwirtschaft, Viehzucht und Handel, und erst seit der jüngeren Vergangenheit verdingt man sich als Bergführer oder **Träger.** Die Lage ihrer Heimat an der Handelsroute zwischen Nepal und Tibet begünstigte von jeher den Handel; die wichtigsten Handelsgüter waren Salz, Schafswolle, Yaks und Fleisch. Die Sherpa sind ein tibeto-burmesisches Volk, dessen Sprache eng mit dem Tibetischen verwandt ist. Ihre Zahl beträgt gegenwärtig ca. **100.000 Personen.**

Sprachen

Nepali

Die **offizielle Landessprache** ist seit der Einigung Nepals im 18. Jh. Nepali, das gelegentlich auch *Pahari* („Bergsprache") genannt wird. Das Nepali stammt vom altindischen Sanskrit ab, der sogenannten „Sprache der Götter", in der alle wichtigen Hindu-Schriften verfasst wurden. Damit ist das Nepali ein enger Verwandter der nordindischen Sprachen (Hindi, Bengali, Marathi, Gujerati u.v.m.), die ebenfalls vom Sanskrit herrühren. Hindi und Nepali stehen sich etwa so nahe wie Deutsch und Holländisch. Mit anderen Worten: Wer eine der beiden Sprachen beherrscht, versteht auch schon zum großen Teil die andere!

Als Abkömmling des Sanskrit gehört Nepali zur **indo-germanischen Sprachenfamilie,** der außer Baskisch, Finnisch, Ungarisch, Estnisch und Türkisch auch alle europäischen Sprachen angehören. Somit ist Nepali tatsächlich auch über viele Ecken mit dem Deutschen verwandt – was beim Erlernen der Sprache jedoch rein gar nichts nützt. Die Gemeinsamkeiten sind nur noch für Sprachwissenschaftler erkennbar (siehe auch „Sprachhilfe Nepali" im Anhang).

Nepali wird im **Devanagari-Alphabet** geschrieben, das auch für Sanskrit, Hindi und Marathi benutzt wird. Das Alphabet besteht aus 36 Konsonanten, zwölf Vokalen und zwei Nasalzeichen. Dazu kommt noch eine theoretisch unbegrenzte Zahl von kombinierten

Konsonanten, die sogenannten Ligaturen. Einige dieser Ligaturen sind sehr ungebräuchlich und finden sich nur noch bei Sanskrit-Vokabeln. In der Praxis werden ungefähr 30 bis 40 Ligaturen benutzt.

Weitere Sprachen

Außer Nepali werden in Nepal noch mindestens 21 andere Sprachen gesprochen, die **verschiedenen Sprachfamilien** angehören, hauptsächlich der indo-germanischen und der tibeto-burmesischen. Diese Sprachen wiederum untergliedern sich in zahllose lokale Dialekte, sodass sich viele Nepalesen untereinander gar nicht verständigen könnten, gäbe es nicht das Nepali. Nepal ist somit eine Art linguistischer Mikrokosmos, ein Gebirgs-Babylon, in dem viele Leute aneinander vorbeireden!

Die **wichtigsten Sprachen** sind die Folgenden (in Klammern prozentualer Anteil der Sprecher an der Gesamtbevölkerung; Zahlen von 2007):

• **Nepali**	48,61
• **Maithili**	12,30
• **Bhojpuri**	7,53
• **Tharu**	5,86
• **Tamang**	5,19
• **Newari**	3,63
• **Magar**	3,39
• **Avadhi**	2,47
• **Bantawa**	1,63
• **Gurung**	1,49
• **Limbu**	1,47
• **Bajjika**	1,05
• **Andere**	5,38

Vokale im Nepali

अ	आ	इ	ई	उ	ऊ	अं
a	aa	i	ii	u	uu	an
ऋ	ऌ	ए	ऐ	ओ	औ	अः
ri	lri	e	ai	o	au	ah

Vokal-Endungen im Nepali

ा	ि	ी	ु	ौ	ँ
(a)	(i)	(ii)	(u)	(au)	(an)
ू	े	ै	ो	ः	
(uu)	(e)	(ai)	(o)	(ah)	

Konsonanten im Nepali

क	ख	ग	घ		ङ
Ka	Kha	Ga	Gha		Na
च	छ	ज	झ		ञ
Cha	Chha	Ja	Jha		Yna
ट	ठ	ड	ढ		ण
Ta	Tha	Da	Dha		Na
त	थ	द	ध		न
Ta	Tha	Da	Dha		Na
प	फ	ब	भ		म
Pa	Pha	Ba	Bha		Ma
य	र	ल	व		श
Ya	Ra	La	Wa		Sha
ष	स	ह	क्ष	त्र	ज्ञ
Sha	Sa	Ha	Ksha	Tra	Jna

Maithili, Bhojpuri und Avadhi sind derbe Ableger des Hindi, die auch in verschiedenen Teilen Nordindiens sehr verbreitet sind. Das **Newari,** eine Sprache der tibeto-burmesischen Sprachfamilie, ist die Sprache der Newar, der „Ureinwohner" des Kathmandu-Tales. Das Newari hatte ursprünglich seine eigene Schrift (Ranjana-Alphabet), wird heute jedoch – wie das Nepali – im Devanagari-Alphabet geschrieben. Bei all dem Sprachgewirr ist tröstlich, dass **Englisch** fast überall mehr oder weniger verstanden wird. In Kathmandu wird es mit Englisch kaum Verständigungsprobleme geben, eher schon an den abgelegenen Trekking-Pfaden.

Wer sich einige Grundbegriffe in Nepali aneignen möchte, dem empfiehlt sich das im Reise Know-How Verlag erschienene **„Nepali – Wort für Wort"** von *Gayaka Voßmann,* Reihe Kauderwelsch; dazu gibt es auch einen digitalen AusspracheTrainer.

Geschichte und Politik

Nepals frühe Geschichte ist von **Myriaden von Legenden** durchwoben, die von Göttern, Heiligen und wundersamen Ereignissen berichten. **Wahrheit und Mythos** vermischen sich zu einem unerschöpflichen Fundus von Überlieferungen, die wesentlich zum Reiz des Landes beitragen. Wahr oder nicht, sind die Legenden doch oft interessanterer Lesestoff als die Geschichte.

Mythische Vorzeit

Nur wenig gesicherte Erkenntnisse gibt es über die Zeit vor dem 5. Jh. n.Chr. Ab ca. dem 8. Jh. v.Chr. waren möglicherweise die Könige der **Gopala- oder Ahir-Dynastie** die ersten Herrscher des Tales von Kathmandu. Diese waren angeblich von einem Kuhhirten (= *Gopala/Ahir*) begründet worden, der vom legendären Weisen *Ne* zum König erhoben worden war. Der **Weise Ne,** in der Landessprache

ktm084 Foto: rk

Statue im Kwa Bahal in Patan

Ne Muni, ist der Namensgeber und Schutzpatron des heutigen Nepal. „Nepal" bedeutet frei übersetzt „Land des Ne".

Die Gopala-Dynastie wählte einen heiligen Ort bei Thankot zu ihrem Sitz, an dem sich heute Mata Tirtha oder das „Mutter-Heiligtum" befindet. Einer Überlieferung nach überdauerte die Dynastie 521 Jahre und wurde dann von den **Kiranti** aus dem heutigen Ostnepal verdrängt. Diese verlegten ihren Sitz nach Gokarna, wenige Kilometer nordöstlich des heutigen Kathmandu. Zur Regierungszeit des siebten Kiranti-Königs, *Jitedasti,* soll *Arjuna,* der Held des Hindu-Epos Mahabharata, dem Land einen Besuch abgestattet haben. Dabei beeindruckte er den Gott Shiva, der sich als Kiranti verkleidet hatte, mit seinen Künsten als Bogenschütze. Zusätzlich überredete er *Jitedasti,* ihm ein Heer nach Kurukshetra in Nordindien zu entsenden, um gegen seine Feinde, die Gaurava, zu kämpfen. Die Schlacht von Kurukshetra bildet den Hintergrund der wichtigsten hinduistischen Schrift, der Bhagavad Gita, die zugleich ein Teil der Mahabharata ist.

Um 200 n.Chr.

Die Kiranti-Dynastie findet ihr Ende, als **Somabansi** aus Nordindien ins Land einfallen. Von nun an herrschen Somabansi-Könige, die am Fuße des Pulchowki-Berges am Südrand des Kathmandu Valley residieren. Sie verankern in der Gesellschaft das **hinduistische Kastensystem,** das bis heute ungebrochen fortbesteht.

Um 300 n.Chr.

Die nordindischen **Licchavi** dringen in das Tal ein und lösen bald die Somabansi-Dynastie ab. Ab hier etwa lüftet sich der Schleier dunkler Vorzeiten, und wir kommen zu ersten historisch gesicherten Fakten.

464–897 n.Chr.

Die Licchavi herrschen über das Kathmandu Valley, Architektur und Kunsthandwerk erleben eine Blütezeit, aus der heute noch zahlreiche Tempel und Kunstschätze erhalten sind. Verbesserte Handelswege zwischen Tibet, dem Kathmandu-Tal und Indien fördern den **kulturellen Austausch.** Die Verbindung nach Tibet wird durch die Heirat des tibetischen Königs *Songsten Gampo* mit einer nepalesischen Prinzessin, *Bhrikuti,* gefestigt. *Bhrikuti* wird nach ihrem Tode geheiligt und geht als Har Tara oder „Grüne Tara" in den buddhistischen Götter-Pantheon ein.

Mit dem Tod des Licchavi-Königs *Jayadeva II.* im Jahr 733 geht die Licchavi-Periode zu Ende, und es beginnt eine **Ära verschiedener Dynastien,** die sich gegenseitig bekämpfen und über die wenig gesicherte Kenntnisse vorliegen.

897–1182

In der sogenannten **Thakuri-Periode,** begründet von König *Ragavadeva Lakshmi,* herrscht eine Folge von indischen Fürstenhäusern, vornehmlich aus der Kriegerkaste der Rajputen. „Thakur" bedeutet etwa „Landedelmann" oder „Hoher Herr".

949 besteigt **Gunakamadeva I.,** der spätere Gründer Kathmandus, den Thron.

Um 1200

Nach der Thakuri-Herrschaft folgt die **Malla-Dynastie,** die bis 1768 über das Land herrschen sollte. „Malla" bedeutet „Ringer", und einer Legende zufolge wurde dem ersten König der Dynastie, **Arideva,** während eines Ringkampfes die Nachricht von der Geburt eines Sohnes überbracht – worauf er seinem Königshaus den Namen Malla gab.

1244–1311

Eindringlinge vom Volk der **Maithila** aus dem heutigen Nordindien überfallen die Städte des Kathmandu-Tales mindestens fünf Mal, plündern und zerstören Tempel und Häuser.

Während eines heftigen **Erdbebens** im Jahr 1255 kommt ein Drittel der nepalesischen Bevölkerung um.

1349

Die **moslemischen Moguln,** die schon ab dem frühen 13. Jh. in Indien eingefallen waren, erobern unter der Führung von *Shamsuddin Ilyas* für kurze Zeit das Kathmandu-Tal. Dabei zerstören sie zahllose Tempel und andere Heiligtümer.

1382

Mit der Krönung **Jayasthitis** beginnt die **dritte Generation der Malla-Dynastie,** die als die wichtigste angesehen wird. Der König zerschlägt die Banden, die seit Mitte des Jahrhunderts das Tal unsicher gemacht hatten und baut einen wohlgeordneten Staat auf. Die Pflichten der verschiedenen Kasten wie auch deren Unterscheidung nach Kleidung, Wohngebiet etc. werden in einer Art Kodex festgelegt.

1428

Yakshya Malla wird König und dehnt den Einflussbereich der Mallas über die Grenzen des Tales hinaus aus. Er erweist sich als generöser Kunstmäzen und Religionsförderer und setzt diesbezüglich ein Beispiel, dem spätere Malla-Herrscher folgen sollten.

1482

Yakshya stirbt, sein Reich wird unter seinen vier Kindern – drei Söhne und eine Tochter – aufgeteilt. Diese herrschen von nun an getrennt über **Kathmandu, Bhaktapur, Patan und Banepa** und bilden die erste Generation von **separaten Dynastien.** In der Folgezeit befinden sich diese Dynastien fast im permanenten Kriegszustand gegeneinander. Die Rivalität zwischen den vier Reichen wird auch auf künstlerischem Gebiet ausgetragen – die Herrscher wetteifern untereinander um die Errichtung der prächtigsten säkulären Bauten oder Tempel. Als Folge erblühen Kunsthandwerk und Architektur.

1559

Nachdem die Auseinandersetzungen die Königreiche zu schwächen beginnen, gelüstet es einige der Herrscher aus dem Hinterland nach der

Macht. Einer von ihnen, **Dravya Shah,** erobert die Festung von Gorkha, von der zwei Jahrhunderte später die Einigung Nepals ausgehen sollte.

1618–1658

Siddhi Narasinha Malla regiert in Patan und erweist sich als unermüdlicher Bauherr von Tempelanlagen.

1641–1674

Pratap Malla herrscht über Kathmandu und führt es zu seiner Blütezeit. Unter seiner Führung entstehen zahllose Baudenkmäler, die bis heute das Stadtbild des alten Kathmandu prägen.

1685

Zum ersten Male greift das **Herrscherhaus von Gorkha** in das Geschehen im Kathmandu Valley ein und unterzeichnet mit Kathmandu und Bhaktapur einen Pakt gegen Patan.

1719

Die **Pest** geht im Kathmandu-Tal um und rafft über 20.000 der Bewohner dahin.

1734

Jaya Prakash Malla besteigt den Thron von Kathmandu, in seligem Unwissen, dass er der letzte Herrscher der Dynastie sein wird. Aufgrund der endlosen Querelen mit Bhaktapur und Patan wird der Gegner, der sich am Horizont abzeichnet, nicht rechtzeitig beachtet: der Gorkha-Prinz *Prithvi Narayan Shah,* der ein begierliches Auge auf das Tal geworfen hat.

1768–1774

Prithvi Narayan Shahs Truppen marschieren in Kathmandu ein, günstigerweise am Tag des Indrajatra-Festes, als die Bevölkerung zu betrunken ist, sich den Eindringlingen zu widersetzen. König *Jaya Prakash* flieht zuerst nach Patan, das sich aber bald den Gorkhali ergibt, dann nach Bhaktapur.

1769 greift *Prithvi Narayan Shah* Bhaktapur an, das sich heftig zur Wehr setzt, schließlich aber fällt. Dem König von Bhaktapur, *Ranjit Malla,* wird die Ausreise ins Exil nach Benares gewährt. *Prithvi Narayan Shah* ist nun der uneingeschränkte Herrscher über das gesamte Tal. Er macht Kathmandu zu seiner Hauptstadt und begründet die **Shah-Dynastie,** die bis heute fortbesteht.

1774 stirbt *Prithvi Narayan Shah,* der nun als „Vater der Nation" gilt.

1787–1795

Die Gorkha-Armeen fallen im Zuge einer angestrebten territorialen Ausdehnung in Sikkim und Tibet ein und provozieren damit einen **Krieg mit China.** Die Gorkhali unterliegen und werden zu fünfjährlichen Abgaben an China gezwungen. Ihre Expansionsgelüste Richtung Norden sind damit ein für alle Mal begraben.

1791: Aufgrund seiner Niederlage gegen China wendet sich Nepal der **British East India Company** zu und unterzeichnet mit ihr ein Handelsabkommen.

1795 überfallen nepalesische Truppen **Kumaon** und **Garhwal** im westlichen Himalaya und annektieren sie.

1814–1816

Übergriffe der nepalesischen Armeen auf britisches Gebiet in Nordindien führen zum **Krieg mit der englischen Kolonialmacht.** Die Briten siegen, Nepal muss ihnen Garhwal, Kumaon, Darjeeling und seine im Terai besetzten Gebiete abtreten. Die Briten sind jedoch von der Kampfkraft der Nepalesen dermaßen beeindruckt, dass sie von nun an Rekrutierungen in ihre Armee vornehmen – die legendären **Gurkha-Regimenter,** auf denen zahlreiche spätere Schlachtsiege der Briten beruhen sollten, sind geboren.

1846

Lang andauernde Zwiste am Königshof führen zu einem Mord, den ein Offizier namens **Jung Bahadur Kanwar** zum Anlass nimmt, eine Krisensitzung einzuberufen. Bei dieser Sitzung sind Hunderte seiner politischen Gegner anwesend, die er kaltblütig ermorden lässt. Bei dem Gemetzel, das als **Kot(„Festungs")-Massaker** in die nepalesische Geschichte eingeht, kommt außer dem König fast jede bedeutende Persönlichkeit um. Dem König wird Exil in Benares gewährt, und *Jung Bahadur* setzt den jungen Kronprinzen *Surendra Vikram Shah* auf den Thron. Alle weiteren wichtigen Posten schasst er seiner Familie zu und ernennt sich selber zum **Maharaja** oder „Großen König". Die Shah-Königsfamilie wird praktisch zu einem Schattendasein verdammt, die tatsächliche Macht liegt in Händen der Sippe *Jung Bahadurs,* die sich nun Rana nennt (= „Herrscher", „König"). Damit ist der Grundstein der **Rana-Dynastie** gelegt, die Nepal über ein Jahrhundert beherrschen sollte.

1852

Nach einem Staatsbesuch *Jung Bahadur Ranas* in England führt er eine **Gesetzgebung nach englischem Vorbild** und eine europäische Kleiderordnung bei Hofe ein. Palastbauten in jener Zeit bekommen deutlich europäische Züge.

1857/1858

Aus Anlass des **indischen Aufstandes gegen die Engländer** entsendet *Jung Bahadur* Hilfstruppen zur Unterstützung der Kolonialmacht und erntet so deren Dank: Die Briten überlassen Nepal einen Teil des **westlichen Terai,** womit das Land seine heutige Ausdehnung erreicht.

1877

Jung Bahadur Rana stirbt. Sein Nachfolger, **Uddip Rana,** kann einen Versuch der *Shahs,* die Macht wieder an sich zu reißen, niederschlagen.

1885

Bir Shamsher Rana ermordet *Uddip,* schwingt sich zum allgewaltigen Premierminister auf und schließt *Jung Bahadurs* Zweig der Familie von der Macht aus.

1914–1918

Chandra Shamsher Rana, der wichtigste Herrscher der Rana-Folge, der in seinen 29 Regierungsjahren unermessliche Reichtümer anhäuft, entsendet Gurkhas, die an der Seite der Briten im **1. Weltkrieg** kämpfen.

1923

Großbritannien erkennt Nepal als **unabhängigen Staat** an.

1934

Ein **Erdbeben** gewaltiger Stärke ebnet die meisten Bauten des Kathmandu Valley ein und tötet Tausende von Bewohnern.

1939–1945

Mehr als 250.000 Gurkhas kämpfen im **2. Weltkrieg**, entweder unter britischer Fahne oder in der nepalesischen Armee, und einige verdienen sich Großbritanniens höchste militärische Auszeichnung, das Victoria Cross.

1947

Indiens Unabhängigkeit weckt in Nepal das Verlangen nach einem Ende des repressiven Rana-Regimes. In den folgenden **Jahren des Widerstandes** schlägt sich der de facto zwar machtlose, aber in der Bevölkerung hochverehrte König *Tribhuvan* auf die Seite seines Volkes.

1951

Nachdem **König Tribhuvan** aus seinem Exil in Indien zurückgekehrt ist, stimmen die Ranas unter indischem Druck einer **Koalitionsregierung** zu, an der Vertreter der Königsfamilie, Mitglieder der Nepali Congress Party und der *Ranas* teilhaben. Nepal, das lange für Ausländer verschlossen war, öffnet sich der Außenwelt.

ktm085 Foto: rk

Inschrift am Annapurna-Tempel in Kathmandu

1953

Der Neuseeländer **Edmund Hillary** und der Sherpa **Tensing Norgay** bezwingen als erste den **Mt. Everest** und sind somit die Vorhut von Hunderten von Bergsteigern, die in der Folgezeit ihrem Beispiel nacheifern.

1962

Der 1955 gekrönte **König Mahendra** verbietet alle politischen Parteien und führt landesweit das **Panchayat-System** ein, das bis dahin schon in einigen Landesteilen bestanden hatte. Panchayats, wörtlich „Fünferräte", waren üblicherweise Dorfräte, die für lokale Belange zuständig waren. Das neue Panchayat-System gliedert sich in verschiedene Ebenen: Auf niedrigster Stufe steht der Dorf-Panchayat; aus diesem geht der Distrikt-Panchayat hervor, über dem der National-Panchayat steht. Dessen 140 Mitglieder werden zu einem Großteil vom König selber ernannt, sodass ihm der direkte Machtzugriff garantiert ist.

1972

König *Mahendra* stirbt, in seine Fußstapfen tritt sein Sohn, **Birendra Bikram Bir Shah.** Die offizielle Thronbesteigung findet jedoch erst drei Jahre später statt.

1980

In einem **Volksentscheid** stimmen 55% der Wähler für die Beibehaltung des Panchayat-Systems anstelle eines Wechsels zu einer demokratischen Regierungsform. Der Volksabstimmung waren blutige Unruhen vorausgegangen, in denen prodemokratische Demonstranten gegen die starren Machtverhältnisse protestiert hatten.

1981

Zum ersten Male findet eine **Wahl** statt, bei der die Wähler **verschiedene Kandidaten** zur Auswahl haben. Als Kandidat ist jedoch nur zugelassen, wer sich zum Panchayat-System bekennt.

1986

Aus den Wahlen geht **Man Singh Shreshta** als Regierungschef hervor, alle wesentliche Macht liegt jedoch noch immer beim König, der sich in seiner beinahe uneingeschränkten Rolle zunehmend Kritik zuzieht.

1989

Nach der Kündigung von Handels- und Transitverträgen mit Indien, das aufgrund eines nepalesischen Waffengeschäftes mit China verärgert ist, kommt es zu **Lebensmittel- und Benzinknappheit** und auch zu **Preissteigerungen.** Aus dieser Notsituation heraus schließt sich die Opposition zusammen und fordert eine Abkehr vom Panchayat- zugunsten eines demokratischen Mehrparteiensystems. Hinzu kommen massive **Vorwürfe der Korruption** an die herrschenden Panchayat-Mitglieder, aber auch an die Königsfamilie selber, die sich auf Kosten des Volkes bereichert haben soll. Besonders heftige Anschuldigungen dieser Art richten sich gegen König *Birendras* Frau, Königin *Aishwarya Rajya Lakshmi Devi.*

1990

Die ungeheuren Umwälzungen in Osteuropa gehen auch an Nepal nicht spurlos vorüber; eine Demonstrations- und Streikwelle fegt über das Land. Blutiger Höhepunkt ist ein **Massaker** an einigen hundert Demonstranten, die auf den Königspalast zustürmen und den Kugeln der dort postierten Soldaten zum Opfer fallen. Unter dem immer stärker werdenden Druck seines Volkes und mit der weisen Einsicht, dass es sich nicht mit halbherzigen Versprechungen zufrieden geben würde, stimmt König *Birendra* einem **Mehrparteiensystem** zu und begnügt sich mit einer Rolle als konstitutioneller Monarch. Er beauftragt den angesehenen langjährigen Oppositionspolitiker **Ganesh Man Singh** mit der Bildung einer Übergangsregierung, die Wahlen vorbereiten soll.

1991

Aus den **ersten Wahlen** in einem demokratischen Mehrparteiensystem geht nach einem hitzigen Wahlkampf der **Nepali Congress (NC)** mit 213 Parlamentssitzen als Sieger hervor und stellt den Premierminister, **Girija Prasad Koirala.** Mehr als nur einen Achtungserfolg verbuchen die Kommunisten, die sich für die Wahl zu einer Allianz zusammengeschlossen haben: Landesweit erhalten sie 69 Sitze, in Kathmandu gar vier von fünf Sitzen insgesamt. Kommunistische Parolen, woanders längst zum Alteisen geworfen, haben durchaus Zugkraft in einem Land, in dem viele Bewohner rein gar nichts zu verlieren haben.

1993

Im Mai verunglücken der Vorsitzende der Kommunistischen Partei, **Madan Bhandari,** und ein weiteres Parteimitglied: Ihr Jeep kommt vom Prithvi Highway zwischen Kathmandu und Pokhara ab und stürzt 45 m in die Tiefe – ein Unfall, der auf Nepals Serpentinenstraßen eigentlich nichts Ungewöhnliches ist. Die Anhänger der Partei aber sind von einem Komplott überzeugt und fordern eine gründliche Untersuchung des Falles. Zusätzlich verlangen sie den Rücktritt von Premierminister *Koirala,* dem Vetternwirtschaft und Korruption vorgeworfen werden. Es kommt zu **gewalttätigen Demonstrationen und Streiks,** bei denen etwa 30 Menschen umkommen, die meisten durch Polizeikugeln.

1994/1995

Premierminister *Koirala* widersetzt sich den permanenten Rücktrittsforderungen seitens der Opposition, doch seine Regierung kann sich auf Dauer dem Druck nicht erwehren, sie fällt schließlich, und bei Neuwahlen Anfang 1995 gehen die Kommunisten als Sieger hervor. Premierminister wird **Manmohan Adhikary.** Im September 1995 wendet sich das Blatt jedoch schon wieder. Eine Koalition aus Nepali Congress, Rashtriya Prajatantra Party (RPP) und Nepal Sadbhavana Party (NSP) stürzt die Regierung durch ein Misstrauensvotum und übernimmt die Staatsgeschäfte. Premierminister wird **Sher Bahadur Deuba** vom Nepali Congress.

1997/1998

Andauernde Regierungswechsel machen dem Land wirtschaftlich schwer zu schaffen, die Regierungen wechseln schneller, als man die Zeitung durchblättern kann. Nach einem etwas merkwürdigen „Machtteilungs-Abkommen" zwischen der Rashtriya Prajatantra Party und dem Nepali Congress wird Ende 1997 **Surya Bahadur Thapa** (RPP) Premierminister, im April 1998 ist dann zum zweiten Mal *Girija*

Prasad Koirala dran – dieser ist damit der fünfte Premierminister in nur vier Jahren.

Die Bevölkerung hat inzwischen jegliches Vertrauen in die Regierenden verloren, denen sie nachsagt, sich nur bereichern zu wollen. Parallel zu der chaotischen Regierungslage wächst in den abgelegenen Bergregionen Westnepals eine **kommunistische Rebellion** heran: 1996 erklären hartgesottene **„Maoisten"** (*Mao-vadi* auf Nepali) der „korrupten Regierung" den „Krieg"; es folgen Attacken auf Regierungsgebäude sowie auf Polizei und Armee. Bis April 1998 fordert die Rebellion 150 Opfer. Die Maoisten finden Zuspruch unter vielen ärmeren Nepalesen, die alle Hoffnung auf eine Besserung ihrer Lage aufgegeben haben.

ktm086 Foto: rk

Ganesh bringt Glück

2001

Am 1. Juni kommt es zu einem Vorfall, wie ihn kaum ein Land je erlebt hat: Der angetrunkene und möglicherweise unter Drogen stehende **Prinz Dipendra** erschießt im Palast seinen Vater, König *Birendra,* seine Mutter und acht weitere Personen, zumeist Mitglieder seiner Familie. Zuletzt gibt er sich selbst eine Kugel, überlebt aber schwer verletzt. Es entsteht die absurde Situation, dass *Dipendra,* während er im Koma liegt, zum neuen König erklärt wird – schließlich ist er der rechtmäßige Nachfolger seines Vaters, auch als Vatermörder. *Dipendra* stirbt alsbald, was die Situation aber nur wenig entwirrt. Der Bruder des toten Königs, **Gyanendra,** wird nun zum neuen König gekrönt. Weite Teile des Volkes sehen in dem königlichen Massaker ein von *Gyanendra* inszeniertes Komplott – er ist ein größtenteils ungeliebter, teilweise sogar verhasster Monarch.

2001–2008

Die **Maoisten intensivieren ihren Kampf,** und bald stehen weite Teile des Landes unter ihrer Kontrolle. Selbst das Kathmandu Valley und die Hauptstadt bleiben nicht verschont, es kommt zu Feuergefechten mit der Armee, zu Bombenanschlägen und Straßenblockaden und zu erzwungenen Streiks. Der Beinahe-Bürgerkrieg zehrt das Land wirtschaftlich aus, zudem kommen insgesamt 15.000 Menschen in den Kämpfen um. Der Druck der Maoisten wird immer stärker, bis 2006 schließlich ein Friedensabkommen ausgehandelt wird. Darin wird unter anderem festgelegt, dass die königlichen Besitztümer unter Regierungsverwaltung gestellt bzw. verstaatlicht werden – die Maoisten sind damit auf dem besten Weg, eines ihrer wichtigsten Ziele zu erreichen: die Abschaffung der Monarchie. Nach nicht enden wollendem politischem Hickhack, in schneller Folge wechselnden Premierministern und letztlich politischem Stillstand kommt es **2008** zu **Wahlen,** aus denen die **Maoisten-Kommunisten** als **Sieger** hervorgehen. Der Anführer der Maoisten, der sich nur mit seinem Kampfnamen **Prachanda** ansprechen lässt, wird Premierminister. Im Mai 2008 wird durch Parlamentsbeschluss die **Abschaffung der Monarchie** beschlossen – Nepal wird Republik. Nach 239 Jahren Herrschaft über Nepal ist die Shah-Dynastie an ihrem Ende angelangt und König *Gyanendra* muss seinen Palast verlassen. Erstaunlicherweise bewahrheite sich damit eine Prophezeiung, die der Heilige *Gorakhnath* im 18. Jh. *Prithvi Narayan Shah,* dem Gründer der Shah-Dynastie, gemacht hatte: *Gorakhnath* hatte prophezeit, dass die Shah-Dynastie nach zwölf Generationen ihr Ende finden würde. Und genau so war es.

Staat und Verwaltung

Staat

Seit 2008 ist Nepal durch Parlamentsbeschluss eine Republik mit einem **demokratischen Mehrparteiensystem.** Bis 2006 war Nepal das einzige Land der Welt, in dessen Verfassung der Hinduismus als Staatsreligion verankert war. Nepal nannte sich stolz „Das einzige Hindu-Königreich der Welt“. Mit der schwindenden Macht der Monarchie, die traditionell eng mit dem Hinduismus verknüpft war, wurde 2006 die Konstitution geändert und Nepal wurde zu einem säkularen Staat.

Nationale Symbole

Etwa 80% der Nepalesen sind Hindus und so ist nicht verwunderlich, wenn als Nationaltier immer noch die altbekannte *bos indicus* herhalten muss – mit anderen Worten, die **Indische Kuh.** Kühe gelten den Hindus als heilig, was höchstwahrscheinlich auf der vielseitigen Verwendbarkeit der Kuh und ihrer Produkte beruht. Noch heute wird bisweilen zu religiösen oder gesundheitlichen Zwecken das Panchagavya eingenommen, eine Mixtur aus Milch, Joghurt, Ghi (geklärte Butter), Kuhdung und -urin!

Wie der Hinduismus selber, so steht auch die Kuh unter **besonderem gesetzlichen Schutz,** und das Töten einer solchen kann mit einer Gefängnisstrafe von bis zu 15 Jahren bestraft werden. Das gilt auch für Unglücksfälle mit dem Auto – kein Wunder, dass Kühe ein absolutes Vorfahrtsrecht in Anspruch nehmen, irgendwie scheinen sie nach Jahrhunderten der Privilegierung ihre besondere Stellung zu spüren! Trotzdem verzeichnet die nepalesische Kriminalstatistik jährlich um die 30 Fälle von illegalem „Kuh-Schlachten", Tendenz steigend. Meist handelt es sich wohl um alte, nutzlos gewordene Tiere, die klammheimlich „beseitigt" werden.

Nepals **Nationalblume** ist die rote oder rosafarbene **Lali Gurans** *(Rhododendron arboreum),* eine Rhododendron-Art, die im März oder April erblüht. Gelegentlich kommt es zu weißen oder gefleckten Blüten.

Sehr außergewöhnlich ist die **Nationalflagge,** die aus zwei gleich großen übereinandergestellten Dreiecken besteht. Mit dieser Dreiecksform erinnert sie an die orangen, allerdings einfachen Dreiecksfahnen, die den Hinduismus symbolisieren. Die nepalesische Flagge ist tiefrot, mit einem dunkelblauen Rand. Im oberen Dreieck befindet sich ein auf dem Rücken liegender Halbmond, von dem acht Strahlen ausgehen. Das untere Dreieck zeigt eine Sonne mit zwölf Strahlen. Für diese Symbole gibt es eine Reihe von Deutungen, am naheliegendsten ist wohl der Bezug zum hinduistischen Sonnengott Surya und zum Mondgott Chandra.

Neben diesen Staatssymbolen gibt es noch einige andere, die aber den Eindruck erwecken, als suche man ein wenig verkrampft nach einer nationalen Identität: So gibt es einen Nationalvogel (*Danfay,* eine seltene Fasanen-Spezies), ein Nationalmesser (das *Khukri*), eine Nationalfarbe (Purpurrot, etwa wie in der Flagge) und ein (männliches) Nationalkostüm. Letzteres besteht aus einem fast knielangen Hemd, dem *Labeda,* und einer hautengen, leichten Hose, der *Suruwal.* Dazu kommt noch die *Topi,* die bunte Nepali-Kappe. Frauen sollten diese niemals aufsetzen!

Schließlich gibt es noch die **Nationalhymne.** Diese war bis 2006 eine wortgewaltige Huldigung des Königs und lautete frei übersetzt: „Ihr edler, besonnener Nepalese, über allem erhabener König, möge Eurer fünffach ruhmreichen Majestät allzeit Glück beschieden sein. Mögen Eure Untertanen sich mehren und Euren Ruhm verkünden, das ist der Nepalesen innerstes Gebet." Nachdem die Maoisten seiner Majestät zumehmend an den königlichen Kragen gingen, musste eine neue Nationalhymne her. Sie heißt **„Sayaun Phuul Ka Hami"** und darin heißt es: „Wir sind Hunderte von Blumen, und gemeinsam sind wir der Blumenstrauß von Nepal ...". Die Hymne ist ein Lobgesang auf das nepalesische Volk, auf dessen Freiheit und Brüderlichkeit sowie auf die Naturschönheit des Landes.

Verwaltung

Verwaltungstechnisch ist Nepal in fünf sogenannte **Development Regions** oder „Entwicklungsgebiete" unterteilt: Eastern Development Region, Central Development Region, Western Development Region, Mid-Western Development Region und Far-Western Development Region. Diese gliedern sich in insgesamt 14 Zonen **(Zones):** Mechi, Koshi, Sagarmatha, Janakpur, Bagmati, Narayani, Gandaki, Dhaulagiri, Lumbini, Rapti, Bheri, Karnali, Seti und Mahakali. Die Zonen wiederum bestehen aus insgesamt 75 Distrikten **(Districts),** die sich ihrerseits aus Städten und Dörfern zusammensetzen.

Religionen

Nepal weist den prozentual höchsten Hindu-Anteil an der Gesamtbevölkerung auf, einen noch höheren als im benachbarten Indien. So sind offiziell **80,6% Hindus,** 10,7% Buddhisten und 4,2% Moslems. Inoffiziell aber ist der Anteil der Moslems durch unkontrollierten Zuzug aus Indien, besonders ins Terai, noch höher. Der Rest setzt sich aus Jains, Christen, Animisten u.a. zusammen. Der Anteil der Christen beträgt nur ca. 0,5%. Christliche Missionare waren in Nepal nie gut gelitten, und mancher von ihnen kam auf tragische Weise ums Leben. Heute herrscht religiöse Freiheit im Lande.

Was übrigens die Zählung von Hindus und Buddhisten erschwert, ist die Tatsache, dass sich viele Nepalesen als beides gleichzeitig verstehen. **Hinduismus und Buddhismus** haben sich im Laufe der Zeit eng verwoben, was sich auch in zahlreichen Tempeln ausdrückt, die von Anhängern beider Religionsgemeinschaften gleichermaßen besucht werden. Einige Götter und Göttinnen tauchen sowohl in hinduistischer als auch in buddhistischer Ausprägung auf.

Hinduismus

Der Hinduismus entstand im ersten Jahrtausend vor unserer Zeitrechnung aus der **vedischen Religion der Arier,** die seit ca. 2000 v.Chr. aus Zentralasien in Indien eingedrungen waren, durch Vermischung mit den dravidischen Kulten der alteingesessenen Bewohner Indiens. Die vedische Religion beruhte auf den vier Veden, heiligen Schriften aus der Zeit vor 1000 v.Chr., die magische Rituale und Opfergesänge enthielten. „Veda" ist Sanskrit für „Wissenschaft", und die beiden Begriffe sind etymologisch sogar miteinander verwandt, so wie sich noch viele deutsche Vokabeln mit Sanskrit-Herkunft finden lassen.

Mit der Entwicklung des Hinduismus kamen weitere **religiöse** bzw. philosophische **Schriften** hinzu, so die Upanishaden, Puranas, die Epen Ramayana und Mahabharata. Das Kernstück der Mahabharata ist die **Bhagavad Gita** („Das Göttliche Lied"), die wichtigste Schrift des Hinduismus, in der Krishna während der Schlacht von Kurukshetra den Krieger *Arjuna* in die göttlichen Mysterien einweiht.

Zahlreiche Episoden aus **Ramayana** und **Mahabharata** sind so bekannt, dass sie von den Müttern an die Kinder weitergegeben werden, etwa wie

ktm089 Foto: rk

bei uns einst die Märchen. Sie scheinen – obwohl millionenfach wiedererzählt – niemals ihre Attraktion zu verlieren. Als das indische Fernsehen in den 1980er Jahren beide Epen als Serie ausstrahlte, waren Indiens Straßen zur Sendezeit leergefegt, und in Nepal boomte der Verkauf von Hochleistungsantennen, mit denen die indischen Programme empfangen werden können. Ramayana und Mahabharata sind auf der Volksebene die **wichtigsten hinduistischen Kulturgüter** und

Holz-Torana an einem kleinen hinduistischen Tempel in Kathmandu

wirken sich auch da aus, wo man es am wenigsten vermutet: So sind die episch langen indischen Spielfilme mit ihren mehrschichtigen, sich überkreuzenden und irgendwann zusammenlaufenden Handlungsfäden nichts als moderne Nachkommen der alten Epen. Auch die Politik auf dem indischen Subkontinent mit ihren zahllosen wechselnden Allianzen und ebenso vielen Intrigen wirkt wie ein Abklatsch der Mahabharata!

Die Vielzahl der Schriften macht die Antwort auf die Frage, was der Hinduismus denn lehrt, nicht gerade leichter. Viele Hindus selber sagen, dass er weniger eine Religion als ein „way of life" sei, eine spezielle Lebensart. Tatsächlich bedeutet das **Wort Hindu** lediglich „Inder": Für die Perser begann Indien am Fluss Sindhu, dem Indus, den sie aber nur wie „Hindu" aussprechen konnten. Das Wort Hindu wurde zur Bezeichnung für die Bewohner des Indus-Landes, also Indiens.

Die **hinduistische Lebensart,** die sich herausbildete, war von fast grenzenloser **religiöser Toleranz** geprägt, sodass ein jeder geduldet war, der zu einer der zahlreichen Formen Gottes betete. Schließlich hatte der Hinduismus selber Tausende von Göttern, die alle friedlich koexistierten. Im Gegensatz zu den meisten anderen Weltreligionen hegte der Hinduismus nie einen Alleinanspruch auf die Wahrheit, sondern sah alle Religionen als verschiedene Wege zum selben Ziel an. Bezeichnend für diese Toleranz war bis in die jüngste Vergangenheit die Tatsache, dass Hindu-Familien im indischen Bundesstaat Panjab ihren erstgeborenen Sohn traditionell zum Sikh weihen ließen. Eine großmütigere Geste der Religionsbrüderschaft ist wohl kaum vorstellbar. Dass es heute auf dem indischen Subkontinent, vor allem in Indien, weit schlechter um die Toleranz bestellt ist, darf größtenteils Politikern angelastet werden, die soziale Spannungen religiös „übersetzen" und machtpolitisch instrumentalisieren.

Doch warum genau glaubt der Hindu? Der Grundpfeiler des Hinduismus ist die Vorstellung der **Reinkarnation,** d.h. der Wiedergeburt der unsterblichen Seele in einem neuen Körper. Jede Seele hat Hunderttausende von Wiedergeburten zu durchleben, ehe sie **Moksha,** die Erlösung aus dem Geburtenkreislauf, erreichen kann. Jedes einzelne Leben wird dabei vom **Karma** bestimmt, d.h. der Summe der vorangegangenen guten oder schlechten Taten. Karma bedeutet schlicht „das Getane". Ein günstiges Schicksal ist ein Hinweis auf gute Taten in den vorangegangenen Leben, ein schlechtes ist die Strafe für Missetaten.

Zur Erreichung der Erlösung steht dem Hindu eine Reihe von Methoden zur Verfügung: Es gibt Dutzende von Arten der **Meditation** *(Dhyan),* aber auch Systeme der vollkommenen **Hingabe an einen Gott** *(Bhakti)* oder des selbstlosen Verrichtens **guter Taten** *(Karma Yoga).*

Bei der Gotteshingabe oder beim Gebet hat der Hindu die Wahl zwischen **Tausenden von Göttern,** die jeweils alle mit einer oder mehreren göttlichen Eigenschaften ausgestattet sind. Diese Eigenschaften werden auch in Notlagen angerufen. So ist beispielsweise der dickbäuchige Elefantengott Ganesh der Beseitiger von Hindernissen und ganz allgemein ein Glücksbringer; für das materielle Glück ist die Göttin Lakshmi zuständig, und demzufolge ist „Lakshmi" auch eine umgangssprachliche Bezeichnung für Geld, also im Sinne von „Zaster". Saraswati ist die Göttin des Lernens und die Schutzpatronin der Sprache und Künste, Indra ist der Gott des Regens und der Fülle etc. – es gibt wohl ebenso viele Götter wie Eigenschaften.

Die herausragenden Götter des Hindu-Pantheons sind jedoch die „Dreifaltigkeit" oder Trimurti des **Brahma, Vishnu und Shiva:** Brahma ist der Schöpfer des Universums, Vishnu der Erhalter, Shiva der Zerstörer und Erneuerer. Diese drei erscheinen auch vereint als Dattatreya („Dreiergott"), diese Form ist jedoch recht selten. Von den dreien werden in der Praxis nur Vishnu und Shiva verehrt, Brahma geweiht sind auf dem ganzen indischen Subkontinent bestenfalls ein halbes Dutzend Tempel. Als Grund wird häufig angegeben, dass Brahma seine eigene Tochter Saraswati geheiratet und sich dadurch des Inzests schuldig gemacht habe.

Verwirrenderweise kommen zu all der Göttervielfalt noch etliche **Manifestationen,** in denen die Götter erscheinen können. Vishnu beispielsweise kann als Krishna, Narayan und in Hunderten anderer Varianten verehrt werden; Shiva als Mahadev, Mahakal, Bhairav und ebenso zahlreichen anderen. Die Göttin Kali kann ebensogut als Durga, Telaju oder Bhawani auftauchen. Das Gleiche gilt auch für alle anderen Götter, was dem Laien die Identifizierung nicht gerade erleichtert.

All die Götter können aber auch – und das wäre vielleicht der Idealfall –

als **verschiedene Aspekte des einen Gottes** betrachtet werden, der sich in vielen Formen auszudrücken vermag.

Die Götter und Göttinnen haben übrigens auch himmlische Ehepartner, sodass ganze **Götterfamilien** entstehen. Krishnas Frau ist Radha, Shiva ehelichte Parvati und Rama die getreue Sita, die als Symbol einer perfekten, ihrem Gatten ganz ergebenen Ehefrau gilt.

Ein weiterer und enorm wichtiger Bestandteil des Hinduismus ist das **Kastensystem.** Die Hindu-Gesellschaft unterteilt sich traditionell in vier Hauptkasten, die sich in 2000 bis 3000 Unterkasten aufgliedern. Die oberste Kaste ist die der **Brahmanen** (Priester oder Schriftgelehrte), die in einer Hindu-Analogie als der „Kopf" der Gesellschaft bezeichnet wird. Es folgen die **Kshatriya** (Krieger, Soldaten), in Nepal *Chhetri* genannt, dann die **Vaishya** (Kaufleute, Bauern) und als unterste die **Shudra** (Arbeiter).

Unter diesen Hauptkasten rangieren die sogenannten **Kastenlosen oder „Unberührbaren"**, die ursprünglich zu einem Schattendasein ohne jegliche Rechte verdammt waren. Ihnen kamen nur „unreine" Arbeiten zu, da sie ohnehin nicht mehr verunreinigt werden können. Zu diesen Verrichtungen gehörte das Bearbeiten von Tierfellen, die Verbrennung von Leichen, die Straßen- und Toilettenreinigung etc. Das Leben eines Kastenlosen war ursprünglich weit weniger wert als das einer heiligen Kuh, und selbst der Schatten eines Kastenlosen konnte einen Höherkastigen dermaßen verunreinigen, dass dieser sich komplizierten Reinigungsritualen zu unterziehen hatte – nicht zu reden von den Strafen, die den „Frevler" erwarteten.

Dem Kastenwesen liegt die Vorstellung zugrunde, dass jedem Wesen der **durch sein Karma vorbestimmte Platz** zugedacht ist. Dieser Platz ist unveränderlich und durch Geburt vorbestimmt. Ein Auf- oder Absteigen in eine andere Kaste ist unmöglich, selbst geheiratet werden kann nur innerhalb der eigenen Kaste. In den gebildeten Schichten zeigt sich allerdings eine all-

ktm088 Foto: rk

Bettelnder Bub am hinduistischen Pashupatinath-Tempel

mähliche Auflösung des Kastendenkens, und Ehen zwischen Mitgliedern verschiedener Kasten kommen vor.

Die **Kastenzugehörigkeit** ist heute äußerlich praktisch nicht mehr zu erkennen, es sei denn bei den männlichen Brahmanen, die eine heilige Brahmanenschnur, das *Yagnopavit,* um die Schulter tragen. Meistens gibt aber der **Nachname** eindeutig Auskunft über die Kaste, in einigen Fällen gibt es Überschneidungen und der Namensträger kann theoretisch zu verschiedenen Kasten gehören. Die Kastennamen variieren regional, die Bewohner eines Gebietes kennen sich aber bestens mit den lokalen Namen aus und die Kastenidentifizierung fällt ihnen leicht.

Ein weiterer wichtiger Bestandteil der Hindu-Lebensart sind die zahlreichen **Hindu-Feste** oder **-Pilgerfahrten,** die nach dem hinduistischen Mondkalender ausgerichtet sind. Den teilnehmenden Dorfgemeinschaften sollen sie kollektives Wohlergehen, eine gute Ernte und Schutz vor bösen Mächten garantieren, auf individueller Ebene persönliches Glück und das Näherkommen an Moksha, die so ferne, aber nicht aus den Augen zu verlierende Erlösung.

Buddhismus

Wenn der Buddhismus heute in Nepal und Indien eine **untergeordnete Rolle** spielt, so ist dies in erster Linie dem psychologischen Geschick des hinduistischen Klerus zuzuschreiben: Als die Hindu-Priester ihre Religion durch den sich ausbreitenden Buddhismus in Bedrängnis wähnten, nahmen sie Buddha kurzerhand als eine Inkarnation Vishnus in ihr Götter-Pantheon auf. Damit war der Buddhismus vom Hinduismus praktisch aufgesogen und verlor seine Daseinsberechtigung.

Der Buddhismus beruht auf den Lehren des **Buddha** oder „Erleuchteten", der 543 v.Chr. als *Siddharta Gautama* in Lumbini nahe der indischen Grenze zur Welt kam. Schon kurz nach seiner Geburt soll sich Wunderbares an ihm vollzogen haben. Kaum hatte ihm seine Mutter, die Königin *Maya Devi,* das Leben geschenkt, stapfte er einige Schritte in jede der vier Himmelsrichtungen, wobei aus seinen Fußabdrücken Lotusblumen sprossen – ein Symbol seiner göttlichen Geburt.

Siddharta Gautama wurde in eine Königsfamilie hineingeboren und genoss seine ersten Lebensjahre in der sorgenfreien Abgeschiedenheit des Palastes. Angeblich wollte sein Vater, König *Suddhodhana* von Kapilavastu, ihn von den Leiden der Welt abschirmen, um ihn nicht die vergängliche Natur alles Materiellen erkennen zu lassen. Doch die Vorsehung wollte es anders. *Siddharta* unternahm einige heimliche Ausflüge in die Stadt, wo er mit den dunklen Aspekten des Lebens konfrontiert wurde, die bisher von ihm ferngehalten worden waren: Armut, Krankheit, Elend und Tod, menschli-

Schrein am buddhistischen Swayambhunath-Tempel

ches Leid in all seinen Ausprägungen. Überwältigt von diesen Eindrücken beschloss er, nach den **Ursachen des Leids** zu forschen, das das menschliche Leben wie ein Schatten zu begleiten schien. Eines Tages – er muss etwa Ende zwanzig gewesen sein – machte sich *Siddharta* auf, seinen Palast für immer zu verlassen, um in **Meditation und Askese** die Antworten auf seine Fragen zu suchen. Zurück ließ er seine Frau und seinen gerade geborenen Sohn – ein untrügerisches Zeichen, wie ernst ihm sein Anliegen war.

Nach langen Jahren, in denen er sich verschiedenen Formen der Askese unterworfen hatte, wurde ihm unter einem Pipal-Baum meditierend die **Erleuchtung** zuteil. So geschehen in einem Ort in Nordindien (Bundesstaat Bihar), der fortan den Namen Bodh Gaya tragen sollte, wörtlich „Wurde erleuchtet". Der Pipal-Baum wurde von nun an Bodhi-Baum genannt, „Baum der Erleuchtung".

Siddharta Gautama war nun ein Buddha oder „Erleuchteter" und fasste seine Erkenntnisse in den **„Vier Edlen Wahrheiten"** zusammen:

1. Alles Leben ist Leiden *(Dukkha)*.
2. Alles Leiden wird durch Begierden hervorgerufen *(Samudaya)*.
3. Das Leid kann durch die Auslöschung der Begierden an seinen Wurzeln ausgemerzt werden *(Nirodha)*.

ktm087 Foto: rk

4. Die Begierden können durch einen „Achtfachen Pfad“ zerstört werden und damit auch das Leid *(Magga)*.

Der **„Achtfache Pfad“** ist ein von Buddha entwickeltes, von strenger Selbstdisziplin geprägtes System aus rechtem Handeln, das niemanden verletzt, und Meditation. Das Endziel dieses Weges sollte das **Nirvana** sein, ein reiner, körperloser Zustand, der auch das Ende der Kette der Wiedergeburten bedeutet.

Einer der einflussreichsten Anhänger der neuen Religion wurde der indische König **Ashoka Maurya,** der 249 v.Chr. Buddhas Geburtsort besuchte und ihm zu Ehren dort eine Gedenksäule errichten ließ, die noch heute steht. *Ashoka* beließ es jedoch nicht bei Pilgerreisen, sondern sandte Missionare in alle Himmelsrichtungen aus, die die Lehre Buddhas verbreiten sollten. Bald gelangten Sri Lanka und weite Teile Südostasiens unter buddhistischen Einfluss.

Im 1. Jh. n.Chr. spaltete sich der Buddhismus jedoch in zwei Zweige, den **Hinayana** („Kleines Fahrzeug“) und den **Mahayana** („Großes Fahrzeug“). Der Hinayana war die ursprüngliche Form, deren Ziel die Erlangung des persönlichen Nirvana war, wogegen der neue Mahayana das liebende Mitgefühl mit allen Kreaturen hervorhob. Das Idealbild des personifizierten Mitgefühls wurden die **Boddhisattvas,** erleuchtete Wesen, die noch nicht ins endgültige Nirvana einziehen, um anderen auf ihrem Weg dorthin behilflich zu sein. In Nepal, dessen Buddhisten überwiegend dem Mahayana anhängen, werden zahllose Boddhisattvas wie Götter verehrt, und vielen davon sind eigene Tempel geweiht. Der bekannteste ist Avalokiteshvara, dessen Name etwa „Gott, der herniederblickt“ bedeutet – herniederblickt mit Mitgefühl auf eine Welt voller Leid. Avalokiteshvara gilt somit auch als der „Gnadenvolle“, auf Sanskrit heißt er Karunamaya.

Der in Nepal praktizierte Buddhismus ist jedoch von vielseitigen Einflüssen geprägt. Im 7. Jh. hatte der Buddhismus **Tibet** erreicht und vermischte sich mit dem dort verbreiteten Kult des Bon, der schamanistische Rituale um Naturgötter, Dämonen und Geister beinhaltete. Die daraus entstandene Fusion, der tibetische Buddhismus, beeinflusste stark den nepalesischen Buddhismus. Das spirituelle Oberhaupt des tibetischen Buddhismus ist der **Dalai Lama,** der 1959 den Repressalien der Chinesen entfloh und sich in Indien ansiedelte. Heute lebt er mit etlichen Tausend seiner Landsleute in Dharamshala in Nordindien.

Einfluss auf den nepalesischen Buddhismus nahm auch der aus hinduistischer Tradition stammende Kult des **Tantra.** Dieser ist eine esoterische Mischung aus Yoga, Meditation und magischen Formeln und Ritualen. Eine spezielle Schule des Tantra widmet sich interessanterweise genau den Praktiken, die im orthodoxen Hinduismus geächtet sind, den sogenannten **„fünf M's“.** Dazu gehört der Genuss von Wein *(Madya),* Fleisch *(Mañsa)* und Fisch *(Matsya),* der Geschlechtsverkehr *(Maithuna)* und ein System von magischen Körpergesten *(Mudra)*. All diese Praktiken sollten auf eine Art „umgekehrtem Weg" eigentlich zum selben Ziel führen wie der traditionelle Hinduismus, wurden aber meist mit der Absicht praktiziert, sich geheimer Mächte zu bedienen. Unter dem Deckmantel des Tantra wurden recht befremdliche Riten vollführt, wovon das Verzehren von Leichen noch eine der harmloseren war.

Ein Beispiel für tantrischen Einfluss ist in Nepal das **Opfern von Tieren,** deren Blut der (Hindu-)Göttin Kali oder einer ihrer zahlreichen Formen dargebracht wird. Auch einige tantrische Göttinnen werden verehrt, z.B. Vajra Yogini.

Islam

Mitte des 14. Jh. hatten moslemische Eindringlinge, die **Moguln,** zeitweise das Kathmandu-Tal erobert und zahlreiche Heiligtümer zerstört, zogen sich jedoch bald wieder zurück. Die ersten Moslems, die sich dauerhaft niederließen, waren kashmirische Teppich- und Wollhändler, die über Tibet ins Kathmandu-Tal gekommen waren, einige davon auf den ausdrücklichen Wunsch König *Ratna Mallas* hin. Mancher von ihnen war zuvor die Handelspfade zwischen Kashmir, Ladakh und Tibet entlanggezogen und sah in der Ausweitung nach Kathmandu günstige Geschäftsmöglichkeiten.

Im 17. und 18. Jh. stellten die lokalen Herrscher in Westnepal einige **indische Moslems** an, die ihre Soldaten in der Benutzung von Feuerwaffen unterrichteten. Die größte Einwanderungswelle indischer Moslems fand jedoch in der zweiten Hälfte des 19. Jh. statt, als sich zahlreiche Feldarbeiter im Terai ansiedelten, aber auch Händler von Leder, Armreifen, Halsketten oder anderen einfachen Schmuckstücken in den Hügelregionen.

Der Islam (wörtl. „Unterwerfung") wurde zwischen 610 und 632 vom **Propheten Mohammed** gestiftet und verehrt nur einen Gott. Dieser einzige Gott ist **Allah,** der nach dem jüngsten Gericht die guten oder bösen Taten mit Paradies oder Hölle belohnt bzw. bestraft.

Den Anhängern des Glaubens wird die Einhaltung von fünf Geboten abverlangt, den sogenannten **„Fünf Säulen"** des Islam:

1. Das Bekenntnis zur Einheit Gottes und der Prophetenschaft Mohammeds;
2. das fünfmalige tägliche Gebet;
3. das Geben von Almosen;
4. das Fasten im Fastenmonat Ramadan und
5. die Pilgerreise nach Mekka, dem heiligen Ort des Glaubens.

Der heilige Tag der Moslems ist der Freitag, an dem sich besonders viele Gläubige zum Gebet in den Moscheen einfinden. Zu diesem Anlass finden Lesungen aus dem **Koran,** der heiligen Schrift des Islam, statt, die auf der göttlichen Eingebung von Mohammed beruht.

Feste und Feiertage

Es vergeht kaum ein Tag, an dem nicht irgendwo in Nepal ein Fest gefeiert würde. Die weitaus meisten davon sind **religiöser Natur,** denn schließlich kennt der Hinduismus nach kühnsten Schätzungen etwa 300 Millionen Götter, von denen zumindest die wichtigsten gefeiert werden wollen. Die Feste sind oft eine komplizierte Mischung aus religiösem Ritual und jahrmarkthafter Ausgelassenheit, und gerade diese Kombination macht sie so farbig und sehenswert.

Da die Daten der Feste auf dem hinduistischen **Vikrama-Kalender,** einem Mondkalender, beruhen, sind sie variabel und können sich von Jahr zu Jahr verschieben. Gemäß diesem Kalender ist der erste Tag des Jahres der 13./14. April, und unser Jahr 2009 ist das Vikrama-Jahr 2066. Die Newar im Kathmandu Valley haben dazu noch einen eigenen Kalender, dessen Jahr 1129 unserem 2009 entspricht.

Die **Mondmonate** werden in zwei Hälften unterteilt, eine „helle", in der der Mond zunimmt, und eine „dunkle", in der er abnimmt. Die Feste fallen zumeist auf einen oder mehrere bestimmte Tage in diesen Hälften oder aber auf Vollmond bzw. Neumond. Einige häufig wiederkehrende Begriffe in den Namen der Feste deuten auf deren Lage im Mondkalender hin, so wie Sankranti (der erste Tag eines Monats) oder Purne/Purnima (Vollmond). Weitere geläufige Bestandteile der Festbezeichnungen sind Mela („Jahrmarkt", „Fest"), Jayanti („Geburtstag") und Jatra („Prozession", „Fest").

Die nepalesischen Monate

• **Magh**	Jan./Feb.
• **Phalgun**	Feb./März
• **Chaitra**	März/April
• **Baisakh**	April/Mai
• **Jeshtha**	Mai/Juni
• **Ashadh**	Juni/Juli
• **Shrawan**	Juli/Aug.
• **Bhadra**	Aug./Sept.
• **Ashwin**	Sept./Okt.
• **Kartik**	Okt./Nov.
• **Marga/Mangsir**	Nov./Dez.
• **Paush**	Dez./Jan.

Wichtige Feste und Feiertage

Januar/Februar

Am ersten Tag des Monats Magh, der ausnahmsweise nicht vom Mondkalender, sondern vom Überwechseln der Sonne in die nördliche Hemisphäre bestimmt wird, wird **Magh Sankranti** begangen. Dieses Fest markiert das Ende der kältesten Jahreszeit, es werden Reinigungsrituale an den Flussufern abgehalten und geheiligte Speisen verzehrt – darunter ist häufig auch selbst gebrautes Bier, das dem Fest die nötige Heiterkeit verleiht.

In Devighat bei Trishuli Bazar findet – beginnend einige Tage vor Vollmond – die **Devighat Mela** statt, ebenfalls ein rituelles Badefest, das mit dem Vollmond zu Ende geht.

Zur gleichen Zeit wird am Narayani-Fluss bei Devighat (nahe Narayanghat im Terai) ein ähnliches Fest vollzogen, die **Tribeni Mela.**

Am fünften Tag des abnehmenden Mondes des Monats Magh (Ende Januar, gelegentlich auch Anfang Februar) wird der Göttin Saraswati gehuldigt, die hier ihren Geburtstag feiert und zu diesem Anlass angeblich auch Kathmandu besucht. Gleichzeitig gilt der Tag als Beginn des Frühlings und heißt deshalb **Basant Panchami** (*basant* = „Frühling", *panchami* = „fünfter Tag des abnehmenden Mondes"). Besonders viele Gläubige finden sich an einem Saraswati-Schrein unterhalb der Plattform am Pashupatinath-Hügel ein. Darunter sind zahlreiche Schüler, Studenten, Künstler, Gelehrte oder solche, die es werden wollen – schließlich ist Saraswati die Göttin der Weisheit, des Lernens und der Musen, und ein kurzes Gebet hier hilft vielleicht mehr als jede Büffelei!

Februar/März

Der siebte Tag des Monats Phalgun ist König *Tribhuvan,* dem verehrten Vater des modernen Nepal, geweiht. Zu diesem **Tribhuvan Jayanti** oder **National Democracy Day** werden Paraden und Prozessionen abgehalten.

Am Neumondtag folgt eines der wichtigsten Hindu-Feste, **Shivratri,** die „Nacht des Shiva". Dies ist der Geburtstag des Gottes, zu dem sich an seinem Hauptheiligtum in Pashupatinath Abertausende von Gläubigen zum rituellen Bad einfinden. Darunter sind zahlreiche Pilger aus Indien sowie verwegen dreinblickende Sadhus, die hier sichtlich ihren Ruhm genießen, lebende Manifestationen des Gottes zu sein. Im Verlauf des Festes, das nach Einbruch der Dunkelheit seine volle Intensität erreicht, erschien früher auch der König, um vor dem Lingam von Pashupatinath göttlichen Schutz für sein Land zu erbitten.

Am Vollmondtag findet **Phagu** oder **Holi** statt, das der Beginn der heißen Jahreszeit markiert. In einem ausgelassenen Fest wird symbolisch der Sieg Narasinhas über den Dämonen Hiranyakashipu gefeiert. Es werden Beutel mit allerlei Farbpulvern geworfen, und der Tourist tut gut daran, nicht in bester Kleidung umherzulaufen! Am Basantapur Tower in Kathmandu wird ein Pfahl aufgestellt, an dessen oberen Ende bunte Stoffe hängen; diese symbolisieren die Saris, die Krishna – schelmischer Gott, der er nun einmal war – seinen Gopis oder Kuhhirtinnen gestohlen haben soll.

März/April

Am Tag vor Neumond im Monat Chaitra erfreut man sich am **Ghora Jatra,** dem „Pferdefest". Auf dem Tundikhel in Kathmandu finden Pferderennen statt, die an den Sieg über den Dämonen Tundi erinnern sollen, der einst von einer Horde Reiter überrannt und vernichtet worden sein soll. Den trinkfreudigeren Einwohnern der Stadt ist das Fest ein willkommener Anlass, sich voll und ganz einem Dämonen namens Alkohol hinzugeben!

Mit dem **Ram Navami** huldigen die Einwohner von Janakpur dem Gott Rama, der im Ort die Göttin Sita geehelicht haben soll.

Zum **Chaitra Dasain,** auch „Kleines Dasain" genannt (das „große" findet

ktm090 Foto: rk

Frische Blumengirlanden – Festschmuck der Götter

sechs Monate später statt), wird die Figur des Weißen Matsyendranath drei Tage in Prozessionen durch Kathmandu gezogen. In einigen Tempeln werden der blutrünstigen Durga Tieropfer dargebracht, so im Guhyshvari-Tempel, Pashupatinath.

Am Vollmondtag trifft man sich im Mahendra Park von Balaju zur **Balaju Jatra** und nimmt rituelle Bäder.

Am letzten Tag des Monats Chaitra und dem ersten Tag von Baisakh ist nepalesisches **Neujahr** oder **Bisket.** Der Name stammt vom Newari-Begriff für „Zwei Schlangen" *(bi syako)*, denn das Fest gedenkt des Sieges über zwei Schlangendämonen in der Mahabharata. Der beste Ort, die Feiern zu erleben, ist Bhaktapur, wo diese Figuren von Bhairav und Kali in einer triumphalen Prozession durch die engen Straßen gezogen werden. Einer der Höhepunkte ist das mühselige Aufstellen eines gut 25 m hohen, hölzernen Lingam (phallisches Symbol für Shiva), bei dem die Zuschauer mitfiebern wie bei der Cricket-WM. Nicht immer gelingt das Unterfangen, was dann als böses Omen für das kommende Jahr gilt. Ist der Lingam errichtet, machen sich zwei gegnerische Mannschaften daran, ihn vor Tausenden von Zuschauern mit Seilen in jeweils ihre Richtung zu ziehen. Wenn der Lingam bedrohlich schwankt und zu fallen droht, heißt es die Beine in die Hände zu nehmen und zu rennen – tödliche Unfälle durch das tonnenschwere Monstrum sind keine Seltenheit.

In Thimi, einem kleinen Nachbarort von Bhaktapur, wird zur gleichen Zeit die **Balkumari Jatra** begangen, eine andere Version des Neujahrsfestes. Die Gläubigen versammeln sich am Balkumari-Tempel und entzünden kleine Öllampen, die einige von ihnen sich sogar auf den Körper stellen und stundenlang darauf balancieren. Am nächsten Tag findet der Teil der Feierlichkeiten statt, dem die meisten Teilnehmer schon entgegenfiebern: Eine hochverehrte Ganesh-Figur wird auf einer *Khat* oder Sänfte aus dem Nachbardorf Nagadish zum Balkumari-Tempel getragen, wo sie auf 32 weitere Götterfiguren trifft, die gleichfalls auf

Sänften sitzen. Unter lautstarker Musikbegleitung werden die Figuren nun durch die Straßen Thimis getragen, wobei die 32 Götter bald dem Glücksbringer Ganesh hinterherjagen, um seine Rückkehr nach Nagadish zu verhindern. Das Ganze verläuft karnevalsartig heiter, und alle haben ihren Spaß. Etwas sorgenvoller sieht die Ziegen- und Hühnerpopulation dem Ereignis entgegen, da im weiteren Verlauf zahlreiche ihrer Angehörigen der Balkumari geopfert werden, wobei sich Ströme von Blut über die Statue ergießen.

April/Mai

Das wohl wichtigste Fest des Kathmandu Valley ist die **Rato Machhendranath Jatra** in Patan. Der Rote *(rato)* Machhendranath ist eine Art Gegenspieler zum Weißen *(sweta)* Machhendranath, die beide oft aber auch als ein und derselbe Gott angesprochen werden. Machhendranath gilt als der Schutzpatron des Kathmandu Valley – und besonders der Bauern –, da er einst eine zwölfjährige Dürre beenden half. Das Fest um diesen Gott ist somit auch eine Bitte um Regen und findet rechtzeitig vor Beginn des Monsuns statt.

Die **Vorbereitungen** sind aufwendig und beginnen schon zwei Wochen vor dem eigentlichen Fest. In einer Prozession wird die Figur des Rato Machhendranath zu einem Feld in Lagankhel, Patan, gebracht, wo jener angeblich auch Rast gemacht hatte, als er ursprünglich ins Kathmandu-Tal kam. Bei der Prozession dabei ist ein altes Schwert des Königs von Bhaktapur, der dem Fest beizuwohnen pflegte, und eine symbolische Einladung geht an den König von Kirtipur, der durch dessen Ortsvorsteher repräsentiert wird. Die Figur des Gottes wird nun rituell gewaschen und bald darauf neu mit Farbe bemalt. Die Maler kommen dabei immer aus einer bestimmten Familie. Am Abend kehrt die Figur in ihren Tempel zurück.

Am Tag des Festes wird die Figur auf einem **prunkvollen Gefährt,** einem **Rath,** durch die Straßen Patans gezogen. Am Vorderteil befindet sich eine Art hoch gewundener Bug, der den Kopf des Schlangengottes Karkot darstellt, der mitgeholfen haben soll, den Machhendranath aus Assam (Indien) herbeizuholen. Auf dem Gefährt ist ein etwa 15 m hoher, recht unsolide wirkender Turm aus Bambus- und Holzstangen aufgebaut, der bedrohlich schwankt. Die Räder des Rath sind aus massivem Holz und haben einen Durchmesser von ca. 1,5 m – wehe dem, der darunter geraten sollte!

Das Gefährt wird unter den Anfeuerungsrufen der Zuschauer von Hunderten von Männern an Seilen durch die Straßen gezogen – eine Mühe, die göttlichen Segen garantiert. Hinter dem Wagen mit dem Machhendranath folgt ein kleineres Gefährt mit einer Figur des Gottes Minanath darauf, der gelegentlich als der Sohn Machhendranaths, aber auch als dessen Tochter bezeichnet wird. Alle zwölf Jahre ist das Fest besonders aufwendig, und der Machhendranath wird bis in den Ort Bungamati gezogen, wo er eine Art „zweiten Wohnsitz“ hat – das nächste Mal erst wieder im Jahr 2015!

Mai/Juni

An einem Wassertank nahe Thankot, dem Mata Tirtha oder „Mutter-Heiligtum“, wird eine Art „Muttertag“ begangen, an dem die verstorbenen Mütter geehrt werden. Das Fest heißt **Mata Tirtha Snan** (wörtl. „das Bad im Mutter-Heiligtum“) und gelegentlich soll es vorkommen, dass jemand dabei das Gesicht seiner verstorbenen Mutter auf der Wasseroberfläche sieht!

Auf den Vollmondtag im Monat Baisakh fällt einer der heiligsten Tage der Buddhisten, **Buddha Jayanti,** Buddhas Geburtstag. Am interessantesten sind die Festlichkeiten an der Stupa von Swayambhunath, wo sich den ganzen Tag über Tausende von Pilgern einfinden und Lamas in prachtvollen Roben um die Stupas tanzen, untermalt von tibetischer Musik. Ähnliche Festlichkeiten finden auch an der Stupa von Bodhnath statt.

Am sechsten Tag des zunehmenden Mondes begehen die Newar **Sithinakha** oder **Kumar Shasthi,** den Geburtstag des Kriegergottes Kumar, des Sohnes Shivas und Bruders von Ganesh. Dazu wird der Boden vor den Haustüren rituell gereinigt und ein roter Kreis mit einem Lotus darin aufgemalt, der den Gott repräsentiert. Das Fest markiert den Beginn der Regenzeit und somit der Reispflanzsaison.

Juni/Juli

Auf Ende Juni oder Anfang Juli fällt das **Harishayani Ekadasi,** zu dem in Budhanilakantha der Figur des liegenden Vishnu Tribut gezollt wird. An diesem Tag sind Tieropfer wie auch der Verkauf von Fleisch offiziell verboten.

Juli/August

Ende Juli oder Anfang August wird **Ghanta Karna** gefeiert, der Sieg über den gleichnamigen Dämonen. Dazu errichten Kinder an Straßenkreuzungen Torbögen aus Blättern und Zweigen, die die bösen Geister fernhalten sollen. Dafür verlangen sie von den Passanten eine Art Wegezoll in Form von Kleingeld. Höhepunkt ist die Versenkung einer Ghanta-Karna-Puppe im Fluss; damit ist der Dämon für das kommende Jahr unschädlich gemacht.

Zu Neumond im Monat Shrawan beginnt **Gunla,** der heilige Monat der Buddhisten. In diesem Monat unterwirft man sich Fastenübungen, Pilgerreisen oder heiligen Ritualen, um am Ende eine gesellige, ausgelassene Feier samt Festschmaus abzuhalten. Zahlreiche Gläubige finden sich zu Gebeten in Swayambhunath ein.

Am fünften Tag des zunehmenden Mondes begehen die Nepalesen **Nag Panchami,** das Fest, das den Schlangengöttern geweiht ist (*nag* = „Schlange“), die angeblich Einfluss auf den Regen haben. Über den Haustüren werden Bilder der Schlangengötter angebracht, die zur Segnung ein wenig rote Tika-Paste auf die Stirn bekommen. Zudem begibt man sich auf Feld und Flur, um dort Schlangen Opfergaben darzubringen – gekochten Reis, Milch, Joghurt und Honig. Angeblich sind die Schlangen an diesem Tag absolut handzahm, und garantiert niemand wird gebissen!

Am Vollmondtag von Shrawan wechseln die Brahmanen die Yagnopavit, ihre heilige Brahmanenschnur. Das Ereignis heißt **Janai Purne,** „Vollmond der heiligen Schnur".

Am gleichen Tag binden Mädchen und Frauen dem anderen Geschlecht bunte Zwirnsfäden um das Handgelenk und erklären sie so symbolisch zu ihren „Brüdern", die sie von nun an beschützen sollen. Dieses **Raksha Bandhan** oder „Anlegen des Schutzbandes" ist eine geniale Methode, einen unliebsamen Freier flugs zum „Bruder" zu transformieren, womit jeglichen amourösen Absichten entgegengewirkt wird! Es zeugt aber auch von Respekt dem „Bruder" gegenüber, da man ihm Sicherheit und Wohlergehen anvertraut.

August/September

Der Tag nach dem Janai Purne/Raksha Bandhan ist den hochverehrten heiligen Kühen geweiht: Zur **Gal Jatra,** der „Kuhprozession", verkleiden sich zahlreiche Bewohner als Kuh, während die Originale festlich herausgeputzt und mit schmackhaftem Futter verwöhnt werden. Dem Glauben nach hängen sich die Seelen der Verstorbenen an die Schwänze von Kühen, die sie sicher zur Pforte des Totengottes Yama führen und diese mit ihren Hörnern aufstoßen. Hinter der Pforte werden die Toten dann für ihre Taten von Yama gerichtet.

Am Rande der Prozession kommt es zu allerlei **Clownereien und Schabernack,** man kleidet sich in abstruse Masken, trinkt Alkohol in rauen Mengen und haut einmal voll auf die Pauke. Die Zeitungen tragen ihren Teil zu dem Irrwitz bei und veröffentlichen absurde Nonsens-Nachrichten – Karneval und 1. April vereint! Dieser neckische Aspekt des Festes geht angeblich auf das 18. Jh. zurück, als die Frau König *Pratap Mallas* sich ob des Todes ihres Sohnes grämte und das Lachen verlernt zu haben schien. Nach geraumer Zeit schrieb der König eine Belohnung aus für denjenigen, der sie wieder zum Lachen brächte. Bald erschien eine ganze Abordnung von Witzbolden am Palast, gekleidet in lächerlichste Kostüme und Grimassen schneidend, und kurz darauf schallte das Lachen der Königin durch das Gemäuer.

Der achte Tag des abnehmenden Mondes ist **Krishna Ashtami** oder **Krishna Jayanti,** der Geburtstag Krishnas. Bilder und Figuren des geliebten Gottes werden mit Blumen geschmückt, und an mancher Straßenecke bringt ein Geschichtenerzähler Episoden aus Krishnas Leben zu Gehör, die oft ganz ungöttlich schelmisch sind – sicher einer der Gründe für die Popularität Krishnas, der gerne als herumtollendes, verspieltes Kind dargestellt wird.

Zu **Gokarna Aunshi** am Neumondtag, dem nepalesischen Vatertag, werden den verstorbenen Vätern in Gokarna Opfergaben dargebracht.

Am dritten Tag des zunehmenden Mondes beginnt das dreitägige **Tij,** ein reines Frauenfest, zu dem sich die Teilnehmerinnen am Pashupatinath-Tempel zu allerlei Frohsinn und rituellen Bädern einfinden.

In Kathmandu wird acht Tage lang die **Indra Jatra** gefeiert, die dem Regengott Indra, auch Akash Bhairav genannt, gewidmet ist. Der Legende nach war der Gott vor langer Zeit von den Bewohnern des Kathmandu Valley beim Stehlen von Blumen ertappt und – nicht ahnend, wen sie vor sich hatten – bei lebendigem Leib begraben worden. Bald suchte Indras Mutter Dagini nach ihm, und als sich der Irrtum aufgeklärt hatte, beschloss der König, Indra zu Ehren ein jährliches Fest zu veranstalten. Dieses beginnt heutzutage am zwölften Tag des zunehmenden Mondes.

Zunächst wählen Priester der Manandhar-Kaste, die von der Regierung bestimmt werden, einen riesigen **Sal-Baum** *(Shorea robusta)* aus. Dieser wird durch tantrische Riten und Blutopfer geheiligt, dann gefällt und entlaubt, und der Stamm wird für vier Tage auf dem Tundikhel in Kathmandu aufgestellt. Die folgenden vier Tage steht er am Hanuman Dhoka, wohin auch die Figur des Indra getragen wird. Der Stamm symbolisiert die Einheit Nepals, das nun geschlossen Indra huldigt. Seine Figur ist dabei in Ketten gebunden, als Erinnerung an die Gefangenschaft, die er in Kathmandu erleiden musste. Bestandteil des Festes sind einige traditionelle Maskentänze, so der Lakhe-Tanz, benannt nach einem Dämonen, und der Elefanten-Tanz zu Ehren von Indras Reittier.

Der Höhepunkt ist jedoch die am Tag vor Vollmond stattfindende **Kumari Jatra,** eine Prozession, in der die Kumari oder „Lebende Göttin" in prachtvollem Schmuck durch die Straßen getragen wird. Die Kumari („Jungfrau") ist jeweils ein junges Mädchen, das nur so lange als göttliche Inkarnation gilt, bis es einen Tropfen Blut verliert – sei es durch Missgeschick oder Menstruation.

September/Oktober

Der Beginn des zunehmenden Mondes kündigt das **Dasain** oder **Durga Puja** an, das wichtigste Fest Nepals. Die Feierlichkeiten dauern gut zehn Tage, und so mancher Arbeiter oder Angestellter genehmigt sich einen inoffiziellen Urlaub, taucht im Trubel des Festes unter, um dann irgendwann danach wieder aufzutauchen, als wäre nichts geschehen.

Das Dasain ist der Göttin Durga gewidmet und symbolisiert den **Sieg des Guten über das Böse.** Die Häuser werden rituell gereinigt, ausgebessert und geschmückt, da der Besuch der Göttin erwartet wird oder – falls diese anderweitig verhindert sein sollte – zumindest Besuch der Verwandten.

Im Verlauf der Feierlichkeiten an den Durga-, Kali- oder Tajelu-Tempeln werden zahlreiche männliche unkastrierte Tiere geopfert – vor allem Wasserbüffel, die symbolisch einen Büffeldämon darstellen, den die Göttin einst getötet haben soll. Dem Glauben nach werden die zu Dasain geopferten Tiere im nächsten Leben als Menschen wiedergeboren, wobei unter Büffeln umstrit-

ktm092 Foto: rk

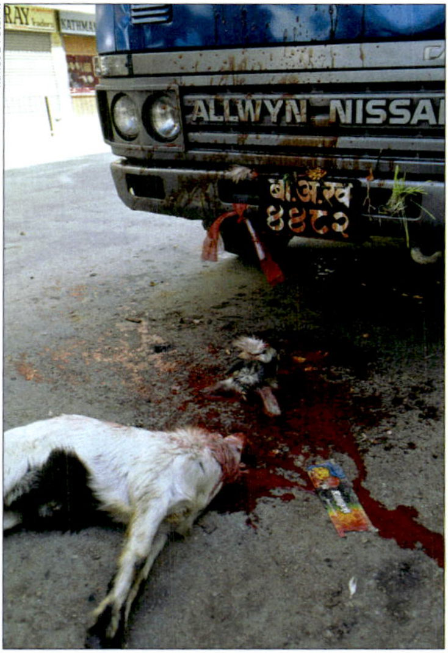

ktm093 Foto: rk

ten sein soll, ob dies nun als Belohnung oder Strafe aufzufassen ist ... Auch auf den Straßen gibt es zahllose **Tiermassaker,** an jeder Ecke werden Hühner, Enten, Ziegen oder andere Tiere geschlachtet. Auto- und Motorradbesitzer segnen ihre Fahrzeuge, indem sie davor ein Tier schlachten und das Blut dann auf das Fahrzeug fließen lassen. Zartbesaitete Gemüter bleiben besser im Hotelzimmer, denn das Ganze ist kein schöner Anblick, auch wenn inzwischen weniger geschlachtet wird als noch vor einigen Jahren, da viele jüngere und gebildete Nepalesen heute auf die Blutopfer verzichten. Die Vegetarier unter den Gläubigen opfern anstelle von Tieren eine bestimmte Art von Kürbis, der vor der Statue der Göttin entzweigeschlagen wird.

Oktober/November

Fünf Tage dauert das wirklich schöne Fest **Tihar** oder **Diwali,** übersetzt „Lichterreihen" bzw. „Lichterfest", das in die Erntezeit fällt. An den Tempeln werden Hunderte von kleinen Senföllampen aufgestellt, die dem Fest seinen Namen geben. Geweiht ist es Lakshmi, der Göttin des Wohlstands, und so ist es nicht verwunderlich, wenn um Geldtruhen und Geschäftsbücher aufwendige Pujas zelebriert

Bild links: Tierschlachtung zum Fest Dasain; rechts: Sadhus

werden, die den Beistand Lakshmis für das kommende Jahr garantieren sollen. Nebenbei kommen Haushunde, Straßenköter und die ebenso ungeliebten Krähen zu Ehren und werden großzügig gefüttert. Die Hunde gelten als die Bewacher der Pforte des Totengottes Yama, die Krähen als dessen Boten, die durch ihr Gekrähe den Tod ankündigen. Besondere Aufmerksamkeit wird den ohnehin schon erlauchten Kühen entgegengebracht, man schmückt sie mit Blumengirlanden, gibt ihnen das rote Tika-Zeichen auf die Stirn und kriecht unter ihrem Bauch durch – eine Art Glücksritual.

Zu **Haribodhini Ekadasi** wird Vishnus Wiederkehr zu den Menschen gefeiert, der die vier Monate davor schlafend am Meeresgrund verbracht hat. Pilger ziehen zu allen Vishnu- oder Narayan-Tempeln, um dem Gott dort Opfer zu bringen, insbesondere zum „schlafenden Vishnu" von Budhanilakantha. Die Riten auszulassen scheint nicht sehr ratsam, denn der Überlieferung nach wird derjenige, der sich dessen erdreisten sollte, im nächsten Leben als Gockel wiedergeboren!

November/Dezember

Das **Sita Panchami** oder **Sita Bibaha Panchami** in Janakpur gedenkt der Heirat der Göttin Sita mit Rama, dem Helden des Epos Ramayana. Ähnlich einer regulären Hindu-Hochzeit wird die Figur des „Bräutigams" vom Rama-Tempel zu seiner Zukünftigen im Janaki-(= Sita-)Tempel getragen. Zu dem Fest strömen Tausende von Pilgern – darunter zahlreiche aus Indien –, denen Sita als das Sinnbild der idealen Ehefrau gilt.

Yomarhi Punhi zu Vollmond ist eine Art Erntedankfest der Bauern des Kathmandu Valley, bei dem Reiskuchen (in Newari *yomarhi*) gebacken und an die Nachbarn verschenkt werden. Kinder ziehen von Haus zu Haus und fordern ebenfalls ihren Tribut in Form der Kuchen, zum Teil unter Zuhilfenahme eines traditionellen kessen Liedes. Dessen letzter Vers lautet unmissverständlich: „Wenn ihr euch nicht sputet und uns Yomarhi schenkt, kacken wir in eure Reismühle!"

Dezember/Januar

Der erste Tag des Monats Paush ist **Mahendra Jayanti** oder **Constitution Day,** an dem mit Paraden und Prozessionen an den Verfassungsentwurf von 1962 erinnert wird.

Ab dem achten Tag des zunehmenden Mondes wird das viertägige **Seto Machhendranath Snan** zelebriert, das rituelle Reinigen des Weißen Machhendranath (*snan* = „Bad"). Das Waschen der Statue obliegt vornehmlich Priestern aus der Banra-Kaste. Am Tempel des als barmherzig geltenden Machhendranath in Kathmandu, des Machhendranath Bahal, wird der sogenannte „Badethron" errichtet, eine Art Plattform. Auf ihm wird die Machhendranath-Statue rituell gebadet und in neue Kleider gehüllt, sie bekommt eine neue Krone aufgesetzt und wird mit frischen Blumengirlanden behängt – alles vor den Augen der Kumari, die dazu in einer feierlichen Prozession herbeigetragen wird.

Kunst und Handwerk

Geschichte

Wie bei Nepals geografischer Lage nicht anders zu erwarten, verbinden sich in der Kunst des Landes **indische und tibetische Elemente.** Der indische Einfluss ist bis in das 6. Jh. zurückverfolgbar, um das 12. Jh. kam er aufgrund der Moslem-Invasionen jedoch zum Erliegen. Von Tibet gelangten tantrische und lamaistische Impulse herüber, und all die Einflüsse wurden schon zwischen dem 4. und 7. Jh. von den Nepalesen zu einem eigenen Stil weiterentwickelt.

Besonders taten sich dabei die **Newar** im Kathmandu Valley hervor, die bis heute als hochbegabte Künstler und Handwerker gelten. Der herausragende Vertreter dieser künstlerischen Tradition war ein gewisser **Arniko,** der 1246 von *Kublai Khan* nach Tibet berufen wurde, um dort eine goldene Stupa zu errichten. *Arniko,* genialer Steinmetz, Maler, Kunstschmied und Architekt, wählte 80 Handwerker aus, die ihn bei der Arbeit unterstützen sollten, und innerhalb eines Jahres war das Werk vollendet. In der Folgezeit wurde ihm die Arbeit an weiteren Sakralbauten anvertraut; in Beijing errichtete er die Weiße Pagode, die bis heute erhalten ist.

Unter der Herrschaft der **Malla-Könige vom 13. bis 18. Jh.** wurden Kunst und Architektur zu ihrer Blüte geführt, die jedoch 1769 mit der Eroberung des Kathmandu Valley durch die Gorkha-Truppen des *Prithvi Narayan Shah* jäh endete. Die meisten architektonischen oder künstlerischen Sehenswürdigkeiten im Kathmandu Valley stammen aus diesen Jahrhunderten, in denen sich die Könige als begeisterte Bauherren und Kunstmäzene erwiesen. Die Herrscher von Kathmandu, Patan und Bhaktapur wetteiferten quasi miteinander um die prachtvollsten sakralen, aber auch profanen Bauten. Von diesem „Krieg" der Baumeister profitiert heute der Tourist, der ob der Vielzahl an Sehenswürdigkeiten in sprachloses Staunen gerät.

Nicht minder entwickelt war die **Handwerkskunst der Newar,** die mit dem ihnen scheinbar angeborenen Sinn für Ästhetik Holz, Ton, Stein und Metall bearbeiteten. Schon um das Jahr 400 berichtete der chinesische Reisende *Fa-Hsien* vom „beachtlichen Geschick" der Newar in Handwerk und Kunst – obwohl er sie andererseits als „harte und wilde Naturen" charakterisierte. Schon zu jener Zeit beherrschten sie das Metallgießen und Legieren von Kupfer, Messing und Bronze.

Als begabt erwiesen sich auch die **Holzschnitzer** der Newar, die Häuser und Tempel mit filigranen Schnitzereien verzierten. Weitere Handwerkskünste waren die **Baumwollweberei,** die schon im 4. Jh. v.Chr. von *Kautilya* (ein anderer Name ist *Chanakya*) in seiner „Artha Shastra", einem Lehrbuch der Staatsführung, erwähnt wurde, oder die **Arbeit mit Ton,** der schon vor mindestens 2300 Jahren zu kleinen Menschen- oder Tierfiguren geformt wurde.

Einige Jahrhunderte alt ist die Herstellung eines speziellen **„Nepali-Papiers“** aus dem in 2700 bis 3300 m Höhe wachsenden Seidelbast *(Daphne ssp.)*. Dieses Handwerk stammte wahrscheinlich aus China und wurde über Tibet in Nepal verbreitet. Ebenfalls aus Tibet rührt die **Teppichknüpferei** her, die heute von zahlreichen tibetischen Flüchtlingen betrieben wird.

Eine tragende Rolle bei der Erhaltung der Handwerkskünste fallen heute dem Tourismus und dem Export zu, denn der Binnenmarkt für handwerkliche Produkte ist klein und beschränkt sich auf praktische Artikel. So lebt heute manch Handwerkstalent ausschließlich von den Dollars, Euros oder Yens, die ihm der Verkauf von Souvenirs einträgt.

Musik

Gemäß der hinduistischen Mythologie ist Shiva in seiner Form als Nataraja („König des Tanzes“) der Herr über Musik und Tanz. Sein weibliches Gegenstück ist Nateshvari, die „Göttin des Tanzes“. Während Shiva tanzt, wird er von einem **Götter-Orchester** begleitet: Brahma schlägt die Cymbeln, Vishnu die Trommel, Saraswati spielt die Vina, ein Saiteninstrument, Indra Flöte, und Lakshmi singt dazu. Auf diese Weise entsteht – so eine Hindu-Schrift – „Musik der Sphären.“

Historische Erwähnungen nepalesischer Musik reichen nur bis ins 13. Jh. zurück. Allem Anschein nach entwickelte sie sich aus alter **buddhistischer Musik,** die auf einem Konzept von 16 Musikgottheiten beruhte. Jede dieser Gottheiten wurde mit einem Musikinstrument in Verbindung gebracht.

Ab dem 10. Jh. dominierte **indischer Einfluss,** und die **Ragas** wurden verbreitet, instrumentale oder gesungene Musikstücke, die auf festgelegten Tonfolgen basierten und bestimmte Stimmungen ausdrücken sollten. Den Ragas wird eine solche spirituelle Klangkraft nachgesagt, dass ein Meister des Metiers damit wahre Wunder vollbringen kann. Alten Aufzeichnungen zufolge verursachte *Naik Gopal,* ein begnadeter Sänger des 17. Jh., bei einer Aufführung der Dipika Raga, der „Raga des heißen Sommers“, eine verheerende Feuersbrunst. Daraufhin blieb sogar der Monsun aus, bis der Sänger *Tan Sen* die Megha Raga, die „Wolken-Raga“, anstimmte, während der sich Regenwolken zusammenballten und bald das ausgedörrte Land begossen. Als ein Nachfahre *Tan Sens* später die Dipika Raga auf der Vina spielte, fing das Instrument Feuer. Danach wurde es in einem Tempel in Bodh Gaya (Nordindien) als Reliquie aufbewahrt.

Neben den Ragas bildeten sich die **Raginis** heraus, eine Art weibliches Gegenstück, bestehend aus „weiblichen“ Tonfolgen. Nepalesische Musiker übernahmen die meisten Ragas und Raginis aus Indien, entwickelten

Buddha-Verehrung in Swayambhunath

aber auch einige eigene. In der Praxis dienen sie heute nicht mehr zu metaphysischen Wundertaten – vielleicht nur aus Mangel an genialen Interpreten –, sondern rein dem Ausdruck von Stimmungen und Gefühlen. So gibt es Morgen-Ragas, Abend-Ragas, Monsun-Ragas etc., die jeweils die Atmosphäre der betreffenden Tages- oder Jahreszeit einfangen und an den Hörer weitervermitteln.

Neben dem reichhaltigen Repertoire komplizierter klassischer Musik besteht aber ein reicher Fundus an **Volksmusik,** die romantische, heroische, religiöse oder jahreszeitliche Themen zum Inhalt hat. Noch heute trifft man gelegentlich auf den **Gaine** („Sänger"), eine Art Moritatensänger, der die Heldentaten tapferer Krieger besingt.

Die populärste Musikform ist heute aber zweifellos der **Hindi-Filmschlager,** der einer der tragenden Elemente des Hindi-sprachigen Spielfilms ist. Ein Film ohne mindestens fünf bis sechs Gesangseinlagen – das wissen Mumbais Filmproduzenten sehr wohl – ist von vornherein zum Flop verdammt. In Nepal hört man diese teilweise schwülstigen, oft wunderbar melodiösen und aufwendig orchestrierten Songs auf Schritt und Tritt, und damit sind sie wahrscheinlich so etwas wie neuzeitliche Volksmusik. Die neuere Hindi-Filmmusik orientiert sich sehr an westlicher Popmusik und es kommt zu merkwürdigen bzw. interessanten Stil-

ktm094 Foto: rk

fusionen. Die jüngeren Nepalesen sprechen naturgemäß eher dieser neuen Richtung zu.

Die traditionelle nepalesische Musik wird auf einem Sortiment von über 100 **Instrumenten** gespielt, dazu zählen vor allem Saiten-, Blas- und Schlaginstrumente. Es gibt etwa 40 Arten von Schlaginstrumenten, 24 Blas-, sieben Streich- und sechs Zupfinstrumente sowie 27 verschiedene Cymbeln oder ähnliche kleine Schelleninstrumente.

In der Volksmusik eingesetzt werden unter anderem die Sarangi („die Hundertfarbige"), eine traurig klingende kleine Fiedel, die Dudra und Tunga, vier- bzw. sechssaitige Zupfinstrumente, die Murali, eine Bambusflöte, und die Dholaki, eine kleine Handtrommel.

Die klassische Musik verwendet die **Sitar,** ein Saiteninstrument, das durch den indischen Musiker *Ravi Shankar* zu Weltruhm gelangte, ferner die mit ihr verwandte Vina, das Shruti-Peti oder Harmonium, die Tablas, auf eine bestimmte Tonhöhe gestimmte kleine Trommeln, u.v.m.

Tanz

Eine der häufigsten Götterfiguren, die man in nepalesischen Souvenirläden kaufen kann, zeigt Shiva in seiner Form als **Nataraja, Gott des Tanzes.** Dabei verharrt er in einem solchen Tanzschritt, dass die Figur wie das alte Hindu-Zeichen für OM wirkt, der kosmische Urlaut, der das ganze Universum durchdringt. Shivas Tanz und das Universum sind eng miteinander verknüpft, und am Ende des Weltenzyklus tanzt der Gott den Tandava, den Tanz der Zerstörung, der die Welten vernichtet.

Der nepalesische Tanz ist heute weniger spirituell inspirierte Kunst denn ein **folkloristisches Ereignis.** Getanzt wird zu religiösen oder anderen Festen, von Einzelpersonen oder in Gruppen. Gemeinsam ist allen Tänzen die Zuhilfenahme von festlichen bunten Kostümen, Schmuck und Schminke, die den dramatischen Effekt erhöhen.

Die wichtigsten Tänze

- **Maskentanz** – Aufgeführt in Kathmandu, Patan und Bhaktapur zu religiösen Feiertagen; getanzt werden Legenden und Mythen, wobei die Tänzer überdimensionale, bizarre Masken tragen.
- **Regentanz** – Ein Paartanz, in dem Mann und Frau Shiva und seine Gemahlin Parvati symbolisieren.
- **Jhankri-Tanz** – Von einem Jhankri, einem Shamanen, getanzt, soll dieser die bösen Geister vertreiben.
- **Damfu-Tanz** – Ein Gruppentanz der Tamang mit Tambourins *(Damfu),* der von Liebe und Liebeswerben handelt.
- **Jhijhiya-Tanz** – Ein Tanz aus dem Terai, der der Göttin Durga geweiht ist; Gruppen von Mädchen balancieren dabei Wasserkrüge auf dem Kopf, denen Öllampen aufgesetzt sind.
- **Dhunnasa-Tanz** – Ein Gruppentanz, bei dem Bambusstöcke geschwungen werden, aufgeführt zumeist bei Melas (Volksfesten) oder anderen größeren Ereignissen.
- **Ya-Lang-Tanz** – Eigentlich ein Tanz der Limbu, der in verschiedenen Variationen und auch bei anderen Volksgruppen anzutreffen ist; eine Art im Kreis aufgeführter Gruppentanz zur Erntezeit.
- **Jhyaure-Tanz** – Äußerst lebhafter, fast wilder Tanz der Gurung und Magar, mit Verrenkungen, Luftsprüngen und Fußstampfen.
- **Jhumara-Tanz** – Beheimatet im Terai, wird dieser Tanz nur von Männern präsentiert, die die Gopis darstellen, die Milchmädchen Krishnas.

Literatur/Volkserzählungen

In einem Land mit einer traditionell **niedrigen Alphabetisierung** wie Nepal kann Literatur nur eine untergeordnete Rolle spielen. Noch Anfang der 1950er Jahre hatte die Alphabetisierungsrate nur etwa 5% betragen, was bei einer Einwohnerzahl von damals 8 Mio. gerade mal 400.000 Personen bedeutete, die des Lesens mächtig waren. Man kann nur mutmaßen, wie gering der Prozentsatz ein Jahrhundert vorher gewesen sein mag. Nur eine winzige Elite war des Lesens und Schreibens mächtig. Heute dürften immer noch die Hälfte der Nepalesen weder schreiben noch lesen können.

Die traditionelle Literatur umfasst alte **religiöse, astrologische oder medizinische Texte,** die – gedruckt oder als Kalligrafie – noch in manchen Tempel- oder Klosterbibliotheken zu finden sind. Die bedeutendste Sammlung von Schriftstücken sind die alten **Vamshavali** („Annalen"), Geschichtschroniken, die jedoch oft ins Reich der Legende und Fantasie abgleiten. Historische Fakten werden nahtlos mit Mythen verwoben, und die Zeitangaben sind größtenteils vage oder schlichtweg unglaubwürdig. Beispiel: „Die Kiranti kamen im 15.000. Jahr des Dwipar Yuga (*yuga* = „Zeitalter") nach Nepal und beherrschten das Land 10.000 Jahre lang. Die Götter kamen nach den Kiranti. König *Dharmadatta* herrschte 1000 Jahre ...".

In geringem Maße spielte noch die **Poesie** eine Rolle, da die Könige ihre Edikte gerne in Versform herausgaben.

Bedeutender als die geschriebene Literatur ist der reiche Fundus an **Volkserzählungen,** die über die Jahrhunderte von Mund zu Mund weitergegeben wurden. In diesen vermengen sich Mythen, Legenden, heroische oder religiöse Geschichten zu fabulösen Gespinnsten. Oft haben sie einen belehrenden, moralisierenden Charakter, wie z.B. die Erzählung „Rajkumari" („Die Prinzessin"), in der die Eitelkeit aufs Korn genommen wird. In „Dadi Saniamma" („Die Stiefmutter") geht es um Neid und Missgunst, in „Lobhi Purohita" („Der gierige Priester") um den trügerischen Schein des Geldes. Ähnlich wie bei den Märchen des Abendlandes siegen auch in den nepalesischen Erzählungen immer das Gute und die Vernunft.

Gelegentlich sieht man noch professionelle **Geschichtenerzähler,** die an irgendeiner Straßenecke die uralten Geschichten weitererzählen und damit das Publikum in ihren Bann schlagen – wie vor Hunderten von Jahren.

Metallarbeiten

Die Metallgießerei in Nepal geht bis auf das 4. Jh. zurück. Verschiedene Legierungen – anfänglich aber auch Silber und Gold – wurden zu sehr plastischen **Götterfiguren** geformt, die ihren Platz in den zahllosen Tempeln und Schreinen fanden. Eine der geläufigsten Legierungen war das aus acht Metallen gemischte Ashtadhatu, Sanskrit für „Acht Metalle".

Geformt wurden die Figuren durch die **Technik des Cire Perdue oder**

„verlorenen Wachses“: Dazu wurde die gewünschte Figur zunächst in Ton modelliert und dann getrocknet. Die entstandene Form wurde mit einer Schicht Bienenwachs bedeckt, worüber wieder eine Schicht Ton folgte, die ebenfalls getrocknet wurde. Das Ganze wurde dann erhitzt, wobei das Wachs aus einer dafür vorgesehenen Öffnung abfloss. Damit war eine Gussform geschaffen, und anstelle des Wachses wurde flüssiges Metall in den entstandenen Hohlraum gegossen und dann - nach seiner Erkaltung - aus der umgebenden Tonschicht geschält. Noch heute benutzen die Newar diese Methode, wobei dem Bienenwachs Harze und Senföl beigemischt werden.

Flache Metallobjekte - wie z.B. die über Tempeleingängen angebrachten Torana - wurden allerdings nicht gegossen, sondern in der **Repoussée-Technik** gehämmert oder geschlagen. Dazu wurde das Metall von der Rückseite so bearbeitet, dass sich auf der Vorderseite Wölbungen bildeten, die die gewünschten Formen oder Figuren darstellten. Diese Methode ermöglichte besonders feine, detaillierte Metallarbeiten.

Holzschnitzerei

Holzschnitzereien gehören seit dem 12. Jh. zum festen Bestandteil von Tempeln oder Häusern; während der Malla-Herrschaft erlebte das Handwerk seine Blütezeit. **Türen, Fenster, Balken und Streben** wurden mit aufwendigem Schnitzwerk versehen, wobei an Tempeln religiöse Motive zum Tragen kamen, an den Profanbauten eher Ornamente, die aber nicht minder prachtvoll waren. Am meisten benutzt wurden Hölzer der Sisu-, Champa-, Deodar-, Saaj-, Haldu-, Teak- und Sal-Bäume. Letzteres ist Nepals härtestes Holz und überdauert angeblich tausend Jahre, egal ob an der Luft oder im Wasser. Aus diesem Grunde wurde es zum meistbenutzten Holz bei Tempelbauten.

Wie entwickelt die Holzschnitzerei war, zeigt das **umfangreiche Fachvokabular,** das in der Zunft verbreitet ist. Jedes winzige Teil eines traditionellen Ornamentes, jeder technische Handgriff hat einen eigenen Namen, wenn nicht sogar mehrere Synonyme.

Eine sehr augenfällige Variante von Holzschnitzereien sind die **erotischen Figuren** an Tempelpfeilern oder -streben, von denen die westlichen Besucher früherer Jahrhunderte zutiefst verstört berichteten. Auf sie wirkten diese Illustrationen - mit all ihren oft so abstrusen Kopulationsvarianten - wie ein Lehrbuch der Perversion. Die **Schnitzereien von Maithuna,** die den sexuellen Verkehr in allen seinen Formen zeigen, basieren auf dem Kult des Tantra und sind eine lebensbejahende Darstellung sexueller und schöpferischer Energie und nicht, wie die früheren Reisenden angenommen hatten, eine Aufforderung zur Nachahmung!

Bildhauerei

In grauer Vorzeit schon verehrten die Bewohner Nepals **Steine oder Felsen**

als Erscheinungsform der Götter. Noch heute gibt es an einigen Tempeln solche Steine, die zumeist als Repräsentation des glückbringenden Elefantengottes Ganesh gelten.

Von der Verehrung naturgegebener Steine war es nur ein kleiner, wenn auch fundamentaler Schritt, ihnen Formen und Gesichter nach eigenen Vorstellungen zu geben. In der zweiten Hälfte des 5. Jh. war aus der Bildhauerei eine ernst zu nehmende Kunst geworden, die im 9. Jh. ihren Höhepunkt fand. Diese sogenannte **klassische Periode** war stark vom indischen Gupta-Stil beeinflusst und ließ eine Vielzahl von Meisterwerken entstehen, von denen noch zahlreiche erhalten sind. Ein hervorragendes Beispiel ist die Figur des liegenden Vishnu in Budhanilakantha, die wohl bekannteste Steinskulptur Nepals.

Malerei

Ebenfalls in der klassischen Periode nahm die Malerei ihren Anfang, deren älteste übrig gebliebene Beispiele jedoch aus dem frühen 11. Jh. stammen. Es sind Illustrationen zu Palmblatt-Manuskripten, die wiederum von Indien beeinflusst waren. Die Themen der Malerei waren hauptsächlich **religiöser Natur,** die Hindu-Epen Mahabharata und Ramayana sowie die zahlreichen buddhistischen und hinduistischen Legenden boten einen unendlichen Fundus an Motiven. Etwa in der Mitte der Malla-Periode (15./16. Jh.) wurden besonders **tantrische Motive** populär.

Eine spezielle Form des religiösen Gemäldes waren die **Mandalas,** mystische Bilder aus zahllosen ineinander verschachtelten Kreisen und Quadraten, die sowohl auf hinduistischer als auch auf buddhistischer Tradition beruhen.

Die bei Touristen begehrtesten Gemälde sind jedoch die **Thangkas** (Tibet), auch **Paubha** (Nepal) genannt. Das sind Rollbilder, ähnlich altertümlichen Schriftrollen, die aus einem feinen Baumwoll- oder Seidenstoff hergestellt werden. Der Stoff wird in einen Rahmen gespannt, dann werden mehrere Schichten einer Mischung aus Kalk, Leim und Indigo aufgetragen und getrocknet. Um der Oberfläche Glanz zu verleihen, wird noch eine Schicht aus dem Eiweiß von Enteneiern und Wasser aufgetragen, und diese wird dann mit einem glatten Gegenstand poliert. Die Umrisse der Figuren werden mit Ruß eingezeichnet, später kommen die Farben, vermischt mit erhitztem, dünnflüssigem Leim, dazu. Die Thangkas stellen hauptsächlich buddhistische Gottheiten oder Bodhisattvas dar, die möglicherweise von Gruppen von Halbgöttern umgeben sind, häufig aber auch Mandalas.

Eine Sonderform der Thangkas sind die **Patas** („Banner"), oft meterlange Rollen, die Legenden in einer Art Bildergeschichte erzählen, ganz ähnlich einem Comic Strip.

Professionelle Maler stammen vornehmlich aus der Kaste der Chitrakar oder „Bildermacher", ansonsten aus dem Shakya, Vajracharya und einigen anderen.

Terracotta-Arbeiten

Funde bei Lumbini und Kapilavastu weisen darauf hin, dass **schon im 3. Jh. v.Chr.** Ton zu Götter-, Menschen- und Tierfiguren, zu Spielzeug, Haushaltsgegenständen und Wasserrinnen verarbeitet wurde. Das Handwerk erblühte besonders zwischen dem 16. und 18. Jh., und Ausgrabungen am Dhum-Varahi-Tempel im südlichen Kathmandu Valley brachten sogar Handpressen aus jener Zeit zum Vorschein, mit denen eine fast fabrikmäßige Produktion möglich war.

Heute ist vor allem noch die **Töpferei** von Bedeutung, die auf eine etwa tausendjährige Geschichte zurückblicken kann. Ihr Zentrum ist der kleine Ort Thimi, westlich von Bhaktapur, in dem man die Herstellung der Gefäße zum Teil noch auf offener Straße verfolgen kann.

Teppichknüpferei

Die Herstellung von Teppichen, die in Europa (besonders Deutschland) gute Exportumsätze erzielen, liegt fast ausschließlich in den Händen von **tibetischen Flüchtlingen.** Als sie in den 1950er und -60er Jahren ihre Heimat verlassen mussten, hatten sie in den meisten Fällen keinerlei finanzielle Mittel, lediglich ihr handwerkliches Geschick. Mit Unterstützung ausländischer Hilfsprojekte und der nepalesischen Regierung wurde das Jawlakhel Handicrafts Centre in Patan gegründet – dies war der Anfang der Renaissance der Teppichknüpferei, die in ihrem Heimatland mittlerweile fast ausgestorben ist.

Ein traditioneller tibetischer Teppich ist 90 x 160 cm groß, 1 bis 1½ cm dick und hat 40 bis 100 Knoten pro Quadrat-Inch, d.h. etwa sechs bis 15 Knoten pro Quadratzentimeter. Die **Wolle** stammt von tibetischen Schafen der Himalaya-Region, die eine besonders glänzende Oberfläche aufweist und besonders widerstandsfähig ist.

Zur **Einfärbung** werden heute meist Anilin-Farben verwendet, ursprünglich waren es Naturfarben. Aus Walnüssen wurde das Beige gewonnen, aus Rhabarber das Gelb und aus speziellen Wurzeln das Rotbraun. Zur Herstellung von Blauviolett wurde Indigo 30 Tage lang in einem Topf mit Urin aufbewahrt.

Die **Motive** der Teppiche stammen aus Tibet, China, Indien und Turkmenistan, einige davon sind inzwischen zu neuen, originellen Mustern weiterentwickelt worden. Dazu kommen oft hochmoderne, computergenerierte Designs, die von ausländischen Importeuren in Auftrag gegeben werden.

Architektur

Nepalesische Architektur ist in erster Linie die Architektur des **Kathmandu Valley,** die von den kunstbegabten Newar geschaffen wurde. Ein typisches **Newar-Haus** ist aus Ziegeln gebaut und mit holzgeschnitzten, glaslosen Fenstern versehen. Die Häuser sind in der Regel 4 bis 8 m lang, 6 m breit und haben zwei, drei oder sogar vier Stockwerke, die jedoch oft so niedrig gebaut sind, dass ein Erwachsener darin kaum aufrecht gehen kann. Meistens gruppieren sich die Häuser um einen **Chowk (Innenhof),** in dessen Zentrum sich ein Tempel, Schrein oder auch nur eine Anzahl Götterfiguren befindet. Mehrere solcher Chowks bilden einen **Tol,** eine Art Wohnblock oder Stadtbezirk.

Tempelbau

Ihren perfektesten Ausdruck findet die nepalesische Architektur in den zahllosen Tempeln, für die die Baumeister weder Zeit noch Mühen oder Kosten scheuten – für die Götter war nur das Beste gut genug.

Die Grundlage des Tempels bildet das **Fundament,** das bei größeren Anlagen 3 bis 4 m tief ist. Über die genaue Beschaffenheit dieses Fundaments, genannt Jag („Erwachen"), ist wenig bekannt, da bisher keine Ausgrabungen gestattet wurden. Wahrscheinlich ist es keine kompakte Masse, sondern weist Hohlräume auf. Lediglich die Stelle, über der das Allerheiligste errichtet ist, hat massiv und fest zu sein.

Über dem Fundament erhebt sich oft eine steinerne **Plattform,** auf die der eigentliche Tempel gebaut ist. Dieser ist quadratisch oder rechteckig, hat einen kleinen Eingang zum Allerheiligsten mit der Götterfigur darin sowie echte oder „falsche" Fenster aus Holzschnitzereien. Bei den älteren Tempeln wurde der Boden unter diesem Allerheiligsten oft aus Ziegeln gemauert, in die Mandalas eingebrannt waren.

Oben abgeschlossen wird der Bau durch ein sanft abfallendes **Dach,** das weit über ihn herausragt – damit soll der abfließende Regen von den hölzernen Teilen des Baus ferngehalten werden. Das Dach ist mit rechteckigen Ziegeln gedeckt, manchmal auch mit Messingplatten. Da es sehr schwer ist, müssen sowohl sein Gerüst als auch die Streben und Stützbalken aus robustem Material bestehen. Am besten eignet sich das Holz des robusten Sal-Baumes, das für Bauzwecke unübertroffen sein soll. Neben ihrem funktionalen Nutzen bieten die Balken noch eine weite künstlerische Bearbeitungs-

ktm095 Foto: rk

Dattatraya-Tempel in Bhaktapur

fläche, und so sind sie meist mit geschnitzten Götterfiguren verziert – eine gelungene Form, das Nützliche mit dem (optisch) Angenehmen zu verbinden. Gelegentlich werden mehrere Dächer übereinandergebaut, wobei sie nach oben hin kleiner werden. Das beste Beispiel dafür ist der Nyatapola-Tempel in Bhaktapur, dessen fünfgeschossiges Dach majestätisch und weithin sichtbar ist. Die Dachspitzen sind oft mit Messing, gelegentlich sogar Gold beschlagen. An die Dachränder werden oft Reihen kleiner Glocken gehängt, deren Klang die Götter erfreuen und die Gläubigen zum Tempel rufen soll.

Einige Begriffe der Tempel-Architektur

- **Chaitya** – Kleiner überdachter Schrein mit gewölbtem, leicht zugespitztem Dach.
- **Dhvaja** – Wörtl. „Fahne", eine Art Metallstreifen, der von der Dachspitze herabhängt und auf dem die Götter angeblich zur Erde gelangen können.
- **Garbhagriha** – Wörtl. „Mutterleib", das Allerheiligste des Tempels, in dem die Götterstatue aufbewahrt wird.
- **Garuda** – Mystischer Vogel, halb Mensch, halb Tier, das „Vehikel" *(Vahan)* oder Reittier Vishnus; steht vor Vishnu-Tempeln und blickt in Richtung Allerheiligstes.
- **Jag** – Wörtl. „Erwachen", das Tempel-Fundament.
- **Kalasha** – Wörtl. „Krug", eine Art Gefäß, das an das Tempeldach gehängt wird und den Segen der Götter symbolisiert.
- **Kalpalata** – Verschlungenes Ornament, das eine Kletterpflanze *(Lata)* symbolisiert, die alle Wünsche *(Kalpa)* erfüllt.
- **Kinkinamala** – Kette *(Mala)* aus kleinen Glocken *(Kinkina)*, die am Dachrand angebracht wird.
- **Kirtimukha** – Wörtl. „Gesicht des Ruhmes", Abbildung eines Wesens, das in seinem Rachen zwei Schlangendämonen zermalmt; gewöhnlich auf der Torana (s.u.) angebracht.
- **Linga/Lingam** – Das phallische Symbol Shivas, das meistens aus einer Yoni (s.u.) herausragt.
- **Mandala** – Mystisches, meditatives Bild aus ineinander verschachtelten Kreisen und Quadraten.
- **Murti** – Die Statue eines Gottes bzw. einer Göttin.
- **Nag/Naga** – Schlangengott oder -dämon.
- **Nandi** – Shivas Reittier; der Bulle, dessen Figur jeweils vor Shiva-Tempeln kniet.
- **Pataka** – Siehe Dhvaja.
- **Pokhri** – Kleiner Teich, oft neben Tempeln gelegen.
- **Pradakshina** – Wandelgang um das Allerheiligste.
- **Rupa** – Wörtl. „Form", nach oben geschwungenes Metallobjekt an den Dachecken.
- **Sardul** – Löwenähnliches Fabelwesen, das den Tempeleingang bewacht.
- **Shikara** – Turm oder turmartiger Aufbau indischen Ursprungs.
- **Shivalingam** – Siehe Linga/Lingam.
- **Stupa** – Hügel- oder kegelartiger, runder Bau buddhistischer Tradition, in dem Reliquien aufbewahrt werden.
- **Swastika** – Hinduistisches „Hakenkreuz", ein Sonnen- und Glückssymbol; der Name stammt vom Sanksrit-Wort Swasthya für „Gesundheit".
- **Torana** – Halbkreisförmige Messingplatte mit Ornamenten oder anderen Abbildungen; jeweils über Tempeleingängen angebracht.
- **Trishul** – Der Dreizack Shivas, oft an Shiva-Tempeln aufgestellt.
- **Yoni** – Symbol des weiblichen Geschlechtsteiles, immer zusammen mit einem Linga (s.o.) dargestellt.

Medien

Zeitungen/Magazine

Die Geschichte der nepalesischen Presse begann 1901 mit der Gründung der regierungseigenen **Gorkhapatra** („Gurkha-Zeitung"), heute das meistgelesene nepalisprachige Blatt. Daneben zirkulieren etwa 60 weitere Tageszeitungen sowie ca. 250 Magazine in Englisch, Nepali und einer Reihe von Lokalsprachen.

Die wichtigsten englischsprachigen Tageszeitungen sind die **Rising Nepal** (www.gorkhapatra.org.np/risingnepal) und die informativeren **Kathmandu Post** (www.ekantipuronline.com) und **The Himalayan** (www.thehimalayantimes.com).

Einige englischsprachige Magazine sind ebenfalls auf dem Markt, so wie die wöchentlich erscheinenden **Spotlight** und **Newsfront,** die sich vornehmlich mit Landespolitik beschäftigen und nicht sehr umfangreich sind. Dazu gibt es kommunistisch angehauchte Magazine, deren Namen und Inhalt auch gut in die alte UdSSR oder nach Rot-China gepasst hätten, siehe z.B. **The Red Star,** eine dünne Postille voll maoistischer Propaganda.

Internationale Magazine sind in Touristenvierteln wie Thamel in vielen Buchläden erhältlich, so Der Spiegel, Stern, Focus, Time, Newsweek, The Economist, Far Eastern Economic Review u.a.

Fernsehen

Erst Ende 1985 nahm die **Nepalese Television Corporation** den Betrieb auf. Bisher kommt nur ein Fernsehgerät auf 85 Einwohner. Die TV-Landschaft hat sich in den letzten Jahren erheblich verändert: Statt nur eines regierungseigenen Langweilersenders wie noch vor einem Jahrzehnt senden heute acht Stationen, staatliche wie private. Diese sind Avenues TV, Channel Nepal, Galaxy TV (GTV), Nepal Image Channel, Nepal TV, Kantipur TV und Metro Channel (Nepal TV 2). Sie senden hauptsächlich auf Nepali, teilweise auch auf Englisch. Zu sehen gibt es Nachrichten, Musikprogramme und nepalesische Seifenopern.

Viele wohlhabendere Haushalte – und auch bessere Hotels – haben **Satelliten-Fernsehen,** mit dem sich zahlreiche westliche und indische Sender empfangen lassen. Unter diesen Programmen ist oft auch das Fernsehen der Deutschen Welle, DW-TV oder Deutsche Welle TV. DW-TV sendet Nachrichten und Unterhaltungsprogramme, abwechselnd in Deutsch und Englisch.

ktm096 Foto: rk

Buchauslage auf einem Bürgersteig in Kathmandu – von Hitler bis Che

Wirtschaft

Mit einem durchschnittlichen Jahreseinkommen von 380 US$ pro Kopf ist Nepal das **zweitärmste Land Asiens** (nach Afghanistan mit 335 US$) und eines der zehn ärmsten Länder der Welt. Etwa 42% der Bevölkerung leben unter der Armutsgrenze. Zum Vergleich: Das durchschnittliche Einkommen pro Einwohner in Deutschland liegt bei 34.400 US$.

Die ökonomischen Aussichten in Nepal sind permanent schlecht, und so zieht es **viele Nepalesen ins Ausland.** Eine Studie des United Nations Population Fund (UNFPA) besagt, dass die Überweisungen von im Ausland arbeitenden Nepalesen in den Jahren 1996 bis 2003 die Armut im Lande um 11% gelindert haben.

Eine moderne Wirtschaft in all ihrer Komplexität gibt es in Nepal noch nicht lange. Bis 1951 war das Land von der Außenwelt abgeschnitten; Außenhandel fand nur in Form von Tauschgeschäften mit Indien und Tibet statt. **Indien** versorgte Nepal mit einem weiten Sortiment an Gebrauchsgütern und Nahrungsmitteln und bekam dafür medizinische Heilkräuter und Handwerksartikel. **Tibet** lieferte Holz und Salz und nahm dafür Getreide. Von Industrie konnte damals noch keine Rede sein. Nach der Öffnung des Landes wuchs das Handelsvolumen rapide; um auf dem Weltmarkt mitspielen zu können, waren aber nun Devisen nötig. Aufgrund seiner sehr begrenzten natürlichen Ressourcen – es gibt kleinere Eisen-, Kupfer-, Blei- und Zinkvorkommen und wahrscheinlich sehr begrenzte Erdgasvorräte – und seiner wenig entwickelten Landwirtschaft, deren Erträge in den letzten Jahren zum Teil sogar rückläufig waren, verzeichnet Nepal ein gigantisches **Außenhandelsdefizit:** Im Durchschnitt muss viermal so viel importiert werden wie exportiert werden kann. 2007 lag das Außenhandelsdefizit bei 556 Mio. US$. Pro Jahr exportiert Nepal derzeit Waren im Wert von ca. 800 Mio. US$, womit das Land für seine Verhältnisse gar nicht schlecht dasteht. Eine Reihe von asiatischen Ländern liegt darunter. Der wichtigste Abnehmer ist Indien, gefolgt von den USA und Deutschland.

Zum Ausgleich für das eklatante Außenhandelsdefizit fließen stattliche **Hilfsgelder und Kredite** ins Land, die zwar im Moment hilfreich sein mögen, bisher aber kaum eine strukturelle Verbesserung der Verhältnisse haben herbeiführen können. Dafür steht Nepal mit ca. 280 Mio. US$ beim Ausland in der Kreide.

Das Wissen um Nepals Position unter den ökonomischen Schlusslichtern der Welt hat bei vielen Nepalesen eine Art **Minderwertigkeitsgefühl** erzeugt. Die Achtung, die „Westmenschen" im Lande genießen, beruht zu einem Teil auf einer kollektiven Dankbarkeit dafür, dass deren Regierungen Nepal durch regelmäßige Geldinfusionen und Hilfsprojekte am Leben erhalten – man ist von Hilfe abhängig geworden, und das ist für die im Grunde stolzen und patriotischen Nepalesen kein gutes Gefühl.

Nicht weniger **abhängig** aber ist das Land **von Indien,** über das alle lebenswichtigen Güter transportiert werden müssen. Wie tragisch sich diese Abhängigkeit auswirken kann, erlebten die Nepalesen, als Indien sich 1989 aufgrund politischer Querelen weigerte, den auslaufenden Transitvertrag zu erneuern: Nepal war monatelang vom normalen Güterverkehr abgeschnitten. Warenknappheit und eine galoppierende Inflation waren die Folge. Nach Beilegung der Auseinandersetzung – es ging um einen Waffenkauf Nepals in China – wurde der Transitvertrag verlängert, und der Handel konnte wieder florieren.

Um in absehbarer Zukunft auf wirtschaftlich sicherem Fuß zu stehen, will die Regierung die **Industrialisierung** des Landes vorantreiben. Die meisten Industriebetriebe werden im Terai angesiedelt, das durch ein relativ gutes Straßennetz mit Indien und Kathmandu verbunden ist. Vorerst sind von der Industrie – zaghaft wie sie sich entwickelt – noch keine allzu dynamischen Impulse zu erwarten. Derzeit sind nur etwa 2% der arbeitsfähigen Bevölkerung in der Industrie beschäftigt, dagegen arbeiten 91% in der Land-, Forst- und Fischereiwirtschaft.

2007 verzeichnete die Wirtschaft ein **Wachstum** von 2,3%, gepaart mit einer **Inflation** von ca. 9%. Angetrieben wird die Inflation durch den verhältnismäßig hohen Preis für Benzin, das über Indien eingeführt werden muss, und für das in Zeiten des Engpasses horrende Schwarzmarktpreise bezahlt werden müssen.

Tourismus

Im Jahr **1949** landete **zum ersten Mal ein Flugzeug** in Nepal, eine zweimotorige DC-3 Dakota, die nach dreistündiger Reise aus Kalkutta eingetroffen war. Östlich von Kathmandu befand sich die Gauchar-Flugpiste, die soeben angelegt worden war, und deren Name darauf hindeutet, was sich dort zuvor befunden hatte: Gauchar bedeutet schlichtweg „Kuhweide".

1952 trafen die **ersten westlichen Touristen** ein, ebenfalls mit der Dakota, die zum „Arbeitspferd" der frühen nepalesischen Luftfahrt wurde. Das einzige Hotel, das den Besuchern zur Verfügung stand, war das Royal Hotel des legendären *Boris Lissanewitsch,* von dem im weiteren Verlauf des Buches noch zu lesen sein wird. 1962 besuchten schon 6179 Touristen das Land, eine Zahl, die sich innerhalb der folgenden Dekade verzehnfachte.

Zu seinen touristischen Glanzzeiten, Ende der 1990er Jahre, besuchten etwa 500.000 Touristen pro Jahr das Land, die jährlich bis zu 200 Mio. US$ ausgaben, was etwa 40% der gesamten Deviseneinnahmen entsprach und damit den Tourismus zu Nepals wichtigstem Devisenbringer machte. In der Folgezeit schreckte der blutige Maoisten-Konflikt die Touristen ab. Seit dem Friedensabkommen von 2006 und der Wahl von 2008 hat sich die Lage jedoch enorm verbessert, und Touristen kommen wieder in relativ hoher Zahl ins Land – 2008 waren es immerhin schon über 300.000.

ktm021 Foto: rk

Kathmandu

ktm051 Foto: rk

ktm052 Foto: rk

Sadhus am Pashupatinath-Tempel

Mit der Ruhe in der Stadt ist es vorbei …

Akash-Bhairav-Tempel

Einleitung

Nepals Hauptstadt Kathmandu hat im letzten Jahrzehnt eine dramatische Entwicklung durchlebt. Der Charme der einst so romantisch anmutenden Stadt wird teilweise überlagert von Hektik, Verkehrslärm und dichten Abgaswolken. Das **immense Bevölkerungswachstum** – größtenteils durch Zuwanderung aus den ländlichen Gebieten – hat die Stadt bis an die Grenze ihrer Aufnahmefähigkeit angefüllt, und in dieser Beziehung unterscheidet sich Kathmandu heute kaum von großen Städten in Indien. Kathmandu ist nicht mehr die himmlische Oase der Ruhe und Einkehr, die die Hippies der 1960er und -70er Jahre vorfanden, nachdem sie die stressreichen Städte Nordindiens durchreist hatten.

Die weitgehend negative Entwicklung der letzten Jahre und Jahrzehnte ist bedauerlich, denn verborgen hinter dem urbanen Chaos hat Kathmandu so **viel zu bieten:** Die zahllosen engen Gassen der Altstadt sind voll von kleinen Tempeln und Schreinen, vor denen sich zu jeder Zeit Gläubige zum Gebet einfinden. Quirlige Straßenmärkte, randvoll gefüllt mit Obst, Gemüse und dem noch blutigen Fleisch frisch geschlachteter Tiere, setzen einen weiteren „exotischen" Tupfer. Viele Häuser im alten Stadtkern wirken noch wie aus fernen Jahrhunderten, mit winzigen Fenstern und Türen, die man nur tief gebückt durchschreiten kann. Der Durbar Square, das traditionelle Herzstück der Stadt, mit seinen zahlreichen Tempeln und faszinierenden alten Gebäuden, kann einen stundenlang in seinen Bann ziehen.

Natürlich wird auch das Schlendern durch die so sehenswerte Altstadt zunehmend durch motorisierten Verkehr und Menschenmengen erschwert. Oft kommt es zu Verkehrsstaus in den Gassen, wobei sich Fahrräder, Rikschas, Motorräder, Lieferwagen und Privatautos zu einem scheinbar unlösbaren **Chaos aus Blech** verkeilen. Man braucht etwa vier Paar Augen – wie eine hinduistische Gottheit –, um sich sicher seinen Weg durch das Gewühl zu bahnen. Es dauert wahrscheinlich einige Tage, bis man das notwendige Maß an Wachsamkeit und die richtige Ausweichmotorik „erlernt" hat, die man benötigt, um im Gewimmel zurechtzukommen. Was das Laufen zudem erschwert, ist die Tatsache, dass Nepalesen – vor allem Männer – anderen Passanten kaum ausweichen und es so dauernd zu **„Zusammenstößen" von Fußgängern** kommt. Das andauernde Gerempel ist beinahe schon witzig – wenn man sich erst einmal daran gewöhnt hat und fröhlich mitmacht. Das Gute ist, das kein Nepalese es böse nimmt, wenn man halb in ihn oder sie hineinläuft. Der permanente ungewollte Körperkontakt auf den überfüllten Straßen und Gassen ist Normalzustand.

Wem Kathmandu heute zu aufreibend ist, der kann mehr Zeit in den kleineren Orten des Kathmandu Valley verbringen (z.B. in Bhaktapur, Nagarkot oder Dhulikhel). Aber natürlich wird man Kathmandu nicht gerecht, wenn man dort nicht mindestens eine Woche verbringt. Es gibt viel zu sehen und zu bestaunen, die Atmosphäre in der Stadt ist einzigartig, und in den zahlreichen hervorragenden Restaurants kann man sich bestens vom „Sightseeing-Stress" erholen.

Ankunft auf dem Tribhuvan Airport Kathmandu

Kathmandus Tribhuvan International Airport (Flughafen-Code KTM) ist ein vergleichsweise **kleiner Flughafen,** dafür aber auch sehr übersichtlich. Nach der Ankunft geht es als erstes zur **Passkontrolle,** wo der Einreisestempel in den Pass eingedrückt wird. Für diejenigen ohne Visum steht ein ausgeschilderter Schalter zur Verfügung, an dem die Visa ausgestellt werden. Auf derselben Ebene wie die Passkontrolle befindet sich auch eine **Wechselstube,** an der Bargeld und Reiseschecks der wichtigsten Währungen getauscht werden können. Dies ist eine von zwei Wechselmöglichkeiten im Flughafen (s.u.). Die Kurse sind in der Regel dieselben, die man bei Banken in der Stadt erhält.

Hinter der Passkontrolle führt eine Treppe hinunter zu den Gepäckbändern. In letzter Zeit ist der Service im Flughafen verbessert worden und das **Gepäck** kommt sehr schnell auf den Bändern an. Die Wartezeiten sind kurz.

Gleich daneben befinden sich die **Zollschalter,** an denen das Gepäck üblicherweise sehr gründlich untersucht, sprich geröntgt wird. Gelegentlich werden Passagiere zu einer Leibesvisitation in eine Kabine beordert. Passagiere aus Richtung Bangkok, Singapur, Hongkong etc. werden eher inspiziert als solche, die aus Europa einfliegen. Es geht fast ausschließlich um Gold, das in Nepal sehr hohe Preise erzielt und gelegentlich eingeschmuggelt wird.

Hinter den Zollschaltern öffnet sich die **Ankunftshalle.** Auf der linken Seite passiert man noch einmal einen Wechselschalter. Mit etwas Glück findet man dort gleich eine Ausgabe des kostenlosen Magazins „Nepal Traveller" und einen Stadtplan.

Mit dem Geld in der Tasche lässt sich nun außerhalb der Ankunftshalle ein **Taxi in die Innenstadt** buchen (Schalter links vom Ausgang). Von den Flughafenangestellten wird man auch gleich dorthin bugsiert. Die Fahrt in die Innenstadt (6 km) kostet etwas überteuerte 400 Rs. Vor den Absperrungen vor dem Flughafen finden sich aber zahlreiche reguläre Stadt-Taxis, die für 300 bis 350 Rs. fahren. Allerdings muss man oft lange handeln, um diese Preise zu bekommen. Auf das Einstellen des Taxameters lässt sich hier kein Fahrer ein. Die Flughafenangestellten versuchen zumeist, die Neuankömmlinge von diesen Taxis abzubringen, da sie den Airport-Taxis des Flughafens Arbeit zuschanzen wollen. Die normalen Taxis werden durch Absperrungen vom unmittelbaren Bereich vor der Ankunftshalle ferngehalten, man muss so etwa 20 m weiter laufen. Wenn man das Flughafengebäude verlässt, sieht man sie gleich.

Viele **Taxifahrer** betätigen sich **als Schlepper** und versuchen, den Ankömmlingen eine Unterkunft aufzuschwatzen, die ihnen selbstverständlich eine Kommission zahlt. Diese Kommission muss den Preis der Unterkunft für den Kunden nicht unbedingt erhöhen, es kann aber sein. Zumindest erschwert es das Handeln um einen besseren Preis in den Unterkünften (z.B. in der unterbelegten Nebensaison), weil der Fahrer etwas Geld bekommt. Tipp: Man suche sich eine Unterkunft aus diesem Buch aus und lasse sich dann unbeirrt von allen Ablenkungsmanövern des Fahrers („Das Hotel ist doch schon lange zu!") zu dem Hotel fahren.

Wer sich schon ein Zimmer in einem der besseren Hotels reserviert hat, kann vom hauseigenen Wagen **abgeholt werden.** Selbst viele Mittelklasse-Unterkünfte bieten diesen Service, die hochklassigen Hotels ohnehin. Zu diesem Zweck muss bei der Buchung logischerweise Flugnummer, Ankunftstag und -zeit angegeben werden. Dann steht ein Angestellter des Hotels mit einem Schild in der Ankunftshalle, auf dem groß und breit der Name des Gastes geschrieben steht. Dieser Service ist allerdings nicht immer kostenlos, evtl. kann er sogar weit teurer sein als ein normales Taxi. Bei der Buchung am besten gleich nach den Kosten einer Abholung fragen.

Tagsüber fährt auch einige Male ein sogenannter **Tourist Bus** zur New Road in die Innenstadt (40 Rs.), am Abend möglicherweise nur sehr selten oder gar nicht. Wer im Touristenviertel Thamel zu wohnen gedenkt, muss von der New Road per Taxi weiterfahren (ca. 70 Rs.). Wer im Bereich Freak Street wohnen will, kann die restlichen paar hundert Meter zu Fuß weiterlaufen.

Geschichte

Kathmandu wurde in der zweiten Hälfte des 10. Jh. von **König Gunakamadeva I.** gegründet. Der Legende nach hatte sich der Monarch (949–1000 n.Chr.) einst einem strengen Fasten unterworfen und inbrünstig zur Göttin Mahalakshmi, der Göttin des Glücks und Wohlstands, gebetet. Bald erschien ihm die Göttin im Traum und gebot ihm, am Zusammenfluss von Bagmati und Vishnumati eine neue Stadt zu erbauen. Diese Stelle hatte schon seit grauer Vorzeit als heiliger Ort gegolten. Hier hatte der Weise *Ne Muni,* der Namensgeber Nepals, religiöse Übungen auf sich genommen, und hier versammelten sich angeblich tagtäglich auch Indra, der Regengott, und andere Gottheiten zum spirituellen Stelldichein.

Gemäß den Instruktionen von Mahalakshmi sollte die neue Stadt **Kantipur** („Stadt der Kanti") heißen und in Form eines Kharg, des heiligen Schwertes der Göttin, angelegt werden. Im Gegenzug versprach Mahalakshmi, so lange selber in der Stadt zu wohnen, bis dort täglich Geschäfte im Wert von 100.000 Rupien getätigt würden! Ein solches Angebot, zumal von der Göttin des Wohlstands persönlich dargeboten, schlägt man schlecht aus, und *Gunakamadeva I.* ließ von Priestern einen verheißungsvollen Zeitpunkt errechnen, an dem der Bau beginnen sollte. Bald darauf verlegte der König seinen Sitz von Patan nach Kantipur.

Nach der Errichtung des Kashtamandap (wörtl. „Hölzerne Pagode") wahrscheinlich im Jahr 1596 geriet der alte Name zunehmend in Vergessenheit und wurde durch „Kathmandu" ersetzt, eine Verfremdung von „Kashtamandap".

Bevölkerung

Kathmandu florierte – wer hätte es bei der wohlwollenden Protektion Mahalakshmis auch anders erwartet – und zog Bewohner aus dem weiteren Umfeld an. Anfang des 19. Jh. hatte die Stadt ca. 50.000 Einwohner, um 1875 waren es 108.000. Bei der letzten Volkszählung im Jahr 2001 wurden knapp **1,1 Mio. Einwohner** in der Stadt gezählt, ein Wachstum von unglaublichen 65% im Vergleich zum Zensus zehn Jahre zuvor. Es ist, als würde die Bevölkerung von Berlin von heute 3,5 Mio. in zehn Jahren auf 5,8 Mio. anwachsen – ein Alptraum für Städteplaner, Soziologen, den Arbeitsmarkt und auch die Polizei.

Kathmandu, das mit Abstand größte Handels- und Kommunikationszentrum des Landes, zieht zahlreiche verarmte **Bergbewohner** an sowie viele Tausende **Inder,** die von der Statistik weitgehend unerfasst bleiben. Die Bergbewohner verdingen sich als Arbeiter, Kulis, Rikschafahrer oder in der Tourismusindustrie. Die Inder stammen zum größten Teil aus der bitterarmen Unterschicht der Bundesstaaten Bihar und Uttar Pradesh und arbeiten als kleine Markthändler, oder sie kommen aus Rajasthan und sind Angehörige der Marwaris, einer betuchten Händlerkaste.

In Anbetracht dieses Zustroms fühlen sich die Ureinwohner des Kathmandu-Tales, die **Newar,** beinahe überrollt – die Folge sind Ressentiments gegenüber den Zuwanderern. Heute sind weniger als die Hälfte der Bewohner Kathmandus Newar.

Orientierung

Kathmandu liegt auf 85°19′ östlicher Länge und 27°43′ nördlicher Breite in einer Höhe von **ca. 1300 m ü.N.N.** An seiner Westseite wird es vom Vishnumati-Fluss flankiert, an seiner Südseite vom Bagmati, der auch die Grenze zur Nachbarstadt Patan bildet. Die Gesamtfläche beträgt 395 km².

Kathmandu liegt in einer Talsenke, dem sogenannten **Kathmandu Valley,** das ringsum von Bergen umgeben ist. Diese erreichen Höhen von mehr als 2700 m und bilden eine Art natürlichen Schutzwall – so erlebt man oft bei Ausflügen während der Regenzeit, dass es beispielsweise in Dhulikhel oder Godavari, am Rande des Tales, fürchterlich schüttet, wohingegen Kathmandu trocken bleibt.

Das kommerzielle Herz der Stadt bildet die relativ moderne **New Road** mit ihren zahlreichen Geschäften und Restaurants. Die New Road befindet sich nur eine oder zwei Minuten Fußweg östlich des ursprünglichen Stadtzentrums, des Durbar Square (die Bewohner Kathmandus nennen ihn Hanuman Dhoka) mit seinem alten Königspalast. Der **Durbar Square** ist Kathmandus herausragende Sehenswürdigkeit, eine faszinierende Ansammlung jahrhundertealter Tempel und Schreine, die aber irgendwie voll im Leben des 20. Jh. integriert scheinen – die Tempel dienen Fußmüden als Rastplatz, Markthändlern als Gemüselager und Souvenirhändlern als Verkaufsstand (mehr zum Durbar Square s.u.).

Nördlich und südlich des Durbar Square erstreckt sich die **Altstadt,** die in ihrer heutigen Struktur seit dem 16. Jh. besteht. In nördlicher Richtung erreicht man – durch enge Gassen voller Menschen und Tiere – die Touristenstadtteile **Chhetrapati** und **Thamel** (Laufzeit ca. 15 bzw. 20 Min.).

Nur eine Gehminute entfernt, zwischen Durbar Square und New Road in südlicher Richtung abzweigend, befindet sich die legendenumwobene **Freak Street,** einst – nomen est omen – Hippie-Unterschlupf, heute ein halbwegs ruhiges Low-Budget-Hotelviertel. Der eigentliche Name der Straße ist Jhochhen Tole, doch der scheint heute fast vergessen.

Westlich des Durbar Square zweigt **Maru Tol** ab, eine schmale Straße, die zu Hippie-Zeiten Pie Alley bzw. Pig Al-

ktm016 Foto: rk

ley hieß. Das beruhte auf den vielen Schweinen, die die Gegend durchstöberten bzw. auf den Kuchenläden *(pie shops)*, die im Viertel aus dem Boden schossen. Heute gibt es dort weder Schweine noch Kuchen, nur noch ein paar kaum empfehlenswerte Billigabsteigen.

An ihrem Ostende mündet die New Road in die **Kantipath** („Weg der Kanti"), eine der wichtigsten Nord-Süd-Verkehrsadern. Hier gibt es einige Geschäfte, Hotels und Restaurants. Parallel dazu, aber etwas weiter östlich, befindet sich der **Durbar Marg** („Weg zum Königshof"), der so etwas wie Kathmandus bescheidener Versuch einer „Prachtstraße" darstellt. Hier sind noble Hotels und Restaurants sowie zahlreiche Büros von Reise- und Fluggesellschaften vertreten (Details s.u. „Wichtige Stadtteile").

Einen der wichtigsten Orientierungspunkte, etwa auf halbem Wege zwischen New Road und Durbar Marg gelegen, bildet der **Rani Pokhri** („Teich der Königin"), ein rechteckiger, künstlich angelegter Teich, in dessen Mitte sich ein Pavillon befindet. An der Ostseite des Teiches steht weithin sichtbar ein Glockenturm, der **Ghantaghar** (wörtl. „Uhrhaus").

Das Kumari Bahal am Durbar Square

Ein weiterer wichtiger Orientierungspunkt ist der weiß getünchte, nadelschlanke **Bhimsen Tower** etwa 250 m südlich der New Road in der Nähe des Hauptpostamts.

Informationen

- Reichlich Informationen bieten die freundlichen Angestellten des **Tourist Service Center.** Dieses liegt eine Straße südlich des City Bus Park, an der Ostseite des großen Rasenplatzes namens Tundikhel; die Straße heißt Bhrikuti Mandap Marg, auf englischen Karten oft „Exhibition Marg" genannt. Hier kann man sich mündlich beraten lassen und sich einige farbige Broschüren aushändigen lassen. Tel. 01-4256909, 01-4256229, Fax 01-4256910, www.welcomenepal.com. Geöffnet Mo bis Do 9–17 Uhr, Fr 9–15 Uhr. In den Wintermonaten Dez. bis Jan. schließt das Büro Mo bis Do um 16 Uhr.
- Angeschlossen ist auch die **Tourist Police,** die sich speziell mit den Klagen von Touristen beschäftigt. Tel. 01-4247041, Fax 01-6213591, touristpolice@ntb.org.np. Geöffnet So bis Fr 8–18 Uhr, an Feiertagen 10–17 Uhr.
- Falls man speziellere touristische Informationen benötigt, könnte man noch beim **Ministry of Tourism and Civil Aviation** (CAAT) vorsprechen. Adresse: Babar Mahal, Tel. 01-42633287, 01-4262326, 01-14262518, Fax 01-4262516, www.caanepal@org.np.
- Im **Tribhuvan Airport** befindet sich ein Informationsschalter, der nach Ankunft eines Fluges besetzt sein sollte; Tel. 01-4470537. In der Ankunftshalle wird einem hin und wieder gleich nach Ankunft eine Ausgabe des kostenlosen Magazins **„Nepal Traveller"** ausgehändigt, das recht informativ ist, sowie ein Stadtplan von Kathmandu. Das Magazin liegt auch in den besseren Hotels aus.

Verkehrsmittel

Fahrräder

Bis vor einem Jahrzehnt noch war das Fahrrad das angenehmste Verkehrsmittel in Kathmandu. Mit dem enorm angestiegenen Verkehr und der damit einhergehenden **Luftverschmutzung** ist es jedoch in der Innenstadt und auf den viel befahrenen Ausfallstraßen nur noch bedingt zu empfehlen. Auf den größeren Straßen (z.B. in Richtung Bhaktapur oder Patan) wird man mit Tonnen von Abgasen bombardiert. Die schlimmsten Verursacher sind die zahlreichen mit Diesel betriebenen Fahrzeuge. Man kann sich vielleicht damit trösten, dass die Luftqualität in den letzten Jahren tatsächlich besser geworden ist. Das liegt an der Abschaffung der dieselbetriebenen dreirädrigen Motor-Rikschas und daran, dass die Tempos (Minibusse) von Diesel auf Elektrobetrieb umgestellt wurden. Trotzdem gibt es noch genügend Diesel-Lkw, die die Luft verpesten.

Zum Schutz vor den Emissionen kann man sich in einer Drogerie für ein paar Rupien eine **Atemschutzmaske** zulegen. Diese hilft auch gegen den Staub, der besonders in der heißen Jahreszeit (März bis Mai) aufgewirbelt wird.

Fahrräder lassen sich für 50 bis 60 Rs./Tag ausleihen, Mountainbikes für 150 Rs./Tag. Zahlreiche **Verleiher** finden sich in Thamel, in der Freak Street oder am Durbar Square. Anzuraten ist in jedem Fall eine vorhergehende Prüfung des Gefährts, um anschließend etwaige Ersatzforderungen des Vermieters für Schäden, die man nicht zu verantworten hat, auszuschließen. Zudem sollte noch eine Sitzprobe erfolgen, denn nicht jeder Sattel und jedes Hinterteil sind füreinander geschaffen.

Mit dem Fahrrad lassen sich **alle Sehenswürdigkeiten** Kathmandus leicht besichtigen, ebenso die meisten Orte innerhalb des Kathmandu Valley. Soll die Fahrt in die hoch gelegenen Randgebiete des Tales führen (z.B. Nagarkot, Kakani usw.), ist unbedingt ein Mountainbike zu empfehlen.

Taxis

Wer es bequemer und zeitsparender mag, sollte auf Kathmandus preiswerte Taxis zurückgreifen.

Die Taxis erkennt man an dem gelben **„Taxi"-Schild** auf dem Dach. Die meisten Taxis sind ziemlich winzige japanische Wagen in mehr oder minder gutem Zustand. Wer längere Fahrten vorhat, sollte sich ein robust aussehendes Fahrzeug auswählen. Und auch bei den Taxis ist eine Sitzprobe zu empfehlen: Einige sind so flach gebaut, dass der Kopf permanent gegen die Wagendecke drückt, was bei Schlaglöchern schmerzhaft sein kann.

Die Taxis wurden vor kurzem mit elektronischen **Taxametern** ausgestattet. Die Grundgebühr beträgt 7 Rs. und jeder Kilometer kostet 20 Rs. (alle 200 m springt das Taxameter um 4 Rs. weiter). Oft weigern sich die Fahrer, das Taxameter einzuschalten, um so einen höheren Fahrpreis herauszuschinden. Man muss den Fahrern dabei zugutehalten, dass die Taxameter nach Benzinpreiserhöhungen oft nicht neu geeicht werden, wodurch der Fahrer einen geringeren Gewinn einfährt. Die Umstellung der Taxameter (sprich offizielle Fahrpreiserhöhung) hinkt den steigenden Benzinpreisen oft hinterher. Die obigen Tarife galten Ende 2008, als der Benzinpreis bei ca. 100 Rs. pro Liter lag. Sollte der gegenwärtige Benzinpreis höher liegen, so kann man dem Fahrer ruhig ein bisschen mehr bezahlen.

Viele Fahrer aber haben ihr **Taxameter frisiert,** und der Fahrpreis fällt so 30 bis 50% höher aus als regulär. Nach Erfahrungen des Autors hat etwa jeder dritte Fahrer an seinem Taxameter herumgebastelt. Wer sich sicher ist, dass der Preis zu hoch ist, sollte einfach weniger zahlen – falls das Taxameter wirklich manipuliert wurde und man sich kräftig darüber beschwert, wird sich der Fahrer zumeist kleinlaut auf den niedrigeren Preis einlassen. Oft lässt sich vorab erkennen, ob das Taxameter gezinkt ist, nämlich dann, wenn das Siegel rechts am Gerät beschädigt ist oder wenn der Fahrer bei Fahrtantritt gleich mehrere Knöpfe am Taxameter drückt.

ktm002 Foto: rk

Die Taxis werden von zahlreichen **privaten Kleinunternehmern** betrieben, die teilweise nur ein einziges Taxi besitzen; nicht selten ist der Fahrer auch der Besitzer. Mittlerweile gibt es aber auch größere Unternehmen mit Flotten von zwei oder drei Dutzend Taxis. Die Wagen dieser Taxiunternehmen sind an ihrer uniformen Farbgebung und teilweise am Namenszug der betreffenden Firma zu erkennen (Yellow Cab, KYC, ECC, Greenlands, Blue Cab usw.). Die beiden letztgenannten **Gesellschaften** haben die komfortabelsten Wagen. Die Fahrer der Taxiunternehmen sind relativ umgänglich und noch am ehesten bereit, das Taxameter einzuschalten.

Fahrpreise zu Besichtigungsorten **außerhalb der Stadt** lassen sich folgendermaßen berechnen: Kilometer (Hin- und Rückfahrt) mal 20 Rs. plus voraussichtliche Wartezeit (1 Std. 100–120 Rs.).

Für nächtliche Fahrten gibt es einen speziellen **Night-Taxi-Service,** zu bestellen unter Tel. 01-4244485 oder 01-4224375.

Busse

Zwar verkehren in Kathmandu eine ganze Reihe verschiedener Busarten, diese sind allerdings alles andere als empfehlenswert. Zumeist sind sie so **überfüllt,** dass der beste Platz der auf dem Trittbrett ist – falls frei. Die besten und geräumigsten Busse sind die der staatlichen Gesellschaft Saja Sewa, zu erkennen an ihrer blauen Farbe. Dazu gibt es private Minibusse, auch als winzige dreirädrige Vehikel, die so aussehen, als hätten sie bestenfalls Platz für ein paar Milchkannen. Der einzige Vorteil, den die Busse bieten, sind die ungeheuer niedrigen Preise; für ein paar Cent kommt man überall in der Stadt hin.

ktm003 Foto: rk

Yogi am Durbar Square

Fahrrad-Rikschas

Noch immer tun Tausende von Fahrrad-Rikschas ihren Dienst in Kathmandu, die eine exotische Möglichkeit bieten, die Stadt zu besichtigen - zumindest für den, der oben sitzt. Das Fahren einer Rikscha ist eine mühselige Arbeit, vor allem in den mit Schlaglöchern übersäten Gassen der Altstadt. Infolgedessen sind die Rikschas **relativ teuer:** So kostet z.B. die Strecke New Road - Thamel mit zwei Passagieren 40 bis 50 Rs., mit dem Taxi (Taxameter eingeschaltet) ist es nur wenig mehr, ca. 70 Rs. Die Preise sind im Voraus auszuhandeln, oft werden zunächst Unsummen verlangt. Die Fahrrad-Rikschas werden heute vor allem von Touristen genutzt, und so finden sich viele davon in Thamel und am Durbar Square. Für längere Strecken sind die Gefährte ungeeignet.

Übrigens: Wer früh aufsteht, kann erleben, zu welchen anderen Transportzwecken die Rikschas eingesetzt werden: Gegen 7 oder 8 Uhr lassen einige Metzger Büffelinnereien und andere Köstlichkeiten auf den Rikschasitzen transportieren.

Mietwagen

Einige Tophotels bieten einen Mietwagen-Service **mit Fahrer,** der aber nicht billig ist: 50–100 US$ pro Tag. Vom Selbstfahren ist dringend abzuraten.

Sehenswertes in der Stadt

Durbar Square

Der Durbar Square ist zweifellos Kathmandus wichtigste Sehenswürdigkeit, ein wundervolles Sammelsurium von **Tempel- und Palastanlagen** auf engstem Raum. Diese wurden von 1972 bis 1975 aus Anlass der Thronbesteigung König *Birendras* von der UNESCO restauriert. „Durbar" (sprich: Darbar) heißt so viel wie „Königshof", und das Zentrum des Durbar Square ist der alte Königspalast, der **Royal Palace.** Die Einheimischen nennen den Platz auf Newari Hanuman Dhoka oder „Hanuman-Tor", nach der Hanuman-Statue, die den Zugang zum Palast bewacht. Der Palast war früher für Touristen geöffnet, ist derzeit (2008) jedoch **nur für Nepalesen zugänglich,** die an einer darin befindlichen Narasinha-Statue beten. Man sehe am Eingang nach, ob das Schild dort immer noch „No Admission" (Kein Zutritt) besagt. Für den Fall, dass der Komplex wieder geöffnet ist, gelten die Beschreibungen der Sehenswürdigkeiten unten.

Ein Rundgang durch den Durbar Square könnte gut an der genannten **Hanuman-Statue** beginnen. Die Statue stammt aus dem Jahr 1862 und sollte den Palast vor Unheil und Feinden schützen. Hanuman, der listige und kampfstarke Affengott und Held des Hindu-Epos Ramayana, war der Lieblingsgott hinduistischer Krieger, die sich von ihm Unbesiegbarkeit erhofften. Die Statue ist bis zur Unkenntlichkeit mit Sindur, einer roten Paste, beklebt, die Gläubige zur Huldigung anbrachten. Der Statue ist eine Art rotes Gewand umgehängt, das regelmäßig gewechselt wird. Der Schirm *(Chatra)* oben, der ihr Schatten spendet, wird einmal im Jahr ausgetauscht. Den ganzen Tag kommen Hindus zur Statue, um sie einige Male im Uhrzeigersinn zu umlaufen – eine Praxis, die *Parikrama* genannt wird – und davor zu beten. Mancher berührt den Sockel mit der Stirn.

Etwas weiter nördlich des Hanuman ist an der Palastwand eine **Steintafel** aus dem 17. Jh. mit mysteriösen Inschriften in 15 Sprachen angebracht. Der Legende nach wird aus dem Wasserhahn, der bei der Tafel angebracht ist, Milch fließen, sobald jemand die Inschriften entziffert. Gemäß einer anderen Überlieferung enthalten die Inschriften codierte Hinweise zu einem Schatz, den König *Pratap Malla* im Mohan Chowk (s.u.) vergraben haben soll.

Gleich hinter der Hanuman-Statue befindet sich das **Goldene Tor** zum alten Königspalast, flankiert von zwei steinernen weißen Löwen. Auf dem rechten reitet Shiva, das Schwert bedrohlich in der Hand, auf dem linken seine Gemahlin Parvati. Das Goldene Tor wurde 1810 aus Hunderten alter eingeschmolzener Messing-Inschriften

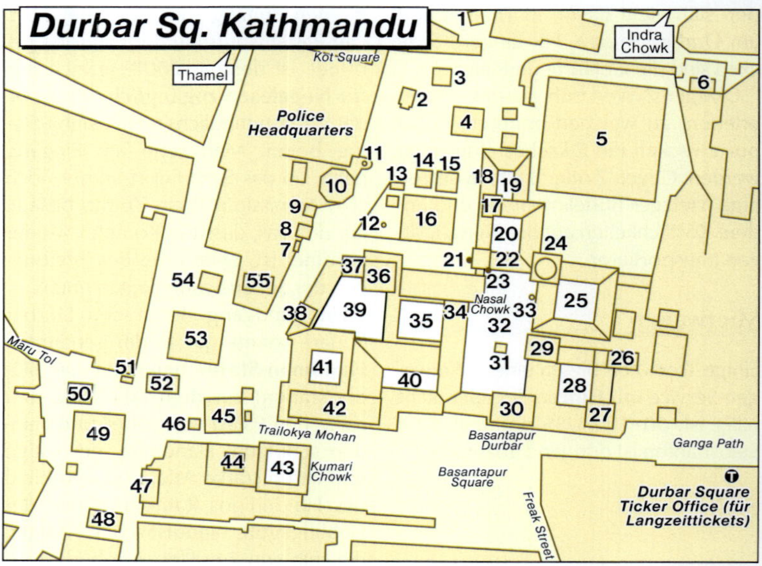

gefertigt. In der Mitte über dem Tor befindet sich ein Bildnis Krishnas mit Arjuna und Vishvarupa, eine Szene aus dem Hindu-Epos Mahabharata. Links daneben ist Krishna mit zwei seiner Lieblings-Gopinis (Kuhhirtinnen) zu sehen, *Rukmini* und *Satyabhama*. Rechts sieht man einen König mit seiner Frau. Die Gesichtszüge des Königs sollen *Pratap Malla* nachempfunden sein.

Gleich links hinter dem Tor, das heute von Touristen nicht mehr passiert werden darf, steht eine schwarze **Marmorstatue von Narasinha,** die gerade einen Dämon zerfleischt, eine Halb-Mensch-halb-Löwe-Inkarnation Vishnus. Die Statue stammt ursprünglich wahrscheinlich aus Indien und wurde 1673 von *Pratap Malla* an ihrem jetzigen Platz aufgestellt. Dadurch wollte er den Gott beschwichtigen, den er glaubte beleidigt zu haben, indem er einst als Narasinha verkleidet durch den Königshof getanzt war.

Rechts neben der Statue schließt sich der **Gaddi Baithak** an, wörtlich der „Sitzungssaal des Zepters", eine Audienzhalle der Malla-Könige. Sie war in ihrer heutigen Form 1908 von Premierminister *Chandra Shamsher Rana* in Auftrag gegeben worden, der höchst beeindruckt von einem Besuch in London zurückgekehrt war – daher die viktorianisch beeinflusste Bauweise.

1 Mahendreshvar-Tempel
2 Kotilingeshvar-Mahadev-Tempel
3 Mahavishnu-Tempel
4 Kakeshvar-Shiva-Tempel
5 Taleju-Tempel
6 Tana Deval
7 Great Bell
8 Vishnu-Tempel
9 Saraswati-Tempel
10 Krishna-Tempel
11 Great Drums
12 Säule des Königs Pratap Malla
13 Kala Bhairav
14 Indrapur-Tempel
15 Vishnu-Tempel
16 Jagannath-Tempel
17 Mohan Tower
18 mehrsprachige Steininschrift
19 Sundari Chowk
20 Mohan Chowk
21 Hanuman-Statue
22 Gaddi Baithak
23 Narsinha-Statue
24 Pancha Mukhi Hanuman
25 Mul Chowk
26 Bhaktapur Tower (Lakshmi Bilas)
27 Patan Tower (Lalitpur Tower)
28 Lohan Chowk
29 Kirtipur Tower
30 Basantapur Tower
31 Krönungsplattform
32 Nasal Chowk
33 Nataraja-Tempel
34 Tribhuvan Museum
35 Dahk Chowk
36 Degu-Taleju-Tempel
37 Sveta Bhairav
38 Bhagwati-Tempel
39 Masan Chowk
40 Lam Chowk
41 Huluche Chowk
42 Gaddi Baithak
43 Kumari Chowk
44 Kumari Bahal
45 Trailokya-Mohan-Narayan-Tempel
46 Garuda-Statue
47 Kabindrapur-Gebäude
48 Sinha (Singh) Sattal
49 Kashtamandap (Maru Sattal)
50 Shiva-Tempel
51 Ashok-Binayak-Tempel (Maru-Ganesh-Schrein)
52 Lakshmi-Narayan-Tempel
53 Maju Deval
54 Narayan-Tempel
55 Shiva-Parvati-Tempel

ktm004 Foto: rk

Der große Innenhof, an dessen Nordseite der Gaddi Baithak liegt, nennt sich **Nasal Chowk,** „Tanz-Hof". Der Name stammt von einer der Bezeichnungen für Shiva, Nacheshvara, „Gott des Tanzes". In diesem Hof fanden in früheren Jahrhunderten königliche Theater- und Tanzdarbietungen statt, und auch die Proben dafür wurden hier abgehalten. Beginnend mit der Shah-Dynastie wurden hier auch die Könige gekrönt, eine Zeremonie, die zuvor im benachbarten Mul Chowk vonstatten ging. Mitten im Nasal Chowk befindet sich eine Plattform, die in ihrer heutigen Form seit 1826 besteht. Darauf wurde 1975 König *Birendra* gekrönt, und aus Anlass der Indra Jatra (siehe Kapitel „Feste und Feiertage") wird die Figur des Gottes Indra aus dem benachbarten Degu-Taleju-Tempel hierher gebracht.

Nachmittag am Durbar Square

Blickt man nun von der Plattform in Richtung Gaddi Baithak, sieht man **zwei Türme** darüber hinausragen. Der westliche davon ist der Agam Chen, der den Privatschrein der Malla-Könige beherbergt, der östliche ist der des Pancha-Mukhi-Hanuman-Tempels, des „Tempels des fünfgesichtigen Hanuman", errichtet im Jahr 1655.

An der Westseite des Nasal Chowk führt eine kleine Treppe zum **Tribhu-**

van Museum. Das Museum war angelegt, um das Leben König *Tribhuvans* zu dokumentieren; mit der Abschaffung der Monarchie und der gegenwärtigen Unzugänglichkeit des Komplexes für Touristen ist jedoch unklar, was damit geschehen wird.

An der Nordseite des Nasal Chowk liegt der **Mohan Chowk,** der Hof mit den Wohngebäuden der Malla-Könige, erbaut 1649 unter *Pratap Malla* und im Jahr 1822 unter *Birendra Bikram Shah* erneuert. Nördlich dieses Hofes befindet sich ein weiterer, der kleine **Sundari Chowk,** der „Hof der Schönheit".

Nordöstlich des Nasal Chowk folgt der **Mul Chowk** oder „Haupt-Hof". Dieser ist der Hausgöttin der Malla-Könige geweiht, der blutrünstigen Taleju Bhavani, der dort auch Tieropfer dargebracht wurden. Darüber hinaus diente der Hof zahlreichen religiösen Feierlichkeiten und auch der Ernennung von Ministern oder Hochzeitsfeiern als Austragungsort.

An der Südseite des Nasal Chowk führt eine Passage in einen weiteren Hof, den **Lohan Chowk,** der von einem Gebäude namens Vilas Mandir (etwa „Tempel des göttlichen Dramas") umgeben ist. Über dessen vier Ecken erhebt sich jeweils ein Turm: der **Kirtipur Tower,** der **Bhaktapur Tower, Patan** oder **Lalitpur Tower** und – als wichtigster – der **Basantapur Tower.** Das Entstehungsdatum des gesamten Komplexes ist etwas unklar, so trägt beispielsweise die untere Hälfte des 30,5 m hohen Basantapur-Turmes Inschriften aus der Zeit vor 1630, der obere Teil wurde aber erst im Frühjahr 1770 fertiggestellt – daher auch der Name: „Basanta" ist Nepali/Sanskrit für „Frühling". Die anderen Türme wurden nach den Städten benannt, die ihren Bau finanzierten. Das sollte die Einigkeit des zu jener Zeit gerade geeinten Nepals unter Beweis stellen.

Verlässt man den Palastkomplex wieder durch das Goldene Tor, so liegt wenige Meter vor dem Ausgang der rostrote **Jagannath-Tempel,** dessen Ursprung auf das Jahr 1563 zurückgeht. In seinem Allerheiligsten beherbergt der Tempel einen Schrein des Chaturmurti Vishnu, des „Viergestaltigen Vishnu". Der Name „Jagannath" („Herr der Welt") ist eine weitere Bezeichnung für Vishnu. (Von dem Wort leitet sich auch die englische Vokabel „Juggernaut" für „Götze" oder „Moloch" ab). Das interessanteste Merkmal des Tempels sind die an den Stützstreben des Dachs angebrachten erotischen Holzschnitzereien, die ihren Ursprung im Tantra-Kult haben.

Westlich des Jagannath-Tempels ragt eine Säule in den Himmel, auf deren oberem Ende eine **Statue Pratap Mallas** thront. Umgeben ist der König von seinen vier Söhnen.

Wenige Meter südwestlich davon, versteckt hinter einem Gitter, befindet sich der gut 4 m hohe **goldene Kopf des Sveta Bhairav,** des „Weißen Bhairav". Dieser wird nur zum Indra-Jatra-Fest den Blicken der Öffentlichkeit preisgegeben, und dann fließt aus seinem Mund fassweise Reisbier, von dem die Festteilnehmer so viel wie möglich zu erheischen suchen.

Das Gegenstück des Weißen Bhairav, der Schwarze Bhairav oder **Kala Bhairav,** ist ein ca. 3 m hohes buntes Wandfresko, das den Gott in seiner Schwert schwingenden, furchterregenden Form darstellt. Viele Gläubige halten für ein kurzes Gebet davor inne, um dann weiter ihren Geschäften nachzugehen. Der Legende nach wurde der Kala Bhairav auf dem Berg Nagarjun gefunden und im 17. Jh. von *Pratap Malla* an seinen jetzigen Standort gebracht. In der Folgezeit mussten Hofangestellte ihren Loyalitätseid darauf schwören, und Zeugen legten ihre Aussagen davor ab. Wer im Angesicht des Schwarzen Bhairav log, wurde von ihm mit dem Tode bestraft!

Am äußeren Nordostende des Durbar Square steht das imposanteste Bauwerk des Komplexes, der 1564 unter *Mahendra Malla* erbaute **Taleju-Tempel.** Dieser überragt mit seinen 35 m alle anderen Bauwerke und besticht durch seine Bauweise: Auf einen fünfstufigen Sockel wurde ein filigran verziertes dreistöckiges Dach gesetzt. Der Tempel, der höchste des Kathmandu-Tals, sollte die Macht der Göttin Taleju Bhavani darstellen, der die Malla-Könige bevorzugt huldigten. Taleju Bhavani ist eine eigentlich südindische Manifestation der Göttin Durga oder Kali, deren Einfluss im 14. Jh. nach Nepal gelangte. Der Göttin, die nie ein gutes Blutmahl verschmähte, wurden auch Menschenopfer dargebracht; in Indien trieben bis ins 19. Jh. die Thags ihr Unwesen, die im Namen von Bhavani mordeten und plünderten und einen Teil ihrer Raubbeute der Göttin stifteten. Der Eintritt in den Tempel ist nur Nepalesen zur Zeit der Durga Puja gestattet.

Der Rundgang führt nun zurück zur Westseite des Durbar Square. Dort steht, westlich der Malla-Säule, ein **Krishna-Tempel,** erbaut unter *Pratap Malla* im Jahr 1637. Durch den Bau versuchte *Pratap* – er war damals noch Prinz –, seine Ehre wiederzuerlangen, die er nach einer fehlgeschlagenen Attacke auf *Patan* in den Augen vieler verloren hatte. Er widmete den Tempel seinen zwei Frauen und ließ im Inneren einen Schrein errichten, dessen Figuren sowohl sein Antlitz als auch die Gesichtszüge seiner Gemahlinnen aufweisen.

Etwas nördlich des Tempels sieht man zwei mit Büffel- und Ziegenfell bespannte **Trommeln,** denen zum Fest Durga Puja Blut geopfert werden muss. Dazu werden Ziegen und Büffel mit einem einzigen Schlag enthauptet. Südlich des Krishna-Tempels befindet sich eine Art Riesentrommel, deren Klang die bösen Geister fernhalten soll und die speziell zur Durga Puja geschlagen wird.

Geht man von hier weiter in südliche Richtung, verlässt man den eigentlichen Durbar Square. Links steht ein Gebäudekomplex namens **Masan Chowk** oder „Kremationshof". Diese Bezeichnung deutet darauf hin, dass sich hier einst die Stadtgrenze Kath-

Junger Sadhu

ktm005 Foto: rk

mandus befunden haben muss, da Kremationen traditionellerweise am Rand der Stadt stattfanden. Das an dieser Stelle stehende Gebäude weist unten einige Souvenirläden auf, oben herrliche holzgeschnitzte Fenster. Aus diesen sahen früher die Könige hinaus und beobachteten das Treiben ihrer Untertanen.

Die Fenster zeigen aber auch auf den **Shiva-Parvati-Tempel** gegenüber, der Ende des 18. Jh. auf einer schon vorhandenen Plattform – wahrscheinlich einer Tanzbühne – errichtet wurde. Aus einem Fenster an der Südseite des Tempels blicken die Hausherren des Bauwerks ins Freie: die weißen, etwas grob geschnitzten Figuren von Shiva und Parvati, die – aus der Entfernung betrachtet – verblüffend lebensecht erscheinen.

Südwestlich schließt sich ein weiterer Shiva-Tempel an, der **Maju Deval,** errichtet 1690. Macht man sich die Mühe, die etwas unbequemen Stufen hochzuklettern, genießt man oben eine gute Aussicht auf die Umgebung.

Noch einige Meter weiter südlich steht der **Trailoka-Mohan-Narayan-Tempel,** der im Jahr 1680 unter *Prithvibendra Malla* erbaut wurde. Im Volksmund wird er auch Das-Avatar-Dekhaune Mandir genannt, der „Tempel, der die zehn Inkarnationen zeigt“: Hier werden zum Indra-Jatra-Fest Tänze aufgeführt, die die zehn Inkarnationen Vishnus darstellen.

Vor dem Tempel steht eine **Garuda-Statue,** die *Prithvibendras* Witwe im Jahr 1689 nach dessen Tod dort aufstellen ließ.

Der Platz westlich des Trailoka-Mohan-Tempels wird Maru Tol genannt, nach dem Maru-Ganesh-Schrein oder **Ashok-Binayak-Tempel,** der dort recht unauffällig an einer Straßenecke zu finden ist. Der Schrein gilt – aller Unscheinbarkeit zum Trotz – als einer der vier wichtigsten Ganesh-Schreine des Kathmandu-Tales. Er wird besonders vor wichtigen persönlichen Unternehmungen aufgesucht, denn Ganesh ist der Beseitiger von Hindernissen – dementsprechend groß ist die Zahl der Besucher. „Ashok Binayak“ bedeutet „Vinayak/Ganesh der Sorglosigkeit“. Der gesamte Schrein ist mit goldfarbenem Messing beschlagen, sein genaues Alter ist mangels Inschriften jedoch unbekannt. Das Dach in seiner heutigen Form stammt aus dem Jahr 1847 und wurde von König *Surendra* in Auftrag gegeben.

Wenige Meter weiter südlich befindet sich das Gebäude, dem Kathmandu seinen Namen verdankt: der **Kashtamandap** oder **Maru Sattal.** Die Anfangsgeschichte des nicht sehr augenfälligen Baus reicht bis ins 14. Jh. zurück, und Teile der heutigen Konstruktion sollen noch aus jenen Anfangszeiten stammen. Der Legende nach wurden das gesamte Gebäude sowie der benachbarte Sinha (Singh) Sattal aus dem Holz eines einzigen Sal-Baumes gefertigt. Der Kashtamandap ist eine Art überdachte Plattform, die heute für alle erdenklichen Zwecke benutzt wird – so spielen Kinder darin, Gemüsehändler stellen ihre Waren dort ab, und Straßenköter halten ihren Mittagsschlaf. Als das Gebäude vor Jahren restauriert werden sollte, hatten die Restaurateure Mühe, die dort lebenden Familien zu vertreiben. Im Innern des kulturhistorisch wichtigsten Baus in Kathmandu befindet sich ein Schrein, der Nepals Schutzheiligen Gorakhnath geweiht ist. Das wichtigste Gebäude am Südende des Gebietes ist der Kabrindapur, ein vierstöckiger Bau aus dem Jahr 1673, der zumeist von Marktständen umlagert ist.

Der **Sinha (Singh) Sattal** ist nach den löwenähnlichen Figuren benannt, die an seinen Ecken aufgestellt sind. Dieses Gebäude wird zum Teil zum Singen religiöser Lieder, der Bhajans, genutzt.

Begibt man sich von hier in Richtung Basantapur Square, passiert man kurz davor ein weiteres sehr wichtiges Gebäude, das **Kumari Bahal,** „Kloster der Jungfrau". Dieser 1757 unter *Jaya Prakash Malla* errichtete Bau dient als Wohnsitz der weithin verehrten Kumari Devi oder „Jungfräulichen Göttin", eines jungen Mädchens, das als Inkarnation der Göttin Taleju betrachtet wird (s.u.).

Der Palast verfügt über einen zugänglichen Innenhof, den **Kumari Chowk,** der einen eindrucksvollen Blick auf die filigranen, holzgeschnitzten Fenster der umliegenden Gebäude erlaubt. Beim Betreten des Hofes wird man wahrscheinlich sofort von einigen „Tourist Guides" angesprochen, die gegen ein Entgelt die Kumari am Fenster erscheinen lassen wollen. Der Kult der Kumari hat also durchaus seine kommerziellen Aspekte. Außerdem ist das Fotografieren der Göttin offiziell streng verboten, trotzdem erscheinen ihre Fotos auf wundersame Weise immer wieder in Bildbänden, und vor der Schwelle des Kumari Bahal werden Postkarten mit ihrem Bild feilgeboten. Gegen 17 oder 18 Uhr lässt sich die Kumari gelegentlich am Fenster blicken, eine Garantie dafür gibt es jedoch nicht.

An der Ostseite des Kumari Bahal erstreckt sich der weitläufige, rechteckige **Basantapur Square** und stellt so etwas wie ein Verbindungsstück zum modernen Kathmandu dar. Wenige Schritte weiter östlich liegt die geschäftige **New Road.** Der Basantapur Square ist voll in der Hand von Souvenirhändlern, hier gibt es Khukris, die bekannten Gurkha-Messer, tibetische Gebetsmühlen, Schmuck u.v.m. zu kaufen. In früheren Zeiten fand hier ein Gemüsemarkt statt, und vor einigen Jahrhunderten wurden hier die königlichen Elefanten gehalten.

● **Eintritt:** An den drei Hauptzugängen zum Durbar Square stehen Kassenhäuschen, an denen Touristen **200 Rs.** Eintritt zahlen müssen. Das ärgert viele, da der Durbar Square keine in sich abgeschlossene Sehenswürdigkeit ist, sondern ein zentral gelegener, lebendiger Stadtteil, durch den man oft auch hindurch muss, um von einem Stadtteil zu einem anderen zu gelangen. Die Kassierer haben schon viele Diskussionen mit Ausländern darüber geführt, und im Grunde finden sie das Reglement ebenso absurd und ungerecht, können aber nichts daran ändern. Oft kann man einfach ohne zu zahlen an den Kassenhäuschen vorbeigehen. Falls man doch bezahlen muss, sollte man sich im Büro der Verwaltung des Durbar Square am Basantapur Square einen Passierschein für seinen gesamten Aufenthalt in Kathmandu aus-

ktm006 Foto: rk

Macht, was euch gefällt: Seltsame Sitten im Kashtamandap

Im Kashtamandap wurde in früheren Jahrhunderten ein Tantra-Ritus namens **Chakra-puja** („Anbetung im Kreis") vollzogen. Der Tantra-Kult war in Nepal vom 9. bis 14. Jh. durch indische Lehrmeister aus Bengalen und Mithila (Videha) verbreitet worden, die meisten auf der Flucht vor den in Indien eindringenden Moslems (etwa ab 999). Eine rudimentäre Form von Tantra war aber wohl auch im 7./8. Jh. in Nepal vorhanden.

Zur Chakra-puja versammelten sich kleine Gruppen von Teilnehmern im Kashtamandap, Männer sowie Frauen. Man setzte sich im Kreisrund nieder, die Frauen links neben ihren männlichen Partnern. Nach einer zeremoniellen Mahlzeit ging man zum **Geschlechtsakt (maithuna)** über, wobei die Polarität der Geschlechter als eine Art Verschmelzung des Ich mit dem Göttlichen angesehen wurde. Die Männer betrachteten sich dabei als *vira* („Helden"), die Frauen wurden als Manifestationen der Göttin Shakti verstanden. Der Geschlechtspartner wurde entweder ausgewählt oder durch Losziehen bestimmt. Männer hatten dabei auch mit ihren Schwestern oder Müttern zu kopulieren, denn der **Bruch gesellschaftlicher Tabus** war ein wesentlicher Bestandteil der Tantra-Riten. Die Teilnehmer glaubten, dass die Göttin Shakti, der im Ritus gehuldigt wurde, durch jedwede Art von *nirdharma* („Unrechtheit") erfreut werden könne. Die **Kulanarva Tantra,** eine der wichtigsten tantrischen Schriften, formulierte: „... durch die Handlungen, die den Menschen in ewiger Hölle schmoren lassen, findet der Yogi die Erlösung." Eine andere Schrift vertrat die Ansicht, dass „so, wie Gift durch Gift neutralisiert werden kann, so, wie ein Dorn durch einen anderen Dorn entfernt werden kann, so kann auch Sünde durch Sünde beseitigt werden." Eine weitere Tantra-Schrift wiederum verkündete: „Der weise Mann beseitigt den Schmutz in seinem Geist durch Schmutz."

Beim Geschlechtsakt hatten die Männer die **Ejakulation** zu **vermeiden.** Dazu halfen bestimmte Atemtechniken sowie spezielle Drogen. Der Samen sollte, anstatt vergeudet, zu spiritueller Energie umgewandelt werden. Das Wort *chakra* im Namen der Puja bedeutet auch „Nervenzentren". Von diesen Zentren gibt es gemäß der Yoga-Theorie acht im Körper und eines davon befindet sich nahe den Geschlechtsorganen. Zur Selbstbeherrschung soll die Nervenenergie von den niedrigeren Nervenzentren nach oben, zum höchsten Zentrum im Kopf, geleitet werden. Sexuelle Energie soll so in geistige Energie umgewandelt werden.

Zur Chakra-puja setzten sich die Teilnehmer in einem Kreis rund um eine

Jungfrau *(kumari)*, um auf sie als Sinnbild der Göttin Shakti zu meditieren. Häufig wurde das Mädchen auch durch eine Yoni, ein mystisches Diagramm mit neun Yonis, oder ein anderes magisches Symbol ersetzt. Nach einiger Zeit begann die Kopulation. Ob es aber immer zum Gechlechtsakt kam, ist ungewiss, wahrscheinlich nicht. Die Tantra-Schriften besagten, dass die Chakra-puja „in Abgeschiedenheit" vollzogen werden sollte, und wie abgeschieden der Kasthamandap früher war, sei dahingestellt. Trotzdem hatten die Teilnehmer wohl reichlich Spaß an der Freud'.

Der Kern der „Unrechtschaffenheits"- oder Antinomianismus-Doktrin war **svachhachara** oder „Selbst-Wille-Gehen", mit anderen Worten: „Tut, was euch gefällt". Unter Leitung eines undisziplinierten oder skrupellosen Meisters bestand natürlich die Gefahr, dass die Chakra-puja zu einer puren Orgie entartete. Derartigen zwielichtigen Gurus ist zum Teil zuzuschreiben, dass der reine Tantra-Kult nicht lange überdauerte.

Gorakhnath (frühes 12. Jh.), dessen Statue noch heute im Kashtamandap verehrt wird, war selbst ein Vertreter merkwürdiger Praktiken. In seiner Jugend war *Gorakhnath* ein Schüler des Mystikers *Matsyendranath*, der die okkulte **Natha-Sekte** ins Leben gerufen hatte. Die Nathas zielten darauf ab, den Körper unsterblich zu machen und eigneten sich angeblich übernatürliche Fähigkeiten an. *Gorakhnath* erreichte eine große Meisterschaft in den Natha-Techniken und gründete die **Sekte der Kanphata-Yogis** („Spalt-Ohr-Yogis"). Der Name spielt darauf an, dass sich die Yogis einen großen Ring *(kundala)* durch die Ohrmuscheln zogen, der diese „spaltete". Der Ohrring wurde zum Erkennungszeichen der Kanphata-Yogis (*kan* = „Ohr", *phata* = „zerrissen", „gespalten"). Zur Einweihung in den illustren Kreis wurden die Neulinge zunächst symbolisch getötet, dann wurden ihre Gedärme „ausgespült" und die Aspiranten von einem Baum gehängt. Zu den Riten der fortgeschrittenen Kanphatas gehörten die Nekrophilie oder *shava-vada* („Leichenmethode"), alle sonstigen Arten sexueller Perversion und möglicherweise auch der Verzehr von Rindfleisch, ebenfalls ein striktes Tabu in der orthodoxen Hindu-Gesellschaft. *

Passend zu all den Abstrusitäten wurde die Legende verbreitet, dass *Gorakhnath* aus der Vereinigung Shivas mit einer Kuh hervorgegangen war; bei der Kopulation verwandelte sich der Same Shivas in das Kind *Gorakhnath. Gorakhnath,* dessen Name „der Kuh-beschützende Gott" *(go-rakha-natha)* bedeutet, stammte wahrscheinlich aus der Gegend des heutigen Gorakhpur in Uttar Pradesh.

Gorakhnath und seine Kanphatas ähnelten stark den **Aghoris** („die Gefürchteten") oder anderen Vertretern des okkulten **„links-händigen Pfades"** *(vama-marga)* des Hinduismus. Am Pashupathinath-Tempel findet sich noch heute gelegentlich der eine oder andere Aghori ein, zu erkennen an seiner schwarzen Kleidung und seinem zumeist furchterregenden Blick. Die Aghoris, denen unter anderem nachgesagt wird, sich am Fleisch unvollständig verbrannter Leichen schadlos zu halten, lassen sich gerne in der Umgebung von Verbrennungsstätten nieder.

* In der Frühphase des Hinduismus war das Töten von Kühen noch nicht tabuisiert. Büffel oder Kühe wurden in Opferriten geschlachtet oder auch ganz einfach zum Verzehr. Eine der Sanskrit-Vokabeln für „Gast" ist *goghana,* wörtlich „der, für den eine Kuh geschlachtet wird".

stellen lassen. Dazu ist einfach das 200-Rupien-Ticket vorzulegen; man braucht nichts dazuzahlen.

An der West- und Nordwestseite des Durbar Square stehen keine Kassenhäuser. Sowohl über die Gasse Maru Tol im Westen (siehe Karte) als auch über die beiden Gassen westlich des Police Headquarter kommt man ungehindert hinein.

•**Achtung, Schnorrer!** Der Durbar Square wimmelt von allerlei dubiosem Volk, das es auf die Geldbörsen der Touristen abgesehen

Die Kumari Devi – Göttin bis zum ersten Blutstropfen

Glaubt man den alten Legenden, die seit Generationen im Kathmandu Valley erzählt werden, so entstand der **Kult der Kumari** aus purer Fleischeslust: Angeblich spielte einst *Jaya Prakash Malla,* König von 1732 bis 1768, mit der **Göttin Taleju** ein Würfelspiel. Alles ging gut, bis der König plötzlich von unlauteren Gefühlen der Lust gegenüber seiner Spielpartnerin ergriffen wurde. Nicht ganz Herr seiner Sinne, machte er der Göttin amouröse Angebote. Erbost löste sich Taleju in Nichts auf und gelobte, nur in der Form einer Jungfrau zur Erde zurückzukehren. Von diesem Zeitpunkt an wurden **jungfräuliche Mädchen aus der Shakya-Kaste** ausgewählt, die als Inkarnationen Talejus angesehen wurden.

Die Kumari Devi wird im Alter von zwei bis vier Jahren auserkoren und darf noch nie einen Tropfen Blut verloren haben. Um die Eigenschaft der Furchtlosigkeit zu testen, werden vor den Augen der Kandidatinnen in der **Kalratri,** der „schwarzen Nacht" zum Dasain-Fest, angeblich 108 Büffel und 108 Ziegen geschlachtet (108 ist eine heilige Zahl der Hindus). Nur wer keine Regung zeigt, kann Kumari werden. Kein Außenstehender hat jedoch die Riten gesehen, und es ist nicht verbrieft, ob sie heute noch in dieser Art vollzogen werden. Die derzeitige Kumari heißt **Matina Shakya** und wurde im Oktober 2008, im Alter von drei Jahren, auserkoren.

Ist die Kumari auserwählt, wird sie mit dem geheiligten Schwert der Taleju ausgestattet und zu ihrem neuen Wohnsitz, dem **Kumari Bahal,** geleitet. Da von nun an ihre Füße nicht mehr den Boden berühren dürfen, werden vor ihr weiße Tücher ausgebreitet. Auch ihr Aussehen ist reglementiert, sie bekommt eine rote Robe umgelegt, ihre Haare werden in einem Knoten oben auf dem Kopf zusammengebunden, sie bekommt rote Farbe, den Tika, auf die Stirn, die Fußnägel werden rot bemalt, und von den Augen wird ein schwarzer Strich bis zu den Schläfen gezogen. Die unbeschwerte Kindheit, die sie bis dahin gehabt haben mag, ist für das Mädchen nun vorbei, sie wird ab sofort mit allerhöchstem Respekt behandelt, und sie hat sich würdevoll wie eine Göttin zu benehmen. Kein Wunder, dass alte ehemalige Kumaris immer wieder davon berichten, dass sie in ihrer Zeit als Göttinnen voll Neid von ihrem Fenster auf die spielenden Kinder schauten! Heutzutage bekommen die Kumaris privaten Schulunterricht, was früher nicht der Fall war. Dummerweise kann der Lehrer sie nicht maßregeln, da sie eine Göttin ist und man ihr nicht widersprechen darf.

Zu den **Aufgaben der Kumari** gehört das Empfangen von Gläubigen, die um eine Audienz gebeten haben. Jede Geste der Göttin wird dabei genau beobachtet, denn sie wird als Verheißung betrachtet: Lächelt sie, während sie das rote Tika auf die Stirn eines Gläubigen streicht, wird er gesund und erfolgreich

hat. Es vergehen keine zehn Sekunden, in denen man nicht von einem aufdringlichen Straßenhändler oder bettelnden Kindern angesprochen wird. Ferner gibt es Leute, die vorgeben, Geld für eine Schule oder einen Tempel zu sammeln. Oft legen sie sogar authentisch aussehende Spendenlisten vor. Keiner dieser (Über-)Lebenskünstler ist bösartig oder aggressiv, ihre allgegenwärtige Präsenz kann aber nerven. Am besten, man antwortet nicht, wenn man ungebeten angesprochen wird.

sein; verzieht sich ihr Gesicht in Runzeln, wird ihm ein Unglück zustoßen; falls sie zittert, wird er im Gefängnis landen; weint sie oder reibt sie sich die Augen, muss er alsbald sterben.

Zum **Fest Indra-Jatra** versammelt sich eine riesige Menschenmenge am Kumari Bahal, ein Ehrensalut wird gefeuert und es wird eine Ziege geopfert. Danach wird die Göttin in eine Sänfte gehoben und in einer Prozession durch die Stadt getragen. Dabei wird sie von wild maskierten Männern umtanzt, die sich im Rhythmus lauter Trommeln bewegen. Die Gläubigen am Wegesrand überschütten die Göttin mit Reis, Blumen und kleinen Münzen. Diese Prozession wird drei Tage hintereinander wiederholt, womit alles Unglück aus der Stadt vertrieben werden soll.

Hat die Kumari Devi ihren **ersten Tropfen Blut** verloren – meist durch die erste Menstruation – ist ihre Zeit als Göttin vorüber, eine neue muss auserwählt werden. Der plötzliche Wechsel von einem Leben in höchst privilegierter Stellung in ein vollkommen normales, unbeachtetes Dasein verursacht bei vielen der Mädchen einen Schock. Ihre finanzielle Lage ist meist prekär, eine normale Arbeit können sie kaum annehmen. Einen Ehemann zu finden ist auch schwer, da sie immer noch mit dem Nimbus der Göttin behaftet sind. Seit kurzem erhalten ehemalige Kumaris eine Art „Rente" von 5000 Rs. im Monat.

Nur einmal im Jahr treten die ehemaligen Kumaris ins Licht der Öffentlichkeit, zur Indra-Jatra, wenn sie an einem Festmahl teilzunehmen haben. Für so manche ist es vielleicht das beste Mahl, das sie im Jahr bekommen. Danach hängt über vielen wieder der graue Schleier der Trauer, des Vergessenseins.

Neben der Kumari von Kathmandu gibt es noch weitere, aber unbedeutendere Kumaris im Kathmandu Valley, so in Patan, Bhaktapur und Thimi.

In Bhaktapur leben gleich drei Kumaris, was sich auf eine Legende stützt: Dieser zufolge hatte sich Taleju einst in Bhaktapur in einem Baum versteckt, und als sie daraus hervorgekommen war, begab sie sich in drei verschiedene Stadtteile Bhaktapurs, nach Baha Chhen, Tibuk Chhen und Wala Lakhu. Deshalb wird in diesen Stadtteilen heute je ein Mädchen zur Kumari erwählt.

In Patan sind zwei Kumaris ansässig, wovon eine – wie es die Regel vorschreibt – nach dem ersten Blutstropfen abgelöst wird. Die zweite bildet aber in jeder Beziehung eine Ausnahme: Diese stammt nicht, wie sonst üblich, aus der Shakya-, sondern aus der Bajracharya-Kaste und ist Kumari seit 1953, seit ihrem zweiten Lebensjahr. Von vielen Gläubigen wird sie unvermindert als Göttin verehrt, und sie gilt, wenn sie „gut bei Laune" ist, als zuverlässige Weissagerin.

Außer der Kumari von Kathmandu können alle Kumaris in ihren Häusern fotografiert werden, manche machen sogar ein Geschäft daraus. Am leichtesten aufzustöbern ist die junge Kumari von Patan, die schräg gegenüber dem Tempel Ratnakar Mahabahal wohnt (ca. 500 m westlich).

Die Altstadt nördlich des Durbar Square

„Altstadt" ist ein durchaus debattierbarer Begriff, in dieser Stadt, in der der Großteil der Stadtfläche mit Gebäuden aus vergangenen Jahrhunderten bebaut scheint. Das wichtigste Altstadtgebiet sind die engen, verwinkelten Viertel, die sich nördlich und südlich des Durbar Square erstrecken. Diese setzen sich aus einer Vielzahl von **Tol** zusammen, das sind um einen Innenhof angelegte **Wohnblocks,** die früher jeweils von einem Familien-Clan oder einer Kaste bewohnt wurden. Ursprünglich bestanden die Viertel aus verstreut liegenden Tol, bis diese immer enger aneinander wuchsen und bald eine geschlossene Siedlung ergaben – das, was wir heute als „Altstadt" bezeichnen können.

An der Nordostseite des Durbar Square, überragt vom Taleju-Tempel, liegt der **Makhan Tol,** an dem sich zahllose kunsthandwerkliche Läden angesiedelt haben, die vor allem Thangkas verkaufen. „Makhan" bedeutet in der nepalesischen Sprache „Butter", und der Name des Viertels gibt so Aufschluss darüber, womit hier in früheren Zeiten Handel getrieben wurde. Ein Teil der umliegenden Häuser wurde im 19. Jh. umgebaut und zeigt somit nicht mehr seine ursprüngliche Form, einige Gebäude wurden sogar gänzlich abgerissen. Vorhanden ist noch eine Garuda-Statue, die einst vor einem inzwischen längst verschwundenen Vishnu-Tempel gestanden haben muss.

- ▲ 1 Raktakali-Tempel
- ▲ 2 Nara-Devi-Tempel
- ▲ 3 Narasinha-Tempel
- ▲ 4 Ikha-Narayan-Tempel
- ▲ 5 Ugratara-Tempel
- ▲ 6 Krishna-Teempel
- ▲ 7 Annapurna-Tempel
- ▲ 8 Seto-Machhendranath-Tempel
- ▲ 9 Akash-Bhairav-Tempel
- ▲ 10 "Zahnschmerz-Schrein"
- ★ 11 Royal Palace
- ★ 12 Kumari Bahal
- ▲ 13 Atko-Narayan-Tempel
- ▲ 14 Hari-Shankar-Tempel
- ▲ 15 Bhimsen-Tempel
- ★ 16 Jaisi Deval
- ▲ 17 Ram-Chandra-Tempel
- 🔒 18 Billige chines. Haushalts- und Elektroläden
- ★ 19 Bhimsen-Tower
- ★ 20 Kathesimbhu-Stupa

Geht man vom Makhan Tol weiter nordostwärts, gelangt man zum **Indra Chowk,** dem „Hof des Indra". Dieser war ursprünglich so etwas wie der Vorhof des an der Westseite gelegenen **Akash-Bhairav-Tempels,** des „Tempels des Himmels-Bhairav". Dieser Tempel ist auffallend reichhaltig mit Metallarbeiten bedeckt und wird von zwei Messing-Löwen bewacht. Er beherbergt eine silberne Figur des Akash Bhairav, die zu besonderen Festtagen, z.B. der Indra-Jatra, auf dem Vorplatz der Öffentlichkeit präsentiert wird. Die eigentlichen Tempelgemächer befinden sich im Obergeschoss des Gebäudes und dürfen von Nicht-Hindus nicht betreten werden.

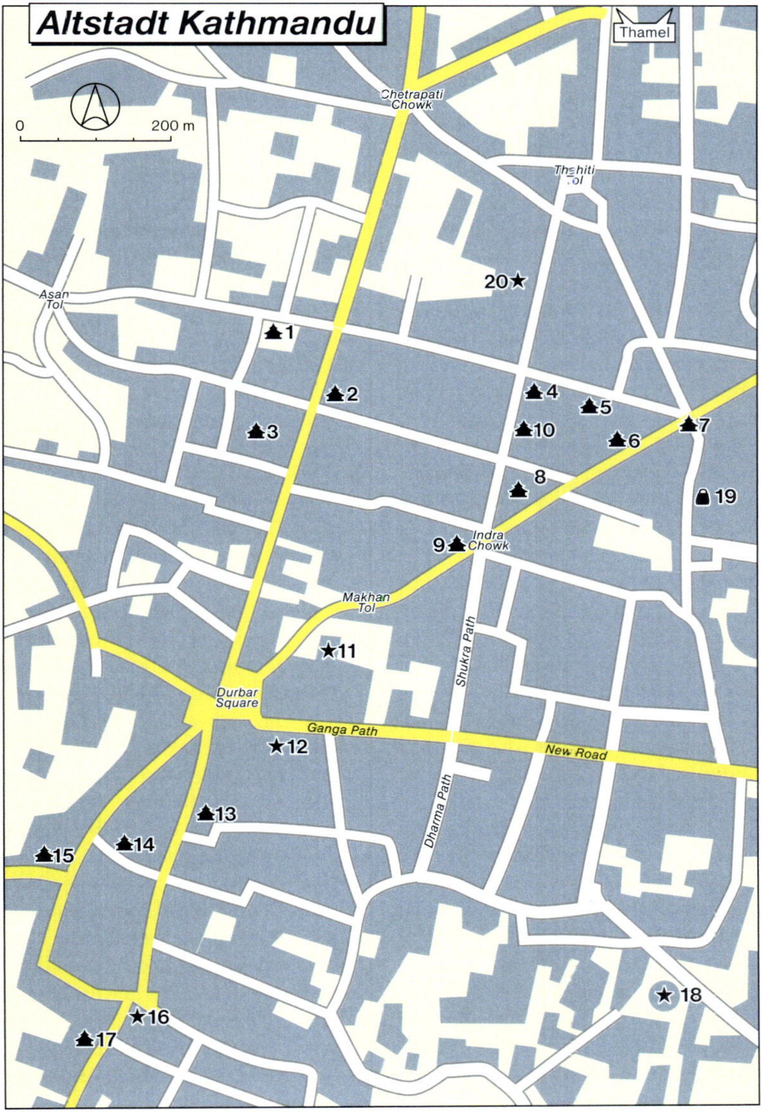
Altstadt Kathmandu
Thamel
Chetrapati Chowk
0
200 m
Thahiti Tol
Asan Tol
20
1
2
3
4
5
6
7
8
9
10
19
Indra Chowk
Makhan Tol
11
Shukra Path
Durbar Square
Ganga Path
New Road
12
Dharma Path
13
14
15
16
17
18

Umgeben ist der Indra Chowk von **Blumenhändlern,** bei denen sich die Gläubigen Blumengirlanden für den Tempelbesuch kaufen. Indische **Obsthändler** sorgen für das leibliche Wohl und verkaufen vom Fahrrad aus Mangos, Lichis und Bananen.

Wenige Meter weiter nordöstlich liegt der **Khel Tol,** wörtlich übersetzt der „Spiel-Platz". Ganz so spielerisch geht es hier nicht mehr zu, das Gebiet befindet sich fest in den Händen der merkantilen Zunft. Angeboten werden Stoffe, Saris, metallene Gefäße und Topis, die bunten, traditionellen Nepal-Kappen.

An der linken Seite führt ein enges Tor zum wichtigen **Seto-Machhendranath-Tempel,** der auch **Sveta-Machhendranath-Tempel** genannt wird. Er stammt aus der Zeit um das 16./17. Jh. und wurde Mitte des 17. und Mitte des 19. Jh. weitgehend restauriert und umgebaut. Geweiht ist er dem „Weißen *(seto/sveta)* Machhendranath", der von Hindus als Inkarnation Shivas, von Buddhisten als Verkörperung des Avalokiteshvara betrachtet wird. Folglich finden sich hier die Anhänger beider Religionen gleichermaßen ein.

Der den Tempel umgebende Hof birgt ein wunderbares Sammelsurium von Schreinen, Chaityas und Statuen. Besonders interessant ist die eindeutig im „Jugendstil" modellierte, goldmetallene Frauenfigur, die als eine Art Lampenhalter dient. Sie stammt möglicherweise aus einem alten Rana-Palast. Die Götterfigur, die im Allerheiligsten aufbewahrt wird, wird zum Seto-Machhendranath-Fest (März oder April) auf einem riesigen Gefährt durch die Straßen gezogen.

Verlässt man den Tempelhof durch das Tor an der Westseite, landet man unversehens auf einem Töpfermarkt mit Hunderten von Tongefäßen in allen Größen und Formen.

Nahe dem Osttor, am Khel Tol also, befindet sich der kleine **Lunchun-Lunbun-Ajima-Tempel,** der durch eine relativ neue weiße Kachelverkleidung allerdings ein wenig von seiner Attraktivität eingebüßt hat. An der Rückseite sind einige Stützbalken mit erotischen Schnitzereien zu sehen.

Geht man weiter in Richtung Nordwesten, passiert man einen achteckigen **Krishna-Tempel** mit elegant geformten Fenstern. Daneben befindet sich das **Tilang Ghar** („Glashaus"), ein Privathaus aus dem 19. Jh., das als erstes Gebäude außer dem Königspalast Glasfenster bekommen durfte. An der Vorderseite des Hauses ist ein Stuckrelief angebracht, das marschierende Soldaten zeigt. Dies ist eine Kopie des Reliefs, das sich am Prithvi Narayan Shahs Fort in Nawakot befunden hatte. Am Haus finden sich heute Händler ein, die Metallwaren verkaufen, und im Gewühl der Gasse könnte man das Haus beinahe übersehen.

Etwas weiter nordöstlich in der Straße liegt der **Asan Tol,** das ursprüngliche Herz des alten Kathmandu. Hier pulsiert tagein tagaus ein lebendiger Gemüsemarkt, es wird gefeilscht und gehandelt. Das Marktgeschehen wird von mehreren Tempeln überwacht, darunter dem dreistöckigen **Annapurna-Tempel.** Kein Wunder, dass die Ge-

... und ein Fisch fiel vom Himmel – die Legende von den zwei Astrologen

Wenige Meter vom Annapurna-Tempel, im Marktgewimmel nur allzu leicht zu übersehen, wurde ein **Denkmal der ganz besonderen Art** errichtet: eine rechteckige Mulde in der Straße, in der die länglich-ovale steinerne **Form eines Fisches** zu schwimmen scheint. Wie in Nepal nicht anders zu erwarten, so rankt sich auch um diese Merkwürdigkeit eine Legende.

Ein bekannter Astrologe saß in seinem Arbeitszimmer und erwartete ungeduldig einen Glockenschlag, der ihm die Geburt seines Kindes ankündigen sollte. Nach langem Warten war es endlich soweit, ein paar Straßen weiter hatte seine Frau einen Sohn zur Welt gebracht, und die Glocke erschallte laut und hell. Sogleich machte sich der Astrologe daran, das Horoskop des Kindes zu erstellen. Als es jedoch fertiggestellt war, fühlte er sich wie vom Blitz getroffen: Gemäß den Gestirnen konnte er nicht der Vater des Kindes sein! Ein Irrtum war ausgeschlossen, hatte er sich doch noch nie in seinen Kalkulationen geirrt, und so tat er das Erstbeste, das ihm in den Sinn kam – er flüchtete aus der Stadt, um ihr für immer den Rücken zu kehren.

Nach vielen Jahren aber hatte er die Schmach vergessen und kehrte zurück. Eines Tages traf er einen jungen, schon hoch angesehenen Astrologen, bei dem er erneut in die Lehre ging. Irgendwann schickte sich der junge Sternendeuter an, die Kenntnisse des älteren Astrologen zu prüfen, indem er ihn um die exakte Berechnung eines zukünftigen Ereignisses bat. Gemäß einer alten Weissagung nämlich sollte in Kürze ein Fisch vom Himmel fallen.

Der ältere Astrologe stellte seine Berechnungen an, dann der jüngere, und dann verglichen beide ihre Ergebnisse. Der jüngere bemerkte sogleich, dass sein Schüler einen kapitalen Fehler begangen hatte. Er hatte den Effekt des Windes nicht berücksichtigt! Und da ging dem älteren Astrologen ein Licht auf: Auch damals, als der Glockenschlag ihm die Geburt seines Sohnes verkündete, hatte er es versäumt, die Zeit zu berücksichtigen, die der Glockenklang zur Überbrückung der Distanz benötigte. Da er nicht den richtigen Geburtsmoment zur Grundlage genommen hatte, konnte auch das Horoskop nicht stimmen. Sogleich machte er sich daran, das Horoskop neu zu erstellen, und siehe da – der junge, meisterhafte Astrologe war niemand anderes als sein Sohn.

Zum Gedenken an ihr Treffen beschlossen Vater und Sohn, ein Denkmal zu errichten – den Fisch von Asan Tol.

ktm007 Foto: rk

schäfte so gut gehen, denn Annapurna ist die Göttin des Überflusses. Ihr Name bedeutet übersetzt „Die Essens-Volle“. Vom Tempeldach hängen einige Gefäße, *kalasha,* die die „Fülle“ der Göttin, gemäß tantrischer Tradition aber auch ihr Geschlechtsteil symbolisieren sollen. Vor dem Tempel hocken einige Verkäuferinnen und bieten Blumengirlanden feil, die die Gläubigen der Göttin opfern.

In der schmalen Gasse südlich des Annapurna-Tempels haben einige Geschäfte superpreiswerte Elektro-Haushaltswaren aus China im Sortiment.

Geht man vom Asan Tol die Straße weiter in nordöstlicher Richtung, verlässt man das alte Kathmandu und gelangt zum relativ modernen Kantipath.

Um in der Altstadt zu bleiben, nehmen wir die Straße, die vom Asan Tol nach Westen abzweigt. Dort passiert man den **Tempel der Göttin Ugratara** („Stern des Zornes“), an dem Gebete für gesunde und gute Augen besonders erfolgversprechend sein sollen.

Weiter westlich endet die Straße an einem halbwegs großen Platz, der u.a. als Rikscha-Haltestelle dient. An dem Platz steht ein **Ikha-Narayan-Tempel** mit einer fast 1000 Jahre alten Vishnu-Statue darin, darüber hinaus einer Figur der Göttin der Weisheit und der Künste, Saraswati, und einer Buddha-Figur.

Das merkwürdigste Objekt des Platzes ist vielleicht der **„Zahnschmerz-Schrein“**, ein unförmiges Stück Holz, in das unzählige Nägel eingehämmert sind. Der Überlieferung nach wird derjenige, der hier einen Nagel einschlägt, von seinen Zahnschmerzen befreit – jeder Nagel hat somit eine schmerzvolle Geschichte zu erzählen. Dass es mit dieser Therapie jedoch nicht immer klappt, beweisen die wenige Meter nordwärts gelegenen, etwas primitiv anmutenden Zahn-„Kliniken“. Vielleicht sollte man es doch erst einmal mit dem Nägeleinhämmern versuchen ... Die Gegend um den Schrein heißt im Volksmund Bangemudha, Newari für „Verdrehtes Holz“.

Vorbei an den besagten Zahnarztpraxen führt die nordwärts verlaufende Straße nach ca. 200 m zur **Kathesimbhu-Stupa.** Sie ist durch eine kurze Passage von der Gasse aus zu erreichen. Die Stupa wurde um 1650 erbaut und stellt eine verkleinerte Version der Swayambhunath-Stupa dar. Errichtet wurde sie speziell für Gläubige, die das Original aus irgendeinem Grunde nicht besuchen konnten. Der die Stupa umgebende Hof beherbergt eine Reihe von Chaityas, wie auch einen Schrein der Göttin Hariti (die Göttin der Pocken) direkt hinter der Hauptstupa.

Wenige Meter weiter nördlich schließt sich der **Thahiti Tol** an, in dessen Mitte eine Stupa aus dem 15. Jh. mit gelben Gebetsmühlen zu sehen ist. Dahinter befindet sich ein **Nateshwar-Tempel,** der Shiva in seiner Eigenschaft als „Gott des Tanzes“ gewidmet ist. Passenderweise zeigen die am Tempel angebrachten Metallarbeiten Musiker mit diversen Instrumenten, die den Tänzer musikalisch begleiten.

Zahnklinik in der Nähe des „Zahnschmerz-Schreins“

Die Altstadt südlich des Durbar Square

Die Altstadtviertel südlich des Durbar Square sind bei weitem nicht so interessant wie die nördlich davon gelegenen, wer also nicht viel Zeit hat, könnte sich auf die nördliche Altstadt beschränken.

Blickt man vom Kashtamandap in südliche Richtung und nimmt die linke der zwei südwärts verlaufenden Straßen, passiert man eine Reihe von Tempeln. Zunächst erscheint links an einer Straßenkreuzung der **Atko-Narayan-Tempel,** einer der vier wichtigsten Vishnu-Tempel Kathmandus. Wenige Meter weiter südlich folgt ein weiterer Vishnu-Tempel, rechts gefolgt von einem **Hari-Shankar-Tempel.** Dieser ist sowohl Vishnu (Hari) als auch Shiva (Shankar) gewidmet.

An dieser Stelle zweigt rechts eine Straße ab und führt an ihrem Ende zum **Bhimsen-Tempel,** geweiht dem Gott der Händler („Bhimsen“ sprich mit langem im und langem e).

Geht man zurück zur ursprünglich eingeschlagenen nord-südlich verlaufenden Straße und dann weiter südwärts, erscheint bald ein Shiva-Tempel aus dem 17. Jh., der **Jaisi Deval,** der einige erotische Holzschnitzereien aufweist.

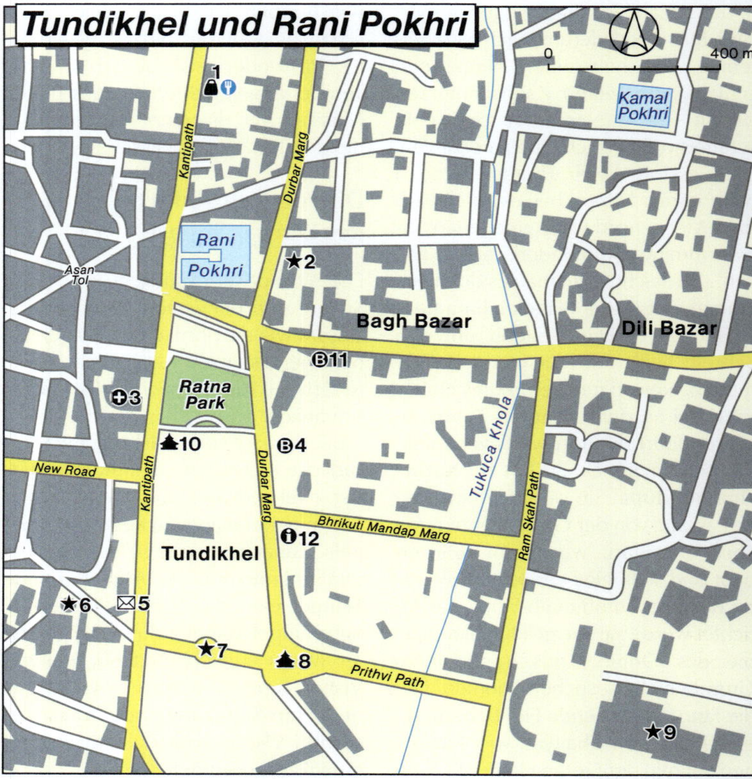

1 Delicatessen Centre
2 Uhrturm
3 Bir Hospital
4 City Bus Park
5 General Post Office
6 Bhimsen Tower
7 Martyrs' Memorial Gate
8 Bhadra-Kali-Tempel
9 Singha Durbar
10 Mahankal-Tempel
11 Busse nach Bhaktapur
12 Tourist Service Centre

Wenige Schritte davon entfernt ragt ein monumentaler **Shiva-Lingam** in die Höhe, das Fruchtbarkeitssymbol Shivas. Dieser steht in einer Yoni, dem Symbol des weiblichen Prinzips der göttlichen Allmacht. Bei den Ausmaßen des Lingam ist es nicht verwunderlich, wenn Gebete um Fruchtbarkeit hier besonders erfolgversprechend sein sollen! Während des Indra-Jatra-Festes, wenn die Kumari in Prozessionen durch die Stadt geführt wird, legt sie an dieser Stelle einen Halt ein, und auf der unmittelbar benachbarten Plattform werden Tänze aufgeführt.

Rund um Rani Pokhri

Der Rani Pokhri („Teich der Königin"), zwischen Kantipath und Durbar Marg gelegen, ist eine der markantesten Stellen Kathmandus, ein quadratischer, **künstlich angelegter Teich** mit einem weiß getünchten Shiva-Tempel in der Mitte. Der Teich, 1670 von *Pratap Malla* in Auftrag gegeben, sollte seine Frau über den Tod ihres Sohnes hinwegtrösten. Ob das gelang, ist nicht verbürgt – sicher ist, dass den Teich eine Aura von Tod umgab, von der sich mancher Selbstmörder fatal angezogen fühlte. Nachdem sich dort mehrere Menschen ertränkt hatten, wurde der Teich umzäunt, und der **Shiva-Tempel** ist heute nur noch aus der Ferne durch Gitterstäbe zu betrachten. Der heutige Tempel ist der Nachbau eines Tempels, der durch das Erdbeben von 1934 zerstört wurde und der seinerseits nur eine Kopie des ursprünglichen Tempels gewesen war.

Geht man vom Rani Pokhri den Kantipath in nördliche Richtung bis zum Hotel Paradise Plaza (rechts am Kantipath befindet sich das Delicatessen Centre) und biegt dort links ein, erreicht man nach ca. 100 m den eindrucksvollen **Chhusya Bahal,** eine der ältesten noch erhaltenen Klosteranlagen dieser Art im Kathmandu Valley. Das Gebäude wurde 1649 fertiggestellt, am letzten Arbeitstag wurde die Statue des Harihara Lokeshvara aufgestellt, eingeweiht wurde es von *Pratap Malla* jedoch erst 1667. Man beachte besonders die kunstvollen Holzschnitzereien! Über dem Eingang zeigt eine Torana Buddha bei seinen spirituellen Übungen.

Direkt neben dem Gebäude befindet sich der weniger gut erhaltene **Musya Bahal** aus dem Jahr 1663. Einige hundert Meter weiter nordöstlich, an der Ostseite des neuen Königspalastes, führen Stufen zu einem **Narayan-Tempel** von 1793. Dieser befindet sich in einem mit zahlreichen Stupas versehenen Innenhof und bezieht seinen Namen von dem dortigen Wassertank, dem **Narayan Hiti.** Dieser wird aus zwei Zuflüssen gespeist, die die Form von verzerrten Krokodilsgesichtern aufweisen. Der Legende nach waren die Krokodile Augenzeugen des Mordes an einem gewissen König *Dharmadeva* durch dessen Sohn. Der König hatte seinen Sohn selber zu der Tat angespornt, da er glaubte, durch seinen Opfertod eine unerklärliche Wasserknappheit beenden zu können.

An der Ostseite des Rani-Pokhri-Teiches steht der **Ghantaghar (2)** oder **„Uhrturm"** des Trichandra College.

Nebenan erhebt sich Kathmandus größte Moschee, die **Jama Masjid.** 2004 wurde sie von einem Mob von 4000 Menschen attackiert und zum Teil in Brand gesetzt; gleichzeitig wurden die Büros einiger Arbeitsvermittlungsagenturen zerstört. Der Grund: Zwölf nepalesische Arbeiter waren im Irak entführt und getötet worden.

Rund um den Tundikhel

Südlich des Rani Pokhri erstreckt sich der **Ratna Park,** der hauptsächlich von kleinen Händlern in Beschlag genommen ist, viele davon aus Indien. Es wird allerlei billige Kleidung und Kleinkram verkauft.

Unmittelbar südlich schließt sich der weitläufige **Tundikhel** an, ein militärischer Exerzierplatz, der aber inoffiziell öfter als Cricket- oder Fußballfeld benutzt wird. Die Reiterfiguren am Rand und an den Ecken des Platzes stellen nepalesische Kriegshelden dar. Gemäß Legende ist der Tundikhel der Lieblingsplatz des Riesen Guru Mapa, dem hier zum Ghore-Jatra-Fest ein Büffel sowie 3,5 kg Reis geopfert werden.

An der Westseite des Tundikhel, dort, wo die New Road in den Kantipath einmündet, steht der **Mahankal-Tempel,** der Shiva in seiner furchterregenden Form als der „Große Tod" (= *Mahankal*) geweiht ist. „Kalo" bedeutet auf Nepali „schwarz", und Schwarz ist die Farbe der Mahankal-Figur im Tempelinneren.

Weiter südlich, nahe dem General Post Office (G.P.O.), erhebt sich weithin sichtbar der minaretthafte, ca. 60 m hohe **Bhimsen Tower,** auch Bhimsen Stambha oder Dharahara genannt. Diesen ließ 1825 der Premierminister *Bhimsen Thapa* als Wachturm errichten. **Bhimsen Thapa** (1775–1839) ist einer der Volkshelden Nepals. Zuerst war er ein herausragender Soldat, dann diente er 31 Jahre lang als Premierminister unter sechs verschiedenen Königen. Ursprünglich waren an dieser Stelle zwei Türme gebaut worden, einer fiel jedoch 1832 in sich zusammen. Einer Legende nach sprang einst Premierminister *Jung Bahadur Rana,* ein Enkel *Bhimsen Thapas,* auf Geheiß des Königs samt seinem Pferd vom Turm, wobei nur das Pferd den Tod fand – der Premierminister hatte sich zuvor angeblich einen großen Schirm besorgt, mit dem er heruntersegelte!

An der Südseite des Tundikhel überspannt das **Martyrs' Memorial Gate** oder **Shahid Gate** die Straße (*shahid* = „Märtyrer"). Der Torbogen erinnert an die im Kampf gegen die Rana-Herrschaft Gefallenen. An ihm befinden sich vier Büsten von Kämpfern, die 1940 umgekommen sind, und in der Mitte steht eine Statue von König *Tribhuvan,* der als Vater des modernen Nepal gilt.

Etwas östlich des Tores befindet sich auf einer Art Verkehrsinsel der **Bhadra-Kali-Tempel** und zieht tagtäglich unzählige Gläubige in seinen Bann. Der Überlieferung nach verwandelte die dem Tempel innewohnende Gottheit Kali einst das Brot eines Geschäftsmannes in Gold. Darauf spielt auch die Newari-Bezeichnung der Göttin, Lumari Devi, an: *Lu* bedeutet in Newari „Gold", *Mari* bedeutet „Brot", *Devi* „Göttin".

Einige hundert Meter südöstlich des Tundikhel findet man den kolossalen **Singha Durbar,** einen ehemaligen Rana-Palast, der 1901 in nur elf Monaten Bauzeit fertiggestellt worden war. Dieser umfasste 17 Innenhöfe, hatte über 1700 Räume und galt als die größte

Privatresidenz Nepals. 1973 wurde ein Großteil des Komplexes durch ein ungeklärtes Feuer zerstört, nur die Vorderseite blieb unbeschadet. Danach wurde das Gebäude wieder restauriert, und heute sind hier das Amt des Premierministers, einige andere Ministerien, die Börse und auch Radio Nepal untergebracht.

Am Bagmati-Fluss

Eine Reihe von interessanten, aber nur wenig besuchten Tempeln findet sich am Ufer des Bagmati westlich der **Patan Bridge.** Von der Brücke führt eine Art Uferpromenade (die Bezeichnung sollte keine überhöhten Erwartungen entstehen lassen) in Richtung Westen. Leider hat sich hier in den letzten Jahren ein Slum gebildet, dessen Bewohner – Inder aus Rajasthan und Bihar – aus Mangel an Toiletten unangenehme Spuren auf dem Gelände hinterlassen. Einige der Slumbewohner stellen handwerkliche Gegenstände her, die sie an Geschäfte veräußern.

In der Nähe des Slums steht der eigenwillig gebaute **Kalmochan-Tempel,** dessen Bau wahrscheinlich 1852 begonnen, aber erst 1873 unter *Jung Bahadur Rana* vollendet wurde. Der Tempel fällt durch seine typische Moghul-Architektur aus dem Rahmen, wie sie sonst nur bei islamischen Bauwerken zu finden ist. Der Bau weist eine zwiebelförmige Kuppel auf, die auf einem quadratischen Sockel sitzt. Die vier Ecken des Gebäudes werden von metallenen Fabelwesen bewacht, die ursprünglich an einem Vishnu-Tempel am Tundikhel gestanden hatten. Etwas mysteriös ist allerdings die Vorgeschichte des Tempels. Offiziell ist er Jagannath geweiht und dient dem Gedenken an die Kriege gegen Britisch-Indien und Tibet. Der Name Kalmochan aber (*kal* = „Tod“) impliziert Totenrituale um eine oder mehrere verstorbene Personen. Gerüchten zufolge befindet sich unter dem Tempel ein Massengrab, in dem die Opfer des von *Jung Bahadur Rana* angerichteten Kot-Massakers (siehe im Kapitel „Geschichte“), allesamt Adlige, ihre letzte

ktm008 Foto: rk

Mittelpunkt merkantiler Aktivität: das Tilang Ghar, das erste Haus mit Glasfenstern

Ruhe gefunden haben. Durch das Massaker hatte der *Rana* die Macht an sich reißen können. Heute sitzt seine Figur hoch auf einer Steinsäule und blickt in Richtung Tempel.

Folgt man der Uferpromenade weiter in Richtung Westen, so führt eine rechts davon abzweigende Gasse zum **Tripureshwar Mahadev** (auch Tripura-Sundari-Tempel). Dieser Tempel wurde 1818 auf Wunsch von Königin *Tripura Sundari,* der Frau von *Jung Bahadur Rana,* gebaut. Er wurde ihrem Gatten zu Ehren errichtet, sollte aber auch gleichzeitig das religiöse Verdienst der Königin mehren helfen. Sicherheitshalber ließ sie eine Statue ihrer selbst für die Nachwelt installieren, die dort heute noch, von einem Schirm beschattet, zu finden ist.

Etwa 1 km weiter westlich führt der Uferweg zum **Tin-Deval-Tempel** und zum **Panchali Bhairav,** einem Shiva-Schrein.

Sehenswertes am Stadtrand

Swayambhunath

Die **Stupa** von Swayambhunath, etwa 2 km westlich von Kathmandu auf einem Hügel gelegen, ist Bestandteil des UNESCO-Weltkulturerbes und beinahe so etwas wie ein **Wahrzeichen der Stadt.** Die markante Stupa ist auf Abertausenden von Fotos zu sehen.

Swayambhunath ist einer der heiligsten Orte des Kathmandu-Tales, einer, der allerdings auch von einer unheiligen Herde **Affen** bevölkert wird. Diese haben ihm auch den Namen „Monkey Temple" eingetragen. Vorsicht: Wer etwas in der Hand hält, das im Entferntesten nach Essen aussieht, wird möglicherweise Opfer eines Überfalls: Die Affen reißen einem das vermeintliche Futter allzu gerne aus den Händen, um dann irgendwo auf dem hügeligen Gelände unterzutauchen und die Beute zu inspizieren.

Um den Swayambhunath-Hügel ranken sich – wie um so vieles in Nepal – zahlreiche **Mythen und Legenden.** In grauer Vorzeit, genauer gesagt im Satya Yuga, dem „Zeitalter der Wahrheit", hatte sich der Vipassawi Buddha auf dem Berg von Nagarjun niedergelassen. Am Vollmondtag im Monat Chaitra (März/April) warf er einen Lotussamen in das vor ihm liegende Tal, das zu jener Zeit noch ein See war, und aus dem nur einige Berggipfel herausragten. Der Same trieb bald Wurzeln aus, die sich bei Guhyeshvari in die Erde bohrten. Die daraus entstandene Lotusblüte aber trieb auf dem See, und von ihr ging ein blaues, überirdisches Licht aus, das weithin sichtbar war. Nachdem der Sikhi Buddha von dem mysteriösen Licht gehört hatte, begab er sich auf einen Berggipfel in der Nähe und meditierte so lange auf das Licht, bis er mit ihm eins geworden war.

Ein Zeitalter später, im Treta Yuga, reiste der Boddhisattva Manujshri aus China an und beobachtete von einem Hügel bei Bhaktapur drei Nächte lang das Licht von Swayambhunath. Dabei kam ihm in den Sinn, das Wasser, auf dem der Lotus schwamm, abfließen zu lassen. Er machte sich zum Südufer des Sees auf, durchschnitt mit seinem Schwert die Berge, und das Wasser strömte heraus. So entstand die Schlucht von Chobar, durch die heute der Bagmati fließt. Der Lotus aber ließ sich auf einem Hügel nieder, dem heutigen Swayambhunath-Hügel. Der Lotus wurde von nun an als Sinnbild des „Selbstgeborenen Buddha" verehrt (*swayam* = „selbst", *bhu* = „geschaffen", *nath* = „Gott"). Um ihn zu schützen, wurde eine Stupa darüber errichtet – die Stupa von Swayambhunath war entstanden.

Wahrscheinlich hatten sich schon im 5. Jh. Tempelbauten an dieser Stelle befunden, die von König *Manadeva* in Auftrag gegeben worden waren. Die ältesten noch vorhandenen Inschriften stammen aus dem Jahr 1129, dennoch gilt als sicher, dass sich hier schon lange zuvor ein Heiligtum befunden hat. Mitte des 14. Jh. wurde die Anlage von einfallenden Moslems zerstört. Die heutigen Bauten stammen größtenteils aus der Zeit danach.

Der beste Weg, Swayambhunath zu besteigen, ist die **große Treppe an seiner Ostseite** – auch wenn es einen bequemeren Zugang an der Südseite gibt, der per Fahrzeug erreicht werden kann. Der Beginn der Treppe ist selber eine kleine Sehenswürdigkeit. Links vor der Treppe, an der Straße, die links herum direkt zur Stupa führt, befindet sich eine Gompa mit einer mehr als mannshohen Gebetsmühle. Vor den Stufen selber stehen drei rotgelbe Figuren von sitzenden Buddhas, die den Weg weisen. Dazwischen führen die insgesamt 365 Stufen steil nach oben. Vorsicht, bei nasser Witterung besteht Rutschgefahr.

Das Ende der Treppe wird von einem ca. 1,5 m hohen Vajra oder „Donnerkeil" markiert, Symbol der spirituellen Kraft. Der **Vajra** (auf Tibetanisch *dorje*) ruht auf einem Mandala, an dessen Seiten die Symbole des tibetischen Kalenders angebracht sind.

Unmittelbar dahinter befindet sich die heilige Stupa, aus der oben durch eine Öffnung immer noch das mystische Licht erstrahlen soll. Die Basis des Gebildes ist der **Meghi** oder Sockel. Dieser wird auch als **Garbha** („Mutterleib") oder **Andha** („Ei") bezeichnet und besteht innen aus aufgeschütteter Erde und Geröll, bedeckt mit einer Schicht aus Ziegelsteinen, die mit Gips verputzt ist. Zu bestimmten Festtagen wird die Kuppel so geschickt mit Ockerfarbe bespritzt, dass dabei Muster entstehen, die einer Lotusblume ähneln. Die Kosten dafür werden von Gläubigen übernommen, die sich dadurch eine günstiges Schicksal in der Nachwelt versprechen

Aus der Mitte der Kuppel ragt oben ein kastenförmiger quadratischer Aufbau heraus, der **Harmika,** an dessen vier Seiten die allsehenden Augen des Buddha aufgemalt sind. Diese Augen sind ein beliebtes Fotomotiv. Auf der Stirn zwischen den Augen befindet sich das mystische „Dritte Auge", das Sinnbild spiritueller Erkenntnis. Die „Nase" wird durch die einem Fragezeichen ähnliche nepalesische Ziffer „1"

ktm009 Foto: ms

dargestellt, ein Symbol für die Einheit des Buddha mit dem Universum.

Über dem Harmika läuft ein goldener **Turm** in 13 nach oben kleiner werdenden Stufen zu einer Spitze zusammen, Symbole des spirituellen Fortschritts. Als „Krone" ist ihnen ein opulenter Schirm aufgesetzt, ein Sinnbild des höchsten religiösen Zieles, des Nirvana.

Um die Stupa herum sind Nischen mit den fünf **Dhyani-Buddhas** („Meditierende Buddhas") und ihren jeweiligen Reittieren angebracht: der Amogasiddhi auf dem Garuda (Nordseite), der Akshobhya auf seinem Elefanten (Ostseite), der Ratnasambhava auf einem Pferd (Südseite), der Amitabha auf einem Pfau (Westseite) sowie der Vairocana auf seinem Löwen (nahe dem Akshobhya). Die Dhyani-Buddhas repräsentieren die unterschiedlichen Eigenschaften oder Aspekte, die einem Erleuchteten zugeschrieben werden.

Zwischen den Buddhas befinden sich außerdem Nischen mit vier ihnen zugeordneten weiblichen Aspekten, den **Buddhashaktis.** Rings um die Stupa, zwischen den einzelnen Buddha-Nischen, sind Reihen von **Gebetsmühlen** errichtet, die von den Gläubigen beim Umrunden der Stupa (immer im Uhrzeigersinn!) gedreht werden. Die Mühlen sind mit der tibetischen Inschrift „Om Mani Padme Hum" versehen, „Ehre sei Dir, Du Juwel in der Lotusblüte" – das ist die heiligste buddhistische Gebetsformel. Das Drehen der Gebetsmühlen ist eine Art Ersatz für das langwierige, sich immer wiederholende Aufsagen der Gebetsformel.

Die Stupa umgibt eine Vielzahl von Gebäuden, Schreinen und Chaityas. Vier der **Schreine** sind den vier Elementen geweiht, Erde, Wasser, Feuer und Luft. Ein anderer, an der Nordostseite der Stupa, ist Hariti oder Ajima gewidmet, der Göttin der Pocken. Mütter bringen ihre Kinder hierher, um sie von der Göttin gegen Pocken und andere ansteckende Krankheiten immunisieren zu lassen.

An der äußersten Nordseite steht ein recht unauffälliges Gebäude, das **Shantipur Building,** das aller Schlichtheit zum Trotz eine interessante Geschichte zu erzählen hat: Nachdem König *Gunakamadeva* die Götter einst durch Inzest erzürnt hatte, war eine verheerende Dürre mit nachfolgender Hungersnot über das Land hereingebrochen. Mit Hilfe des Weisen *Shantikar,* der in besagtem Gebäude lebte, versuchte der König, die Elemente zu besänftigen. *Shantikar* gelang es, die Herrschaft über neun Nags oder Schlangengötter zu gewinnen. Er brachte sie dazu, dem König zu huldigen, und aus ihrem eigenen Blut bildeten sie ihre Ebenbilder, die der König von nun an bei Dürre anrufen sollte. Noch bis in die jüngere Vergangenheit sollen sich die nepalesischen Könige bei drohender Dürre zum Tempel begeben haben, um die neun Schlangengötter anzurufen. Ob das aus festem Glauben an den Wert des Zeremoniells oder als reines Zugeständnis an die Tradition geschah, sei dahingestellt.

Der Eintritt zur Stupa kostet 100 Rs. Vielen Besuchern sagt die Swayambhunath-Stupa mehr zu als die größere Stupa von Bodhnath, da sie kompakter ist und das Umfeld etwas ländlicher. Von einer Stelle neben der Stupa bieten sich sehr gute Ausblicke auf Kathmandu.

Swayambhunath – einer der heiligsten buddhistischen Orte in Kathmandu

National Museum & Natural History Museum

Nahe der Stupa befindet sich der aus drei Gebäuden bestehende Komplex des National Museum & Natural History Museum **(Chhauni Museum)** mit interessanten Ausstellungsstücken zur nepalesischen Geschichte, zu Flora und Fauna des Landes und vielen Kunstobjekten. Der Gebäudekomplex stammt aus dem 18. Jh. und war die Residenz des Premierministers *Bhimsen Thapa.*

Unter den Austellungsstücken sind vier wertvolle Buddha-Figuren aus dem 9. bis 14. Jh., die gestohlen worden waren und von einem anonymen Sammler in den USA zurückgegeben wurden. Heute sind sie in der **buddhistischen Kunstgalerie,** die Teil des National Museum ist, zu sehen. Dazu sind alte Gemälde und andere eindrucksvolle Kunstgegenstände zu bewundern, und sogar altes Kriegsgerät, Gewehre, Kanonen u.v.m.

Im Natural History Museum sind **14.000 Tiere** ausgestellt, von Schmetterlingen bis zu Fischen, Vögeln und sogar einem ausgestopften Nashorn-Baby. Der Besuch in dem Komplex lohnt - wenn man nur ein einziges Museum in Nepal besucht, so ist dies der richtige Ort.

Die Museumsanlage befindet sich an der Chhauni Museum Road im Bereich von Manjushri Bazar, Tel. 01-4271478. Aus Kathmandu-Mitte kommend, passiert man den Komplex in der Regel schon bevor man zur Stupa gelangt. Geöffnet Mo bis Fr 10.30–16.30 Uhr, Fr nur bis 15.30 Uhr, an Feiertagen geschlossen. Im Winter (ca. Mitte November bis Anfang Februar) Schließung jeweils eine Stunde früher. Eintritt 10 Rs.

Chabahil

Etwa 4,5 km östlich der Innenstadt von Kathmandu, auf dem Weg zur Bodhnath-Stupa (s.u.), steht die **relativ kleine Stupa** von Chabahil (14 m Durchmesser). Chabahil war einst ein eigenes Dorf, inzwischen ist es schon lange vom stetig wachsenden Kathmandu geschluckt. Wie bei Bodhnath, so gibt es auch hier keine gesicherten Erkenntnisse über die Ursprünge der Stupa. Einer Legende nach wurde sie im 3. Jh. v.Chr. vom indischen König *Ashoka* und seiner Tochter *Charumati* in Auftrag gegeben. Mit Sicherheit ist sie älter als die Stupa von Bodhnath, die Chaityas um sie herum stammen aus der Licchavi-Periode (5. bis 8. Jh.). In einem Gebäude an der Nordseite der Stupa befindet sich die **Figur eines sitzenden Buddhas** mit einer Öffnung darunter. Der Überlieferung nach kann nur derjenige durch die Öffnung kriechen, der nie lügt.

Bodhnath

Die Stupa von Bodhnath, 6 km nordöstlich des Zentrums von Kathmandu, ist **neben Swayambhunath das wichtigste buddhistische Heiligtum Nepals.** Mit einem Durchmesser von 40 m ist sie zudem eines der größten buddhistischen Bauwerke der Welt. Die Hintergründe und Daten ihrer Entstehung sind umstritten. Möglicherweise stammt sie aus dem 7. Jh., aber wie so oft in Nepal vermischen sich hier Fakten und Legenden zu einem undurchdringlichen Mysterium.

Gemäß einer dieser Legenden wurde die Stupa von einem Mädchen namens **Kangma** gebaut, die einst als überirdisches Wesen existiert hatte, als Strafe für den Diebstahl von Blumen in Indras Himmel jedoch als Tochter eines Schweinehirten wiedergeboren worden war. Als sie herangewachsen war, heiratete sie, bekam vier Kinder und wurde alsbald Witwe. Auf sich allein gestellt, verdiente sie ihren Lebensunterhalt als Gänsehirtin und hatte nach geraumer Zeit ein solides kleines Vermögen angehäuft. Im Laufe der

Bodhnath-Stupa mit Buddhas allsehenden Augen

Zeit wurde sie immer mehr von dem frommen Wunsch erfüllt, dem Amitabha-Buddha ein Heiligtum zu errichten. Zur Unterstützung ihres Vorhabens bat sie den König, ihr nur so viel Land zur Verfügung zu stellen, wie ein einziges Büffelfell umspannen konnte. Der König sagte zu. Die Frau nahm ein Büffelfell, schnitt es in hauchdünne schmale Streifen und nähte sie aneinander. Damit umspannte sie ein riesiges Areal, das ihr der König trotz der Anfeindungen neidischer Mitbürger gewährte. Die Gänsehirtin begann mit dem Bau der Stupa, der nach ihrem Tod von ihren Söhnen fortgesetzt wurde. Diese ließen auch Teile der sterblichen Überreste des Kashyapa-Buddha in die Stupa einmauern.

So weit die Legende. Verbürgt ist, dass an dem Gelände der Stupa schon vor Jahrhunderten ein **Handelsweg** nach Tibet vorbeiführte. Wahrscheinlich nutzten die Reisenden die Stupa

ktm098 Foto: ms

zu einem letzten Gebet, das sie gegen Gefahren auf der langen Reise absichern sollte. Die Stupa in ihrer heutigen Form ist denn auch nicht der ursprüngliche Bau, sondern sie stammt wahrscheinlich aus dem 14. Jh. Der Originalbau war durch marodierende Moslems zerstört worden.

Der Besucher von heute ist durch das immense Ausmaß der Stupa überwältigt, und wer sie wie ein tibetischer Pilger im Uhrzeigersinn umkreist, wird einige Minuten dazu benötigen. Der **Grundriss** der Stupa ist einem tibetischen Mandala nachempfunden, mit einem vierstufigen Sockel, in dessen Mitte sich die glockenförmige Kuppel erhebt. Auf dieser baut sich ein quadratischer **Turm** auf, der sich in 13 Stufen nach oben hin verjüngt und an seiner Spitze mit einem „krönenden" Schirm abgeschlossen wird. Wie bei der Stupa von Swayambhunath symbolisieren die 13 Stufen die 13 Stadien spiritueller Erkenntnis, und der Schirm gilt als Sinnbild der Erleuchtung. Von den Seiten des Turmes überblicken die Augen des Buddha das Geschehen, wieder mit einem zusätzlichen „Dritten Auge" versehen und der nepalesischen Ziffer „1" als „Nase" (vgl. Swayambhunath).

Um die Basis der Stupa befinden sich **108 kleine Statuen des Amitabha-Buddha,** entlang des Wandelganges um die Stupa sind **Hunderte von Gebetsmühlen** angebracht (108 ist eine heilige Zahl in Hinduismus und Buddhismus; sie setzt sich zusammen aus den sieben Planeten, plus 2 für die zwei Mondphasen, multipliziert mit 12 für die zwölf Tierkreiszeichen). An der Nordseite der Stupa steht ein Schrein, der Hariti oder Ajima geweiht ist, der Göttin der Pocken.

In unmittelbarer Umgebung befinden sich einige **Gompas** oder Klostergebäude, die von Mönchen bewohnt und zu Gebetssitzungen genutzt werden. Die Gompas sind zum Teil mit eindrucksvollen Wandgemälden und Thangkas geschmückt. In der Cinya Lama Gompa nördlich der Stupa hat der **Cinya Lama,** das dritthöchste spirituelle Oberhaupt der Tibeter nach dem Dalai Lama und dem Panchen Lama, seinen Wohnsitz.

Da Bodhnath vor allem von tibetischen Buddhisten verehrt wird, hat sich um das Heiligtum eine **tibetische Siedlung** gebildet, die das Gelände um die Stupa kreisförmig umschließt. Neben Wohnhäusern gibt es hier zahlreiche Geschäfte, die tibetische Souvenirs anbieten, sowie einige einfache tibetische Restaurants. Hier wird unter anderem Chang (Reisbier) und Tongba (Hirsebier) angeboten. Letzteres wird in einem Bambusrohr mit Strohhalm serviert.

Aus vielen Geschäften dringt der Klang des **buddhistischen Mantras „Om Mane Pade Hum",** das von einer CD abgespielt wird. Die CD läuft praktisch ununterbrochen und ist in jedem Winkel des Tempelkomplexes zu hören. Der hypnotische Klang des Mantras verstärkt die spirituelle Atmosphäre an der Stupa noch, und so mancher Besucher ist in seinen Bann geschlagen und legt sich die CD mit dem Mantra zu. Die CD heißt „Incantations – The Meditative Sound of Buddhist Chants" und ist an der Stupa oder in CD-Läden in der Innenstadt für ca. 50 Rs. erhältlich.

Der Eintritt zur Stupa kostet 100 Rs., aber oft kann man einfach am Kassenhaus vorbeigehen und niemanden schert es. Infos für Besucher beim Boudha Area Preservation & Development Committee, Tel. 01-4471368.

Pashupatinath

Der faszinierende Pashupatinath-Tempelkomplex liegt ca. 5 km östlich der Innenstadt Kathmandus **am Bagmati-Fluss** und in unmittelbarer Nähe des Tribhuvan Airport.

Pashupatinath ist Nepals **wichtigstes hinduistisches Heiligtum** und der Zielort vieler Pilger und Sadhus. Letztere sind oft furchterregend dreinschauende Asketen, die sich wie ihr Vorbild Shiva die langen Haare zu einem Berg auf dem Kopf auftürmen und zur Vertiefung ihrer Meditation Ganja und Haschisch rauchen, so wie Shiva einen ganzen Berg Ganja geraucht haben soll. Ein Großteil der Sadhus, aber auch der Laienpilger stammt aus Indien, einige sogar aus dem tiefen Süden.

Gegenüber dem Surya Ghat befindet sich der Heimatsitz des bekannten **Sadhu Dugdhadhiri Baba,** auch „Milk Baba" genannt – angeblich ernährt er sich von nichts anderem als Milch. Seine kleine Steinhütte, gelegen auf einer Anhöhe über der Ufer-„Promenade", ist im Inneren mit Dutzenden von Götterbildern geschmückt. Der „Milch-Baba" hat viele westliche Anhänger und ist oft in Europa. Im Juni 2008 versammelte sich eine aufgebrachte Menschenmenge um die Hütte: Ein 30-jähriger nepalesischer Sadhu – vermeintlich ein Schüler des Milch-Baba – hatte ein sechsjähriges Mädchen darin eingeschlossen und versucht, es zu vergewaltigen. Die Menschenmenge befreite das Mädchen und schlug den „Heiligen" krankenhausreif, bevor sie ihn der Polizei übergab – ein gutes Beispiel von „Instant Karma".

Wie bei allen Hindu-Tempeln in Nepal ist auch hier Nicht-Hindus der Zutritt zum Allerheiligsten verwehrt. Das umliegende Gelände bietet aber so **viel Sehenswertes** und so viel atmosphärische Dichte, dass ein Besuch in jedem Fall lohnt. Wäre man Kathmandu-Besucher im Schnelldurchgang und könnte nur eine einzige Sehenswürdigkeit besuchen, so sollte es dieser Ort sein.

Der Pashupatinath-Tempel ist Shiva in seiner Form als **„Herr der Tiere"** geweiht (*pashu* = „Vieh, *pati* = „Herr", *nath* = „Gott"). Gemäß hinduistischer Überlieferung soll Shiva/Pashupatinath die Tiere geschaffen haben, indem er ihre typische Pose einnahm.

Das Haupttheiligtum des Tempels ist ein riesiger **Shiva-Lingam,** das Fruchtbarkeitssymbol Shivas, der aus einer Yoni ragt, dem Symbol für das weibliche Prinzip. Der Lingam weist an seinen vier Seiten jeweils einen Shiva-Kopf auf, und dieser Pashupatinath-Lingam ist es auch, den man in verkleinerter Form bei den Souvenir-Händlern findet.

Die Rudraksha-Mala – Gebetshilfe und Allheilmittel

Indische Pilger, die den Pashupatinath-Tempel besuchen, müssen ihren Daheimgebliebenen oft ein besonders begehrtes Andenken von dort mitbringen: eine Rudraksha-Mala, d.h. eine **Kette aus Rudraksha, dem Samenkern des Elaecarpus-Baumes.** Rudrakshas gelten als eine Manifestation Shivas, deren Berührung alleine alle Sünden hinwegwaschen kann. Rudraksha bedeutet übersetzt etwa „Auge des Rudra", wobei Rudra ein anderer Name für Shiva ist.

Rudrakshas sind in der Regel kugelrund, mittel- bis dunkelbraun, haben einen Durchmesser von 1 bis 2 cm und sind von einer Anzahl von Furchen durchzogen. Meistens werden sie in Ketten zu 108 Rudrakshas aneinandergereiht, da diese Zahl den Hindus als glückverheißend gilt. Die Ketten werden zum Teil als **Japamala** benutzt, als „Kette zum Aufsagen von Mantras". Dabei wird bei jedem neuerlichen Rezitieren des Mantras mit den Fingern eine Rudraksha weitergezählt, bis nach 108 Rezitationen das Ende der Kette erreicht und ein Gebetszyklus beendet ist.

Rudraksha-Ketten werden vor allem von **Sadhus** getragen, die in den allermeisten Fällen Anhänger von Shiva sind. Gelegentlich tragen Gläubige ein oder zwei Rudrakshas an einem Zwirnsfaden um den Hals, die ihnen von weisen Männern gegeben wurden und irgendeinen metaphysischen Zweck erfüllen sollen.

Gemäß der **Ayurveda,** der traditionellen indischen Heilkunde, haben die Rudrakshas aber auch einen **therapeutischen Wert.** Dieser hängt weitgehend davon ab, wie viele Furchen der Samenkern aufweist. Diese Furchen werden fachmännisch als *Mukh* oder „Gesichter" bezeichnet. Rudrakshas, die zehn Furchen aufweisen, sollen – mit Milch zu einer Paste verarbeitet – chronischen Husten kurieren. Rudrakshas mit vier Furchen werden in Milch gekocht und heilen dann angeblich „alle Gehirnerkrankungen". Allein schon das Tragen einer Rudraksha-Kette soll hohen Blutdruck verhindern.

Andere Teile der insgesamt 300 Varianten des Elaecarpus-Baumes werden bei Fieber, Malaria, Epilepsie, Rheuma, Lepra, Geschwüren, Lungenentzündung, Hämorrhoiden, Durchfall, Ruhr und weiteren Krankheiten verwendet. Die hohe Achtung, die der Baum genießt, hat also nicht nur spirituelle Gründe.

Rudrakshas können aber auch Seltenheitswert besitzen, etwa so wie ein vierblättriges Kleeblatt. Der **Wert von Rudrakshas** hängt ausschließlich von der Anzahl ihrer „Gesichter" ab, also ihrer Furchen. Je weniger Furchen, desto wertvoller sind sie. Die Rudrakshas mit den meisten Furchen, die bisher gefunden wurden, hatten 32. Rudrakshas mit fünf Furchen sind noch relativ häufig, darunter jedoch beginnt die Edelklasse. Hat eine Rudraksha nur zwei „Gesichter", wird sie als **Gauri Shankar** bezeichnet, wobei die beiden Hälften Parvati (Gauri) und Shiva (Shankar) repräsentieren. Am seltensten und somit wertvollsten sind jedoch die Exemplare mit nur einem „Gesicht". Diese kosten Abertausende von Rupien, denn sie gelten als Befreier von allen Sünden und als Garant für Glück und Wohlstand. Lakshmi, die Göttin des Reichtums, lächelt demjenigen zu, der eine einfurchige Rudraksha sein Eigen nennt. Der ehemalige König *Birendra* soll eine ganze Sammlung davon besessen haben – dennoch blieb im nicht das Schicksal erspart, von seinem eigenen Sohn ermordet zu werden (siehe „Geschichte").

Der Pashupatinath-Tempel

ktm011 Foto: rk

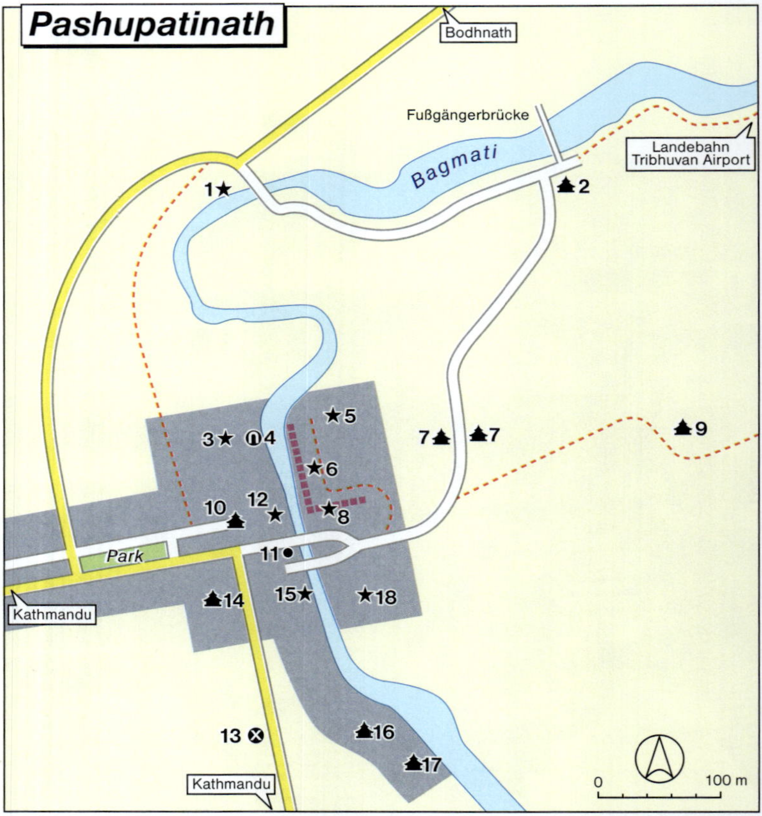

★ 1 Hanuman-Statue
▲ 2 Guhyeshvari-Tempel
★ 3 Aussichtspunkt
4 Einsiedler-Höhlen
★ 5 Shiva-Lingam
★ 6 Aussichtspunkt
▲ 7 Gorakhnath-Tempel
★ 8 Chaityas
▲ 9 Vishvarup-Tempel
▲ 10 Pashupatinath-Tempel
● 11 Kassenhaus
★ 12 Ghat für königliche Kremationen
13 Taxis/Busse
▲ 14 Pancha-Deval-Tempel
★ 15 Kremations-Ghat
▲ 16 Bacchareshvari-Tempel
▲ 17 Ram-Tempel
★ 18 Dugdhadhiri Baba ("Milk Baba")

Da Nicht-Hindus den Original-Lingam nicht sehen können, empfiehlt sich ein Besuch im **Pancha Deval,** einem großen quadratischen Gebäude an der Südostseite des Tempelkomplexes. Es dient als ein (aus Spenden finanziertes) Behindertenheim und weist in seinem Innenhof (Ostseite) eine exakte, wenn auch stark verkleinerte Kopie des Pashupatinath-Lingam auf. Der Sinn dieser Kopie liegt darin, dass das Original nicht berührt werden darf. Hierher kommen Gläubige, um den Lingam mit Blumen und buntem Pulver zu bestreuen und ihn kurz zu berühren.

Das Tempelgebäude um den Original-Lingam stammt aus dem Jahr 1696 und wurde unter *Birpalendra Malla* errichtet, auch wenn sich hier schon lange vorher ein Heiligtum befunden haben muss. Der **Tempel** ist durch vier Tore zugänglich (nur für Hindus), die sich jeweils an einer Seite befinden. An den Toren blickt je ein Nandi-Bulle, das Reittier Shivas, in Richtung des Lingam. Am Westtor, dem Hauptzugang, steht ein riesiger goldener Bulle, von dem der von außen schauende Nicht-Hindu jedoch nur das imposante Hinterteil und Teile der Genitalien zu Gesicht bekommt. Wie an den anderen Zugängen, so steht auch hier ein Polizist Wache, das Gewehr bei Fuß.

Die im Tempel „arbeitenden" **Priester** stammten bis vor kurzem traditionsgemäß aus der heiligen Stadt Sringeri im südindischen Bundesstaat Karnataka. König *Pratap Malla* hatte diese Tradition im 17. Jh. eingeführt. In den letzten Jahren wurden die Priester allerdings bezichtigt, Spendengelder in die eigene Tasche gewirtschaftet und damit Hotels in ihrer Heimatstadt eröffnet zu haben. Im Dezember 2008 setzte sich die maoistische Regierung über die Tradition hinweg, entließ die Inder und stellte nepalesische Priester ein. Die Entscheidung verärgerte viele orthodoxe Hindus – in Nepal ebenso wie in Indien – und es kam zu erbitterten Protesten, die nur durch ein massives Polizeiaufgebot im Zaum gehalten werden konnten. Im Januar 2009 wurden die indischen Priester wieder eingestellt.

Vor den Türen zum Tempel werden von einigen Gläubigen **Lakhbatti** verbrannt (wörtl. „Hunderttausend Lichter"). Diese sind so etwas wie Zwirnsrollen, die jeweils 1000 Windungen aufweisen, und 100 dieser Rollen ergeben ein Lakhbatti, also ein Licht aus 100.000 Windungen. Die Lakhbatti werden dann mit geklärter Butter *(ghi)* übergossen und vor den Zugängen abgebrannt. Die Anzahl von Lakhbatti, die man verbrennen lässt, hängt einerseits davon ab, wie viel religiösen Verdienst man sich erhofft, andererseits auch vom Geldbeutel – ein Lakhbatti kostet immerhin ca. 2000 Rs. Die in Pashupati benutzten Lakhbatti werden zum Teil von den Behinderten im Pancha Deval hergestellt.

Außer dem Hauptheiligtum sind die meisten **anderen Teile des Tempelkomplexes** für Nicht-Hindus zugänglich. Die Gasse an der Westseite des Haupttempels war bis vor einigen Jahren voll von Souvenirläden, Verkaufsständen und Bettlern; heute ist das

ktm012 Foto: rk

Gelände von all dem „bereinigt“ und wirkt sehr aufgeräumt. Nahebei befindet sich ein nach der Sanierung des Geländes eingerichteter kleiner Park.

An der Nordseite der Souvenirhändler-Gasse, wenige Meter vom Haupttor des Tempels entfernt, führt eine Treppe hinauf auf einen **Hügel,** der oben zu einer Plattform abgeflacht ist. Von hier ergibt sich ein guter Ausblick auf den Tempelkomplex.

An der Südostseite des Tempel-Hauptgebäudes überspannen **zwei kleine Brücken** den schmalen Bagmati-Fluss. Von der Anhöhe am anderen Ufer, dem Ostufer, hat man freien Blick auf das Hauptgebäude mit dem Pashupati-Lingam. Die Ufertreppen unterhalb des Gebäudes heißen **Arya Ghat** („Ufer der Adligen“); hier werden die verstorbenen Verwandten der Königsfamilie kremiert. Dazu pflanzt sich am anderen Ufer ein Ehrenbataillon der Armee auf. Das Arya Ghat ist für Nicht-Hindus unzugänglich, von den Brücken oder dem Ostufer des Flusses hat man freie Sicht darauf.

Wenige Meter südlich der Brücken befindet sich das **Surya Ghat** („Ufer der Sonne“), wo auf speziellen Plattformen die gewöhnlichen Sterblichen nach ihrem Tode verbrannt werden. Das ganze Ritual geht meist sehr formlos vor sich, der Tote wird im Eiltempo

Leichenverbrennung
am Pashupatinath-Tempel

Sati – Witwenverbrennung in Indien und Nepal

Kaum ein hinduistischer Brauch hat so viel Bestürzung unter Nicht-Hindus hervorgerufen wie Sati, die Verbrennung von Witwen auf dem Scheiterhaufen ihrer Ehemänner. Der Name Sati leitet sich ab von der **Göttin Sati,** die sich selbst verbrannt hatte, nachdem ihr Vater es versäumt hatte, ihren Gatten Shiva zu einem Festmahl einzuladen. Der Ursprung der Witwenverbrennungen ist jedoch unbekannt. Die **ersten Erwähnungen** von Witwenverbrennungen finden sich in den alten indischen Epen, und die erste historische Aufzeichnung darüber stammt aus dem Jahr 316 v.Chr. Diese berichtete, dass sich die Frau eines indischen Generals, der in der Schlacht gefallen war, mit dem Leichnam ihres Mannes auf dessen Scheiterhaufen verbrennen ließ. Überlieferungen von Witwenverbrennungen gibt es auch bei den Zigeunern Europas, die ja – was sprachwissenschaftlich nachweisbar ist – aus Indien stammen.

Im 1. und 2. Jh. n.Chr. war Sati fest im hinduistischen Leben verankert und wurde von den religiösen Gesetzgebern gefördert. Im 6. und 7. Jh. war der **Status** der Witwen dermaßen **niedrig,** dass vielen Witwen der Tod eine annehmbarere Lösung war als das Leben in Schmach. Allgemein wurde angenommen, dass die Frau zu ihrem Manne sowohl in diesem Leben als auch in allen folgenden Existenzen gehöre; eine **Wiederheirat** war somit **ausgeschlossen** und wäre als „Ehebruch" angesehen worden. Bald wurden Witwen als dermaßen unheilvoll angesehen, dass allein ihre Stimme und ihr Blick als ein Fluch galten, und ihre bloße Präsenz in der Familie lud Unglück auf alle Anverwandten.

Besonders tragisch waren die Fälle, in denen **Mädchen im Kindesalter** vermählt worden waren, ihr „Ehemann" aber verstorben war, bevor sie überhaupt mit ihm zusammengelebt hatten. Falls die Braut *akshata* war, d.h. „unverletzt", und die Ehe noch nicht vollzogen war, konnte sie theoretisch erneut heiraten. In der Praxis aber wollte niemand etwas mit ihr zu tun haben. Kinderheiraten sind heute noch im indischen Rajasthan verbreitet, obwohl sie offiziell verboten sind.

Im Laufe der Jahrhunderte wurden viele tausend Fälle von Sati verzeichnet. Oft wurden die Frauen von ihren Verwandten in das Feuer gezwungen – falls sie daraus zu fliehen versuchten, wurden sie mit Stangen dorthin zurückgestoßen. Viele Frauen gingen jedoch völlig freiwillig in den Feuertod.

Eine Variante von Sati war **Jauhar,** die Massenselbstverbrennung von Frauen und Kindern, wenn ihrer Stadt die Invasion durch Feinde drohte. So entgingen die Frauen zumindest der Vergewaltigung. Als im Jahr 1535 die moslemische Armee von *Bahadur Shah* kurz davor stand, die Stadt Chittorgarh in Rajasthan einzunehmen, brachten sich 13.000 Frauen und Kinder in einem Jauhar-Feuer um.

Nach dem Tod eines Königs ließen sich oft Dutzende seiner **Ehefrauen, Konkubinen und Sklavinnen** mit seinem Leichnam zusammen verbrennen. Nach dem Tod von König *Yoganarendra* von Patan beispielsweise, der im Jahr 1705 vergiftet worden war, begingen 31 seiner Ehefrauen Sati – die höchste Anzahl, die jemals in Nepal verzeichnet wurde. An der Stelle, an der sich eine Frau verbrannt hatte, wurde häufig ein Schrein errichtet; an diesem war eine offene, nach vorne zeigende Hand abgebildet. Manchmal wurden derlei Handabdrücke von den Frauen vor ihrem Feuertod an Tempelwänden angebracht. Viele solcher Abdrücke sind noch heute in Rajasthan zu sehen.

Die ersten **Maßnahmen gegen Sati** wurden von den moslemischen Herrschern Nordindiens erhoben. Die Mogul-Herrscher versuchten, eine Art Genehmigungsverfahren einzuführen, in dem die Witwe vorab zu erklären hatte, dass sie aus freier Entscheidung in den Feuertod gehen wolle. Das System konnte allerdings nicht verhindern, dass die Verwandten der Frau sie zwangen, eine derartige Aussage abzulegen. 1510 ergriffen die Portugiesen in ihren indischen Besitztümern strikte Maßnahmen gegen das Feuerritual. Unter anderem wurden Verwandte, die die Frauen unter Druck setzten, streng bestraft. Bald galt der Sati innerhalb des portugiesischen Gebietes als gänzlich beseitigt.

Die britische Kolonialmacht ignorierte das Problem zunächst. Die Mühlen der britischen Bürokratie begannen erst zu mahlen, nachdem sich Missionare und einige Administratoren über den grausamen Brauch erzürnt hatten. 1829 wurde Sati durch die sogenannte **Lord Bentinck Regulation** verboten und mit einer Geld- und/oder Haftstrafe belegt. Als das Gesetz verabschiedet wurde, fürchtete die britische Regierung, es könnte orthodoxe Hindus erzürnen, die ihrem Ärger dann in Gewaltaktionen Luft machen würden. Gewaltsame Proteste blieben jedoch aus. Trotz des Gesetzes kam es immer noch regelmäßig zu Witwenverbrennungen, und nur wenige der Anstifter wurden bestraft.

Gelegentliche Fälle von Sati werden auch heute noch in Indien registriert, nicht jedoch in Nepal. Es gibt jedoch Anzeichen, dass in früheren Zeiten Witwenverbrennungen **in Nepal häufiger** vorkamen **als in Indien.** Mitte des 19. Jh. versuchte *Jang Bahadur Shah,* der stark von der Denkweise Europas geprägt worden war, mit mehreren barbarischen Ritualen aufzuräumen, darunter auch dem Sati. Seine Bemühungen waren aber größtenteils zum Scheitern verurteilt. Nach seinem eigenen Tod im Jahr 1877 bestanden drei seiner Hauptfrauen darauf, mit ihm zusammen verbrannt zu werden. Ende des 19. Jh. ordnete Premierminister *Bir Shamsher Rana* an, dass Sati nur mit der Genehmigung des Premierministers oder seines Stellvertreters vollzogen werden könne. Im Jahr 1920 verbot Premierminister *Chandra Shamsher Rana* den Sati gänzlich und beschwor damit den Zorn zahlreicher Hindus herauf, unter ihnen erstaunlicherweise auch zahlreiche Frauen.

Aber da wäre noch die Frage, warum? Warum wollte sich die hinduistische Gesellschaft auf solch grausame Weise eines ihrer schwächsten Mitglieder entledigen? Gelegentlich wurde die Ansicht vertreten, dass der Sati die **Perversion eines alten Hindu-Brauches** war, nach dem sich die Witwe neben den Scheiterhaufen ihres Mannes legte, um so ihren symbolischen Tod anzuzeigen. Nach einiger Zeit wurde die Witwe von den Verwandten ihres Mannes emporgezogen und somit wieder in die Welt der Lebenden zurückgeholt.

Der deutsch-britische Indologe **Friedrich Max Müller** (1823–1900) * hatte jedoch eine ganz andere Erklärung parat – und diese ist sehr verblüffend. Gemäß *F. M. Müller* beruhte der Sati auf einer Fälschung eines Sanskrit-Manuals, das den Ablauf von Kremationen verstorbener Ehemänner regelte. In der ursprünglichen Anleitung war propagiert worden, dass bei Leichenprozessionen die Witwe des Verstorbenen „an der Spitze" des Leichenzuges zu gehen hatte; an der Spitze oder vorne heißt auf Sanskrit *agre.* Durch einen einzigen kleinen Federstrich änderten die Hindu-Priester *agre* jedoch in *agneh* – und das heißt „ins Feuer". Die Witwen hatten sich also von nun an mit ihrem verstorbenen Ehemann verbrennen zu lassen. Die Witwen wurden so Opfer eines mörderischen Betrugs. Das Fälschen von Schriften war keineswegs eine ungewöhnliche Praxis.

Warum aber wollten sich die Brahmanen der Witwen entledigen? Die Antwort liegt in dem tief verwurzelten **Misstrauen,** das die Hindu-Männer **gegen** ihre **Frauen** hegten. Die Hindu-Priester betrachteten Frauen als den Quell alles Bösen, denen keinerlei Vertrauen zu schenken war. Sogar die ehrwürdige Mahabharata geißelte die Frauen und verkündete: „Ein Mann mit einhundert Zungen, der einhundert Jahr alt werden würde, wäre nicht dazu imstande, all die Laster und Fehler der Frau aufzuzählen." Ähnliche Äußerungen finden sich noch in anderen hinduistischen Schriften und in Fabelsammlungen.

Der Hauptgrund des Misstrauens gegenüber der Frau war **sexueller Natur.** Frauen wurden als unersättliche Monstren angesehen, die – außerhalb der Kontrolle eines Mannes – ohne große Umstände Liaisonen eingingen und damit den guten Namen ihrer Sippe befleckten. Tugendhafte Frauen waren solche, die keine Gelegenheit hatten, „sich den niedrigsten der Männer hinzugeben", oder solche, die Angst vor Entdeckung hatten. Die Witwen wurden zu einem Störfaktor, von dem nur Unheil, sprich schamlose Promiskuität, ausgehen konnte. Interessanterweise ist eine der Hindi-Vokabeln für **„Prostituierte"** *(randi)* mit einem der Hindi-Begriffe für **„Witwe"** *(randa)* verwandt. Von der Witwe zur Prostituierten war es nach Ansicht der orthodoxen Hindu-Gesellschaft nur ein kleiner Schritt. Da die Familienehre unter allen Umständen gewahrt werden musste, war es besser, die Witwe zu töten, als sie zur „Hure" werden zu lassen. **

Ansonsten aber scheinen die alten Brahmanen von Liebesdienerinnen recht angetan gewesen zu sein: In alten Sanskrit-Schriften finden sich über dreihundert verschiedene Ausdrücke für Prostituierte, die diese ordentlich in verschiedene Klassen oder Rangstufen unterteilten. Auch hatten die **Brahmanen** nichts dagegen, wenn in ihren Tempeln oft Hunderte von *devadasi* tanzten, Liebesdienerinnen der Götter, an denen sich die männlichen Tempelbesucher bedienen konnten – natürlich auch die Priester selber. Alte Aufzeichnungen belegen, dass sich mancher Tempelbesucher, der tatsächlich nur zum Beten gekommen war, der Avancen der *devadasi* nicht erwehren konnte und unverrichteter Dinge wieder abziehen musste.

**Friedrich Max Müller,* in Deutschland geboren, lebte später in London und nahm die britische Staatsbürgerschaft an.

**„Witwe", verwandt mit Sanskrit *vidhva,* ist eine von zahllosen deutschen Vokabeln, die sich mit dieser indo-germanische Sprache verknüpfen lassen. Allerdings ist der Zusammenhang selten so offensichtlich wie in diesem Fall.

zum Ufer gebracht, das Brennholz wird aufgeschichtet, der Tote daraufgelegt, und nach kurzem Ritus geht der Scheiterhaufen in Flammen auf. Trotz der scheinbaren Gleichgültigkeit der Anwesenden dem Tod gegenüber sollte man beim Beobachten einer Zeremonie sehr zurückhaltend sein (und noch mehr beim Fotografieren!). Um nicht zu stören, beobachtet man am besten vom anderen Ufer aus oder vom Dach des Gebäudes neben dem Surya Ghat.

In früheren Zeiten fanden an dieser Stelle auch die **Sati** statt, die Selbstverbrennungen der Witwen, die sich zusammen mit ihren toten Ehemännern den Flammen übergaben. Gemäß der hinduistischen Tradition wurden diese Frauen posthum als Inkarnation einer Göttin verehrt. Eine Witwe, die im Begriff war, Sati zu begehen, konnte sich

Festtage in Pashupatinath

- **Ekadashi** – Der Name bedeutet so viel wie „Fest des elften Tages"; das Fest wird an jedem elften Tag nach Voll- und Neumond begangen. Außergewöhnliches passiert dabei nicht, es finden sich lediglich mehr Gläubige ein als an den anderen Tagen, mit noch reichlicheren Opfergaben für Pashupatinath.
- **Shivaratri** – Das Fest der „Nacht des Shiva" findet am ersten Tag des Hindu-Monats Falgun (Februar/März) statt, also am Neumondtag. Dazu strömen Abertausende von Pilgern herbei, um Shiva in seiner Form als Pashupatinath zu ehren. Die meisten der Pilger kommen aus Indien, ein Teil davon sogar zu Fuß, um Shiva so ihre Hingabe zu bezeugen. Unter ihnen ist eine große Zahl von Sadhus, die außer mit einem Lendenschurz nur mit heiliger Asche bedeckt sind. Der mit sich geführte Trishul oder Dreizack weist sie als Anhänger Shivas aus. Zum Shivaratri werden rituelle Bäder im Bagmati-Fluss genommen, es wird gebetet, und so mancher Festteilnehmer unterwirft sich rituellem Fasten. Der Pashupati-Lingam im Allerheiligsten wird mit Blumen und anderen Opfergaben überhäuft. Shivaratri wird zum gleichen Tag an allen Shiva-Tempeln des indischen Subkontinents begangen, in Indien wird das Fest allerdings meist Mahashivaratri genannt, die „Große Nacht des Shiva".
- **Tij** – Ein reines Frauenfest, das jeweils am dritten Tag nach Neumond im Hindu-Monat Bhadra (August/September) gefeiert wird. Die Frauen legen festliche, ausschließlich rote Saris und den besten Familienschmuck an und bitten in einem ausgelassenen Reigen aus Tänzen und Gesängen um ein langes Leben ihrer Gatten. Dazu finden rituelle Waschungen im Bagmati-Fluss statt, und einige Teilnehmerinnen unterwerfen sich dem Fasten.
- **Magh Sankranti** – Am ersten Tag des Hindu-Monats Magh (13./14. Januar) wird das Wintersonnenwendfest begangen, dabei werden Baderituale abgehalten und Shiva, Vishnu, Bhagvati und andere Götter geehrt, aber auch die Sonne. Die Newar essen dazu Süßigkeiten aus Ghi (geklärte Butter) und Rohrzucker. Bei Pashupatinath finden an diesem Tag allerdings nur kleinere Feierlichkeiten statt; am sehenswertesten ist das Fest in Devghat, am Zusammenfluss von Kali Gandaki und Narayani (auch: Seti Khola) nahe Narayanghat.

nach alten Glaubensvorstellungen durch eine Art inneres Feuer spontan selbst entzünden. Heute ist der Sati gesetzlich verboten.

Weiter südlich des Suryva Ghat befinden sich weitere Tempelanlagen – ein **Bachhareshvari-Tempel** und ein **Ram-Tempel** – sowie eine sehr gut erhaltene **stehende Buddhafigur** aus dem 7. Jh., die halb in der Erde verborgen ist.

Auf der anderen Flussseite, gegenüber dem Arya Ghat, stehen **elf weiße Chaityas,** in denen sich jeweils ein Schrein Shivas befindet. Etwas weiter oben auf der Nordseite der angrenzenden Anhöhe sieht man einen dem Pashupati-Lingam nachempfundenen **Lingam.**

Der dahinter befindliche Hügel ist dicht mit Eichen und Champa-Bäumen bewachsen und Tummelplatz einer vielköpfigen Affenherde. Vorsicht, die **Affen** sind manchmal aggressiv, und wer den Hügel durchstreift, sollte sich besser mit einem Stock bewaffnen. Der Biss eines Affen kann sehr schmerzhaft sein und zudem Tollwut übertragen. Zu bestimmten Tageszeiten marschieren Dutzende von Affen in geschlossener Formation zum Trinken zum Fluss – ein Bild von fast menschlicher Disziplin.

Die Stufen am Ostufer führen den Hügel hinauf zum **Gorakhnath-Tempel,** der zahlreichen Sadhus als Aufenthaltsort dient. Wie die vielen Chaityas andeuten, vor denen Figuren des Nandi-Bullen sitzen, ist der Tempel Shiva geweiht.

In einer der Sadhu-Unterkünfte lebt **Shiva Avatari Lama** (geb. 1955), einer der bekannteren Sadhus des Landes und einer der umgänglichsten und freundlichsten dazu. Im Gegensatz zu den meisten seiner „Kollegen" lehnt er den Gebrauch von Haschisch ab und lebt auch ansonsten ausgesprochen asketisch – seine Hauptnahrung sind Kartoffeln, dazu ein wenig Obst und grundsätzlich kein Salz. *Shiva Avatari Lama* spricht kaum englisch, nur Nepali und Hindi, dennoch sind ihm westliche Gäste jederzeit willkommen. Der Besuch lohnt, es bieten sich gute Einblicke in das Leben eines echten

ktm013 Foto: rk

Hanuman-Statue in der Nähe des Pashupatinath-Tempels

Sadhu. Seine kleine Unterkunft ist vollgestopft mit Götterbildern.

Gleich nebenan wohnt der ältere **Yogi Harinari Nath,** einer der verehrtesten heiligen Männer Nepals – selbst Minister suchten schon seinen Rat. *Yogi Harinari,* dessen sanftes Gesicht tiefe Vergeistigung auszustrahlen scheint, ist introvertierter als *Shiva Avatari Lama,* dennoch werden auch hier Besucher nicht abgewiesen.

Südwestlich des Tempelgeländes zweigt ein Weg ab, der zum nahe gelegenen **Vishvarup-Tempel** führt. Diesen Abstecher kann man sich jedoch sparen, da der Tempel für Nicht-Hindus nicht zu betreten und von außen auch nicht viel zu sehen ist.

Der Weg durch das Gelände des Gorakhnath-Tempels verläuft weiter über den bewaldeten Hügel und endet dann an der Nordseite des Hügels am Guhyeshvari-Tempel (s.u.).

- Der **Eintritt** zum Tempelgelände kostet für Ausländer 250 Rs. An zwei größeren Zugängen befinden sich Kassenhäuschen. Man kann die Gebühr aber umgehen, indem man quasi durch die „Hintertür" das Gelände betritt. Dazu gehe man zunächst zum Guhyeshwari-Tempel. Rechts davon führt eine schmale Treppe hoch in Richtung Pashupatinath-Hügel. Hier kann man ungehindert hochlaufen. Auf der Hügelspitze passiert man zunächst den Gorakhnath-Tempel und kann von dort den Hügel in Richtung Pashupatinath hinabwandern. Die Gehzeit beträgt ca. 15 Min. Ein schlechtes Gewissen muss niemand haben – Nepalesen und Hindus kommen umsonst hinein, und warum sollten Ausländer bezahlen, wenn sie nicht einmal den Haupttempel besichtigen dürfen? Außerdem ist dies ein ganz normaler öffentlicher Weg, kein Schleichweg durch Dickicht oder Dschungel, den man sich bahnen müsste.

Guhyeshvari-Tempel

Die Stelle, an der der Guhyeshvari-Tempel steht, gilt als **einer der heiligsten Orte im Kathmandu Valley,** und auch um diesen Platz ranken sich einige Legenden. Der Überlieferung nach soll hier die **Wurzel des Lotus** stecken, dessen Blüte und mystisches Licht sich in Swayambhunath befinden (s.o.). Nachdem der Heilige Manujshri dies erkannt hatte, ließ er Bäume bei Guhyeshvari pflanzen und ein Dorf bauen. Darin sollten diejenigen seiner Anhänger leben, die sich noch nicht vom Weltlichen losgesagt hatten, sondern als normale Familienväter ein gottgefälliges Leben führten.

Einer anderen Überlieferung nach hatte sich die **Göttin Parvati** in ein Feuer gestürzt, nachdem ihr der Vater verboten hatte, Shiva zu ehelichen. Als Shiva mit der toten Parvati auf den Schultern umherwanderte, fielen Teile ihrer Leiche zu Boden. Guhyeshvari ist der Ort, an dem ihre Guhya, wörtlich das „Verborgene", herniederkam, ihr Geschlechtsteil. Fresken am Eingang des Tempels zeigen kurioserweise eine furiose Frauengestalt, die eindeutig männliche Genitalien aufweist.

Die heutigen Tempelgebäude wurden erst im 17. Jh. unter *Pratap Malla* errichtet, irgendeine Art von Heiligtum hatte es hier sicherlich aber schon zuvor gegeben. Zwar ist auch dieser Tempel für Nicht-Hindus unzugänglich, ein Abstecher lohnt sich aber dennoch: Am direkt vor dem Tempel vorbeifließenden **Bagmati** lässt es sich wunderbar ausruhen und das örtliche

Treiben beobachten – Kinder baden und planschen ohne Unterlass, Frauen waschen ihre umfangreiche Familienwäsche, und an den Ufern hüten Hirtenjungen ihre Büffel.

Die Straße, die entlang des Flusses zum Tempel führt, endet direkt davor, verläuft aber an dessen Ostseite weiter als schmaler Pfad. Folgt man diesem ostwärts, gelangt man zur Landepiste des Tribhuvan Airport (Sperrgebiet!). In entgegengesetzter Richtung führt die Straße zu einem **Dorf** mit Wasch- und Tempelanlagen am Fluss. Darunter befindet sich eine knallrote Hanuman-Statue, die in Richtung Pashupatinath schaut – ein malerisches Plätzchen.

Direkt vor dem Guhyeshvari-Tempel befindet sich eine Fußgängerbrücke über den Bagmati. Überquert man diese, kann man weiter in nördliche Richtung **nach Bodhnath** (s.o.) laufen (30–35 Min.). Der Weg führt durch einige unaufgeräumt wirkende Vorstadtsiedlungen. Die Stupa von Bodhnath ist schon vom Bagmati aus in der Ferne zu sehen.

Wichtige Stadtteile

Durbar Marg

Der Durbar Marg, wörtlich der „Weg zum Königshof", ist so etwas wie **Kathmandus „Nobelallee"**, was aber nicht zu überhöhten Erwartungen führen sollte. Am Nordende der gerade 200 m langen Straße steht der äußerlich nicht sehr attraktive **ehemalige Königspalast (Royal Palace).** Der Durbar Marg war als eine Art Zufahrt dorthin angelegt, gesäumt von Schatten spendenden Bäumen. In einigen großzügig angelegten Villen in unmittelbarer Nachbarschaft hatten nepalesische Edelmänner ihre Konkubinen untergebracht. Mit der Abschaffung der Monarchie 2008 ist der Palast verwaist. In naher Zukunft soll darin ein Museum eingerichtet werden.

Am Durbar Marg sind die Büros von Fluggesellschaften und Reiseunternehmen angesiedelt sowie einige **hochklassige Hotels und Restaurants.** Wer gut essen bzw. gut und teuer wohnen möchte, ist hier bestens aufgehoben. Die zentrale Lage ist von Vorteil, dazu hält sich der Verkehrslärm ab dem Abend in Grenzen.

Unterkunft

- Eine der vornehmsten Adressen Kathmandus ist das **Hotel Yak & Yeti,** ein alter Rana-Palast, der einst auch dem legendären *Boris Lissanewitsch* als Residenz diente. *Boris,* wie er schlicht genannt wurde, war russischer Abstammung, ein Gastronom der ersten Güteklasse und gilt heute als Vater des Tourismus in Nepal. *Boris* ist vor vielen Jahren verstorben, seine Lebensgeschichte wurde jedoch in einem Buch für die Nachwelt niedergeschrieben (*Peissel, Michel:* „Tiger for Breakfast", Hodder, London). Das Hotel besteht heute aus einem alten Flügel, dem ehemaligen Palast, sowie einem neueren Zubau mit einem großen Garten davor. Der alte Teil ist architektonisch interessant gestaltet, man fühlt sich in der Tat in eine Zeit versetzt, als noch der Adel ein- und ausging. Vorhanden sind Swimmingpool, Tennisplatz, Sauna, Spielkasino, Massagemöglichkeiten und Shopping-Arkaden. Die mit allem Komfort eingerichteten Zimmer (A.C., Heizung, Telefon, Mini-Bar etc.) sind nicht alle gleich gut oder ihr teures Geld wert. Es wird empfohlen, vorher einen Blick hineinzuwerfen. Preise je nach Zimmerart 185–650 US$, dazu jeweils 13% Steuer und 10% Service Charge. Auch die Restaurants im Hotel sind sehr teuer. P.O. Box 1016, Durbar Marg, Kathmandu, Tel. 01-4240520, 01-4248999, Fax 01-4227781, www.yakandyeti.com.

- Weniger geschichtsträchtig, dennoch eines der besten Hotels der Stadt ist das **Hotel de l'Annapurna.** Das Hotel ist vor kurzem gründlich renoviert worden – was auch überfällig war – und die Zimmer (A.C., Heizung, Telefon, WLAN-Internet, Mini-Bar) sind komfortabel, aber nicht unbedingt ihren hohen Preis wert. Hier zu übernachten, sei nur Leuten empfohlen, die aus irgendeinem Grund in dieser Gegend wohnen wollen und denen der Preis egal ist. Im Annapurna gibt es Spielkasino, Swimmingpool, Tennisplatz, Health Club, Sauna und Beauty Parlour sowie Gelegenheit zum Billard- und Croquet-Spielen. Ausgezeichnet ist das Restaurant Ghar-e-Kabab, s.u. Zimmer ab 160 US$, dazu 13% Steuer und 10% Service Charge. In der Nebensaison kann man die Preise manchmal auf die Hälfte herunterhandeln, und das ist dann kein schlechter Deal. P.O. Box 140, Durbar Marg, Tel. 01-4221711, Fax 01-4225236, www.annapurna-hotel.com.
- Ein halbwegs vernünftiges Preis-Leistungsverhältnis bietet das ruhig in einer Gasse abseits des Durbar Marg gelegene **Durbar Hotel.** Komfortable Zimmer mit A.C., TV, Kühlschrank etc. zu offiziell 95 US$ (Einzel) und 105 US$ (Doppel), die Preise werden zumeist aber gleich auf etwa die Hälfte reduziert. Dann sehr lohnenswert. Handeln! Durbar Marg, P.O. Box 9700, Kathmandu, Tel. 01-4256930, Fax 01-442573, durbar@hotel.mos.com.np.
- Ein weiteres Oberklasse-Hotel ist das **Hotel Sherpa** mit stilvollen Zimmern (A.C., Heizung, TV, Telefon, Mini-Bar, Safe). Einzel 105 US$, Doppel 115 US$, Deluxe 200 US$, + 13% Steuer. Auch hier sollte man vorher einen Blick ins Zimmer werfen, nicht alle sind vielleicht ihr Geld wert. Mit Swimmingpool, Fitness-Club usw. P.O. Box 901, Durbar Marg, Kathmandu, Tel. 01-4227000, Fax 01-4222026.
- Ein paar Meter ums Südwestende des Durbar Marg herum liegt das einfache **Hotel Mayalu,** Tel. 01-4223596, 01-4220921. Mäßige Zimmer mit Bad, Einzel 9 US$, Doppel 13 US$, + 12% Steuer. Der Verkehrslärm in dieser Ecke ist beträchtlich.
- An der Südostecke von Durbar Marg liegt das **Akuj Hotel,** das kleine, saubere und gemütliche Zimmer bietet (mit Bad; TV in einigen Zimmern). Bei Preisen von 10 bzw. 12 US$ für Einzel/Doppel nicht schlecht. Aber auch hier macht sich der Verkehr bemerkbar. Tindhara Pathsala, Laldurbar, Durbar Marg, Tel. 01-42228053, Fax 01-4228359.

Restaurants

Ähnlich wie bei den Hotels, so gehören auch die hier vertretenen Restaurants in erster Linie der höheren Klasse an. Allerdings ist auch die Qualität überdurchschnittlich.

- Das derzeit wohl beste indische Restaurant in Kathmandu ist das **Ghar-e-Kabab** („Kebab-Haus"). Es gehört zum Hotel de l'Annapurna und befindet sich im Erdgeschoss. Ausgesprochen gut sind die Suppen (z.B. Tomato Soup, Cream of Vegetable Soup), Hühnergerichte oder Gemüsespeisen (z.B. Palak Paneer, würziger Spinat mit Käsebrocken). Die Preise liegen für nepalesische Verhältnisse relativ hoch, mit 1500 bis 2000 Rs. für ein komplettes Essen für zwei Personen ist zu rechnen. Abends gibt es eine sehr angenehme Musikbegleitung, ein kleines Orchester spielt und singt stimmungsvolle Ghazals.
- Sehr beliebt ist auch der gleich nebenan gelegene **Coffee Shop** des Hotel de l'Annapurna, der sich in einem Nebengebäude direkt an der Straße befindet. Geboten werden westliches Frühstück und Backwaren, aber auch sehr gute südindische Masala Dosas (170 Rs.), mit die besten in Nepal. Die Preise sind nicht ganz niedrig: Ein Frühstück für zwei Personen kostet 600 bis 1000 Rs. Im Coffee Shop gibt es WLAN-Internet.
- Nahe dem Kreisverkehr am Südende des Durbar Marg befindet sich das **Moti Mahal**

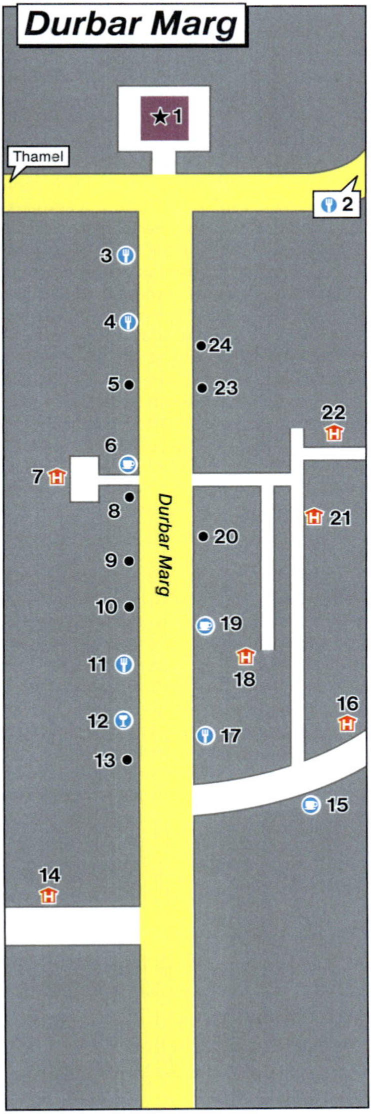

- ★ 1 Royal Palace (ehemaliger Königspalast)
- 2 Mike's Breakfasts
- 3 Tehzeeb Restaurant
- 4 Hot Breads
- 5 Singapore Airlines / Silk Air
- 6 Annapurna Coffee Shop
- 7 Hotel de l'Annapurna
- 8 Thai Airways
- 9 British Airways
- 10 Air France
- 11 Nirula's Fast Food
- 12 Nanglo Pub
- 13 Qantas
- 14 Hotel Mayalu
- 15 The Bakery Café
- 16 Akuj Hotel
- 17 Moti Mahal Restaurant
- 18 Hotel Sherpa
- 19 Café de la Paix
- 20 Japan Airlines (JAL)
- 21 Durbar Hotel
- 22 Yak & Yeti Hotel
- 23 Srilankan Airlines
- 24 Pakistan International Airlines (PIA)

0 150 m

(„Perlenpalast"). Auch hier ist das Essen überdurchschnittlich gut. Hervorragend ist das Butter Chicken, das zudem in einer Großportion „angeflogen" kommt. Preise etwas niedriger als oben.

- Das Restaurant des Hotel Sherpa, **Sherpa Grill,** bietet eine sehr dezente Atmosphäre und einen guten Service, das Essen ist gehobene Mittelklasse. Sehr gut ist das Paneer Kabab, gegrillter Käse am Spieß. 1500 bis 2000 Rs. für zwei Personen.
- Das Restaurant am Durbar Marg, das täglich den größten Ansturm zu bewältigen hat, ist wohl **Nirula's,** so etwas wie Indiens Antwort auf McDonald's. Als das erste Lokal der Kette Anfang der 1980er Jahre in Delhi öffnete, war es bald so beliebt, dass dem Management regelmäßig das Besteck ausging: Da es die Prägung „Nirula's" trug, war es ein beliebtes Souvenir und verschwand schneller in den Taschen der Gäste, als es ersetzt werden konnte. Daraufhin wurde der Schriftzug in „Stolen at Nirula's" (Gestohlen bei Nirula's) geändert – der Beliebtheit des Bestecks tat dies keinen Abbruch, im Gegenteil. Als sich herausstellte, dass ein Großteil der Löffel von Junkies entwendet wurde, die darauf ihren nächsten Heroinschuss aufbereiteten, ließ man kleine Löcher in die Löffel bohren. Die Zeit der Besteckprobleme bei Nirula's ist heute vorbei, die Löffel sind ganz normal, ohne Aufschrift. Die eifrigsten Kunden sind indische Touristen und die wohlhabendere einheimische Jugend. Es gibt Fast Food, aber auch 21 Sorten Eiscreme, die nicht mal übel sind, und Milchshakes.
- Etwas weiter nördlich am Durbar Marg, auf derselben Straßenseite, befindet sich das **Hot Breads,** eine Art Fast-Food-Restaurant für Backwaren. Es gibt alle möglichen Brotsorten (z.T. mit besonderen Füllungen), Kuchen, Pizzas usw. Die Waren können mitgenommen, aber auch gleich vor Ort verzehrt werden – ein paar Tische und Sitzgelegenheiten sind vorhanden.
- Am Nordende des Durbar Marg liegt das **Tehzeeb Restaurant** mit sehr guter nordindischer Küche. Mittlere Preislage.
- Das für seine hervorragende westliche/amerikanische/mexikanische Küche bekannte **Mike's Breakfast** befand sich einst am Durbar Marg, liegt aber nun relativ abgelegen im beschaulichen Stadtteil Naxal, nahe dem Polizeihauptquartier (kennt jeder Taxifahrer), etwa 1,5 km vom Nordende des Durbar Marg entfernt. Der Weg lohnt aber auf jeden Fall. Mike's Breakfast ist ein idyllisches Gartenlokal, im Hintergrund spielt dezent klassische westliche Musik. Das Essen ist rundum ausgezeichnet, und man bekommt Riesenportionen für sein Geld. Ein komplettes Mittagessen für zwei Personen kostet 600 bis 800 Rs. Beim Frühstück wird der amerikanische Einschlag deutlich, es gibt jede Menge Omelettes, Steak mit Spiegelei und Salat, aber auch Granola-Müsli oder Sandwiches. Wer Kaffee trinkt, dem wird zweimal nachgeschenkt. Nebenbei finden sich auf der Speisekarte auch sehr leckere mexikanische Gerichte – Burritos, Enchiladas und Entostadas. Geöffnet täglich 7–21 Uhr; Di und Fr abends stehen vor allem Pizzas auf dem Programm. Zu allem sehr freundlicher Service – dies ist nicht umsonst einer der beliebtesten Treffpunkte von „Expats" in der Stadt. Tel. 01-4424303.

Sonstiges

- In einer neben Mike's Breakfast gelegenen, hübsch restaurierten Villa befindet sich die **Indigo Gallery;** hier gibt es Thangkas und andere traditionelle Handwerksprodukte zu kaufen. Die Waren sind von bester Qualität, die Preise dementsprechend hoch. Gelegentlich werden Vorträge zur Guss-Technik des „verlorenen Wachses" *(Cire Perdue)* oder zu anderen tradititionellen Handwerkstechniken gehalten. Tel. 01-4424303.

Kantipath

Der Kantipath ist Kathmandus **zentrale Nord-Süd-Verbindungsstraße** und verläuft zum Teil parallel zum Durbar Marg. Zwar lässt der Kantipath das „weltstädtische" Flair des Durbar Marg vermissen, dafür befinden sich hier Sehenswürdigkeiten (Ratna Park, Rani

Pokhri, Mahankal-Tempel) wie auch gute Hotels und Restaurants. In der holprigen und verkehrsreichen Gasse namens **Jyatha,** die vom Kantipath abzweigt, finden sich mehrere Trekking-Ausstatter und Hotels. Im Bereich zwischen Rani Pokhri und der Einmündung New Road kommt es oft zu gewaltigen Verkehrsstaus.

Unterkunft

Verkehrslärm ist ein Problem in diesem Bereich, man sollte immer ein Zimmer nach hinten hinaus nehmen. Alle unten genannten Hotels befinden sich in Jyatha, in einem Radius von ca. 100 m von der Kreuzung Jyatha/Kantipath.

- Akzeptabel ist **Hotel Gautam.** Saubere, aber mittlerweile etwas modernisierungsbedürftige Zimmer (A.C., Heizung, Telefon, TV), Einzel 30 US$, Doppel 35 US$, Dreier 40 US$. Handeln! P.O. Box 1241, Jyatha, Kantipath, Kathmandu, Tel. 01-4263202-3.
- Einfache Zimmer mit Bad (h. + k. Wasser) im **Hotel Bright Kohinoor,** Tel. 01-4249930, Fax 01-4255388, hbkohinoor@yahoo.com. Zimmer ohne TV zu 500 Rs., mit TV 650 Rs. Für den niedrigen Preis nicht schlecht.
- Verhältnismäßig preiswert ist auch das **Hotel Himalayan View.** Zimmer (Bad) zu 10 US$ (Einzel) und 15 US$ (Doppel), Dreier zu 20 US$, + 11% Steuer. Bei Aufenthalten länger als eine Woche werden Rabatte gewährt. P.O. Box 218, Jyatha, Kantipath, Kathmandu, Tel. 01-4249231, Fax 01-4249451.
- Das von der Hauptstraße etwas zurückgesetzte **Rara Hotel** hat saubere Zimmer (Bad, A.C., Telefon, TV) zu 25/35 US$ (Einzel) und 30/40 US$ (Doppel), dazu je 11% Steuer. Insgesamt bietet das Haus eines der besten Preis-Leistungsverhältnisse in diesem Teil der Stadt, leider sorgen aber die hier oft absteigenden indischen Tourgruppen für sehr viel Radau. Der Bau des Hotels um einen Innenhof ist perfekt dazu geeignet, den Lärm zu verstärken. Jyatha, Kantipath, P.O. Box 3295, Kathmandu, Tel. 01-4249936, 01-4249936.
- Das **Beijing Hotel** hat saubere Zimmer mit Bad, A.C. und TV zu 1000 Rs. (Einzel) und 1200 Rs. (Doppel). Das Haus ist ganz offensichtlich auf chinesische Reisegruppen aus-

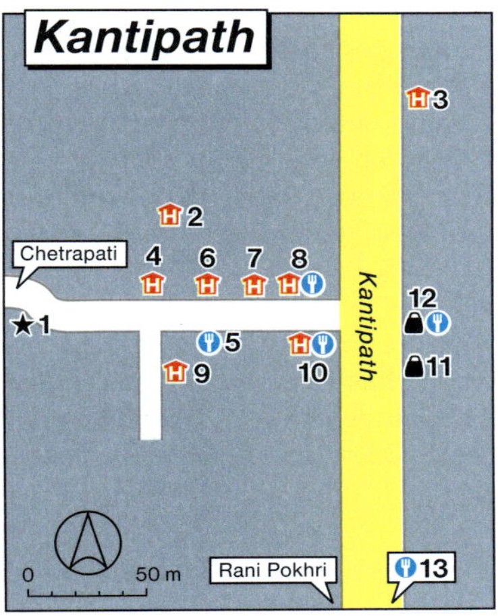

- ★ 1 Chhusya Bahal
- H 2 Rara Hotel
- H 3 Hotel Mountain
- H 4 Beijing Hotel
- R 5 Garden Restaurant
- H 6 Hotel Bright Kohinoor
- H 7 Hotel Himalayan View
- H 8 Hotel Gautam, / R New Kebab Corner
- H 9 Hotel Mt. Kailash
- H 10 Hotel Paradise Plaza und / R Kathmandu Crossing Restaurant
- 11 Mandala Book Point
- 12 Delicatessen Centre
- R 13 Aroma Restaurant

gerichtet. Angeschlossen ist ein chinesisches Restaurant. Eine der besseren Wohnmöglichkeiten in dieser Gegend. Jyatha, Kantipath, Tel. 01-4251368, 01-4252201, 01-4251369.

- Ein gutes Preis-Leistungsverhältnis bietet das **Hotel Paradise Plaza.** Die Zimmer sind sauber und haben Bad und TV. Einzel kosten 22 US$, Doppel 29 US$ bzw. 35/40 US$ für größere Deluxe-Zimmer. Bei Buchung über die Website (s.u.) gibt es 35% Rabatt, ein guter Deal. Der Verkehrslärm in diese Ecke ist aber beträchtlich, und besser ist es, das Zimmer vorher anzusehen. Im Erdgeschoss des Hauses befindet sich das sehr gute Kathmandu Crossing Restaurant. P.O. Box 347, Kantipath, Kathmandu, Tel. 01-4255153, 01-4249983, Fax 01-4255152, www.yomari.com/paradise.

Restaurants

- Das **Delicatessen Centre** am Kantipath gegenüber der Einmündung der Jyatha bietet Dutzende von europäischen Käse-, Wurst-, Fleisch- und Brotsorten, dazu jede Menge Kuchen, importierte Schokolade, Salate, Suppen, Sandwiches u.v.m. Das Sortiment ist sehr umfangreich, die Preise erschwinglich. Sehr empfehlenswert.
- Eines der altgedientesten Restaurants der Stadt ist das sehr gute **New Kabab Corner** des Hotels Gautam mit indischen und nepalesischen Gerichten. Hervorragend schmeckt das Dum Alu, ein fast europäisch wirkendes Kartoffelgericht in einer cremigen Soße, oder die Kashmiri Nan, Fladenbrote, die mit Trockenfrüchten bestreut sind. Die Gerichte sind für die Qualität nicht zu teuer, eine volle Mahlzeit für zwei Personen kostet ab 800 bis 1000 Rs.
- Das **Kathmandu Crossing Restaurant** im gegenüberliegenden Hotel Paradise Plaza ist nicht minder gut. Der Küchenchef hat lange in indischen Restaurants in Europa gearbeitet. Es gibt vor allem indische Gerichte, aber auch einige westliche. Ganz ausgezeichnet sind die Paneer-Gerichte oder der unglaublich cremige Black Dal (Dal aus schwarzen Linsen). 600 bis 800 Rs. für zwei Personen.
- Das preiswerte **Aroma Restaurant,** an der Nordwestseite des Rani Pokhri gelegen, ist vor allem wegen seines Dachgartens beliebt, auf dem sich die Sonnenuntergänge über Kathmandu genießen lassen.

Sonstiges

- Eine gute Auswahl an Büchern über Nepal (Reiseführer, Bildbände etc.), andere Länder Asiens, Romane, Magazine etc. bietet **Mandala Book Point** am Kantipath, direkt neben dem Delicatessen Centre. „Der Spiegel" ist ebenfalls erhältlich.
- **Green Line Centre,** ca. 200 m nördlich der Kreuzung Jyatha/Kantipath an der Ostseite des Kantipath gelegen, bietet preisgünstige importierte Alkoholika, darunter ein großes Sortiment an Weinen.

Thamel/Chetrapati

Hierher zieht es die **meisten Traveller** nach Ankunft in Kathmandu: **Thamel,** ein **kleines, quirliges Viertel** mit engen und zum Teil schlecht gepflasterten Straßen, die sich in der Regenzeit in einen Morast-Parcour verwandeln. Aus welchen unerfindlichen Gründen der internationale Tourismus sich hier auch angesiedelt haben mag – heute stehen hier Guest Houses, Hotels, Restaurants, Internet-Cafés und Trekking-Agenturen Schulter an Schulter. Die Auswahl an Unterkünften fast aller Preisklassen und Speisemöglichkeiten ist riesig, und die große Konkurrenz hält die Preise in Grenzen.

Ein Nachteil des Viertels ist der teilweise **chaotische und laute Verkehr,** der sich durch die Gassen zwängt – Motorräder, Fahrrad-Rikschas, Autos,

Einst mit den Hippies gekommen, heute als Stadtbus im Einsatz

Fußgänger und Straßenhändler, alles drängt sich ohne erkennbares System durch die schmalen Straßen. Besonders nachmittags und am frühen Abend kann ein Rundgang sehr aufreibend sein. Morgens ist der Verkehr noch überschaubar. Bei der Auswahl der Unterkunft (s.u.) ist heute nicht nur auf Ausstattung und Preis-Leistungsverhältnis zu achten, sondern auch darauf, wie ruhig oder laut gelegen das Haus ist.

Mittlerweile ist der Tourismus auch auf die umliegenden Stadtviertel übergeschwappt, und wer **ein wenig ruhiger** wohnen möchte, sollte sich in **Chetrapati** umsehen, das sich direkt südlich an Thamel anschließt, oder in **Paknajol** weiter nördlich. Wer nicht im Zentrum von Thamel wohnt, wird auch weniger von den zahllosen Straßenhändlern belästigt, die permanent ihre Waren feilbieten bzw. aufdrängen. Es kann durchaus nerven, zigmal am Tag Tiger Balm oder Bambusflöten angeboten zu bekommen, vor allem, wenn man auch nach einem „Nein, danke" nicht in Ruhe gelassen wird.

Thamel und sein Umfeld sind heute Nepals größtes Touristenzentrum, entsprechend perfekt ist die **touristische Infrastruktur.** Es gibt großartige Restaurants, viele kleine Supermärkte, Buch- und Souvenirläden, jede Menge Foto- und Internetläden, Trekking-Ausrüster und an jeder Ecke eine Wechselstube sowie Pubs und Bars.

Von Thamel oder Chetrapati führt ein hoch interessanter **Fußmarsch** (ca. 20 Min.) **zum Durbar Square,** Kathmandus wichtigster historischer Sehenswürdigkeit.

ktm014 Foto: rk

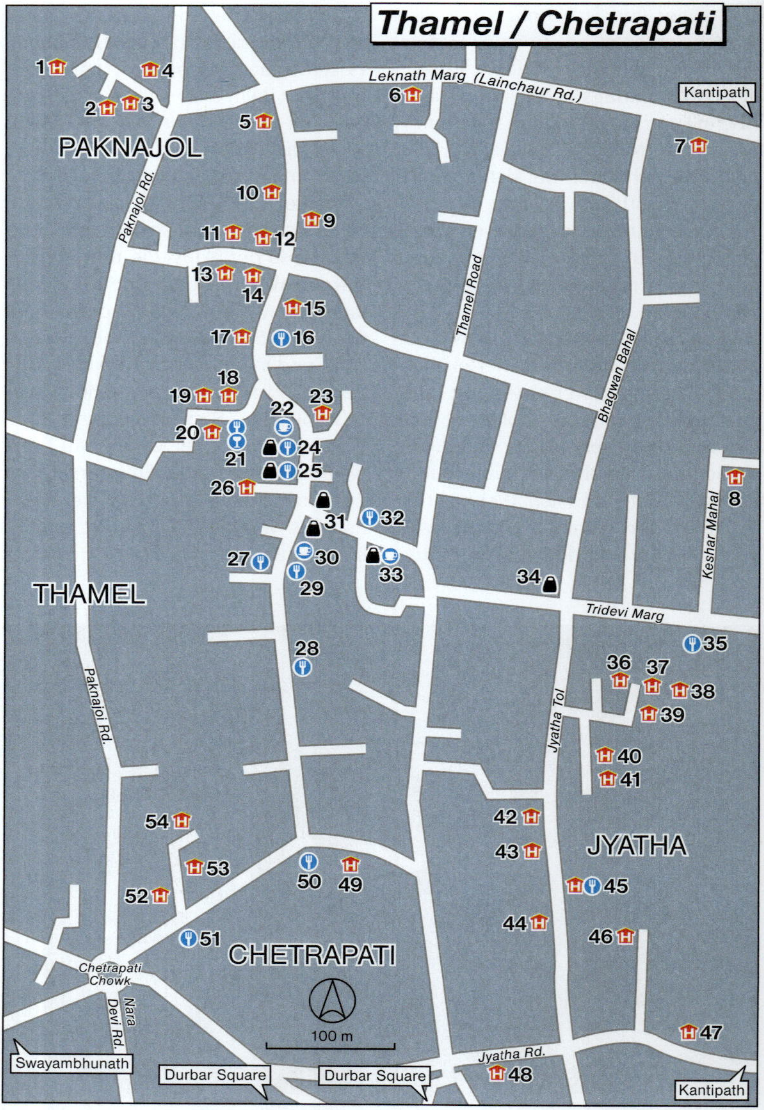
Thamel / Chetrapati
Leknath Marg (Lainchaur Rd.)
Kantipath
PAKNAJOL
Paknajol Rd.
Thamel Road
Bhagwan Bahal
Keshar Mahal
THAMEL
Tridevi Marg
Jyatha Tol
JYATHA
Paknajol Rd.
CHETRAPATI
Chetrapati Chowk
Nara Devi Rd.
100 m
Jyatha Rd.
Swayambhunath
Durbar Square
Durbar Square
Kantipath
1
2
3
4
5
6
7
8
9
10
11
12
13
14
15
16
17
18
19
20
21
22
23
24
25
26
27
28
29
30
31
32
33
34
35
36
37
38
39
40
41
42
43
44
45
46
47
48
49
50
51
52
53
54

1	Nirvana Peace G.H.
2	Kathmandu Garden House
3	Tibet Peace G.H.
4	Yellow House
5	Hotel Manang
6	Hotel Kathmandu View
7	Hotel Malla
8	Hotel Magnificent View
9	Hotel Buddha
10	Hotel Marshyangdi
11	Blue Ocean G.H.
12	Lucky Star G.H.
13	Holyland G.H.
14	Lily G.H.
15	Hotel Iceland View
16	Khrua Thai Restaurant
17	Hotel Mandap
18	Capital G.H.
19	Holy Lodge
20	Prince G.H.
21	Rum Doodle Restaurant & Bar
22	Northfield Café
23	Hotel Garuda
24	Pilgrim's Book House & Feed 'n' Read Restaurant
25	Hot Breads Bakery & Restaurant
26	Kathmandu G.H.
27	Ying & Yang Restaurant
28	Greenleaves Restaurant
29	Third Eye Restaurant
30	Roadhouse Café
31	Supermärkte
32	K.C.'s Restaurant
33	Pumpernickel Bakery & Café
34	Supermarkt
35	Fire & Ice Pizzeria
36	Imperial G.H.
37	Shangrila G.H.
38	White Lotus G.H.
39	Mustang Holiday Inn
40	Hotel Holy Himalaya
41	Fuji G.H.
42	Hotel Blue Diamond
43	Tibet Rest House
44	Lhasa G.H.
45	Utse Hotel & Restaurant
46	Kantipur Temple House
47	Beijing Hotel
48	Norling G.H.
49	Potala G.H.
50	New Narayan Restaurant
51	Everest Steak House
52	Tibet G.H.
53	Trans Himalayan G.H.
54	Nirvana G.H.

Wem Thamel zu hektisch ist, kann sich im **Garden of Dreams (Swapna Bagaicha)** perfekte Ruhe gönnen. Die wunderschöne Gartenanlage am Tridevi Marg/Ecke Kantipath (rechts von Keshar Bahal auf dem Plan) umfasst neo-klassische Pavillons, Wasserfontänen, Figuren und gepflegten Rasen, auf dem man sich auf geliehenen Kissen ausruhen kann. Angeschlossen ist ein gemütliches Café. Eintritt für Ausländer 160 Rs.

Unterkunft

Der zentrale Bereich von Thamel ist so eng mit Guest Houses, Restaurants, Geschäften und Bars bebaut, dass es hier sehr **laut und unruhig** sein kann. Generell sollte man Zimmer meiden, die nach vorn zur Straße hinaus gehen. Bei den meisten Unterkünften kann man **handeln,** selbst in der Hauptsaison sind Rabatte von 10 bis 25% möglich – natürlich nur, wenn das betreffende Hotel nicht voll belegt ist. Fast alle Guest Houses oder Hotels haben einen Dachgarten bzw. ein Dachrestaurant oder ein sonstiges Restaurant.

- An der äußersten Nordostseite von Thamel, genauer gesagt in einem kleinen Viertel namens Paknajol, befindet sich das hervorragende, für die Gegend untypisch teure **Hotel Malla.** Das Malla hat sehr komfortable Zimmer (A.C., Heizung, TV, Telefon) und einen wunderschönen Garten samt grellweißer buddhistischer Stupa. Die Zimmer kosten Einzel 105/120 US$, Doppel 130/156 US$, Suiten 204 und 268 US$; + 12% Steuer. Im Hotel befinden sich mehrere Restaurants und Bars, dazu Sauna, Jacuzzi und Fitness-Center. Falls man gehoben wohnen möchte und über Internet-Agenturen einen günstigen Preis bekommt, ist dies eine sehr empfehlenswerte Unterkunft. P.O. Box 787, Lekhnath Marg, Kathmandu, Tel. 01-4418383, 01-4410320, Fax 01-4418382, www.hotelmalla.com.
- Zwei Minuten Fußweg weiter westlich liegt das moderne und saubere **Hotel Kathman-**

du View. Zimmer mit Bad, A.C. und TV zu 12 US$ (Einzel), 20 US$ (Doppel), 16/25 US$ (und 30/45 US$ (Deluxe); + 10% Steuer. Die billigsten Zimmer sind ein wenig klein. Bei Buchung über die Website des Hauses 15% Rabatt, Nachlässe auch bei längeren Aufenthalten. Sehr empfehlenswert. Lekhnath Marg, Thamel, Kathmandu, Tel. 01-4417192, Fax 01-4426598, www.hotelkathmanduview.com.

• Gut ist auch das **Hotel Gauri Shankar** mit modernen, nicht allzu großen Zimmern (Bad, Telefon, TV) zu 14 US$ (Einzel) und 19 US$ (Doppel). Leknath Marg, Thamel, Kathmandu, Tel. 01-4417181, 01-441605, Fax 01-441587, shankar@wlink.com.np.

• Empfehlenswert ist das **Tibet Peace Guest House,** das über einen hübschen Garten verfügt, dazu eine gutes Restaurant mit nepalesischer, indischer und westlicher Küche hat. Zimmer von 5–20 US$, die billigsten ohne eigenes Bad, in der höheren Preislage mit TV und Balkon. Tel. 01-4381026, Fax 01-4381165, www.tibetpeace.com.

• Das **Yellow House** ist ein einfaches, aber sehr gutes Guest House gegenüber dem Tibet Peace Guest House. Geräumige Zimmer mit Bad zu 300 Rs., mit großem Garten und Restaurant – empfehlenswert, beliebt bei Backpackern. Tel. 01-44381186, theyellowhouse2007@gmail.com.

• In einer sehr ruhigen Gasse nördlich des Tridevi Marg, an der Nordostseite von Thamel, liegt das **Hotel Magnificent View.** Dies ist eine der ruhigsten Ecken in der Gegend, das Hotel liegt in einer Sackgasse und es gibt kaum Verkehr. Die Zimmer sind nicht spektakulär, aber ordentlich genug, haben Bad, A.C. und TV. Einzel 10 US$, Doppel 14 US$, dazu teurere und größere Zimmer zu 25/35 US$ und 50/60 US$. Die preiswertesten Zimmer bieten vielleicht den besten Gegenwert. P.O. Box 11026, Thamel, Keshar Mahal, Tel. 01-4437455, 01-440602, Fax 01-4424865, www.hotelmagnificent.com.

• Am Nordwestrand von Thamel liegt das saubere **Hotel Buddha.** Alle Zimmer mit Bad, Einzel 15 US$, Doppel 25 US$, Deluxe-Räume 30 US$; + 10% Steuer. P.O. Box 5439, Thamel, Kathmandu, Tel. 01-413366, 01-4425906, Fax 01-4413194, terai@ccsl.com.np.

• Sehr komfortabel und ruhig liegt das **Hotel Marshyangdi** mit eigenem Coffee Shop (Lumbini Café) und einer Dachgarten-Bar (Khukuri Bar). Zimmer mit Bad, TV, A.C. und WLAN-Internet zu 80 US$ (Einzel) und 90 US$ (Doppel), dazu eine kleine Suite zu 100 US$. Ermäßigungen sind möglich. Dies ist eine der besten Wohnmöglichkeiten in Thamel. P.O. Box 5206, Paknajol, Thamel, Kathmandu, Tel. 01-4700105, 01-470022, Fax 01-4710008, www.hotelmarchyangdi.com.

• Das **Hotel Iceland View,** wenige Schritte weiter südlich gelegen, hat einen sehr hilfsbereiten Besitzer, der auch das benachbarte Reisebüro Nuptse Travels leitet. Zimmer mit Bad 10 US$ (Einzel) und 16 US$ (Doppel), dazu je 12% Steuer. P.O. Box 4848, Thamel 29, Kathmandu, Tel. 01-4416686, Fax 01-4425744, icelandview@yahoo.com.

• Das **Hotel Mandap** hat ordentliche Zimmer (A.C., TV, Telefon) zu 30, 40 und 50 US$; + 13% Steuer und 10% Service Charge. In der Nebensaison werden die Preise automatisch um ca. ein Drittel gesenkt. Angeschlossen ist das gemütliche Kashtamandap Restaurant, in dessen Mitte zur kalten Jahreszeit ein Kaminfeuer lodert und den Raum erwärmt. Zum Essen (indisch/nepalesisch, westlich) spielt abends eine Band klassische nepalesische Musik. Ferner gibt es eine Bar und eine Bäckerei. P.O. Box 3756, Thamel, Kathmandu, Tel. 01-4700321, 01-4700435, Fax 01-4700734, www.hotelmandap.com.

• Eine der beliebtesten Herbergen im Zentrum von Thamel ist die **Holy Lodge.** Die Zimmer sind sauber und für die Qualität sehr preiswert. Zimmer ohne Bad 3–5 US$, mit Bad 7–15 US$. 15/81 Sat Ghumti, Thamel, Tel. 01-4416265.

• Das einige Schritte weiter links gelegene **Capital Guest House** (Tel. 01-4414150) hat Zimmer ohne Bad zu 5 und 8 US$, mit eigenem Bad zu 8 und 12 US$.

• Gegenüber liegt das einfache, aber gute **Prince Guest House** mit einem Dach- und einem herkömmlichen Garten. Zimmer mit Bad zu 6 und 8 US$, guter Gegenwert. Die Zimmer oben sind heller als die unten. Tel. 01-4700456, princeguesthouse@hotmail.com.

• Ganz hervorragend ist das **Hotel Garuda,** das Management äußerst hilfsbereit, die Zimmer sauber und groß. Das Hotel ist sehr beliebt bei den Teams von Bergexpeditionen, wie die zahlreichen Fotos von Bergsteigern in der Eingangshalle beweisen. Die Zimmer (alle mit Bad) kosten je nach Ausstattung Einzel 10/15/25/35 US$, Doppel 15/20/30/40 US$, jeweils + 13% Steuer. Die billigsten Zimmer haben kein Telefon oder TV; ab der zweitteuersten Kategorie mit Heizung, in der teuersten Kategorie zudem mit A.C. Insgesamt eine sehr gute Option, zudem absolut zentral in der Mitte von Thamel gelegen. Dem Haus angeschlossen ist der Garuda Coffee Shop. P.O. Box 1771, Thamel, Kathmandu, Tel. 01-4703340, 01-4700776, Fax 01-4700614, www.garuda-hotel.com.

- Zu den besten Unterkünften von Thamel zählt das **Kathmandu Guest House,** das zwar völlig zentral, aber auch günstig von der Straße zurückgesetzt liegt, sodass die Zimmer ziemlich ruhig sind. Allerdings ist die Bezeichnung „Guest House" irreführend, es handelt sich eher um ein solides Mittelklassehotel mit gehobenem Ambiente und einigen Souvenirshops auf dem Zufahrtsweg. Das Haus hat aber auch einige einfache Zimmer ohne Bad, ein gutes Zugeständnis an die weniger betuchten Reisenden. Kleine Zimmer ohne Bad zu unglaublich preiswerten 2/4 US$, etwas besser ohne Bad 4/6 US$, dazu Zimmer mit Bad und teilweise A.C. und TV in den Kategorien 10/14, 20/25, 30/35, 40/50 und 55/65 US$ – für jeden ist etwas dabei, sehr empfehlenswert. P.O. Box 2769, Thamel, Kathmandu, Tel. 01-4700632-3, Fax 01-4700133, kgh@thamel.mos.com.np.
- Das **Potala Guest House** ist eine der gehobeneren Unterkünfte und befindet sich schon in Chetrapati (wo auch immer die exakte Grenzlinie verlaufen mag). Die ordentlichen Zimmer (Bad) kosten Einzel 13/17 US$, Doppel 20/26 US$, Deluxe-Suite 48 US$; + 13% Steuer und 1% Service Charge. P.O. Box 5390, Chetrapati, Thamel, Tel. 01-4226566, 01-4220467, www.potalaguesthouse.com.
- Tadellos ist das **Tibet Guest House** mit freundlichem tibetischem Personal. Die sauberen Zimmer kosten Einzel/Doppel 16/20, 25/30, 35/40, 50/55 und 65/75 US$. Alle Zimmer mit Bad, in den höheren Preislagen auch mit A.C. und TV. Sehr empfehlenswert. P.O. Box 1132, Chetrapati, Thamel, Tel. 01-4260383, 01-4251763, Fax 01-4260518, www.tibetguesthouse.com.

Eine der allerbesten Wohngegenden von Thamel ist eine kleine Sackgasse im östlichen Außenbezirk des Stadtteils, genannt **Jyatha** (siehe Karte). Diese ist ausgesprochen ruhig, es gibt so gut wie keinen Verkehr. Hier bieten sich einige empfehlenswerte Unterkunftsmöglichkeiten:

- Das **Imperial Guest House** hat helle, saubere Zimmer mit Bad, Einzel 12 US$, Doppel 15 US$; + 10% Steuer. Thamel Bahadur Bhawan, Kathmandu, P.O. Box 5185, Tel. 01-42429339, imperialguesthouse@hotmail.com.
- Direkt gegenüber liegt das **Shangrila Guest House,** ein guter Ort, um mit Leuten Kontakt zu knüpfen, die schon Jahre in Nepal wohnen: Viele der Gäste sind in Forschungs- oder Hilfsprojekten tätig. Die kleinen Zimmer sind sauber und ein Superschnäppchen: 5 US$ Einzel, 10 US$ Doppel, jeweils ohne eigenes Bad. Tel. 01-4250188, 01-4439914, Fax 01-4255355, www.shangrilathamel.com.
- Das benachbarte **White Lotus Hotel** ist ebenfalls sehr preisgünstig: 250/300 Rs. ohne Bad, 400/500 Rs. mit Bad. Tel. 01-4249842, 01-4278703, wlotus@wlink.com.np.
- Die komfortabelste Unterkunft in diesem Zweig der Gasse ist das **Mustang Holiday Inn** mit sauberen und wohnlichen Zimmern (Dusche, Badewanne, TV, Telefon). Für die Qualität sehr preiswert. Einzel je nach Standard 20/25/30 US$, Doppel 25/35/40 US$; + 12% Steuer. Angeschlossen ist ein sauberes kleines Restaurant mit hauptsächlich westlicher Küche. Jyatha, Tahmel, Kathmandu, P.O. Box 3352, Tel. 01-42490041, 01-4249507, Fax 01-4249016, www.mustangholiday.com.
- Weiter südlich im anderen Zweig der Gasse, ebenfalls wunderbar ruhig, liegt das **Hotel Holy Himalaya.** Saubere und moderne Zimmer mit A.C., Bad und TV, dazu WLAN-Internet. Im 2. Stock befindet sich ein kleines Business-Center, in dem Gäste kostenlos Computer benutzen und im Internet surfen können. Sehr empfehlenswert. Einzel 24 US$, Doppel 34 US$, Deluxe-Version 49/69 US$,

dazu eine Suite zu 99 US$; + 13% Steuer und 10% Service Charge. Die Preise der teureren Zimmer lassen sich meist herunterhandeln. 117 Bramha Kumari Mar, Jyatha, P.O. Box 19538, Tel. 01-4263172-3, 01-4263177, Fax 01-4423207, 01-4250793, www.holyhimalaya.com.

- Rechts daneben liegt das ruhige **Fuji Guest House** mit sehr komfortablen sauberen Zimmern, teilweise mit Balkon. Ab 30/40 US$. P.O. Box 6209, Jyatha, Tel. 01-4250435-6, Fax 01-4229234, www.fujiguesthouse.com.
- In einer Gasse am Südende von Jyatha liegt das wunderschöne **Kantipur Temple House,** das einem traditionellen Newar-Haus nachempfunden ist. Die 32 Zimmer (Bad, TV) sind geschmackvoll eingerichtet und urgemütlich. Einzel je nach Ausstattung 55/85 US$, Doppel 85/125 US$, opulente Suiten 399 US$; + 13% Steuer und 10% Service Charge. Tel. 01-4250131, 01-4250129, Fax 01-4250078, www.kantipurtemplehouse.com.
- In der etwas größeren Hauptgasse von Jyatha liegt das gute **Blue Diamond Hotel.** Die Zimmer kosten mit Bad 12/15 US$, mit A.C. 18/22 US$, mit zusätzlichem TV 23/28 US$; + 10% Steuer. Angeschlossen ist das Munal Restaurant mit indischer, chinesischer und westlicher Küche. Jyatha, Thamel, P.O. Box 2134, Tel. 01-4226320, 01-226907, Fax 01-4626392, www.hotelbluediamond.ocm.

Restaurants

Lukullisch betrachtet ist Thamel ein Phänomen – man kann sich mit Kost aus aller Welt dick und trekkinguntauglich essen. Die **Auswahl** ist **riesig.** Da gibt es Dutzende von Restaurants mit westlicher Küche, vom Müsli über den Vollkorntoast bis zur Spinat-Lasagne und mit Käse überbackenen Zuchinis wird alles geboten, mit Knoblauch belegte Pizzas fehlen ebenso wenig wie Apfelstrudel mit Schlagsahne – alles in guter Qualität, auch wenn gelegentlich etwas eigenwillige Kreationen entstehen.

Die westliche Küche hielt Einzug in Nepal, als der berühmte *Boris* 1951 das allererste Restaurant des Landes eröffnete und darin u.a. Speisen aus der russischen Heimat kredenzte. Als anderthalb Jahrzehnte später die ersten Traveller auf dem strapaziösen Landweg in Nepal eintrafen, erkannten örtliche Geschäftsleute sofort, wonach es den Neuankömmlingen gelüstete: Wochen oder Monate mit Dal und Reis, Reis und Dal, gefolgt von Chapati und Dal und nochmals Reis hatten in ihnen ernsthafte Sehnsüchte nach guter alter Hausmannskost geweckt. Als Folge entstanden die **„Pie Shops“** oder „Kuchenläden“, die ein breites Sortiment an Naschwerk boten – von A wie Apfelkuchen bis Z wie Zimttorte. Ein Teil der Backprodukte wurde zudem mit „bewusstseinserweiternden“ Substanzen angereichert. Heute sind die Westkost-Restaurants aus Kathmandu nicht mehr wegzudenken und bieten eine gute Alternative zu den indisch-nepalesischen Restaurants.

- Eines der besten Restaurants in Thamel ist das **Northfield Café,** rechts neben Pilgrims' Book House gelegen. Das Café war ursprünglich ein Ableger von Mike's Breakfast in Naxal, mittlerweile aber hat man sich getrennt. Neben westlichen und mexikanischen Gerichten gibt es auch einige indische, und die fallen ausgesprochen lecker aus. Zudem sind sie nicht sehr scharf gewürzt, gut also für Neueinsteiger. Abends ist es etwas dunkel im Restaurant und man kann die Speisekarte kaum lesen, ansonsten ist hier alles bestens.
- Im benachbarten Gebäude befindet sich die kleine **Jesse James Bar,** die sich ebenfalls mexikanisch gibt – Spezialität Margueritas.
- An der Rückseite im Erdgeschoss von Pilgrims' Book House befindet sich ein sehr gutes vegetarisches indisches Restaurant, **Feed 'n' Read.** Es gibt nordindische Spiesen, aber auch die südindische Masala Dosa, ein knuspriger Teigfladen mit Gemüsefüllung. Der Clou ist die kleine Bücherei, die den Gästen zur Verfügung steht. Die Atmosphäre ist erfreulich ruhig, so wie es in Buchläden meist der Fall ist, und somit ist Feed 'n' Read ein guter Gegenpol zu den lauteren Restaurants des Viertels.
- Das **Roadhouse Café** ist ein schniekes, modernes Restaurant, das auch in Europa nicht fehl am Platze wäre, verziert mit Backsteinwänden und Topfpflanzen, und an der Tür steht eine Hostess, die die Gäste zum Tisch

geleitet. Serviert wird sehr gutes westliches Essen, darunter Pastagerichte, Pizzas, Suppen und Salate. Sehr empfehlenswert.

- Zwei gute Restaurants an der Südseite von Thamel, in Chetrapati, sind das **New Narayan Restaurant** und das **Cosmopolitan Restaurant.** Es gibt westliche Suppen und Hühnergerichte, Käseaufläufe und eine täglich wechselnde Palette von Kuchen.
- Das möglicherweise beste Restaurant für Pizzas in Thamel ist die von Italienern geleitete **Fire & Ice Pizzeria,** etwas zurückversetzt am Tridevi Marg gelegen. Die Pizzas kosten ab 250 Rs. und sind unglaublich gut, ebenso die Pastagerichte, kein Wunder also, dass das Restaurant abends meist gerammelt voll ist – mit Einheimischen ebenso wie mit Touristen. Zudem gibt es sehr gute Eiscreme. Vorhanden ist auch WLAN-Internet; wer länger online arbeiten will, sollte morgens oder mittags kommen, wenn es nicht so voll ist.
- Einen Besuch wert ist auch die **Pumpernickel Bakery,** hier gibt es Kuchen, Brötchen, Vollkornbrot und alles, was der teutonische Magen so an Getreideprodukten braucht. Aus dem Speiseraum ist mittlerweile ein smartes Café geworden, angeschlossen ist auch ein kleiner Garten mit Sitzgelegenheit.
- Äußerst beliebt ist das **Hot Breads,** etwas südlich des Pilgrims' Book House gelegen, das nach Filialen in der New Road, am Durbar Marg und in Patan nun auch in Thamel ansässig ist. Verkauft werden alle erdenklichen Arten von Backwaren, darunter ausgezeichnete Quiches mit Spinat oder Auberginen, Kuchen, diverse Brotsorten etc. Bei den Broten sollte man sich aber – wie in anderen ähnlichen Läden auch – darüber klar sein, dass sie manchmal besser aussehen als sie schmecken. Wer Heimatqualität erwartet, wird gelegentlich enttäuscht sein, europäische Brote sind halt ein „exotisches", nicht immer leicht zu reproduzierendes Lebensmittel in Nepal. Die Waren können zum Mitnehmen gekauft oder aber auf der Dachterrasse des Geschäfts verzehrt werden. Dort sind auch Getränke zu haben. Meist ist die Terrasse voll belegt.
- Sehr gut für Steaks ist das altbekannte **K.C.'s Restaurant,** ein Überbleibsel aus den ganz frühen Tagen von Thamel. Dazu gibt es Müsli, Porridge und italienische Speisen, alles überdurchschnittlich gut zubereitet, wenn auch nicht ganz billig.
- Das tibetische **Utse Restaurant,** einst am Tridevi Marg gelegen und eines der ältesten Restaurants von Thamel, befindet sich nun im neuen Utse Hotel. Hotel und Restaurant werden von derselben Familie betrieben. Die Zimmer im Hotel sind zwar sehr sauber, aber etwas ungemütlich eingerichtet; das Restaurant aber gilt als eines der besten tibetischen Lokale der Stadt. Der richtige Ort, um sich an Momos, den beliebten Fleisch- oder Gemüseklößen, zu laben!
- Das **Ying Yang Restaurant** in der Nähe des Kathmandu Guest House ist ein gehobenes Thai-Restaurant mit Sitzgelegenheit im Villaähnlichen Gebäude oder im Garten. Authentische Thai-Speisen zu gehobenen Preisen. 800 bis 1000 Rs. für zwei Personen.
- Ein weiteres Thai-Restaurant ist das Open-Air-Lokal **Khrua Thai** gegenüber dem Hotel Mandap. Hohe Preislage, ca. 1500 Rs. für zwei Personen.
- Das **Third Eye Restaurant** gegenüber dem Ying Yang hat zum Teil Sitzgelegenheiten mit Kissen und niedrigen Tischen und ist ein Überbleibsel aus den frühen Tagen des Nepal-Tourismus. Serviert wird sehr gutes indisches Essen, dazu eine kleinere Auswahl an europäischen Speisen.
- Weiter südlich an derselben Straße findet sich das **Green Leaves Restaurant,** wo hauptsächlich im Freien gegessen wird. Gute internationale Küche, leicht gehobene Preise.
- Das **Rum Doodle Restaurant** ist ein Favorit von Bergsteiger-Teams und bietet gute Steaks und Pasta-Gerichte. Besonders beliebt ist die im Obergeschoss gelegene 40.000 ½ Foot Bar – ein guter Ort, um Bergsteigergarn zu spinnen. Die Namen von Restaurant und Bar stammen aus einer Roman-Persiflage, „The Ascent of Rum Doodle", in der der fiktive Berg Rum Doodle (40.000 ½ Fuß hoch) bestiegen wird. Wie gesagt: Bergsteigergarn.

Sonstiges

- Das **Pilgrim's Book House** nahe dem Kathmandu Guest House ist Thamels bestsortierter Buchladen. Es gibt Reise- und Trekking-

Führer, Romane, Bildbände u.v.m., alles in einer erstaunlichen Auswahl. Hier wird auch ein weltweiter Versand-Service geboten. Einer der besten Buchläden in Asien!

- **Vorsicht beim Schmuckkauf!** Einige der Schmuck- und Edelsteinhändler in Thamel haben ein sehr vertrauenerweckendes Gebaren, doch halten ihre Waren oft bei weitem nicht, was sie versprechen. Von Verheißungen, wie viel die Stücke im Westen doch wert seien, nicht blenden lassen!
- Vorsicht ist auch bei den privat betriebenen **Geldwechselbüros** in Thamel geboten. Die Kurse liegen oft erheblich unter den Bankkursen. Im Zweifelsfall hilft ein Blick in die Tageszeitungen „Kathmandu Post" oder „Rising Nepal", die täglich die neuesten Kurse veröffentlichen. Die Wechselstuben haben oft leicht voneinander abweichende Kurse, auch da lohnt ein Vergleich. Will man größere Beträge wechseln (z.B. 500 Euro oder mehr), ist Handeln angesagt!
- Die **Rikscha-Fahrer,** die sich in Thamel verdingen, zielen fast ausnahmslos auf Touristen als Fahrgäste ab. Handeln, handeln, handeln!

New Road (Juddha Sarak)

Die New Road wurde nach dem verheerenden Erdbeben von 1934 angelegt, um eine breite Zufahrtsstraße zum damaligen Königspalast zu schaffen. Der Initiator des Projekts war Premierminister **Juddha Shamsher Rana,** worauf die Straße den Namen Juddha Sadak oder „Juddhas Straße" bekam (der Vorname *Juddha* bedeutet so viel wie

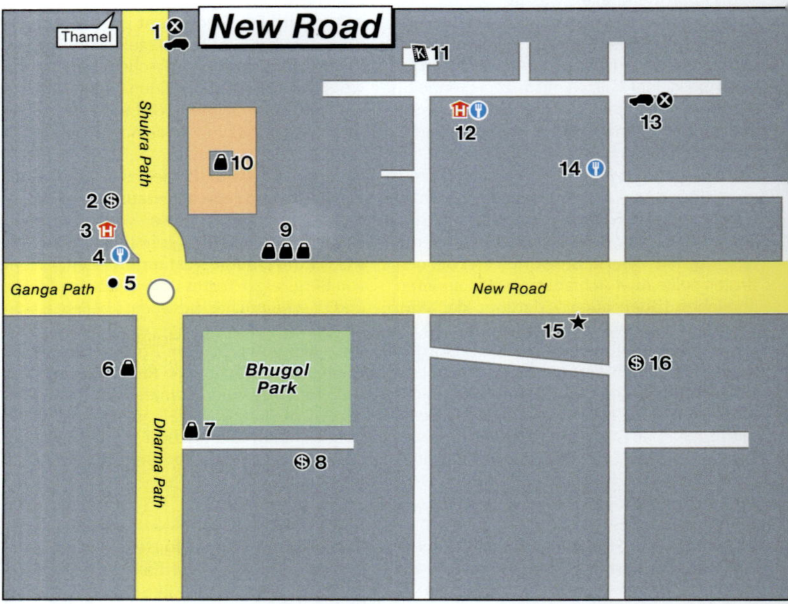

„Krieger“). Diesen Namen trägt sie heute noch, er wird aber nie benutzt, denn jeder kennt die Straße als „New Road“. An ihrem Westende steht die **Statue des Juddha,** mitten auf einer Verkehrsinsel, aber unbeachtet. Am anderen Ende der New Road, auf Höhe des Büros der Nepal Airlines, überspannt ein weißes Tor, das **New Road Gate,** verziert mit einigen Götterfiguren, die Straße. Unter den Göttern befindet sich auch der dickbäuchige, Wohlstand versprechende Ganesh, einer der Lieblingsgötter der Händler.

Die nur 200 m lange New Road und ihre Nebenstraßen sind **Kathmandus kommerzielles Zentrum,** beiderseits der Straße reihen sich die unterschiedlichsten Geschäfte aneinander. Viele Läden befinden sich im **Bishal Bazar** („Großer Markt“), Nepals ältestem Einkaufscenter. Als es in den 1980er Jahren eröffnet wurde, fanden sich unzählige Schaulustige ein, die die Rolltreppe des Centers bestaunten, die erste Rolltreppe im Land. Das Center war der Inbegriff der Modernität und eine Sensation. Heute steht es im Schatten neuerer, größerer Shopping-Center, z.B. des United World Trade Center im Stadtteil Tripureswor, nahe dem National Stadium.

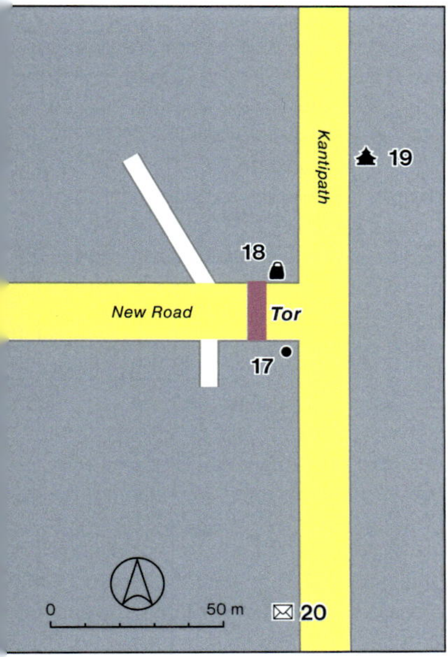

1 Mietwagen/Taxis
2 ATM
3 Hotel Classic
4 Aangan Restaurant
5 Kassenhaus zum Durbar Square
6 Fujiexpress
7 Zeitungshandel
8 Nepal Rashtra Bank
9 Fotoläden
10 Bishal Bazar
11 Ranjana Cinema
12 Marwari Sewa Samiti (Hotel)
Joshi Mahal (Rest.)
13 Mietwagen/Taxis
14 Nandan Restaurant
15 Pipal-Baum (Pipal Bot)
16 ATM
17 Nepal Airlines
18 Cottage Industries & Handicraft Emporium
19 Mahankal-Tempel
20 G.P.O. (Hauptpost)

ktm015 Foto: rk

Swastika am Guest House der Marwari Sewa Samiti in der New Road

Der Großteil der in der New Road angebotenen **Waren** stammt **aus Bangkok, Singapur und Hongkong** und wird von nepalesischen „fliegenden Händlern" säckeweise aus den genannten Orten herangeschafft. Viele dieser Zwischenhändler pendeln wöchentlich zwischen Kathmandu und Bangkok/Singapur/Hongkong. Wenn die Flüge der Nepal Airlines in diese Zielorte oft auf Wochen ausgebucht sind, liegt das oft an diesen Händlern, die ihre Tickets gleich im Paket buchen. Wer nach seinem Aufenthalt in Kathmandu in einen der genannten Orte weiterfliegt, sollte mit Käufen in der New Road vorsichtig sein. Mancher Geschäftsinhaber dort kann von thailändischen Reisegruppen erzählen, die voller Begeisterung „nepalesische" Souvenirs einkauften, die ein paar Tage zuvor aus Bangkok importiert worden waren.

Viele Geschäftsleute in der New Road **sind Inder** aus der Händlerkaste der Marwaris aus Rajasthan, einige wenige – vor allem die Edelsteinhändler – sind indische Moslems, ebenfalls aus Rajasthan. Die „Übernahme" der New Road durch indische Kaufleute wird von der einheimischen Bevölkerung nicht mit sonderlichem Wohlwollen betrachtet.

Eine markante, augenfällige Stelle an der New Road ist der ehrwürdige alte **Pipal-Baum,** in dessen Schatten sich Zeitungshändler und ein paar Schuhputzer niedergelassen haben. Der Pipal-Baum – auf Newari *Pipal Bot* genannt – ist über die Grenzen der Stadt hinaus bekannt und wird häufig als „Zeitungsbaum" bezeichnet. Darunter finden sich Leser ein, um eingehend die letzte Ausgabe der „Gorkhapatra" oder „Rising Nepal" zu studieren. Der Baum dient seit Generationen als Treffpunkt zu Verabredungen.

An der Südseite der New Road liegt der **Bhugol Park,** der „Globus-Park", dessen Mittelpunkt tatsächlich eine Erdkugel ist. Neben ein paar Kinderspielzeugen und einigen Sitzgelegenheiten hat der Park nicht viel zu bieten.

Nachmittags und am frühen Abend sind die Bürgersteige in der New Road voller Menschen, darunter viele junge Leute, die hier besonders gerne flanieren gehen, und es wird ziemlich eng und hektisch. Wer einkaufen will, tut es am besten morgens oder mittags.

Unterkunft

Wer in dieser Gegend nichts Passendes findet, kann sich in der nur wenige hundert Meter entfernten Freak Street (s.u.) umsehen. Dem Zentrum des Geschäftslebens in Kathmandu scheint es in den Jahren des Maoisten-Konflikts nicht gut ergangen zu sein – eine Anzahl von Restaurants und Hotels wurde während dieser Zeit geschlossen.

● Das **Hotel Classic** ist die teuerste Unterkunft der Gegend. Die Zimmer haben Bad, A.C. und TV. Einzel kosten 65 US$, Doppel 75 US$, die größeren Luxuszimmer 75/85 US$; + 11% Steuern. Die Preise sind zu hoch. Die meisten Gäste sind indische Touristen, die in Gruppen anreisen und weit weniger zahlen. Also: Handeln! Überdurchschnittlich gut ist das Restaurant im 3. Stock des Hotels; es gibt indische und ein paar westliche Gerichte. Speisen werden auch auf der Dachterrasse serviert, von der sich ein wunderbarer Ausblick auf einige Gebäude des Durbar Square und – ein paar Kilometer weiter im Hintergrund – auf Swayambhunath bietet. Ein Besuch ist besonders am frühen Morgen oder zum Sonnenuntergang zu empfehlen. New Road, Kathmandu, P.O. Box 29, Tel. 01-4222630, 01-4223636, 01-4247989, Fax 01-4224889.

● Einfach, aber preiswert sind die Zimmer der **Marwari Sewa Samiti,** einer Vereinigung der Marwaris, der indischen Händlerkaste, die hier so allgegenwärtig ist. Zimmer mit Bad ab 400 Rs., mit A.C. ab 800 Rs. Die Gäste sind zumeist ausgelassene indische Touristen, und ihr Lärm wird durch die Innenhof-Architektur noch verstärkt. Tel. 01-4236426, 01-4263713.

Restaurants

● Sehr gut, wenn auch etwas düster, ist das große Restaurant der Marwari Sewa Samiti, genannt **Joshi Mahal,** nach seinem Betreiber *Mr. Joshi* (*mahal* = „Palast"). Palastambiente ist leider nicht vorhanden, der Zugang erfolgt durch den Innenhof der Marwari Sewa Samiti; man achte an der Tür auf die aufgemalte Swastika, das hinduistische Hakenkreuz. Geboten werden leckere nord- und südindische Gerichte (vegetarisch) zu moderaten Preisen. Sehr beliebt ist die Thali (100 Rs.), die indische Version des nepalesischen Dal-Bhat-Tarkari.

● Das vegetarische **Nandan Restaurant** ist das beste indische Restaurant der Gegend und eines der besten der Stadt überhaupt. Man bekommt 5-Sterne-Qualität zum 2- bis 3-Sterne-Preis. Kredenzt werden äußerst leckere nordindische Speisen, dazu ein paar aus Südindien, wie z.B. Masala Dosa (80 Rs.). Sehr beliebt sind die Thalis (170 Rs.), Rundumgerichte mit mehreren Gemüse-Currys, Chapatis, Reis und anderen Zutaten. Andere Hauptgerichte kosten 60 bis 120 Rs. Sehr freundlicher Service. Das Restaurant ist nicht umsonst das Stammlokal vieler Geschäftsleute aus der New Road. Auch der weite Weg von Thamel zum Essen hierher lohnt sich.

ktm015 Foto: rk

Juddha-Statue in der New Road

●Das kleine vegetarische **Aangan Restaurant** an der Ecke Ganga Path/Shukra Path ist eine Art indischer Fast-Food-Laden und bietet preiswerte und leckere nord- und südindische Snacks, dazu Tee, Kaffee etc.

Sonstiges

●Sehr gut für Einkäufe von Souvenirs ist das **Cottage Industries & Handicraft Emporium,** ein staatliches Unternehmen zur Förderung einheimischer Handwerkskunst. Hier gibt es oft schönere Stücke von Bhaktapur-Holzschnitzereien als in Bhaktapur selbst, dabei auch noch günstiger. Außerdem werden sehr schöne Stoffe, Decken etc. angeboten. Im Gegensatz zu anderen Geschäften hat man zudem den Vorteil, sich von den Verkäufern vollkommen ungestört umsehen zu können – das Geschäft ist halt staatlich und die Angestellten bekommen ein festes Gehalt, egal wie viel oder wenig sie verkaufen!

●Sehr günstig kann der Kauf von **Kameras und Objektiven** in der New Road sein; im zentralen Bereich der Straße befinden sich mehrere kleine, aber sehr gut bestückte Kameraläden. Wer sich mit Kameras und Preisen auskennt – also auch eine brandneue Kamera von einer nur wenig gebrauchten unterscheiden kann –, macht wahrscheinlich einen sehr guten Handel. Die Kameras werden im Großhandel in Singapur oder Hongkong eingekauft und zu Preisen unter Singapur-Level abgegeben – vom Deutschland-Level ganz zu schweigen. Die besten Preise lassen sich erzielen, wenn man in Euro oder US-Dollar bar bezahlt. Nach eigener Erfahrung (Kauf mehrerer Kameras und Objektive) sind die Waren einwandfrei.

●An einem Haltepunkt schräg gegenüber dem Nandan Restaurant stehen **Taxis und Kleinbusse** (Vans), die sich günstig für Tages- oder auch längere Touren anmieten lassen. Handeln! Ein weiterer Taxi-Haltepunkt findet sich am Shukra Path, ca. 200 m nördlich vom Hotel Classic und ein paar Meter südlich des Indra Chowk.

●Am Dharma Path, an der Südostecke des Bhugol Park, bieten Straßenhändler ein großes Sortiment an **Zeitungen und Magazinen** feil. Darunter sind nepalesische und indische Blätter (englisch), aber auch Magazine aus dem Westen wie „Time" und „Newsweek". Unter den nepalesischen Büchern, die veräußert werden, findet sich nicht selten die nepalesische Ausgabe von **Hitlers „Mein Kampf",** auf Nepalesisch „Mero Sangharsh", was die wörtliche Übersetzung des deutschen Titels ist. Das Machwerk ist auf dem indischen Subkontinent ein Dauerbrenner. Zum Ausgleich findet sich auch Lektüre über kommunistische Befreier der Arbeiterklasse und nepalesische Volkshelden.

●Am Ganga Path, etwas weiter westlich in Richtung Freak Street (s.u.), finden sich einige sehr gut sortierte **Teeläden,** die vor allem einheimischen Tee verkaufen. Die Preise sind sehr niedrig.

Freak Street (Jhochhen Tole)

In den 1960er und -70er Jahren waren in der Jhochhen Tole zahlreiche Guest Houses und „Pie Shops" aus dem Boden geschossen, in denen sich die Flower-Power-Generation zum gemeinsamen Erkunden psychedelischer Sphären einfand. Die unmittelbare **Nähe zum Durbar Square** machte die Straße so anziehend. Heute geht es hier relativ ruhig zu, der große Tourismus ist nach Thamel abgewandert. Dennoch halten sich standhaft einige Guest Houses und Traveller-Restaurants, die den Wandel der Zeiten relativ unbeschadet überstanden haben. Wer nahe am Durbar Square und in weniger touristischem Trubel als in Thamel wohnen möchte, ist hier sehr gut aufgehoben. Es sind einige der preiswertesten Unterkünfte Kathmandus anzutreffen, gut geeignet für **Budget-Traveller.** Leute, die größeren Komfort gewohnt sind, finden hier jedoch kaum eine passende Bleibe.

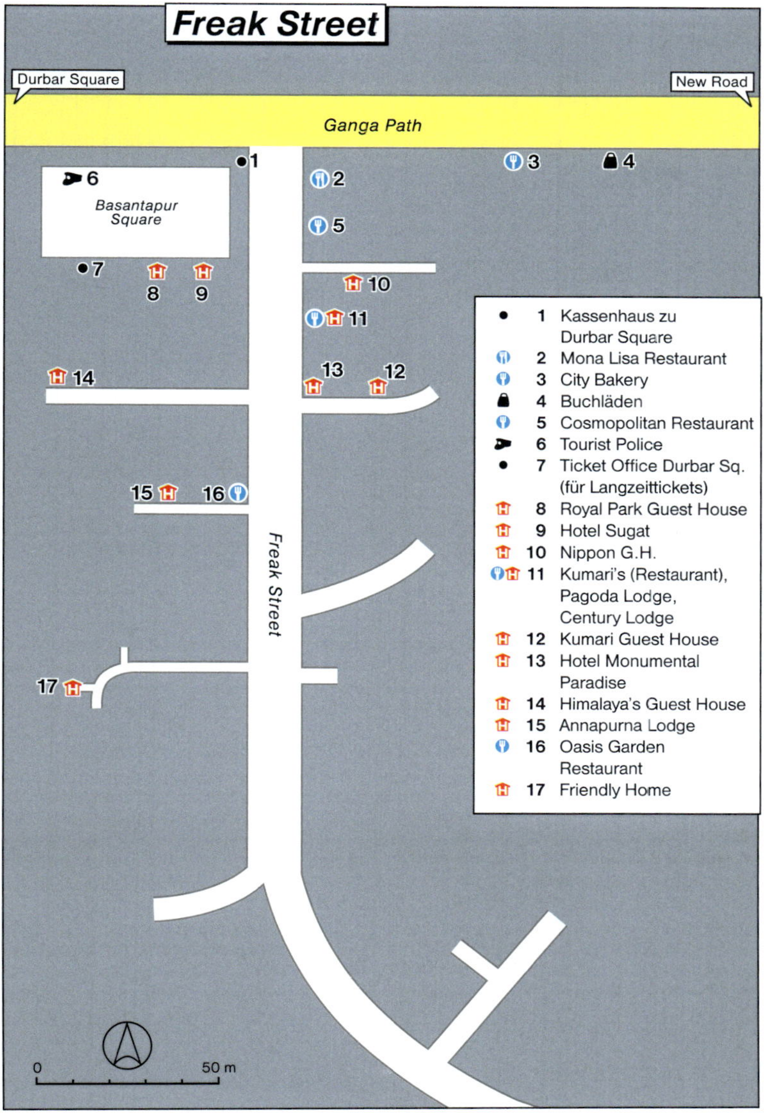
Freak Street
Durbar Square
New Road
Ganga Path
Basantapur Square
Freak Street
1
2
3
4
5
6
7
8
9
10
11
12
13
14
15
16
17
0
50 m
1 Kassenhaus zu Durbar Square
2 Mona Lisa Restaurant
3 City Bakery
4 Buchläden
5 Cosmopolitan Restaurant
6 Tourist Police
7 Ticket Office Durbar Sq. (für Langzeittickets)
8 Royal Park Guest House
9 Hotel Sugat
10 Nippon G.H.
11 Kumari's (Restaurant), Pagoda Lodge, Century Lodge
12 Kumari Guest House
13 Hotel Monumental Paradise
14 Himalaya's Guest House
15 Annapurna Lodge
16 Oasis Garden Restaurant
17 Friendly Home

ktm001 Foto: rk

Die legendäre Freak Street

Unterkunft

- Vom **Hotel Sugat** überblickt man den Basantapur Square und die Heerscharen von Souvenirhändlern darauf. Das Haus macht innen einen ein wenig vernachlässigten Eindruck, die Zimmer nach vorne hinaus, mit dem guten Ausblick, sind klein, finster und ohne Bad, die besseren Zimmer (mit Bad) liegen nach hinten, haben aber keinen Ausblick. Preis 10 bis 12 US$. Großartige Ausblicke bis nach Swayambhunath ergeben sich von der Dachterrasse. Tel. 01-4245824, Fax 01-4221824, maryman@mos.com.np.
- Das daneben gelegene **Royal Park Guest House** ist etwas moderner, hat aber auch nur einfache Zimmer mit Bad und TV zu 8/9 US$, solche ohne eigenes Bad zu 4/8 US$. Tel. 01-4247487, Fax 01-4258222, himalgst@hotmail.com.
- Das ca. 100 m weiter westlich am Durbar Square gelegene **Kumari Guest House** ist in einem traditionellen Newar-Haus untergebracht und hat einfache Zimmer ohne Bad zu 200 und 250 Rs., dazu gute Ausblicke auf den Durbar Square.
- Die **Century Lodge** ist eine der ältesten Unterkünfte in der Gegend (gegr. 1972) und bietet einfache, aber saubere und gemütliche Zimmer. Zimmer ohne Bad kosten Einzel 200 Rs., Doppel 300 Rs., Zimmer mit eigenem Bad befinden sich in einem neueren und weniger atmosphärischen Gebäudeteil, 400 Rs. Tel. 01-4247621, www.centurylodge.4t.com.
- **Himalaya's Guest House** ist eine der besseren Unterkünfte in der Freak Street, Tel. 01-4246556. Die sehr sauberen Zimmer verteilen sich auf sechs Stockwerke, von denen die in den oberen Stockwerken am beliebtesten sind – der Grund ist der gute Ausblick auf den nahen Durbar Square. Am beeindruckendsten ist die Aussicht von der Dachterrasse des Hauses, auf der sich auch Sitzmög-

lichkeiten finden. Zimmer ohne eigenes Bad kosten Einzel 250 Rs., Doppel 300 Rs., dazu gibt es Doppel mit eigenem Bad zu 500 Rs., die teureren Zimmer haben TV. Alle Preise + 10% Steuer.

- Ebenfalls eine der besseren Unterkünfte in der Straße ist die **Annapurna Lodge.** Die Zimmer sind einfach und sauber und kosten mit Bad 250 Rs., ohne Bad 175 Rs. (jeweils ein bis zwei Pers.); + 10% Steuer. Einige Zimmer haben einen kleinen Balkon. 5/665 Jhochhen Tole, Kathmandu-5, Tel. 01-4247684, 01-4245096.
- Sehr ruhig in einer Seitengasse liegt das **Nippon Guest House** mit sehr netten Zimmern mit Bad von 300 bis 500 Rs., dazu ein Dachgarten. Sehr empfehlenswert. Tel. 01-4251701, nipponguesthouse@mail.com.np.
- Das **Hotel Monumental Paradise** ist das modernste Haus in der Straße und gut für Leute, die ein klein wenig komfortabler wohnen wollen. Saubere, große, mit Teppich ausgelegte Zimmer und saubere Badezimmer. Nette Gartenterrasse, die höchste in der Umgebung. Über der Dachterrasse befindet sich ein weiteres Zimmer, das beste im Haus, eine Art Penthouse, das allen anderen vorzuziehen ist; mit tollem Ausblick. Die Zimmer an der rückwärtigen Hausseite haben Balkon. Einzel 300 bis 400 Rs., Doppel 400 bis 500 Rs., das Penthouse 700 Rs. Tel. 01-4240876, mparadise52@hotmail.com.

Restaurants

Die Auswahl ist bei weitem nicht so groß wie in Thamel, ein paar gute Restaurants gibt es dennoch.

- Recht gutes Essen serviert das **Oasis Garden Restaurant,** mit Sitzgelegenheit im Freien. Die Speisekarte enthält typische „Traveller-Gerichte", aber auch ein paar indische Currys.
- Zu den besseren Restaurants gehören weiterhin das **Mona Lisa, Kumari's Restaurant** und **Cosmopolitan Restaurant.**
- Das **Lunch Box** im Erdgeschoss der Sayami Lodge bietet preiswerte Gerichte, untermalt mit Rock-Musik aus der umfangreichen hauseigenen Kassetten-Sammlung.

Weitere Hotels

Nahe Bodhnath

- Kathmandus bestes Hotel befindet sich etwas westlich der Stupa an der Hauptstraße. Das **Hyatt Regency Kathmandu** ist vielleicht das einzige 5-Sterne-Hotel der Stadt, das seinen hohen Preis wert ist. Die Zimmer sind stilvoll mit viel traditionellem Ambiente ausgestattet und bieten allen modernen Komfort inklusive Internet (LAN und WLAN). Die ganze Anlage ist sehr großzügig und in Anlehnung an die traditionelle nepalesische Architektur gestaltet. Es gibt einen Garten samt Swimmingpool, von dem man die Stupa sehen kann, dazu drei Tennisplätze, ein Spielkasino, ein Spa, Ayurveda, ein Fitness-Center, es werden Yoga-Kurse angeboten, und essen kann man in vier Restaurants. Die Lage ist außer zu Besuchen der Stupa etwas ungünstig, das Hotel bietet aber einen kostenlosen Pendelservice in die Innenstadt. Zimmer zu 185/215/400/600 US$, dazu die Präsidenten-Suite zu 1000 US$, + jeweils 13% Steuer und 10% Service Charge. Bei Buchungen über Internet-Agenturen ab ca. 150 US$. Wer es sich leisten kann, sollte nicht lange zögern. Man bedenke, dass nur die Zimmer auf der Ostseite des Hauses Blick auf Bodhnath haben. P.O. Box 6909, Taragaon, Boudha, Tel. 01-4491234, Fax 01-44490033, kathmandu.regency.hyatt.com.
- Das **Maya Guest House** ist ein sehr gemütliches Guest House ein paar hundert Meter östlich von Bodhnath samt nettem kleinem Garten. Wohnliche Zimmer (Bad, Safe, Balkon) zu 18 US$ (Einzel) und 24 US$ (Doppel), mit Nachlass in der Off-Season. Frühstück und Flughafen-Transfer im Preis inbegriffen. Ein Teil des Personals spricht deutsch. Es werden Trekking- oder andere Touren angeboten. Sehr empfehlenswert. P.O. Box 1178, Bodhnath, Kathmandu, Tel. 01-4470266, Fax 01-4470261, www.maya-travels.com.
- **Hotel Stupa,** Einzel 15/20/25 US$, Doppel 20/25/30 US$, Frühstück jeweils inbegriffen. P.O. Box 1922, Bodhnath, Kathmandu, Tel. 01-4470400, 01-4470385.

•Das **Peace Guest House** nahe dem Eingang zur Stupa bietet anspruchslose, schlichteste Schlafsaalunterbringung zu 100 Rs.

•**Dragon Guest House,** links von der Stupa, saubere Zimmer mit guter Aussicht auf die Stupa zu 300 bis 500 Rs. Mit kleinem Garten, vegetarischem Restaurant (alledings werden Eier serviert) und Bücherei. Tel. 01-4496117, dragon@ntc.net.np.

•Das **Lotus Guest House** liegt östlich der Stupa hinter dem Dobsang Monastery, Tel. 01-4472320, 01-4478091. Zimmer ohne eigenes Bad ab 300 Rs., mit Bad ab 400 Rs. Mit kleinem Garten und guter Aussicht aus den Zimmern im 2. Stock.

•Das **Hotel Norbu Sangpo** liegt hinter der Stupa, einige Minuten Fußweg entfernt. Saubere, gemütliche Zimmer mit Bad von 40/60 US$ bis 70/85 US$ (Einzel/Doppel), dazu ein Apartment zu 60/75 US$. TV wird auf Wunsch gestellt, aber gegen Aufpreis. Ein gutes Hotel, aber vielleicht ein wenig überteuert – es empfiehlt sich, preiswerter über Internet-Agenturen zu buchen – oder zu handeln. Boudha, Phulbari-6, Tel. 01-4477301, 01-44482500, Fax 01-4492816, www.hotelnorbusangpo.com.

Nahe Flughafen/ Pashupatinath

•**Dwarika's Hotel,** Gewinner des „PATA Heritage Award", ein grandioses traditionelles Newar-Haus in Backsteinbauweise, mit den dazugehörigen wunderschönen Holzschnitzereien, altertümlich wirkend, aber dennoch hochkomfortabel. Manche der Fenster stammen aus dem 16. Jh. Mit Garten, Swimmingpool und Massageraum. Einige der Zimmer haben einen eigenen kleinen Innenhof. Das Wohnen hier ist sicher ein Erlebnis. Zimmer (Bad) ab 175 US$ (Einzel) und 180 US$ (Doppel), bis zu 220/230 US$ und 330/385 US$; + 13% Steuer und 10% Service Charge. P.O. Box 459, Battisputali, Kathmandu, Tel. 01-4479488, 01-4470770, Fax 01-4471379, www.dwarikas.com.

An der Straße nach Bhaktapur

•**The Everest Hotel,** Top-Hotel am Stadtrand von Kathmandu, mit einigen sehr guten Restaurants, Swimmingpool, Disco (Galaxy Disco), Kasino etc. Die Lage an einer verkehrsreichen Straße weit entfernt von den Sehenswürdigkeiten ist allerdings nicht sehr günstig. Einzel 130 US$, Doppel 140 US$, Suite 250/ 400 US$; + 13% Steuer und 10% Service Charge. Baneswor, P.O. Box 659, Kathmandu, Tel. 01-4780100, 01-488099, Fax 01-4780510, www.theeveresthotel.com.

•Weiter außerhalb, nahe dem großen Konferenzzentrum, findet sich das **Hotel Sunset View.** Das Haus hat einen hübschen japanischen Garten und ordentliche Zimmer mit Bad, A.C. und TV. 55/70 US$ für Zimmer mit Aussicht auf den Garten, 75/80 US$ für Zimmer mit Ausblick auf das Kathmandu Valley; + 13% Steuer, Ermäßigungen möglich. New Baneswor, Tel. 01-482172, 01-482524, Fax 977-1-482219, www.hotelsunsetview.com.

ktm017 Foto: rk

„Bar Girl" in einer „Dance Bar"

Am Westrand Kathmandus

• **Hotel Soaltee Crowne Plaza,** gute Adresse für Reisende ohne Budget-Limit, jeder erdenkliche Luxus, ein Spielkasino und hervorragende Restaurants. Das Hotel ist ruhig am Stadtrand gelegen und umfasst ein weitläufiges, parkähnliches Gelände. Dennoch bei weitem nicht so gut wie das Hyatt (s.o.). Einzel ab 180 US$, Doppel ab 190 US$, dazu Suiten von 400 bis 900 US$; + 13% Steuer und 10% Service Charge. Man versuche, über Internet-Agenturen einen besseren Preis zu bekommen. P.O. Box 97, Tahachal, Kathmandu, Tel. 01-4273999, Fax 01-4272205, www.ichotelsgroup.com.

Nahe Swayambhunath

• Nahe der östlichen Treppe zu Swayambhunath steht das moderne **Hotel Manjushree Swayambhu Peace,** zum Teil mit guten Ausblicken auf die Stupa. Saubere Zimmer mit Bad zu 20 US$ (Einzel) und 25 US$ (Doppel); + 10% Steuer. Tel. 01-4275540, Fax 01-4275440.

• Das **Haus Namaste** ist ein wunderbar ruhig gelegenes, gemütliches Privathaus abseits der Straße Tachupal; ein Schild weist an der Abzweigung zum Haus hin. Es gibt zehn sehr nette Zimmer (Bad), zum Teil mit großartigem Ausblick auf Swayambhunath und Kathmandu – sehr zu empfehlen. Einzel 15 US$, Doppel 20 US$, Frühstück inbegriffen. P.O. Box 4014, Chhauni, Kathmandu, Tel. 01-4276483, hausnamaste@infoclub.com.np.

• Das **Hotel Vajra** ist ein wunderschönes traditionelles Newar-Haus in ruhiger Lage; für die Qualität keineswegs teuer, ein eigenes Transportmittel (z.B. Fahrrad) könnte aufgrund der abgeschiedenen Lage allerdings nötig sein. Deutsch-nepalesisches Management. Ayurvedische Massage, WLAN-Internet. Zimmer im alten Flügel ohne Bad (aber mit Waschbecken) zu 14 US$ (Einzel) und 16 US$ (Doppel), Zimmer mit eigenem Bad 33/38 US$, ebenfalls im alten Flügel. Luxuriösere Zimmer zu 41/44 US$ und 53/61 US$ im neuen Flügel, dazu Suiten zu 85/90 US$; + 13% Steuer und 10% Service Charge. Insgesamt empfehlenswert. Bijeshwari, Swayambhu, Kathmandu, Tel. 01-4271545, Fax 01-4271695, www.hotelvajra.com.

In Lazimpat/Maharajganj

Diese Stadtteile gehören zu den ruhigsten und angenehmsten in Kathmandu. Hier lässt es sich hervorragend wohnen, kein Wunder also, dass hier viele Botschaften und deren Personal angesiedelt sind. Der Nachteil ist, dass man vom touristischen Hauptgeschehen ziemlich weit entfernt ist.

• **Hotel Manaslu,** ruhig gelegenes Hotel mit kleinem Garten-Restaurant. Einzel 28 US$, Doppel 32 US$ (jeweils mit Bad). Lazimpat, Kathmandu, Tel. 01-4410071, Fax 01-4416516.

• **Shangri-La,** Luxushotel mit Swimmingpool, Shopping-Arkaden etc. Einzel ab 120 US$, Doppel 140 US$, Suiten bis zu 300 US$; + 13% Steuer und 10% Service Charge. Lazimpat, P.O. Box 655, Kathmandu, Tel. 01-4412999, 01-4437742, www.hotelshangrila.com.

• **Hotel Shankar,** in einem alten Rana-Palast untergebrachtes Luxushotel mit sehr gutem Restaurant (Kailash Restaurant). WLAN-Internet. Einzel 90 US$, Doppel 105 US$, Suite 125 US$; + 13% Steuer und 10% Service Charge. 20% Rabatt bei Buchung über die Website des Hotels. P.O. Box 350, Kathmandu, Tel. 01-4410151-2, Fax 01-4412691, www.shankarhotel.com.

• **Marco Polo Business Hotel,** moderne Zimmer mit A.C., Bad und Internet, Einzel 40 US$, Doppel 50 US$; + 13% Steuer und 10% Service Charge. P.O. Box 2769, Kamalpokhri, Tel. 01-4416432, Fax 01-4418832.

• **Radisson Hotel Kathmandu,** großes, modernes Hotel mit nicht sonderlich originellen Zimmern ab 175 US$, + 13% Steuer und 10% Service Charge. Mit Swimmingpool, Spielkasino usw. Lazimpat, Tel. 01-4411818, www.radisson.com/kathmandune.

Weitere Restaurants

- Das **Al Fresco Restaurant** im Hotel Soaltee Crowne Plaza ist das wohl beste italienische Restaurant Kathmandus. Es gibt sehr gute Pizzas, Suppen, Salate, Lasagne und andere italienische Spezialitäten. Ein Essen für zwei Personen ohne alkoholische Getränke ist ab ca. 2000 Rs. zu haben.
- **The Far Pavilion Restaurant** (im Hotel Everest) ist benannt nach einem Roman, der in Indien spielt. Das Essen ist hervorragend, das Interieur gediegen, der Service umsichtig, aber nicht aufdringlich, und abends werden Ghazals vorgetragen. Vom Restaurant im 7. Stock hat man eine tolle Aussicht auf Kathmandu. Ab ca. 2000 Rs. für zwei Personen.
- Das **Bhanchha Ghar** (nepalesisch für „Küche") in Kamaladi ist das edelste Restaurant mit rein nepalesischer Kost, untergebracht in einem alten umgebauten Newar-Haus. Wer das nepalesische Standardmenü von Dal-Bhat-Tarkari leid ist, kann sich hier davon überzeugen, dass die einheimische Küche mehr zu bieten hat. Ab ca. 2000 Rs. für zwei Personen.
- **Mountain City Restaurant,** im sehr guten Hotel Malla situiert, ist dies möglicherweise das beste chinesische Restaurant Nepals. Es gibt die Küche Sichuans, perfekt serviert. Ab ca. 2000 Rs. für zwei Personen.

Unterhaltung/ Nachtleben

Das Spektrum an Unterhaltungsmöglichkeiten ist relativ begrenzt, außer in Thamel, wo zahlreiche Pubs und Bars auf Kundschaft warten. Ein sehr auffälliger Zuwachs in den letzten Jahren sind die **„Dance Bars".** Diese annoncieren gelegentlich Exotisches wie z.B. eine „Naked Shower Show". Wer schon einmal in ähnlichen Bars in Thailand war, ahnt, worum es geht – auf einer Bühne tanzen nackte oder beinahe nackte Mädchen, die sich oft auch für andere Dienste anheuern lassen. Im Kathmandu Valley soll es inzwischen 2000 solcher – zumeist kleinen – Bars geben. Dazu kommen die sogenannten **„Cabin Restaurants",** d.h. Restaurants, in denen die Tische durch eine Art Sichtblende nicht einsehbar sind und die männlichen Gäste mit den Kellnerinnen anbandeln können. Diese Etablissements sind zum großen Teil ein Resultat des lang anhaltenden Maoisten-Konflikts und der Verarmung weiter Bevölkerungsteile. 2008 erklärte die maoistisch-kommunistische Regierung, mit den unsittlichen Aktivitäten Schluss machen zu wollen.

In Thamel gibt es heute alle 50 m eine „Dance Bar". Die Drinks sind nicht allzu teuer (130–150 Rs.) und die Musik, zu der die Damen tanzen, kann ganz hörenswert sein – oft ist es moderne Hindifilm-Musik, eine Mischung aus traditioneller indischer Schlagermusik sowie Bhangra, Rap und Rock. In vielen Bars geht es allerdings rein um **Abzocke:** Die Rechnungen sind oft überhöht, dazu werden männliche Gäste vom weiblichen Personal genötigt, ihnen Drinks zu spendieren. Die sind meist bloß Zuckerwasser, bezahlt werden muss aber der Preis für ein teures alkoholisches Getränk. Wer schon einmal in den Bars von Bangkok war, kennt das Spiel. Es ist erstaunlich, wie ähnlich die Szene geworden ist – wenn auch in Kathmandu noch nicht so krass wie in Bangkok. Neben diesen Bars gibt es eine große Zahl von Massage-Salons in Thamel, und nicht immer geht es nur um Massage ...

In Thamel finden sich natürlich auch ganz **„normale" Bars.** Die Rum Doodle Bar (siehe „Restaurants") zieht ein buntes Volk an, Bergsteiger, Abenteurer, Lebenskünstler, Langzeit-Traveller und Urlauber. Die Ultimate Planet Bar zwischen Kathmandu Guest House und dem Ying Yang Restaurant ist eine etwas gediegenere Angelegenheit, mit nobler Ausstattung und einer guten Sound- und Lichtanlage. Der Tom & Jerry Pub gegenüber Pilgrim's Book House hat laute Live-Musik und ein paar Pool-Tische zu bieten. Die im Kellergeschoss gelegene Underground Bar nahe dem Thamel Chowk spielt laute Musik und bleibt länger geöffnet als die meisten anderen Bars. Offiziell müssen die Lokale um 22 Uhr schließen, in Thamel geht das Treiben aber meist viel länger.

Discos gibt es nur wenige, so die Moon Sun Disco im Heritage Plaza in Kamaladi und den Club X-Zone nahe Durbar Marg. Westliche Männer sollten ein wenig umsichtig agieren: Wenn (angetrunkene) nepalesische Männer das Gefühl haben, dass die Touristen „ihren" Frauen nachstellen, kann es böses Blut geben. Prügeleien in Nachtlokalen sind keine Seltenheit. Der Club Dynasty am Durbar Marg ist ein beliebter Schwulentreff, hat aber auch Hetero-Publikum.

Eine interessante, wenn auch nicht immer gewinnbringende Nacht könnte man in einem der **Spielkasinos** der Stadt verbringen. Mittlerweile gibt es sechs, alle sind rund um die Uhr geöffnet. Wie in allen Kasinos der Welt gibt es keine Uhren, die die Gäste zur Heimkehr mahnen könnten. Zu den Kasinos haben **nur Nicht-Nepalesen** Zutritt, und die Polizei macht gelegentlich Razzien, um Nepalesen einzukassieren (und deren Spielgeld!). Manche Nepalesen geben sich als Inder aus, um Einlass zu erhalten. In ihrem Übereifer verhaftet die Polizei auch schon mal echte Inder, die unglücklicherweise ihre Nationalität nicht beweisen können (für Inder besteht zur Einreise nach Nepal keine Passpflicht). Die Chips in den Kasinos werden normalerweise in Indischen Rupien ausgestellt (zum normalen Wechselkurs von 1 Ind. Rupie = 1,60 Nep. Rupien), in US-Dollars geht es aber auch. Wer nicht spielen will, kann trotzdem hineingehen und sich an dem meist sehr guten, nicht sehr teuren Essen schadlos halten. Von den Kasinos fahren regelmäßig hauseigene Busse, die die Gäste zurück in die Innenstadt bringen. Außer dem Yak & Yeti und dem Annapurna liegen die Hotels mehr oder weniger außerhalb.

Folgende Kasinos gibt es:

- **Casino Nepal,** im Hotel Soaltee Crowne Plaza, Tel. 01-4270244.
- **Casino Anna,** im Hotel de l'Annapurna, Tel. 01-422865.
- **Casino Everest,** im gleichnamigen Hotel, Tel. 01-4488100.
- **Casino Royale,** im Yak & Yeti Hotel, Tel. 01-4225550.
- **Casino Tara,** im Hyatt Regency, Tel. 01-4491234.
- **Casino Rad,** im Radisson Hotel, Tel. 01-4420311.

Wichtige Adressen und Telefonnummern

- **Polizei** (District Police Office Kathmandu), Tel. 01-4261790, 01-4261945.
- **Tourist Police,** Tel. 01-4247041.
- **Feuerwehr,** Tel. 01-4221177.
- **Telefonauskunft** (Inland) 180, (Indien) 187, (international) 186, (allgemein) 197.

Fluggesellschaften (Auswahl)

Zu den nepalesischen Fluggesellschaften siehe „Praktische Tipps A–Z/Verkehrsmittel".

- **Aeroflot,** P.O. Box 5640, Kamaladi, Kathmandu, Tel. 01-4226161, 01-4227399.
- **Air France,** c/o GSA/SR Enterprises, P.O. Box 256, Durbar Marg, Kathmandu, Tel. 01-4223541, 01-4223339, 01-4248059, Fax 01-4226642.
- **Air India,** P.O. Box 314, Hattisar, Kathmandu, Tel. 01-4415637, 01-4416721.
- **Alitalia,** P. O. Box 482, Durbar Marg, Kathmandu, Tel. 01-4222339.
- **Bangladesh Biman Airlines,** Kamal Pokhari, Kathmandu Tel. 01-4416582, 01-4422330.
- **British Airways,** Durbar Marg, Kathmandu, Tel. 01-4222266, 01-4226611, Fax 01-4225241.
- **Cathay Pacific Airways,** P.O. Box 5351, Kamaladi, Kathmandu, Tel. 01-4248944, 01-4248947, Fax 01-4248947.
- **China Airlines,** P.O. Box 821, Hattisar, Kathmandu, Tel. 01-4412778, 01-4419573, Fax 01-4412687.
- **Druk Airlines,** P.O. Box 4794, Durbar Marg, Kathmandu, Tel. 01-4225166, 01-4255794, 01-4246830, Fax 01-4227229.
- **Eva Airways,** Lazimpat, Kathmandu, Tel. 01-4414318.
- **Indian** (zuvor Indian Airlines), P.O. Box 300, Hattisar, Kathmandu, Tel. 01-4414596, 01-4472647, 01-4410906, Fax 01-4419649.
- **Japan Airlines,** P.O. Box 283, Durbar Marg, Kathmandu, Tel. 01-4222838, 01-4224854, 01-4223871, Fax 01-4227289.
- **KLM Royal Dutch Airlines,** P.O. Box 629, Durbar Marg, Kathmandu, Tel. 01-4224895, 01-4224896, 01-4224937, Fax 01-4224797.
- **Kuwait Airways Corporation,** P.O. Box 3263, Kantipath, Kathmandu, Tel. 01-4249887, 01-4249387, Fax 01-4249392.
- **Lot Polish Airlines,** Durbar Marg, Kathmandu, Tel. 01-4223339.
- **Lumbini Airways (P) Ltd.,** P.O. Box 6215, Min Bhawan, Kathmandu, Tel. 01-4482725, 01-4482728, Fax 01-4483380.
- **Necon Air,** P.O. Box 10038, New Road, Kathmandu, Tel. 01-4473860, 01-448056, Fax 01-4471459.
- **Pakistan International Airlines,** Durbar Marg, Kathmandu, Tel. 01-4223103, 01-4227429, Fax 01-4220106.
- **Philippine Airlines,** P.O. Box 2951, Kantipath, Kathmandu, Tel. 01-4226262, 01-4225608.
- **Qatar Airways,** P.O. Box 41634, Kantipath, Kathmandu, Tel. 01-4253008, 01-4257712, 01-4256579, Fax 01-4227132.
- **Quantas Airways,** P.O. Box 1307, Durbar Marg, Kathmandu, Tel. 01-4220245, 01-4221774.
- **Royal Brunei Airlines,** P.O. Box 5519, Kamaladi, Kathmandu, Tel. 01-4410208, 01-4413734, Fax 01-4410576.
- **SAS Airlines,** P.O. Box 2727, Kupondol, Lalitpur, Tel. 01-4524232, 01-4524732, Fax 01-4521880.
- **Saudi Arabia Airlines,** P.O. Box 3263, Kantipath, Kathmandu, Tel. 01-222787, 01-227387.
- **Singapore Airlines,** P.O. Box 483, Durbar Marg, Kathmandu, Tel. 01-4225057, 01-4220759, 01-4225363, Fax 01-4226795.
- **Srilankan Airways,** Durbar Marg, Kathmandu, c/o Zenith Travels, Durbar Marg, Kathmandu, Tel. 01-4261288, Fax 01-4223162.

Die Göttin Durga auf einem Wandgemälde am Pashupatinath-Tempel

- **Thai Airways International,** P.O. Box 12766, Durbar Marg, Kathmandu, Tel. 01-4221247, 01-4225084, Fax 01-4221130.
- **United Arab Emirates,** Kantipath, Kathmandu, Tel. 01-4220579.

Auslandsvertretungen (Auswahl)

Falls nicht anders angegeben, handelt es sich um eine Botschaft; ansonsten steht in Klammern „Konsulat".

- **Bangladesch,** Embassy of the People's Republic of Bangladesh, P.O. Box 789, Chakrapath, Maharajganj, Kathmandu, Tel. 01-4372843, Fax 01-4373265, bdootktm@wlink.com.np.
- **Belgien** (Konsulat), P.O. Box 3022, Bhagwan Bahal, Thamel, Kathmandu, Tel. 01-4418922.
- **China,** Embassy of the People's Republic of China, P.O. Box 6327, Baluwatar, Kathmandu, Tel. 01-4411740, Fax 01-4414045.
- **Deutschland,** Gyaneshwor, P.O. Box 226, Kathmandu, Tel. 01-4412786, 01-4426527, 01-4416655, Fax 01-4416899, www.kathmandu.diplo.de. Geöffnet Mo bis Fr 9–12 Uhr. In Notfällen kann außerhalb dieser Zeit angerufen werden. Es steht nepalesisches Personal bereit, das ggf. einen deutschen Botschaftsangehörigen kontaktiert.
- **Europäische Kommission,** Delegation of the European Commission, P.O. Box 6754, 4/7 Baluwatar, Kathmandu, Tel. 01-4423569, Fax 01-4423541, eudelnep@mos.com.np.
- **Indien,** Lainchaur, Kathmandu, Tel. 01-4410900, Fax 01-44413132, Indemb@mos.com.np.
- **Myanmar,** Embassy of the Republic of Myanmar, Chakupat, Patan Gate, Lalitpur, Tel. 01-5521788, Fax 01-5523402, Emb@myanmar.wlink.com.ne.

ktm018 Foto: rk

ktm019 Foto: rk

Gebet vor einer Jugendstilfigur im Seto-Machhendranath-Tempel

- **Niederlande** (Konsulat), Bakhundole Height, Patan, Tel. 01-5523444, 01-5522915.
- **Österreich** (Konsulat), P.O. Box 126, Hattisar, Kathmandu, Tel./Fax 01-4434891. Geöffnet Mo bis Fr 9–12 Uhr.
- **Pakistan,** Embassy of the Islamic Republic of Pakistan, Pushpanjali, Maharajganj, Kathmandu, Tel. 01-4374024, Fax 01-4374012, parepktm@wlink.com.np.
- **Schweiz** (Konsulat), P.O. Box 4486, Jawalakhel, Patan, Tel. 01-55384388, Fax 01-55384246. Geöffnet Mo bis Fr 10–12 Uhr.
- **Thailand,** Royal Thai Embassy, Tel. 01-4371410, Fax 0-1-4371408, thaiemb@wlink.com.np.

Krankenhäuser

- **Ayurved Hospital,** Tundikhel, Tel. 01-4221119.
- **Bhaktapur Hospital,** Doodh Pati, Tel. 01-6610676.
- **Bir Hospital,** Notaufnahme, Tundikhel, Tel. 01-4226984, 01-4221988, 01-4223807.
- **Birendra Police Hospital,** Maharajganj, Tel. 01-4412530, 01-4412430.
- **Birendra Army Hospital,** Chhauni, Tel. 01-4271940, 01-4271965
- **Blood Bank,** Bhrikuti Mandap, Tel. 01-4225344.
- **Central Jail Hospital,** Nakkhu, Tel. 01-4212443, 01-4215466.
- **Community Hospital,** Jorpati, Tel. 01-4470874.
- **Eye Hospital,** Tripureswor, Tel. 01-4250691.
- **Homeopathic Hospital,** Harihar Bhawan, Tel. 01-5522092.
- **Infectious Diseases Hospital,** Teku, Tel. 01-4211112, 01-4211334.
- **Kanti Children Hospital,** Maharanjganj, Tel. 01-4411134, 01-4411140, 01-44111150.
- **Kantipur Dental Hospital,** Bansbari, Tel. 01-4371603.
- **Maternity Hospital,** Thapathali, Tel. 01-4253276, 01-4253277.
- **Mental Hospital,** Lagankhel, Patan, Tel. 01-5521612, 01-5521333.
- **Patan Hospital,** Lagankhel, Patan (bestes Krankenhaus in Nepal), Tel. 01-5522566, 01-5521048, 01-5522266.
- **Til Ganga Eye Hospital,** Til Ganga, Tel. 01-4476575, 01-4474937.
- **TU Teaching Hospital,** Maharanjganj, Tel. 01-4412707, 01-4412808, 01-4412505.

Krankenwagen

Ambulance Bishal Bazar, New Road, Tel. 01-4244121; Ambulance Kathmandu Model Hospital, Bagh Bazar, Tel. 01-4240805-6; Ambulance Lalitpur Municipality, Pulchowk, Patan, Tel. 01-5527003; Ambulance Nepal Chamber of Commerce, Tel. 01-4230213; Ambulance Nepal Red Cross Society, Tel. 01-

4228094; Ambulance Paropakar, Tel. 01-4251614; Ambulance Shiva Sakti Yuba Sewa, Kathmandu, Tel. 01-4478111; Lions Club of Kathmandu Central, Kathmandu, Tel. 01-4472211; Strongtsen Bhrikuti Samajik Tatha Sanskritik Uthan Sangh, Boudha, Tel. 01-4473166.

Kulturelle Einrichtungen

- **American Library,** Embassy of the United States of America, Maharajganj, Kathmandu, Tel. 01-4007200. Bücher über die USA, Magazine und Zeitschriften, Möglichkeit der Internet-Recherche.
- **British Council Library,** Lainchaur, Kathmandu, Tel. 01-4410798.
- **French Cultural Centre,** Bagh Bazar, Tel. 01-4224326.
- **Goethe-Zentrum** (Partner des Goethe-Instituts), 181 Panchayan Marg, Thapathali, Kathmandu, Tel. 01-42507871, Fax 01-4150128, www.goethe-kathmandu.com. Mit Bücherei und Mediencenter, man kann deutsche Filme sehen oder vom Internet Gebrauch machen.
- **International Buddhist Library,** Swayambhunath.
- **Nepal National Library,** Harihar Bhawan, Pulchowk, Patan, Tel. 01-5521132, www.nnl.gov.np.
- **Kaiser Library,** Keshar Mahal, Kantipath, Tel. 01-4411318, www.klib.gov.np.

Nepali-Sprachschule

- **Kathmandu Institute of Nepali Language,** Bhagwan Bahal, Thamel, Kathmandu, Tel. 01-4437454, www.ktmnepalilanguage.com.

Internationale Organisationen

- **GTZ,** Neer Bhawan, Sanepa, Patan, Tel. 01-5523228, Fax 01-55231982, gtz-nepal@gtz.de.
- **UNESCO,** Jawalakhel, Patan, Tel. 01-5554396-7, 01-5554769, www.unesco.org/kathmandu.
- **UNICEF,** UN House, Pulchowk, Patan, Tel. 01-5523200, Anschluss 1100, kathmandu@unicef.org.
- **United Nations,** Pulchowk, Patan, Tel. 01-5223200, www.un.org.np.
- **US AID,** Rabi Bhawan, Kalimati, Tel. 01-4270144, subodh.adhikari@usaid.gov.
- **WHO,** UN House, Pulchowk, Patan, Tel, 01-5523200, Anschluss 1300, www.nep.searo.who.int.
- **World Bank,** Kantipath, Tel. 01-4226792, 01-4226766, www.worldbank.org.np.

Kreditkarten

- **American Express,** Kantipath, Tel. 01-4226172, 01-4227635, Fax 01-4226152-3. Geöffnet Mo bis Fr 10–13 und 14–16 Uhr; zur Rückerstattung verlorener oder gestohlener Reiseschecks ist ein Polizeiprotokoll vorzuweisen.
- **MasterCard und VISA,** c/o Travel Services, Kamaladi Complex, Kamaladi, Kathmandu, Tel. 01-4242638, 01-4215095-6, Fax 01-4238049.

Weiterreise

Mit dem Bus

Die wichtigste Busstation für Reisen innerhalb des Landes ist der **Gongbu Bus Park** an der Ring Road in Balaju, am nördlichen Rand der Stadt. Von hier fahren die meisten Busse zu Fernzielen im Lande ab. Der Busbahnhof wird inoffiziell auch oft „Kathmandu Bus Park" genannt. Er ist groß und chaotisch, die Ausschilderungen sind in der Regel nur in Nepali. Für alle wichtigen Ziele stehen Buchungsschalter zur Verfügung, an denen man die **Tickets** im Voraus erstehen kann. Es empfiehlt sich, die Tickets so früh wie möglich zu kaufen, mindestens aber einen Tag vor Fahrtantritt. Die **Preise** der Busse unterscheiden sich, je nachdem ob man einen Tag- oder Nachtbus nimmt – Letztere sind teurer. Zu einigen Zielorten gibt es jedoch nur Tag- bzw. nur Nachtbusse. Die Preise sind extrem niedrig; 100 km Fahrstrecke kosten ab ca. 1 Euro.

Unter anderem fahren **Busse nach** Bhairawa, Biratnagar, Birganj, Butwal, Dharan Bazar, Gorkha, Hetauda, Janakpur, Kakarbhitta, Mahendranagar, Narayanghat (nahe Chitwan National Park), Nepalganj und Pokhara.

Ein weit kleinerer, aber wichtiger Busbahnhof findet sich im Stadtteil Thamel, an der Ecke Tridevi Marg/Kantipath: Hier ist der Haltepunkt der Busse der **Privatgesellschaft Green Line,** die mit sehr komfortablen und teuren Touristenbussen die Ziele Pokhara und Chitwan ansteuert. Die Tickets können in Reisebüros in Thamel oder anderswo in Kathmandu gekauft werden.

Busse zu Zielen innerhalb des Kathmandu Valley und solche, die am oder abseits des Arniko Highway liegen (Jiri, Barabise, Tatopani, Kodari), fahren ab dem **City-Bus-Stand** an der Ostseite des Tundikhel.

ktm020 Foto: rk

Mit dem Taxi

Wer es sich leisten kann, ist mit einem Taxi für die Weiterreise sicherlich gut beraten. Gemessen an heimischen Verhältnissen sind die Taxis immer noch sehr **preiswert.** Bei allen Ortsbeschreibungen zum Kathmandu Valley sind die zu erwartenden Taxipreise unter der Rubrik „Anreise" angegeben. Taxis lassen sich aber auch zu weiter entfernten Zielen anmieten, z.B. nach Pokhara. Die einfache Fahrt Kathmandu – Pokhara kostet ca. 8000 Rs., mit erfolgreichem Handeln und etwas Glück noch weniger. Siehe auch das Kapitel „Praktische Tipps A–Z/Verkehrsmittel".

Als Faustregel für die **Preiskalkulation** gilt 20 Rs./km, multipliziert mit 2 (für den Rückweg). Der Kilometerpreis erhöht sich jedoch mit jeder Preiserhöhung für Benzin oder Diesel. 1 Liter Benzin kostete Anfang 2009 100 Rs., Diesel 60 Rs. Verständlicherweise lässt sich mit Fahrern von Diesel-Autos am leichtesten verhandeln.

Mit dem Flugzeug

Nepal Airlines fliegt ab Kathmandu **über 40 Inlandsflughäfen** an. Das am meisten benutzte Fluggerät sind dabei die zweimotorigen, **20-sitzigen Twin Otter,** die in etwa aussehen wie überdimensionale Moskitos, die sich anmaßen, die höheren Luftschichten zu erkunden. Wer nur Großraumflugzeuge gewöhnt ist, empfindet die Twin Otter je nach Naturell entweder als aufregend oder schlichtweg beängstigend. Die Maschinen fliegen relativ niedrig, und wenn sie zwischen Berggipfeln hindurchfliegen, kann auch einem routinierten Vielflieger ein wenig mulmig werden.

Die **Tickets** für die Inlandsflüge gibt es entweder im Nepal-Airlines-Büro am Kantipath/Ecke New Road (Flüge nach Pokhara, Jomson, Meghauli, Lukla und Bharatpur) oder ohne Aufpreis in jedem Reisebüro in Kathmandu. Dazu existieren noch einige private Airlines, die die wichtigsten Touristenziele anfliegen (siehe „Praktische Tipps A–Z/Verkehrsmittel"). Auch die Tickets dieser Fluggesellschaften sind in jedem Reisebüro erhältlich.

Die privaten Fluggesellschaften fliegen in der Regel etwa zum selben Preis wie die staatliche Nepal Airlines, doch sind deren Streckennetze nicht so dicht. Auf den wichtigsten Strecken stehen oft bis zu drei oder vier Airlines zur Verfügung.

Das **Einchecken** zu den Flügen erfolgt in einem winzigen Terminal, etwas links des Hauptgebäudes für die internationalen Flüge. Den Taxifahrern das **„Domestic Terminal"** als Zielort angeben; Fahrpreis ab der Innenstadt nach Taxameter 120 bis 140 Rs. Auf das Einschalten des Taxameters lassen sich die meisten Fahrer nicht ein; in der Regel nehmen sie um die 300 Rs.

Eingecheckt werden muss mindestens eine Stunde vor Abflug. Im Terminal befindet sich ein **Restaurant,** das vom Hotel de l'Annapurna betrieben wird und dementsprechend etwas teurer ist.

Hier die ungefähren **Flugpreise** zu den wichtigsten Zielen ab Kathmandu. Die eine oder andere Fluggesellschaft liegt möglicherweise ein paar Dollar darunter oder höher (alle Preise in US-Dollar):

- **Bhadrapur:** 115
- **Bhairawa:** 84
- **Bharatpur:** 65
- **Biratnagar:** 89
- **Janakpur:** 71
- **Lukla:** 93
- **Lamidanda:** 75
- **Meghauli:** 81
- **Nepalganj:** 115
- **Phaplu:** 87
- **Pokhara:** 69
- **Rumjatar:** 63
- **Simara (Birganj):** 59
- **Tumlingtar:** 74

ktm029 Foto: rk

Patan (Lalitpur)

ktm023 Foto: ms

ktm028 Foto: ms

Prachtvoller Arbeitsplatz:
Priester am Goldenen Tempel

Schnappschuss in den Straßen von Patan

Lastenträger am Durbar Square

Einleitung

Patan ist nur durch den Bagmati von Kathmandu getrennt und somit dessen Zwillingsstadt. Mit ca. **300.000 Einwohnern** ist es die **zweitgrößte Stadt des Kathmandu Valley,** ihre Fläche liegt mit 385 km² nur geringfügig unter der Kathmandus (395 km²). Trotzdem ist Patan kleinstädtischer und vielerorts etwas ruhiger als Kathmandu, aber auch hier gibt es sehr verkehrsreiche, laute Zonen. In mancher Hinsicht wirkt Patan wie ein groß geratener Vorort von Kathmandu. In Patan leben viele ausländische „Expats", und einige Botschaften und Verwaltungen von Hilfsorganisationen haben hier ihren Sitz.

Geschichte

Einer Überlieferung nach wurde Patan im 3. Jh. vom indischen **König Ashoka** und seiner **Tochter Charumati** gegründet, was historisch jedoch unwahrscheinlich ist. Angeblich ließ *Ashoka* an den vier Kardinalpunkten je eine Stupa errichten – die bis heute erhaltenen Ashoka-Stupas –, ob diese jedoch tatsächlich aus jener Zeit stammen, ist zweifelhaft. Die schlichte Form der Stupas erschwert die exakte Datierung, und Ausgrabungen, die Licht auf das Rätsel werfen könnten, wurden bisher nicht gestattet.

Zum Glück hat Nepals unerschöpflicher Legenden-Fundus eine weitere Erklärung parat. Demnach soll die Stadt 299 n.Chr. von **König Bir Deva** und einem **Grasschneider** gegründet

ktm022 Foto: ms

worden sein. Der Grasschneider war eine auffallend hässliche Kreatur, zudem arm und ohne Freunde. Täglich schnitt er nahe dem Bagmati Gras, das er als Viehfutter verkaufte. Eines Tages wurde er während der Arbeit durstig, er steckte den Bambusstab, an dem er das Gras zum Verkauf zu tragen pflegte, in den Boden und machte sich auf die Suche nach etwa Trinkbarem. Tatsächlich fand er bald einen Teich, in dem er ausgiebig badete und aus dem er trank. Als er dem Teich entstieg, war sein Körper vollkommen verwandelt. Nun war er wohlaussehend, ja sogar schön. Er ging zurück zu seinem Bambusstab, an dem er sein Gras forttragen wollte, doch der Stab ließ sich plötzlich nicht mehr aus der Erde ziehen. Nach einigen Versuchen gab er auf und trug das Gras unter dem Arm.

Bald darauf sah ihn der König, der über das neue Aussehen seines vormals so hässlichen Untertanen erstaunt war. Der Grasschneider erzählte ihm seine Geschichte, und der König gab ihm nun den Namen **Lalit, „der Schöne"**, und bot ihm seine Freundschaft an. Bald darauf sann der König darüber nach, mit welcher Gedenkstätte er das ungewöhnliche Ereignis würdigen könnte. In der folgenden Nacht hatte er einen Traum. Ein Shiva-Lingam sprach zu ihm, dass er unter dem Bambusstab des Grasschneiders begraben sei. Der Stab habe nun göttliche Kräfte, und er gebot dem König, eine Stadt darum zu bauen und sie Lalitpatan zu nennen, die „Stadt des Schönen“. Und so geschah es: Der König errichtete eine Stadt für 20.000 Menschen mit einem Wassertank in ihrer Mitte, der den Nags und anderen Gottheiten geweiht wurde. Heute heißt diese Stadt Patan oder Lalitpur (*pur* = „Stadt“).

Sehenswertes

Durbar Square (Mangal Bazar)

Wie Kathmandu und Bhaktapur so hat auch Patan seinen Durbar Square, den „Platz des Königshofes“, der sich um die alten Palastanlagen erstreckt. Die Einheimischen nennen ihn aber eher Mangal Bazar („Markt des Glücks“), nach dem **Markt,** der hier abgehalten wird. Die Anwesenheit von Dutzenden von Marktkarren, beladen mit gelben oder grünen Mangos, und Stände mit kunterbunten Saris machen den Platz mit seinen historischen Gebäuden für Besucher um so attraktiver.

An der Südostseite des Durbar Square steht ein Kassenhaus, an dem Touristen eigentlich den **Eintritt von 200 Rs.** bezahlen müssen. Der Platz ist aber so groß und unüberschaubar, dass man auch ohne zu bezahlen hineinkommt – wenn man nicht gerade genau vor dem Kassenhaus vorbeigeht. Wie in Kathmandu ist auch hier der Durbar Square ein lebendiger Stadtteil, und es ist nicht einsichtig, warum man Eintritt bezahlen muss, wenn man beispielsweise auf seinem Weg durch die Stadt dort hindurchgehen muss. Die Beamten im Kassenhaus sehen das im Grunde nicht viel anders (sie haben sich schon auf viele Diskussionen mit Touristen über den

1 Hermann Helmers Bakery
2 Summit Hotel
3 Hotel Greenwich Village
4 Pilgrims Book House
5 Hotel Himalaya
6 Bus Stop
7 Hotel Narayani
8 Western Stupa
9 Nothern Stupa
10 Kumbeshvar-Tempel
11 Pim Bahal
12 Nag Bahal
13 Kwa Bahal (Golden Temple)
14 Dhum Bahal
15 Uma Maheshvar Temple
16 Youth Hostel
17 German Bakery
18 Zoo
19 Aloha Inn
20 Hong Kong Guest House
21 Clarion Hotel
22 Mountain View Guest House
23 Haka Bahal
24 Café de Patan
25 Royal Palace
26 Om Bahal
27 Vishvakarma-Tempel
28 I Baha Bahal
29 Rato-Machhendranath-Tempel
30 Minanath-Tempel
31 Mahabuddha-Tempel
32 Mahabuddha Guest House
33 Oku Bahal
34 Lagankhel Busstation
35 Southern Stupa

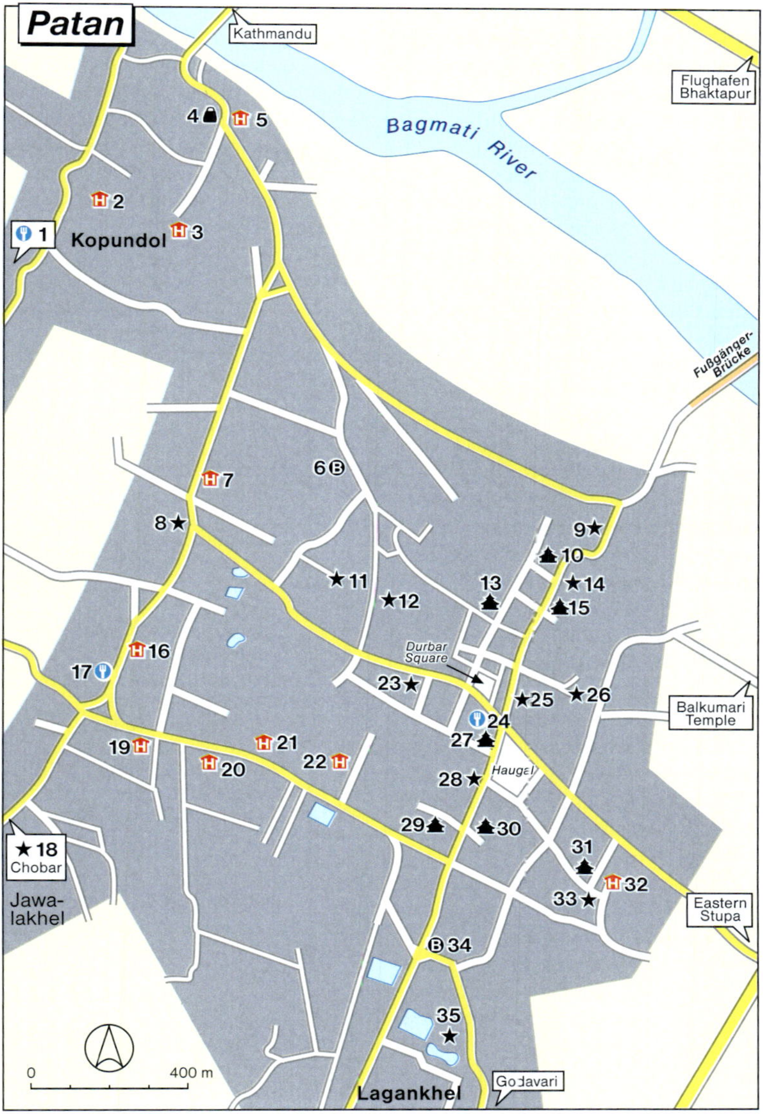
Patan
Kathmandu
Flughafen Bhaktapur
Bagmati River
Fußgänger-Brücke
4
5
2
3
1
Kopundol
6
7
8
9
10
11
12
13
14
15
16
17
Durbar Square
23
24
25
26
Balkumari Temple
18 Chobar
Jawa-lakhel
19
20
21
22
27
28
Haugal
29
30
31
32
33
Eastern Stupa
34
35
0
400 m
Godavari
Lagankhel

Eintrittspreis einlassen müssen) und unternehmen keine großen Anstrengungen, um das Geld einzutreiben. Wer im Bereich des Durbar Square zu übernachten gedenkt, kann sich für 200 Rs. einen Passierschein für die gesamte Aufenthaltsdauer einholen.

Beginnt man einen Rundgang durch den Durbar Square an dessen Westseite, steht dort der etwas klobige und wenig ansehnliche **Bhai-Dega-Shiva-** oder **Bisheshvar-Tempel.** Dieser ist Shiva in seiner Form als Bisheshvar geweiht. „Bisheshvar" bedeutet „Der besondere Gott". Im Tempelinneren befindet sich ein Shiva-Lingam.

Wenige Schritte weiter östlich liegt einer der wenigen achteckigen Tempel des Kathmandu-Tales, ein **Krishna-Tempel.** Im Gegensatz zu den anderen Krishna-Tempeln im Tal besteht dieser jedoch aus Stein. Er wurde 1723 von *Yogamati,* der Tochter *Yoganarendra Mallas,* nach dem Tod ihres Vaters und ihres Sohnes errichtet, um ihnen zu religiösem Verdienst im nächsten Leben zu verhelfen. Auffallend ist der Einfluss der indischen Moghul-Architektur. Der Tempel dient heute in erster Linie den Lastenträgern des Marktes als Ruheplatz für eine Schlafpause oder zum Kartenspielen.

Direkt gegenüber wurde das südlichste der Palastgebäude errichtet, der **Sundari Chowk** oder „Hof der Schönheit". Nahe des Eingangs sind Wandgemälde zu sehen, die Narasinha, Ganesh und Hanuman darstellen. Zu diesen gesellt sich oft der eine oder andere Sadhu, der für die Kameras der Touristengruppen ein dickes Chilam Haschisch raucht und sich dafür gut bezahlen lässt.

Der Sundari Chowk wurde 1627 als Residenz für König *Siddhi Narasinha Malla* und seine Familie gebaut. In seiner Mitte befindet sich der **Tusha Hiti,** ein mit unzähligen Gottheiten verzierter steinerner Badetank, der durch ein Leitungssystem mit Wasser aus den

▲	1	Kwa Bahal, Hiranya Varna Mahavihar (Goldener Tempel)
▲	2	Bhimsen-Tempel
▲	3	Ganesh-Tempel
🍴	3a	Café de Temple
▲	4	Vishvanath-Shiva-Tempel
★	5	Mani Mandap
★	6	Mangal Hiti
▲	7	Krishna-Tempel
★	8	Garuda-Statue
▲	9	Jagannarayan-Tempel
H	9a	Third World Guest House
★	10	Golden Gate
★	11	Mani Keshar Chowk
▲	12	Vishnu-Tempel
★	13	Narsinha-Statue
★	14	Statue des Königs Yoganarendra Malla
▲	15	Taleju-Tempel
▲	16	Hari-Shankar-Tempel
▲	17	Degutalle-Tempel
▲	18	Bhai-Dega-Shiva-Tempel
★	19	Taleju Bell
★	20	Mul Chowk
★	21	Ganga-Statue
★	22	Jamuna-Statue
★	23	Ratnakar Mahabahal
▲	24	Krishna-Tempel
•	25	Kassenhaus
★	26	Narasinha-Statue
★	27	Ganesh-Statue
★	28	Hanuman-Statue
★	29	Sundari Chowk
•	30	Tusha Hiti (Badetank)

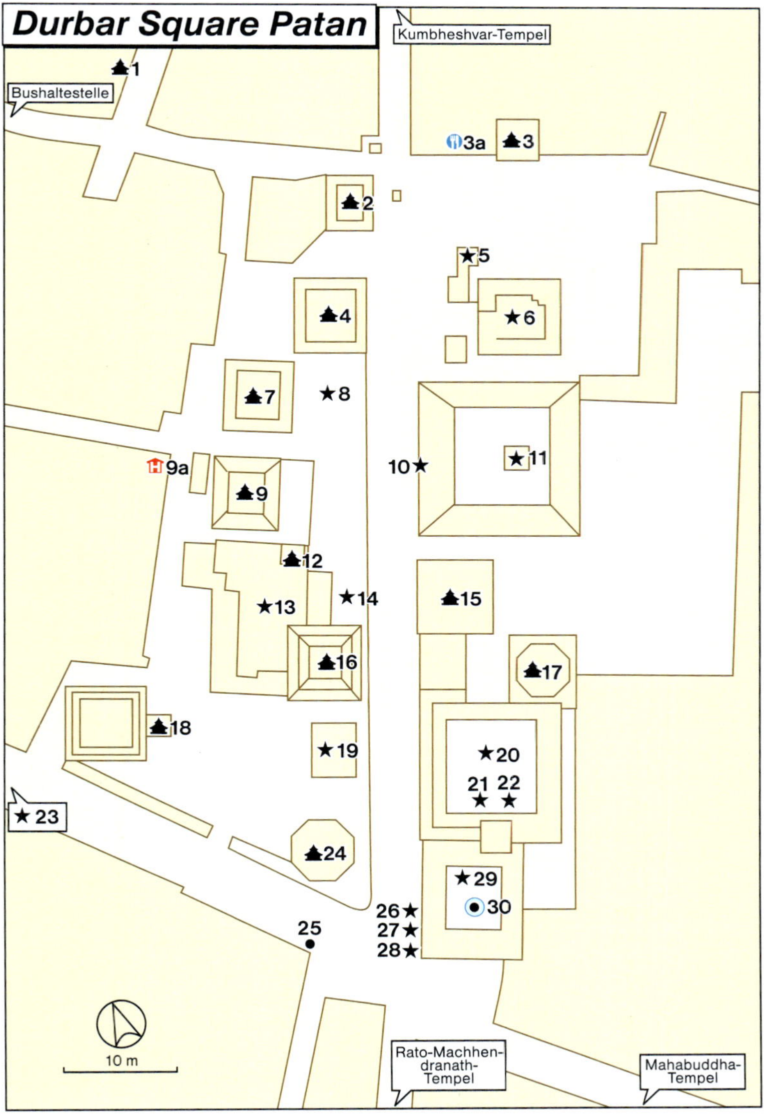
Durbar Square Patan
Kumbheshvar-Tempel
Bushaltestelle
1
2
3a
3
5
4
6
7
8
10
11
9a
9
12
13
14
15
16
17
18
19
20
21
22
23
24
29
30
26
27
28
25
10 m
Rato-Machhen-
dranath-
Tempel
Mahabuddha-
Tempel

ktm099 Foto: rk

umliegenden Bergen gespeist wurde. Mit seiner Vielfalt an Figuren, die sich zu einem geschlossenen Kunstwerk vereinen, gehört er sicherlich zu den schönsten Steinmetzarbeiten Nepals. Die Figuren stellen unter anderem die acht Matrikas, die acht Bhairavs und acht Nags dar. Der Wasserhahn besteht aus einer mit Metall überzogenen Muschel. Um den Tank am Boden des Hofes winden sich zwei Schlangen und umrahmen ihn.

Torana über dem goldenen Tor in der Nähe des Mani Keshav Chowk

Die Flussgöttin Ganga am Mul Chowk

Der Innenhof wird von einem **dreistöckigen Gebäude** umgeben, das herrlich geschnitzte Fenster und anderes Zierwerk aufweist. Hier lebte früher die königliche Familie, auf der erhöhten Steinplatte nahe dem Tank pflegte der König zu thronen. Die Platte darf nicht berührt werden, wie ein Hinweisschild deutlich verkündet.

An der Nordseite des Innenhofes schließt sich der größte der drei Innenhöfe des Palastkomplexes an, der **Mul Chowk** oder „Haupthof", dessen Zugang von zwei Steinlöwen bewacht wird. Der Mul Chowk wurde 1660 unter *Siddhi Narasinha Malla* errichtet, 1662 von einem Feuer zerstört und 1665/66 von seinem Nachfolger *Shrinivasa Malla* restauriert. In der Mitte des Hofes befindet sich ein kleiner Schrein der Göttin Bidya, dessen spitze Kuppel mit Metall beschlagen ist. An der Südseite des Chowk sieht man einen Schrein der Göttin Taleju, der von zwei „lebensgroßen" bronzenen Statuen der Flussgöttinnen Ganga (Ganges) und Yamuna (ein Nebenfluss des Ganges) flankiert wird. Aus deren rechten Handflächen fließt, durch eine Metallspitze angedeutet, das Wasser. Ganga steht dabei auf einer mystischen Schildkröte, Yamuna auf einem Krokodil, dem Makara der hinduistischen Mythologie. In den Gebäuden um den Innenhof wohnten früher die Priester, die für die religiösen Zeremonien am Königshof zuständig waren.

An der Nordostseite des Mul Chowk ragt der **Taleju-Tempel** empor, eine fünfstöckige Konstruktion mit einem dreistöckigen Dach. *Shrinivasa Malla* hatte den Tempel 1671 auf einem dreistöckigen Gebäude aufbauen lassen, wobei die Ecken so abgewandelt wurden, dass ein achteckiger Grundriss entstand.

Zum Tempel gehört die auf der anderen Straßenseite gegenüber dem Sundari Chowk angebrachte **Taleju-Glocke** aus dem Jahr 1737.

Den benachbarten **Degu-Taleju-Tempel** ließ 1671 *Siddhi Narasinha Malla* über einem dreistöckigen Gebäude errichten. Er ist Taleju Bhawani geweiht und nur für Priester zugänglich. Im Tempelinneren wurde auf Wunsch des Königs ein besonderer Raum eingerichtet, der ihm zum Beten und Meditieren diente.

Der dritte Palasthof, der **Keshav Narayan Chowk** oder **Mani Keshav Chowk,** war die wichtigste der Palastanlagen und wurde nach 60 Jahren Bauzeit als letzte fertiggestellt. Der Bau war 1674 unter *Shrinivasa Malla* begonnen und 1734 unter seinem Nachfolger *Shrivishnu Malla* vollendet worden. Direkt daneben hatte zuvor eine buddhistische Klosteranlage, der Harkhushi Bahal, gestanden, der dem Bau weichen musste und verlegt wurde. An der Stelle des Hofes hatte sich gemäß einer Inschrift von 643 n.Chr. ein Licchavi-Palast befunden.

Die **umliegenden Gebäude** weisen einige hervorragende Holzschnitzereien auf, auch wenn manche durch unsachgemäße Restaurierungen an At-

ktm025 Foto: rk

traktivität etwas eingebüßt haben. Besonders augenfällig ist das filigran gearbeitete goldene Tor an der Frontseite, über dem eine Torana mit Bildnissen von Shiva, Parvati, Ganesh und Kumar angebracht ist. Aus dem ebenso schönen vergoldeten Fenster an der Vorderseite pflegte der König sich seinen Untertanen zu zeigen.

Der Gebäudekomplex beherbergt auch das kleine **Patan Museum;** der Werbespruch lautet: „Patan Museum, the Museum Behind the Golden Door" – so weiß man, wo es zu finden ist. Das Museum stellt eine wunderbare Sammlung von hinduistischen und buddhistischen Götterfiguren und anderen Kunstobjekten aus. Gelegentlich werden besondere Themenaustellungen präsentiert. Geöffnet Mi bis Mo 9.30–16.30 Uhr, Eintritt 250 Rs. (unverhältnismäßig hoch, der Eintrittspreis hält viele Reisende von einem Besuch ab), Tel. 01-5521492, www.patanmuseum.gov.np.

Der **Mangal Hiti** oder „Tank der Glückseligkeit" an der Nordseite des Mani Keshav Chowk ist noch intakt und gilt als das möglicherweise älteste noch erhaltene Bauwerk am Durbar Square. Der Tank aus dem 10. Jh. weist drei interessante Wasser-„hähne" in Form von Krokodilsköpfen auf.

Neben dem Tank befindet sich der **Mani Mandap,** ein Pavillon aus dem Jahr 1700, der zu Krönungszeremonien diente.

Schräg gegenüber auf der anderen Straßenseite steht ein **Bhimsen-Tempel,** der Bhimsen, dem Gott der Händler, geweiht ist und der so bei Patans kommerzieller Zunft hohe Beliebtheit genießt. Das Gebäude hat drei Stockwerke. Das Hauptheiligtum befindet sich im 1. Stock, an dessen Ostseite eine schön gearbeitete Fensterbalustrade angebracht ist. Erbaut wurde der Tempel 1681, später erlebte er einige Restaurierungen, zum letzten Mal 1967. Von seinem Dach hängt eine Art überdimensionales goldenes Metall-„Pendel", eine Repoussée-Arbeit mit Mantra-Inschriften, die dem Tempel von einem wohlhabenden Gönner gestiftet wurde. Dieses Kunsthandwerk, bei dem Metall zu Kunst- oder Schmuckobjekten geschlagen wird, hat in Nepal eine lange Tradition, die bis ins frühe 7. Jh. zurückgeht.

Der wenig weiter südlich gelegene **Vishvanath-Shiva-Tempel** wurde 1626 unter *Siddhi Narasinha Malla* erbaut. Eine Besonderheit stellt die Säulenarkade aus filigran geschnitzten Holzpfeilern dar, die um das zentrale Heiligtum herum errichtet wurde. Über jeweils zwei Holzpfeilern sind Toranas zu sehen, die Shiva in seinen diversen Manifestationen zeigen. Der Tempel wurde 1990/91 restauriert.

Direkt südlich schließt sich ein weiterer **Krishna-Tempel** an, der auch **Bala-Gopala-Tempel** genannt wird, „Tempel des jungen Gopala", wobei Gopala („Kuhhirte") nur ein anderer Name für Krishna ist. Im Gegensatz zu den meisten anderen Tempeln am Durbar Suqare ist dieser aus Stein und eindeutig von der indischen Moghul-Architektur beeinflusst. Er besteht aus drei Etagen von Pavillons und umgebenden Säulengängen, die von einem

Shikhara-Turm überragt werden. An den Streben über den Pfeilern des ersten Stockwerks prangen Reliefs, die – im Uhrzeigersinn betrachtet – chronologisch Szenen aus dem Epos Mahabharata darstellen, über den Pfeilern des 2. Stocks sind Szenen aus der Ramayana angebracht. In beiden Epen bildet Krishna die zentrale Figur. Zu Krishnashtami, Krishnas Geburtstagsfest im August/September, werden hier größere Feierlichkeiten abgehalten. Auch dieser Tempel wurde 1990/91 restauriert.

Der südlich angrenzende **Char-Narayan-Tempel** („Tempel der vier Vishnus") stammt aus dem Jahr 1566 und ist somit der älteste Tempel des Durbar Square. An seinen Dachstreben sind eindrucksvolle Schnitzereien zu sehen, die Vishnu in seinen verschiedenen Erscheinungsformen darstellen.

Die gegenüber dem Taleju-Tempel auf der anderen Straßenseite stehende **Statue des Königs Yoganarendra Malla** stammt aus dem Jahr 1700. Über dem Haupt des Königs breitet sich schützend die Haube einer Kobra aus, so wie es sonst nur bei Vishnu-Statuen der Fall ist. Originellerweise sitzt auf der Haube die Figur eines Vogels – der Legende nach hatte der König behauptet, er werde erst sterben, wenn der Vogel von dort weggeflogen wäre. Möglicherweise wollte er sich so das ewige Leben sichern, was jedoch nicht gelang: Fünf Jahre nach der Errichtung der Säule verstarb *Yoganarendra*. Dem Volksglauben gemäß hatte er die Fähigkeit besessen, mit Gott zu kommunizieren und war eines Nachts zu einem spirituellen Gespräch aus dem Tempel verschwunden und nie wieder aufgetaucht. Angeblich wird der König eines Tages wiederkehren, und deshalb werden die Tempeltore allzeit offen gehalten.

Der **Hari-Shankar-Tempel** ist einer gemeinsamen Erscheinungsform von Vishnu (Hari) und Shiva (Shankar) gewidmet und wurde zum Andenken an *Yoganarendra Malla* von dessen Tochter *Yogamati* errichtet (1704/05). An

ktm026 Foto: rk

Der Bala-Gopala-Tempel

den Streben des dreigeschossigen Daches sind geschnitzte Höllenszenen zu sehen, die für Sünder nichts Gutes ahnen lassen.

Kwa Bahal (Hiranya Varna Mahavihara)

Nur wenige Minuten Fußweg nördlich des Durbar Square steht **Patans prächtigste buddhistische Klosteranlage,** der Kwa Bahal, auch „Golden Temple" genannt. Der Überlieferung nach reicht die Geschichte dieses Baus bis ins 12. Jh. zurück, die ältesten gesicherten Inschriften stammen jedoch erst vom Ende des 14. Jh.; einige davon berichten von den großzügigen Schenkungen, die dem Kloster in jener Zeit gemacht wurden.

Ist der Zugang (Eintritt 100 Rs.) zu der Anlage – an zwei steinernen, bunten Löwenfiguren vorbei – noch recht unauffällig, so offenbart sich im Inneren die volle **Pracht:** Der Hauptschrein wird oben von drei vergoldeten Kuppeln abgeschlossen und weist zahlreiche goldene Statuen auf, darunter die des Akshobhya-Buddhas, des Schutzpatrons des Schreins. In der Mitte des Innenhofes befindet sich ein dreistöckiger, reich verzierter Tempel, dem ebenfalls ein goldenes Dach aufgesetzt ist.

Um den Hof herum führt ein **Wandelgang,** der mit Gebetsmühlen, Öllampen, aber auch vier Boddhisattva-Statuen gesäumt ist. Zum Verlassen des Wandelganges in den Innenhof ist das Ablegen der Schuhe oder sonstiger Lederartikel erforderlich. Eine Treppe führt ins **Obergeschoss,** wo Buddha-Figuren und interessante Wandgemälde zu sehen sind.

Der Tempel wird jeweils für einen Monat von den männlichen Mitgliedern einer Familie aus der **Shakya- oder Bajracharya-Kaste** instand gehalten, die in der Zeit auch als Priester fungieren. Das Amt ist sehr begehrt, und die Familien müssen viele Jahre zuvor einen Antrag stellen, um es ausüben zu dürfen – die Warteliste beträgt derzeit fast 50 Jahre! Die Familie, die das Amt derzeit ausübt, dürfte den Antrag um das Jahr 1960 gestellt haben ... Am Ende des Monats wird im Tempel eine Art Inventur durchgeführt, und die Priester-Familie hat für jedes Objekt aufzukommen, das in „ihrem" Monat abhanden gekommen sein sollte. Trotz der scharfen Aufsicht sind aus dem Tempel schon – wie bei anderen Tempeln auch – einige Figuren gestohlen worden.

Kumbheshvar-Tempel

Der Kumbheshvar-Tempel wurde Shiva in seiner Form als „Gott der Tongefäße" geweiht (*kumbha* = „Tongefäß", „Krug") und gilt als **Patans wichtigster Shiva-Tempel.** Seine Bedeutung beruht auf dem Glauben, Shiva verbringe die sechs Wintermonate hier, um dann die heißen Sommermonate auf seinem heiligen Berg Kailash zu verleben. Der Tempel ist einer von nur drei fünfgeschossigen Tempeln im Kathmandu-Tal, die anderen sind der Nyatapola-Tempel in Bhaktapur und – mit Wohlwollen – der Panch-Mukhi-

Hanuman-Tempel in Kathmandu. Der Kumbheshvar-Tempel stammt vermutlich aus dem Jahr 1392, könnte aber auch noch älteren Datums sein. Auffallend sind die ausgewogenen, harmonischen Proportionen des Baus sowie die meisterhaften Holzschnitzereien. Der beste Besuchstag ist der Donnerstag, an dem sich Tausende von Gläubigen zu Gebeten im Tempel einfinden. Vor dem Hauptschrein bilden sich lange Menschenschlangen.

An der Nordseite des Tempels befindet sich ein **kleiner Tank,** der angeblich **mit Wasser aus dem heiligen See von Gosainkund** gespeist wird. Ein Bad in dem Sünden abwaschenden Wasser des Tanks kann somit die langwierige Pilgerreise nach Gosainkund (zu Fuß gut eine Woche) ersparen. Zum **Janai-Purnima-Fest,** das an einem Vollmondtag im Juli/August stattfindet (*purnima* = „Vollmond") finden sich Tausende von Gläubigen am Tempel ein, nehmen rituelle Bäder im Tank und huldigen einem Lingam, der im Tank aufgestellt wird. Bei dieser Gelegenheit vollziehen die Brahmanen das rituelle Wechseln ihres Yagnopavit, ihrer „Brahmanen-Schnur", die sie zum Zeichen ihres Standes über die linke Schulter geschlungen tragen.

Zur gleichen Zeit wird auch **Raksha Bandhan** gefeiert (wörtlich „Das Band des Schutzes"). Zu diesem Brauch binden sich Männer und Frauen gegenseitig einen bunten Zwirnsfaden an das Handgelenk und betrachten sich von nun an als „Bruder" bzw. „Schwester". Da sie nun also Geschwister sind, haben sie sich zu ehren und gegenseitig zu beschützen, wie es in traditionellen Hindu-Familien üblich ist.

An der Südseite des Komplexes stehen ein **Bhairav-Tempel** samt einer etwa „lebensgroßen" Holzfigur des Gottes und ein eingeschossiger **Baglamukhi-Tempel,** der der „Kranichgesichtigen Göttin" geweiht ist (*bagla* = „Kranich", *mukh* = „Gesicht"). Die Göttin wird in Zeiten der Not oder Sorgen angerufen. Lediglich ein verzierter Torbogen mit ineinander gewundenen Schlangen repräsentiert sie symbolisch.

Uma-Maheshvar-Tempel

Der Uma-Maheshvar-Tempel, etwas südlich des Kumbheshvar-Tempels, zeigt sich als recht **unauffällige Konstruktion** mit einem zweigeschossigen Dach. Die Anlage dürfte nur für besonders Kunstinteressierte von Belang sein, sie enthält nämlich ein außerordentlich schönes Steinrelief aus dem 10. Jh., das Parvati (Uma) und Shiva (Maheshvar) darstellt. Eine Inschrift unter dem Relief erzählt dessen Entstehungsgeschichte.

Vishvakarma-Tempel

Etwas südlich des Durbar Square, **im Hauda-Viertel,** das von zahlreichen Metallhandwerkern bewohnt wird, befindet sich ein Tempel, der dem Gott der Handwerker, Vishvakarma, gewidmet ist. Die Fassade wurde 1885 mit gehämmerten Kupferplatten bedeckt. Den Eingang flankieren die Figuren der Flussgöttinnen Ganga und Yamuna.

Rato-Machhendranath-Tempel

Zu den wichtigsten Heiligtümern in Patan gehört der Rato-Machhendranath-Tempel, der einer sehr facettenreichen **buddhistischen Gottheit geweiht** ist, dem Padmapani Avalokiteshvara. Dieser wurde auch als „Roter Machhendranath" verehrt (*rato* = „rot") oder als Bungadyo, da ihm eine Verbindung zu dem 10 km entfernten Bungamati nachgesagt wird. Die Hindus verehren ihn als eine der vielen Formen Shivas. Rato Machhendranath gilt als der Gott der Üppigkeit und des Regens, der sogar einmal eine zwölfjährige Dürre beendet haben soll, nachdem der Heilige Gorakhnath zu den neun Regen spendenden Nags gebetet hatte. Aus diesem Grunde findet jedes Jahr im April/Mai – vor dem Beginn des Monsuns – die **Rato Machhendranath Jatra** statt (siehe „Feste und Feiertage"), zu der die Statue des Gottes in Prozessionen durch die Stadt gefahren wird. Das Fest symbolisiert die Bitte der Bewohner Patans um einen regenreichen Monsun. Alle zwölf Jahre wird das Fest besonders ausgiebig begangen und die Statue bis nach Bungamati gebracht, das nächste Mal im Jahr 2015. Jedes Jahr verbringt die Statue sechs Monate in Patan und die restlichen sechs in Bungamati, eine Tradition, die wahrscheinlich von *Shrinivasa Malla* eingeführt wurde, der von 1661 bis 1684 regierte.

Der König begründete wohl auch den Rato-Machhendranath-Tempel, der in den 70er Jahren des 17. Jh. gebaut worden sein muss, möglicherweise an der Stelle eines anderen, älteren Heiligtums. Den **Tempel** umgibt ein weitläufiger Hof, an dessen Nordseite Tierfiguren zu sehen sind, die die Monate des tibetischen Kalenders repräsentieren. Die vier Tempeltore werden von steinernen Löwen bewacht. Das doppelgeschossige Dach ist metallgedeckt, an dessen unteren Streben sind Holzschnitzereien zu sehen, die einen Vorgeschmack auf die Hölle geben. An den oberen Streben zeigen Schnitzereien Padmapani Avalokitehshvara. Die im Tempelinneren aufbewahrte Statue des Gottes ist nur ein grob bearbeitetes, rot bemaltes Stück Holz, dessen Schlichtheit fast über seine Wichtigkeit als Regenbringer hinwegtäuschen könnte.

Minanath-Tempel

Der **buddhistische** Minanath-Tempel (*mina* ist das Sternbild Fische, *nath* = „Gott") beherbergt die **Statue des Jatadhari Lokeshvara,** der eine Manifestation des Padmapani Avalokiteshvara ist. Diese Figur stellt eine Art „Assistent" des Rato Machhendranath bei dessen Prozessionen dar und wird hinter ihm hergezogen. Der Tempel, im 16. Jh. unter *Halarchan Deva* erbaut, hat eine reich verzierte Eingangstür samt darüber befindlicher Torana sowie ein doppelgeschossiges Dach.

Mahabuddha-Tempel

Der **„Tempel des Großen Buddha"** liegt in einem Hof, der einst Teil eines

Klosters gewesen sein muss, umgeben von einigen unattraktiven neuen Gebäuden. Initiator des Tempelbaus war ein nepalesischer Brahmane, *Abhaya Raja,* der eine Pilgerfahrt nach Bodh Gaya in Bihar (Nordindien) unternommen hatte, dem Ort von Buddhas Erleuchtung (Bodh Gaya = „hat die Erleuchtung erreicht"). Dort zeigte sich der Pilger überaus angetan von dem Mahabodhi-Tempel, der zu Buddhas Ehren erbaut worden war. Nach seiner Heimkehr wollte er einen ähnlichen Tempel errichten lassen, dessen Mittelpunkt die Buddha-Figur sein sollte, die er aus Bodh Gaya mitgebracht hatte. Die Bauarbeiten zogen sich über mehrere Generationen hin und wurden erst von späteren Nachfahren *Abhaya Rajas* zu Ende geführt. Während des Erdbebens von 1934 wurde der Tempel schwer beschädigt und mangels Bauplänen oder Zeichnungen aus der Erinnerung rekonstruiert – was dabei herauskam, entsprach jedoch nicht mehr ganz dem Original: Nachdem die einzelnen Bruchstücke wie in einem Puzzle wieder zusammengefügt waren, blieb dummerweise eine Menge Steine übrig. Mit diesen baute man flugs einen kleinen Zusatzschrein, der sich heute rechts hinter dem Tempel befindet. Er ist *Maya Devi,* der Mutter Buddhas, geweiht.

Alle Fassaden des Tempels sind mit roten Backsteinen abgedeckt, insgesamt über 9000, und ihnen ist jeweils ein Bildnis des Buddhas eingeprägt. Die Basis der Anlage bildet ein quadratischer Sockel, über dem sich der schlanke, hohe Shikhara erhebt. Er wird von vier kleineren Turmspitzen umgeben, die an den Ecken angebracht sind.

Rudra Varna Mahavihara (Oku Bahal)

Etwas südlich des Mahabuddha-Tempels befindet sich das **buddhistische Kloster** Rudra Varna Mahavihara. Wahrscheinlich geht es auf König *Shiva Deva* zurück, der den Bau Mitte des 17. Jh. anlegen ließ. Der Tempel liegt inmitten eines Hofes, der vollgestopft ist mit Chaityas und Statuen aller Art. Sie stellen Garudas, Elefanten, Pfauen, Betende, aber auch Premierminister *Juddha Shamsher Rana* dar, der dem Kloster nach dem Erdbeben von 1934 großzügige Finanzhilfe zur Restaurierung zukommen ließ.

Die Anlage ist rechteckig und mit einem zweigeschossigen Dach versehen, auf dessen oberem Teil sich eine Anzahl Turmspitzen erhebt. Im Inneren befindet sich eine Figur der Hauptgottheit des Klosters, des **Akshobya-Buddhas,** umgeben von vier Figuren von Bodhisattvas. Die Anlage wird heute nicht mehr als Kloster genutzt – Mönche leben dort nicht mehr. Sie ist jedoch architektonisch interessant und gut erhalten und somit ein Favorit auf dem Besuchsprogramm.

Ashoka-Stupas

Wie in der Einleitung zu Patan erwähnt, sollen die **vier Stupas,** die an den Kardinalpunkten Patans (in der Karte die Nummern 6, 7, 33) errichtet wurden und die **Stadtgrenzen** markieren, auf den indischen König *Ashoka* zurückgehen. Dieser glühende Anhänger der Lehre Buddhas sandte Missionare in weite Teile Asiens aus, um die Lehre zu verbreiten und veranlasste den Bau so manchen Heiligtums. Angeblich soll *Ashoka* angenommen haben, Buddha hätte zeitweilig im Bereich von Patan gewohnt und daraufhin die Stadt gegründet - historisch belegbar ist diese Version jedoch nicht. So, wie die Stupas sich heute präsentieren, ähneln sie den ursprünglichen Bauten nur noch wenig. Die besterhaltene der Stupas ist die nördliche, die sich - blendend weiß gestrichen - auf der Spitze eines grasbewachsenen Hügels erhebt.

Die Kumari von Patan

Im Gegensatz zu der Kumari von Kathmandu ist die **„lebende Göttin"** von Patan keineswegs kamerascheu, und man kann sie in ihrem Haus, schräg gegenüber dem Ratnakar Mahabahal (23, Plan Durbar Square), besuchen und - für ein paar Rupien - fotografieren. Bei rechtzeitiger Voranmeldung (und einem etwas größeren Obolus) macht sie sich sogar besonders zurecht, mit ihrer „Krone" auf dem Haupt und sorgfältiger traditioneller Schminke. Der Eintritt zu dem Haus ist umsonst. Es befindet sich ca. 500 m westlich des Durbar Square, an der Straße, die man aus Kathmandu kommend passiert; am Hauseingang findet sich ein Schild, das auf die Kumari hinweist.

Central Zoo

Nepals einziger, relativ bescheidener **Zoo** befindet sich im Stadtteil Jawalakhel. Angelegt von Premierminister *Juddha Shamsher Rana* im Jahr 1932 als Privatzoo, gibt es heute für jedermann Tiere aus der Himalaya-Region und dem Terai zu sehen, insgesamt 123 Spezies, u.a. Bären, Nashörner, Tiger, Panther, Hirsche und zahlreiche Vogelgattungen. Unter den Tierarten sind 14, die auf der Liste der bedrohten Arten stehen. Für 100 Rs. kann man auf einem Elefanten reiten. Geöffnet ist der Zoo Di bis So 10–17 Uhr, Eintritt 100 Rs., Kinder 50 Rs. Die Benutzung einer Videokamera kostet abschreckende 3000 Rs.

Tibetisches Flüchtlingslager

Das „Tibetan Refugee Camp" im südwestlichen Stadtteil Jawalakhel ist **eines der Zentren der Teppichweberei in Nepal,** man kann bei den Arbeiten zusehen und - selbstverständlich - auch kaufen. In seiner Heimat gerät dieses Handwerk mehr und mehr in Vergessenheit, durch den relativ gro-

ktm027 Foto: rk

ßen Zustrom von Tibetern nach Nepal wird es hier vorläufig am Leben erhalten – wobei der Tourismus eine nicht unerhebliche Rolle spielt. Das „Lager" ist heute längst eine gutbürgerliche Siedlung mit soliden Häusern, Werkstätten und Schulen.

Unterkunft

- Das **Third World Guest House** (Tel. 01-5522187, dsdp@wlink.com.np) liegt direkt an der Westseite des Durbar Square und bietet ausgezeichnete Ausblicke darauf (siehe Plan Durbar Square). Sehr empfehlenswert. Die perfekte Lage treibt die Preise hoch: Zimmer ohne eigenes Bad kosten 15 US$, mit Bad 20 US$. Eventuell handeln. Die Dachterrasse dient als Restaurant, u.a. mit Pasta-Gerichten, Sandwiches und nepalesischen Dal-Bhat-Platten.
- Das **Café de Patan** (Tel. 01-5537599, 01-530208, cfae@ntc.com.np) befindet sich etwas weiter südwestlich des Durbar Square (siehe Plan Patan) und ist in erster Linie ein Restaurant; es gibt aber auch einige akzeptable Zimmer. Ohne Bad Einzel 300 Rs., Doppel 400 Rs., mit Bad 500/600 Rs.
- Einfache und saubere Zimmer bietet das **Mountain View Guest House** (Tel./Fax 01-5538168). Einzel ohne Bad 200 Rs., Doppel 300 Rs., Zimmer mit Bad 350 Rs.
- Das **Mahabuddha Guest House** (Telefon 01-5540575) liegt nahe der Mahabuddha Stupa und hat lediglich Zimmer ohne Bad zu 350 Rs. (Einzel) und 450 Rs. (Doppel).
- Ausgesprochen wohnlich ist das sehr saubere, ruhige und stilvolle **Greenwich Village Hotel,** das sich allerdings etwas in einer Seitenstraße versteckt. Das Hotel ist dennoch nicht unentdeckt geblieben und wird regelmäßig von kleineren deutschen und holländischen Reise- oder Bergtourgruppen angesteuert. Die Zimmer (Bad) sind sehr hell und blitzsauber. Es gibt einen kleinen Swimmingpool. Einzel 60 US$, Doppel 70 US$, Deluxe 80 US$; jeweils + 10% Steuer. Patan (Lalitpur), Kathmandu, P.O. Box 3808, Tel. 01-5521780, 01-5526682, Fax 01-5526683, www.greenwichnepal.com.
- Ebenfalls sehr gut ist das von einem Garten umgebene, stilvoll eingerichtete **Hotel Summit.** Es gibt eine Vielzahl unterschiedlicher Zimmer von Einzel 15 US$/Doppel 20 US$ bis zu 70/80 US$. Alle Zimmer mit Bad (h. + k. Wasser), TV, Telefon und in der höheren Preislage Internet. Zu allen Preisen + 13% Steuer und 10% Service Charge. Kupondole Heights, Patan (Lalitpur), Tel. 01-5521894, 01-5521810, Fax 01-5523737, www.summit-nepal.com.
- Das **Aloha Inn** klingt zwar sehr nach Hawaii, liegt aber etwas unglücklich an der tristen Hauptstraße von Kathmandu nach Patan. Das Hotel ist dennoch sehr gut, und das angeschlossene Restaurant ist beliebt bei den in Patan ansässigen „Expats". Saubere Zimmer (Bad, h. + k. Wasser) zu 30 US$ (Einzel), 40 US$ (Doppel), dazu Deluxe-Zimmer mit A.C. und TV zu 35/45 US$ und Suiten zu 60 US$; jeweils + 11% Steuer. Jawalakhel, Patan (Lalitpur), Kathmandu, P.O. Box 7348, Tel. 01-5522796, www.alohnainn.com.
- Das **Hotel Clarion** befindet sich südwestlich der Innenstadt in Jawalakhel. Saubere und komfortable Zimmer mit Bad (h. + k. Wasser), Telefon und TV: Einzel 50 US$, Doppel 60 US$; + 12% Steuer. Tel. 01-5524512, 01-5524576, Fax 01-5224464, clarion@wlink.com.np.
- Eine Luxusherberge ist das **Hotel Himalaya,** das sich aber näher an Kathmandu befindet als am Zentrum von Patan. Irgendwie liegt es im städtischen Niemandsland, die Lage ist also nicht besonders gut, die komfortablen Zimmer sind es allerdings schon (A.C., Heizung, TV, Internet, Mini-Bar, Telefon). Vorhanden sind ein Swimmingpool, Tennis- und Badmintonplätze sowie ein sehr gutes Restaurant. Einzel 140 US$, Doppel 160 US$, Suite 350 US$; jeweils + 13% Steuer und 10% Service Charge. Shahid Shukra Marg, Patan (Lalitpur), Kathmandu, P.O. Box 2141, Tel. 01-5523900, Fax 01-5523909, www.himalaya-hotel.com.np.
- Eine sehr gute Wahl ist das **Summerhill House,** das sich am Südrand der Stadt, ca. 2 km von der Innenstadt entfernt, nahe dem

tibetischen Flüchtlingslager befindet. Das hübsch angelegte, von einem Garten umgebene Haus hat sechs Zimmer mit Bad (h. + k. Wasser), TV und Telefon. Einzel 30 US$, Doppel 36 US$, inkl. aller Steuern. Kostenloser Fahrrad-Verleih. P.O. Box 3896, Ekanta Kunta, Lalitpur (Patan), Tel. 01-5526610, 01-5520805, Fax 01-5478462, www.intertours-nepal.com/summerhill.

Essen

- Ein alter Favorit ist das **Café de Patan** wenige Meter westlich des Durbar Square. Es gibt westliche Gerichte wie Pizzas und einheimische Speisen.
- Das an der Nordseite des Durbar Square auf einer Dachterrasse angelegte **Café de Temple** bietet gute Ausblicke und ein weites Sortiment an Speisen zu leicht gehobenen Preisen (westliche, indische und chinesische Gerichte).
- An der rückwärtigen Seite des Museums befindet sich das kleine, rustikal anmutende **Open-Air-Patan-Museum-Café,** das vom Summit Hotel betrieben wird. Leicht gehobene Preise. Serviert werden sowohl gute westliche als auch einheimische Snacks und Mahlzeiten, die Speisekarte ist allerdings nicht sehr umfangreich.
- Sehr beliebt ist **Hermann Helmer's Bakery** (Tel. 01-5524900) westlich des Pulchowk, die von einem deutschen Bäcker gegründet wurde. Das Brot und die Kekse sind sehr gut.
- In Jawalakhel, etwas nördlich des Kreisverkehrs, von dem eine Straße zum Zoo abzweigt, findet man die **German Bakery** (vom Durbar Square kommend auf der linken Straßenseite, Tel. 01-5523789). Das angebotene Vollkornbrot ist ausgesprochen schmackhaft, zudem gibt es Kuchen, Sandwiches und Tee.

Sonstiges

- Kein Buchliebhaber sollte sich das **Pilgrim's Book House** entgehen lassen, dessen Mutterhaus sich am Durbar Marg gegenüber dem Hotel Himalaya befindet. Die Auswahl an Büchern, vor allem über Asien, ist überwältigend, dazu gibt es wertvolle alte Originalausgaben, Karten, Kunsthandwerkliches u.v.m. Alle Einkäufe können auch per Fracht an die Adresse des Kunden geschickt werden. Siehe auch www.pilgrimsbooks.com.

Anreise

- **Von Kathmandu** ist es eine **mühelose Fahrradfahrt** nach Patan, auch wenn sie auf einigen unangenehm verkehrsreichen Hauptstraßen verläuft – der Verkehr ist teilweise horrend. Vom Zentrum Kathmandus bis zum Durbar Square in Patan sind es ca. 5 km.
- **Busse ab Kathmandu** fahren vom Ratna Park und von der Gongbu Bus Station ab, Kostenpunkt 4 bis 5 Rs. Die Busse halten am Patan Gate, nur einen kurzen Fußweg vom Durbar Square entfernt. Besonders empfehlenswert sind die Busse allerdings nicht, wenn man bedenkt, dass man in Kathmandu erst mehrere Kilometer zur Busstation laufen oder ein Taxi dorthin nehmen muss. Falls man nicht auf jeden Cent achten muss, kann man gleich mit einem Taxi fahren.
- **Taxis** vom Zentrum von Kathmandu (New Road) bis zum Durbar Square in Patan kosten 100 Rs., von anderen Stellen entsprechend mehr oder weniger. Die Zielnennung „Durbar Square" wird nicht von allen Fahrern verstanden, also besser den darauf stattfindenden Markt „Mangal Bazar" als Fahrtziel angeben (sprich „Mangal Basaar").

ktm048 Foto: rk

Kathmandu Valley

ktm049 Foto: rk

ktm033 Foto: rk

Priester in Budhanilakantha

Bhairav-Tempel in Panauti

Vajra Yogini

Überblick

Vor einem Jahrhundert noch waren die Begriffe Kathmandu oder Kathmandu Valley zumeist gleichbedeutend mit Nepal. **Das Tal war eine Welt für sich,** weitgehend abgeschlossen und nur auf wochenlangen Fußmärsche von Indien aus zu erreichen; selbst vom „Rest" des Landes war es weitgehend isoliert. Ältere Nepalesen können noch davon berichten, wie sie zu Fuß von Pokhara nach Kathmandu gewandert sind – eine Woche oder zehn Tage lang. Der Bau der Fernstraßen nach Indien, Tibet und in abgelegene Landesteile sowie der Flugverkehr haben die Situation grundlegend verändert. Selbst hoch gelegene Bergorte sind per Flugzeug zu erreichen. Kathmandu und das umliegende Tal sind jedoch immer noch das unangefochtene **Zentrum des Tourismus** in Nepal, was sicher an der Vielzahl von Sehenswürdigkeiten liegt und auch an der sehr guten touristischen Infrastruktur. Das zweite große Tourismuszentrum ist **Pokhara,** 200 km westlich von Kathmandu gelegen.

Man könnte gut drei oder vier Wochen in Kathmandu verbringen und dabei täglich Ausflüge in die Umgebung unternehmen und hätte noch immer nicht alles gesehen. Angesichts der städtischen Enge in Kathmandu, des Verkehrs und des damit verbundenen Lärms werden aber die kleineren Orte im Kathmandu Valley als **Wohnalternative zu Kathmandu** immer attraktiver. Mancher Reisende zieht es heute vor, außerhalb der Hauptstadt zu wohnen und die Stadt in Tagesausflügen zu besuchen – oder um Notwendiges einzukaufen – anstatt umgekehrt. Das Kathmandu Valley ist immer noch weitgehend ein **ländliches Idyll,** ein Patchwork aus Reisfeldern, alten Tempelanlagen, Wäldern, Hügeln und Bergen. In kleinen Orten wie Panauti, Nala oder Bungamati scheint die Zeit stehen geblieben zu sein. Am Rande des Tals locken noch ausgedehnte Waldgebiete mit einer reichen Tierwelt, die sich wie ein grüner Ring um einen Großteil des Tals schmiegen. Es ergeben sich zahlreiche Postkartenanblicke in diesem sogenannten „Tal der Götter".

Das Kathmandu Valley ist im Durchschnitt **30 km lang** und **20 km breit** und umfasst über **60 Orte bzw. Dörfer.** Etwa die Hälfte davon werden wir im Folgenden beschreiben. Die relativ geringe Ausdehnung des Tals ermöglicht die Anfahrt zu den meisten Zielen per Fahrrad. Einige am Rand des Tals und sehr hoch gelegene Orte (z.B. Kakani, Pulchowki, Nagarkot) erfordern allerdings eine gute Kondition und wenn möglich ein Mountainbike.

Ansonsten sind diese Orte mit dem öffentlichen **Bus** oder per Taxi zu erreichen. Die Busse sind zwar spottbillig, dafür aber auch langsam und meist extrem voll. Wer es sich leisten kann – und das ist bei den Preisen in Nepal nicht sehr schwer –, ist besser mit dem **Taxi** beraten. Und natürlich geht es auch zu Fuß: Das Kathmandu Valley bietet großartige **Wandermöglichkeiten,** ohne dass man sich dabei zu weit von der „Zivilisation" oder bequemen Unterkünften und einem abendlichen Bier entfernen muss.

Die folgenden Ausflugsvorschläge sind so angelegt, dass jeweils mehrere Orte oder Sehenswürdigkeiten hintereinander besucht werden können. Einige der Routen führen über die Städte Patan, Kirtipur und Bhaktapur (siehe dort).

Swayambhunath — Ichangu Narayan

Ab der Kathmandu umgebenden Ring Road führt westlich von Swayambhunath (siehe „Kathmandu/Sehenswertes am Stadtrand") eine nicht asphaltierte Straße in Richtung des Dorfes **Ichangu** mit seinem Tempel Ichangu Narayan (6 km ab Kathmandu). Kurz nach der Abzweigung von der Ring Road steigt die Straße kurz, aber sehr steil an, sodass altersschwache Autos hier eventuell aufgeben müssen. An dieser Stelle ergibt sich ein guter **Ausblick auf Kathmandu.** Nach der Steigung wird die Straße schmaler, ist aber noch für Autos befahrbar. Sie führt nun vorbei an idyllischen kleinen Newar-Siedlungen, Feldern und Hügeln, und man könnte glauben, Kathmandu sei einige Tagesreisen entfernt.

Ab der Steigung sind es ca. 2,5 km bis nach Ichangu, wo die Straße praktisch direkt auf einen Hof zuläuft, in dem sich der **Ichangu-Narayan-Tempel** befindet. Dieser gehört zwar zu den wichtigsten Vishnu-Tempeln des Kathmandu Valley, sieht aber relativ schlicht und unauffällig aus. Hier bewahrheitet sich die Zen-Maxime vom

Weg, der das Ziel ist: Tatsächlich gibt der Tempel optisch nicht viel her, allein der Weg dorthin ist jedoch sehenswert. Der Tempel stammt aus dem 17. Jh., an der gleichen Stelle hatte sich aber schon seit 1512 ein Vorgängerbau befunden. Vor dem Tempel stehen zwei Säulen, die oben mit Vishnus Symbolen besetzt sind, einem Diskus und einer Muschel.

Von Ichangu bietet sich für Wanderfreunde ein etwa dreistündiger Fußmarsch zum Gipfel des Nagarjun-Berges **(Nagarjun Stupa)** an (siehe folgendes Kapitel).

Anreise

- Die Fahrt **mit dem Fahrrad** ist sehr lohnenswert, die Strecke ist außer in der Regenzeit leicht zu befahren, und bei besagter kurzer Steigung muss halt einige Meter geschoben werden.
- Nach Ichangu fahren leider **keine Busse,** die örtliche Bevölkerung fährt bis zur Ring Road und geht dann die restlichen 3 km zu Fuß – kein Problem für ein Volk, das Fußwege oft in Tagen misst statt in Stunden.
- **Taxis** ab Kathmandu kosten für die einfache Fahrt per Taxameter 120 bis 140 Rs., nur wird sich kein Fahrer darauf einlassen, da er höchstwahrscheinlich keinen Passagier für die Rückfahrt bekommt. Zudem weigern sich viele Fahrer ohnehin, die Strecke zu fahren, die oft in schlechtem Zustand ist, besonders in der Regenzeit – und die tückische Steigung schafft auch nicht jedes Taxi. Falls das Taxi doch bis zum Tempel fährt, so sind für Hin- und Rückfahrt plus einer Wartezeit von einer Stunde ca. 400 Rs. zu veranschlagen; bei einem zusätzlichen Aufenthalt in Swayambhunath entsprechend der dortigen Wartezeit etwas mehr.

Balaju — Nagarjun Stupa — Kakani

Balaju

Balaju, 5 km nördlich vom Zentrum von Kathmandu gelegen, ist so etwas wie das **Industriegebiet** der Stadt, mit diversen Fabriken, die alles andere als eine Augenweide sind. Früher war Balaju eine eigenständige Ortschaft, doch das Wachstum Kathmandus hat es „geschluckt" und zu einem Vorort der Metropole gemacht.

Die Hauptsehenswürdigkeit hier bildet der **Balaju Water Garden,** ein netter kleiner Park, der um einen Wassertank angelegt ist. Dieser Wassertank wird aus 22 Hähnen gespeist, die eine gesamte Längsseite des Tanks einnehmen – 22 Hähne stellt den nepalesischen Rekord für einen Wassertank dar, der Park wird deshalb im Volksmund auch **Baiis Dhara Balaju** genannt, „Balaju mit den 22 Strömen". Der Eintritt zum Park kostet 5 Rs., die Benutzung einer Kamera 3 Rs., einer Videokamera 10 Rs., das Baden im Tank zusätzlich 40 Rs. An Wochenenden halten viele Einwohner Kathmandus hier Familientreffen oder Picknicks ab, und vor allem die Kinder planschen fröhlich im Wasser herum.

Als weitere Attraktion gilt die **Kopie des „Schlafenden Vishnu" von Budhanilakantha** (siehe folgendes Kapitel). Vom Parkeingang aus gesehen befindet sie sich in der vorderen rechten Ecke des Parks. Der Vishnu liegt in einem Bett aus ineinander verwobenen Riesenschlangen und ist von einem kleinen Teich umgeben. Seine Länge beträgt etwa 2,5 m, womit er ungefähr halb so groß ist wie das Original in Budhanilakantha. Obwohl dieser Vishnu stets als die Kopie bezeichnet wird, ist historisch nicht belegt, welche der beiden Figuren tatsächlich die ältere ist. Als Nepal noch eine Monarchie war, durften die Könige aufgrund eines Aberglaubens Budhanilakantha nicht besuchen (s.u.) und mussten sich stattdessen mit dieser kleineren Figur zufrieden geben.

Vor dem Schlafenden Vishnu steht ein **Tempel der Shitala Mai,** der Göttin der Pocken, aus dem 19. Jh. Um den Tempel gruppieren sich einige Figuren von Bhagvati, Ganesh und Hari Shankar sowie eine Figur der Göttin selber, die aus dem 14. Jh. stammt.

Anreise

- Ab dem National Theatre am Kanthipath, gegenüber dem Rani Pokhri, fahren schrecklich unbequeme Winzlingsbusse, sogenannte **Tempos,** nach Balaju (ca. 8 Rs.).
- **Taxis** ab der New Road kosten 120 bis 150 Rs., ab Thamel ca. 100 Rs.

Nagarjun Stupa (Jamacho)

Etwa 2 km nördlich von Balaju befindet sich die Zufahrt zum **Nagarjun Forest Reserve** oder **Rani Ban** („Wald der Königin"). Der Wald ist von einer Mauer umgeben, die sich an ihrer Südseite bis nach Balaju erstreckt. Dieser Wald zählt neben der Gokarna Forest Reserve und Pulchowki zu den letzten ursprünglichen Dschungelgebieten des Kathmandu Valley und ist wohl das beeindruckendste. Der Wald ist so dicht, dass an manchen Stellen kein Tageslicht hindurchdringt, und er beherbergt eine Vielzahl von Tierarten, darunter Fasane, Hirsche und zahlreiche Vogelgattungen. Ornithologen haben hier ihre helle Freude. In jüngerer Vergangenheit sollen sogar noch Tiger gesehen worden sein.

Die herrliche Natur und vor allem der Wildreichtum zogen schon im letzten Jahrhundert die nepalesischen Könige an, die hier eine **Jagd- und Ferienresidenz** einrichten ließen. Heute lebt hier der **ehemalige König Gyanendra,** der letzte König Nepals, der seinen Thron 2008 räumen musste (siehe „Geschichte"). Die Residenz liegt am Ende eines schlicht als „Sackgasse" ausgeschilderten Weges, der rechts vom Hauptweg abzweigt. Der Zugang ist verboten, und Leute, die zu nahe kommen, werden sich mit Sicherheitspersonal konfrontiert sehen.

Folgt man dem Hauptweg in Richtung des Nagarjun-Gipfels, passiert man zunächst einen **Kontrollposten,** der nach Waffen oder gewilderten Tieren sucht. Ausländer werden in der Regel nur sehr oberflächlich kontrolliert, wenn überhaupt.

Hinter dem Posten wird der Weg zunehmend schlechter – er gehört sicher zu den schlechtesten im Kathmandu Valley – und führt in unzähligen Serpentinen durch dichten Dschungel zum Gipfel des Nagarjun-Berges. Ab der Zufahrt zum Nagarjun-Wald sind es ca. 15 km bis dorthin. Der Gipfel wird auf Newari *Jamacho* genannt, ist aber bekannter unter dem Namen **Na-**

garjun Stupa, nach der Stupa, die sich darauf befindet. Die Stupa selber ist nichts Außergewöhnliches, sie ist aber immerhin mit Hunderten von bunten Gebetsfahnen behängt, die den Eindruck eines vorangegangenen Volksfestes aufkommen lassen. Tatsächlich finden sich an Feiertagen und am Wochenende zahlreiche Bewohner Kathmandus hier zum Picknick ein. Es ist ein sehr malerischer und wunderbar ruhiger Ort, außer eben an Feiertagen oder Wochenenden.

Die Nagarjun Stupa steht in einer Höhe von 2096 m, der **Ausblick** von dort ist atemberaubend. Man hat freien Blick auf den Ganesh Himal, Langtang und das Kathmandu Valley. Neben der Stupa steht ein Aussichtsturm, der dem Gipfel noch einige Meter draufsetzt. Diese Stelle ist sicher eine der schönsten in der Umgebung.

Etwa 4 km weiter entlang der Straße in Richtung Kakani und Trisuli, an der linken Straßenseite, befindet sich **Osho Tapoban,** ein Meditationszentrum der Osho-Kommune (Handy-Nr. 9841444128, 9841267953, www.tapoban.com). Hier werden 3- bis 7-tägige Meditationskurse oder andere spirituelle Lehrgänge abgehalten. Die Unterbringung erfolgt in kleinen Cottages, die über eine hübsche Landwaldschaft verstreut sind. Kostenpunkt 13 bis 20 Euro pro Tag, die teureren Cottages haben eine Klimaanlage. Die Übernachtungspreise beinhalten auch die Kosten zur Teilnahme an Meditationen und die Bibliotheksbenutzung.

Sicherheitshinweis: 2005 wurde eine deutsche Touristin, die den Nagarjun Forest alleine durchwanderte, ermordet. Eine französische Touristin verschwand spurlos. Zuvor war eine andere deutsche Touristin in dem Gebiet überfallen und beraubt worden. Die Fälle konnten nie aufgeklärt werden. Nach 2005 ist kein ähnlicher Fall bekannt geworden, dennoch ist von Solo-Wanderungen abzuraten. Am Eingangstor haben sich Besucher namentlich in eine Liste einzutragen und bei Verlassen des Gebiets wieder gegenzuzeichnen.

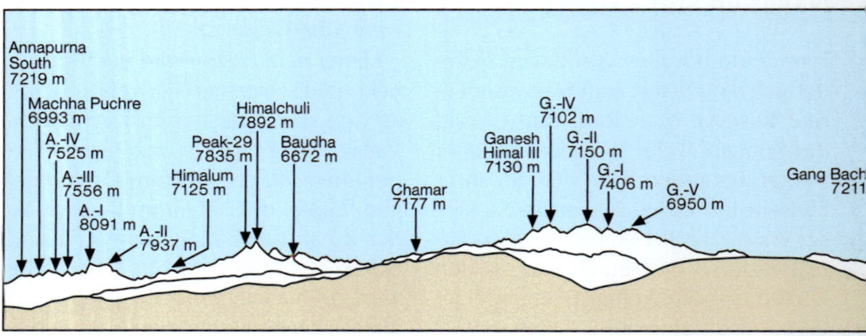

Eintritt

- Der Zutritt zum Nagarjun Forest Reserve kostet 10 Rs. pro Person, dazu 30 Rs. für ein Motorrad und 100 Rs. für ein Auto. Geöffnet täglich 6–18 Uhr.

Anreise

- Alle **Busse,** die in Richtung Kakani fahren, passieren die Zufahrt zum Wald, wo sich auch ein Kassenhäuschen befindet (von Kathmandu kommend auf der linken Seite). Von hier sind es allerdings noch 15 km bis hoch zur Nagarjun Stupa. Diese sind **zu Fuß** zu bewältigen. Die Busse fahren am Lekhnath Marg in Kathmandu ab und kosten bis Nagarjun ca. 10 Rs.
- Bequemer ist ein **Taxi.** Von der New Road bis zur Waldeinfahrt kostet es per Taxameter ca. 160 Rs. Wer bis zur Stupa fahren will, muss einen für die Kilometerzahl unverhältnismäßig hohen Preis zahlen, da die Strecke in einem sehr schlechten Zustand ist. Hin- und Rückfahrt samt Aufenthalt von einer Stunde dürften mindestens 1500 Rs. kosten. Viele Fahrer fahren nicht unter 2000 Rs.
- Wandernaturen böte sich ein herrlicher **Fußweg** (ca. 3 Std.) ab Ichangu Narayan an (siehe vorangegangenes Kapitel). Dort zeigt man gerne den Pfad, wo's langgeht.

Kakani

Die Straße, die am Nagarjun Forest Reserve vorbeiführt, windet sich weiter in nordwestliche Richtung durch eine wunderschöne Berglandschaft, die Ausblicke auf den majestätischen Nagarjun-Wald erlaubt. Diese Strecke gehört zu den schönsten im Kathmandu Valley. Nach 26 km (ab Kathmandu) erreicht man – nach einer Abzweigung von der Hauptstraße – den Ort Kakani auf 2073 m Höhe; es ergeben sich **herrliche Ausblicke** auf den Ganesh Himal und den westlichen Himalaya. Dies ist der Kathmandu am nächsten gelegene Ort, der solche großartige Bergpanoramen bietet. Die Aussicht ist jedoch nicht so gut wie in Nagarkot, folglich finden sich **nur wenige Touristen** ein. Einige Unterkünfte, die in der Vergangenheit eröffnet wurden, schlossen alsbald wieder. Die meisten Einwohner des Ortes gehören zur Volksgruppe der Tamang.

Kakani, am Nordwestrand des Kathmandu Valley gelegen, bietet sich gut

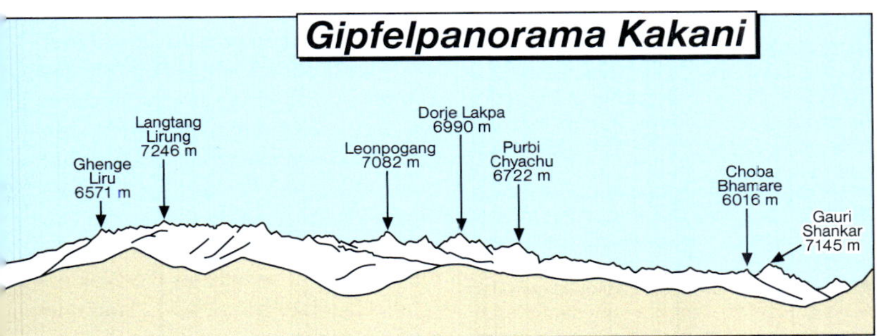

als Ausgangspunkt für eine Reihe von **Trekking-Touren** an, u.a. nach Nagarkot, Shivapuri und Trisuli. Ansonsten ist die touristische Infrastruktur sehr begrenzt. Um die wenigen Unterkünfte gruppieren sich ein paar Häuser, darunter eine Polizeiausbildungsstätte und eine alte Villa, die dem Personal der Britischen Botschaft als Feriendomizil dient (neben dem Taragaon Resort). Wie so oft auf dem indischen Subkontinent, hatten sich die Briten die schönsten und luftigsten Fleckchen zu Luftkurorten erkoren.

Im Osten der Ortschaft ist auf einer Anhöhe der **Kakani Memorial Park** eingerichtet, der den Toten eines Flugzeugabsturzes von 1992 gewidmet ist. Eine Thai-Airways-Maschine war beim Anflug auf Kathmandu bei Kakani in einen Berg gestürzt. Alle Personen an Bord kamen ums Leben.

Unterkunft/Essen

- Das staatliche, altgediente und auch etwas überaltert wirkende **Taragaon Resort** hat nur acht Zimmer, diese bieten aber teilweise einen großartigen Ausblick, ansonsten tut's der Rasen vor dem Hotel, von dem die Aussicht wunderbar ist. Zimmer mit Bad und kaltem und heißem Wasser, Einzel zu 12 US$, Doppel zu 16 US$; + 13% Steuer. Essen ist im Haus erhältlich, zu recht vernünftigen Preisen. Für 20 US$ bzw. 34 US$ gibt es Zimmer mit Vollverpflegung. Zu buchen in Kathmandu unter Tel. 01-6680061, 01-4672796, 01-64671428, Fax 01-4672797, taraga@enet.com.np.
- Das nahe gelegene **Kakani Guest House** bietet sehr schlichte Zimmer zu 300 Rs. Einfache Mahlzeiten sind ebenfalls erhältlich, zumeist Dal-Bhat.
- Das **View Himalaya Guest House** befindet sich etwas weiter östlich an der Straße nach Shivapuri. Vor dem Haus tut sich ein steiler Abgrund auf – die Aussicht ist spektakulär. Schlichte Zimmer mit Bad (h. + k. Wasser) auf Verhandlungsbasis, je nach Saison und Auslastung 200 bis 400 Rs. Ein Restaurant ist vorhanden. Tel. 01-6915706 oder Handy 9841593840.
- Kurz vor dem View Himalaya, an der rechten Straßenseite von Kathmandu aus kommend, befindet sich noch das **Lama Guest House** für Anspruchslose.

Anreise

- **Busse** fahren ab der Gongabu Bus Station bis Kaulithana (Busse in Richtung Dhunche oder Trisuli Bazar; ca. 40 Rs.); von Kaulithana ist es noch ein Fußweg von 3 km bis Kakani.
- **Taxis** kosten nach Taxameter ca. 600 Rs. für die einfache Fahrt, die Fahrer verlangen aber mehr, wenn kein Passagier für die Rückfahrt zu erwarten ist. Hin- und Rückfahrt samt einstündigem Aufenthalt ca. 1200 Rs., dazu 100 bis 300 Rs. zusätzlich, je nach Aufenthaltsdauer.

Budhanilakantha – Shivapuri – Dhum Varahi

Budhanilakantha

Maharajganj, die Ausfallstraße Richtung Nordosten, führt von Kathmandu nach Budhanilakantha (9 km), **einer der wichtigsten Vishnu-Figuren des Landes** und einer der ungewöhnlichsten dazu. Die Figur zeigt Vishnu, den Urheber der Welten, der rücklings auf dem kosmischen Ozean liegt. Der Mythologie zufolge entspross seinem Nabel ein Lotus, aus dem Brahma geboren wurde, der seinerseits die Welt erschuf. Die Figur ist ca. 4,5 m lang und ruht auf einem Bett aus ineinander verflochtenen Schlangenkörpern, die Teil der elfköpfigen Riesenschlange Ananta („Die Unendliche") sind. Vishnu scheint überirdisch friedlich über dem kosmischen Ozean zu treiben, was von Tauben ausgenutzt wird, die ihn als Start- und Landebahn missbrauchen. Der Teich um den Vishnu ist umzäunt, und nur Hindus haben am Fußende der Figur Zutritt in den Innenbereich. Nicht-Hindus bleibt der Blick durch die Zaunlatten, der aber auch schon lohnt.

Der Budhanilakantha stammt wahrscheinlich aus dem 7. Jh. und wurde **aus einem einzigen Stein gehauen.** Der Legende nach war die Figur ursprünglich in der Erde vergraben, bis ein Bauer beim Pflügen an sie stieß und sie zu bluten begann. Budha bedeutet „im Schlamm vergraben", Nilakantha oder „Blaukehle" ist ein anderer Name für Vishnu. Die nepalesischen Könige, die selbst als eine Inkarnation Vishnus betrachtet wurden, durften die Figur früher niemals sehen, sonst hätten sie sofort sterben müssen – das besagte zumindest eine alte Überlieferung. Folglich hatten sich die Könige mit der kleineren Kopie in Balaju (siehe dort) zu bescheiden.

Um den Teich mit dem Budhanilakantha herum befinden sich einige weitere Schreine, ein Shiva-Lingam und auch einige Gebäude neueren Datums. Am Tempel finden sich einige kleine **Restaurants und Geschäfte,** und wer den Shivapuri Hill hinaufwandern will (s.u.), hat hier eine letzte Möglichkeit, sich mit Nahrungsmitteln einzudecken.

Im November füllt sich das Gelände mit Tausenden von Pilgern, die dort das **Baikuntha-Chaturdasi-Fest** begehen. Der Mythologie gemäß schläft Vishnu die vier Monsun-Monate hindurch und zum Feiertag Baikuntha Chaturdasi erwacht er. Täglich findet hier gegen 9/10 Uhr eine Puja statt, zu der ein Priester das Gesicht des Vishnu wäscht und Gläubige ihre Opfergaben ablegen. Das Ganze wird von lauten Schellen und dem Klang diverser Glocken untermalt.

Unterkunft/Essen

- Etwa 1 km nordwestlich von Budhanilakantha befindet sich das **nepalesische Zentrum der ISKCON- oder „Hare-Krishna"-Bewegung** (Vishnu Gaun Panchayat, Ward Nr. 2, Tel. 01-4373794, 01-4373786, Fax 01-4372976, www.iskconnepal.org). Der Tempel sieht eher aus wie ein hochherrschaftlicher Adelssitz, darin werden aber von 4.30–21 Uhr intensive hinduistische Gebetszeremonien praktiziert. Jedermann hat Zutritt. Dem Tempel ist ein **Guest House** angeschlossen, mit sehr sauberen Zimmern zu 400 Rs. (mit Bad). Die Zimmer werden auch an Nicht-Mitglieder von ISKCON vermietet, allerdings gelten Regeln: Rauchen und der Konsum von Alkohol oder Drogen sind in allen Bereichen untersagt. Im hauseigenen **Govinda Restaurant** wird sehr leckeres vegetarisches Essen serviert (11–18 Uhr). Das Essen ist „sattvic", d.h. ohne Zwiebeln, Knoblauch oder übermäßige Würzung zubereitet, da diese das Gemüt „erhitzen" sollen und im orthodoxen Hinduismus verpönt sind.

Anreise

- Die Strecke ist kein Problem mit dem **Fahrrad,** es geht nur minimal aufwärts.
- **Busse** der Linie 5 fahren etwa jede halbe Stunde ab der City Bus Station (7 Rs.), kleine Tempos starten ab der Nordseite von Rani Pokhri. Fahrzeit ca. 1 Std.

ktm030 Foto: rk

● Mit dem **Taxi** kostet die einfache Strecke ab Thamel per Taxameter ca. 200 Rs., falls sich ein Fahrer auf das Einschalten des Taxameters einlässt. Hin- und Rückfahrt plus einstündigem Aufenthalt sollten ca. 500 Rs. kosten.

Der liegende Vishnu von Budhanilakantha – Priester beim Opferritus

Shivapuri National Park

Etwa 2 km nördlich von Budhanilakantha beginnt an einem Kontrollposten der Aufstieg zum **Shivapuri Hill** (2725 m), dem zweihöchsten Gipfel am Rande des Kathmandu Valley. Der Berg liegt inmitten des 144 km² großen Shivapuri National Park. Das Areal

wurde zum Schutzgebiet erklärt, um erstens den ursprünglichen Wald zu erhalten, zweitens sollte **Kathmandus Wasserversorgung** sichergestellt werden, denn ein Viertel des dort verbrauchten Wassers stammt aus diesem Gebiet. Außerdem ist der Nationalpark der Lebensraum von 177 Vogelarten, von Schwarzbären, Wildschweinen, Hirschen, Affen und Leoparden. Der Shivapuri-Park ist der Kathmandu am nächsten gelegene Nationalpark.

Die Straße den Shivapuri Hill hinauf ist mit einem Auto relativ gut befahrbar und bietet mit steigender Höhe exzellente Ausblicke. Etwa 6 km nach dem Kontrollposten erreicht man **Nage Gumba,** ein **buddhistisches Frauenkloster** mit einigen sehr freundlichen Nonnen, die sich hier einem Leben der Meditation verschrieben haben. Das Kloster liegt wunderbar, ein Rasenplatz vor einem der Gebäude bietet eine erholsame Ruhestelle, und man hat freien Ausblick auf Budhanilakantha und Kathmandu.

Vom Kloster führt ein Pfad zum Shivapuri-Gipfel, der in ca. 2 Stunden zu bewältigen ist. Nach einer 2½- bis 3-stündigen **Wanderung** kann man vom Kloster auch Gokarna (s.u.) mit der sehenswerten Klosteranlage Gokarna Mahadev erreichen.

Eintritt

- Der Eintritt zu dem Gebiet kostet 250 Rs. Anders als an so vielen Kassenhäuschen lassen die Kassierer hier nicht mit sich reden. Es sind Soldaten, denn das Gelände steht unter der Obhut der Armee. Die Mitnahme eines Motorrades kostet 15 Rs., eines Autos 75 Rs. und eines Taxis 40 Rs. Camping kostet 100 Rs. pro Person, die Benutzung einer Filmkamera stolze 3000 Rs.

Anreise

- **Mit dem Fahrrad** ist die Strecke nicht unbedingt zu empfehlen, es geht steil bergauf, und der Straßenzustand ist für Fahrräder nicht der beste. Der Weg führt durch die nördlichen Stadtteile von Kathmandu, die die wohnlichsten und saubersten der Stadt sind.

• **Taxis** ab Kathmandu kosten für die einfache Fahrt 700 bis 800 Rs., da der Fahrer höchstwahrscheinlich ohne zahlenden Passagier zurückfahren müsste, Hin- und Rückfahrt sollten ca. 800 Rs. plus Wartegebühren kosten (100–150 Rs./Std.).

Dhum Varahi

An der Ostseite der Ring Road um Kathmandu, etwas nördlich der Brücke über den Dhobi-Khola-Fluss, steht **einer der ältesten und imposantesten Schreine des Kathmandu Valley,** der Dhum Varahi. Die Entfernung ab Kathmandu-Mitte beträgt ca. 5 km. Der Schrein befindet sich mitten auf einem Schulhof unter einem mächtigen Pipal-Baum. Wer ihn nicht gleich findet, sollte sich den Weg weisen lassen. Die Wurzeln haben im Laufe der Zeit die „lebensgroße" Figur des Schreins beschädigt. Die Figur stammt aus dem 6. Jh. und zeigt Vishnu in seiner Inkarnation als Wildschwein *(varahi);* mit dem linken Ellenbogen balanciert er Prithvi, die Erdgöttin. Vishnu nahm die Wildschwein-Form zur Tarnung an, um den Dämon Hiranyaksha zu zerstören, der dabei war, die Erde unter Wasser zu ziehen. Der Standort der Statue an dieser relativ verlassenen Stelle gibt Rätsel auf, es wird vermutet, dass sich hier einmal eine wichtige Siedlung befunden haben muss.

Anreise

• **Mit dem Fahrrad** ist der Schrein gut nach einem Besuch von Chabahil oder Pashupatinath zu erreichen, von wo die Ring Road in nördliche Richtung weiterzufahren ist. Wer von Budhanilakantha kommt, muss bei der Rückfahrt nach Kathmandu links in die Ring Road einbiegen. Dort steht links das Hotel Karnali, ein paar hundert Meter weiter rechts erscheint der unansehnliche Panchayat Silver Jubilee Garden, ein Monument landschaftsarchitektonischer Einfallslosigkeit.

• **Taxis** ab Kathmandu-Mitte kosten nach Taxameter ca. 100 Rs. Man rechne mit ca. 300 Rs. für Hin- und Rückfahrt und Aufenthalt.

Bodhnath – Kopan

Etwa 1 km westlich vor Bodhnath (siehe „Kathmandu/Sehenswertes am Stadtrand") zweigt von der Hauptstraße eine kleinere Straße (nicht asphaltiert) ab. Diese führt in nordöstlicher Richtung zur Ortschaft Kopan und dem dortigen **tibetischen Kloster, Kopan Gompa** (ab Kathmandu ca. 9 km, ab Bodhnath ca. 4 km). Das Kloster steht auf einem Hügel an der Nordseite des Ortes und umfasst mehrere Gebäude, die sich um einen majestätischen Bodhi-Baum gruppieren. Im Kloster werden diverse Meditationskurse angeboten, und es stehen preiswerte Unterkünfte zur Verfügung, darunter Schlafsäle mit drei Betten und auch Einzelzimmer. Das Leben im Kloster verläuft nach einem strengen Regelkodex: Männer und Frauen werden getrennt untergebracht, selbst Ehepaare können nicht zusammen

Schöner Blick auf die imposante Bodhnath-Stupa

ktm031 Foto: rk

wohnen; das Essen ist rein vegetarisch; der Konsum von Alkohol, Tabak und Drogen ist untersagt. Weitere Infos unter www.kopan-monastery.com.

Von der Südseite des Hügels bietet sich ein imposanter **Ausblick auf die Bodhnath-Stupa,** die aus der Entfernung wirkt wie eine gigantische Glocke, die ein mystisches Wesen dort abgestellt hat.

Die etwa **360 Mönche und Nonnen** des Klosters sind größtenteils Nepalesen und Tibeter, aber auch einige Westler sind dabei. Von den Tibetern sind die jüngsten im Exil geboren, d.h. sie haben ihre spirituelle Heimat nie gesehen. Andere sind längerfristige Gäste aus Dharamshala in Indien, dem Hauptquartier des Dalai Lama.

In einem angeschlossenen **Geschäft** wird Literatur verkauft, z.B. über Buddhismus oder Tibet, dazu CDs, Brokatwaren, Räucherstäbchen, Gebetsfahnen usw.

Auch von Kopan lohnt ein **Fußmarsch nach Gokarna** (s.u.) Richtung Süden.

Besucher des Klosters sollten sich zwischen 9–11.30 Uhr oder 13–16.30 Uhr im Büro anmelden. Um 19 Uhr werden die Tore geschlossen.

Anreise

- Die Strecke ist problemlos **mit dem Fahrrad** zu bewältigen, in der Regenzeit verwandelt sich die Straße jedoch oft in eine Schlammpiste. Von Bodhnath sind es ca. 45 Min. zu Fuß.
- **Taxis** ab Thamel in Kathmandu kosten nach Taxameter ca. 200 Rs., Hin- und Rückfahrt inklusive einer Stunde Aufenthalt ca. 500 Rs., Taxis ab Bodhnath ca. 100 Rs.

Bodhnath – Gokarna – Sundarijal

Gokarna

Nach dem Besuch von Bodhnath bietet sich als interessante Alternative die Weiterfahrt zur Ortschaft Gokarna an, deren Tempelanlage Gokarna Mahadev zu den wichtigsten des Tals zählt. Gokarna („Kuhohr") liegt etwa 4 km nordöstlich von Bodhnath. Von Bodhnath führt die Hauptstraße zu einer etwas **chaotischen Kreuzung** mit einem Busbahnhof darum; dort zweigt eine Straße links ab und erreicht nach ca. 3 km Gokarna und den Tempel (auf der rechten Straßenseite). Auf der linken Straßenseite beginnt hinter einer Dorfschule ein herrlicher kleiner Fichtenwald, der sich bei Bedarf gut für eine Ruhepause eignet.

Der **Gokarna Mahadev** steht an einer heiligen Stelle, an der sich der aus dem Norden fließende **Bagmati-Fluss** in einer Schlaufe zu verirren scheint und kurz wieder nach Norden fließt. Auch hier am Bagmati werden die Toten verbrannt, um ihnen den Weg in die nächste Existenz zu erleichtern.

Jedes Jahr im August/September findet am letzten Tag des abnehmenden Mondes das **Fest Gokarna Aunshi** statt, eine Art Vatertag, an dem sowohl die lebenden als auch die verstorbenen Väter geehrt werden. Dabei gilt der im Allerheiligsten aufbewahrte Shiva-Lingam, der Gokarna Maheshvar, als ein potenter Mittler zwischen der Welt der Lebenden und jener der Toten. Nach vielerlei Ritualen endet das Fest mit einem ausgiebigen Familienschmaus.

Eine **Legende** erzählt von **Dantur,** dem Sohn einer Prostituierten, der aus Verzweiflung darüber, dass er seinen Vater nicht kannte, sich an einen Rishi oder Weisen wandte. Der Rishi gab ihm den Rat, im Bagmati bei Gokarna zu baden und den Seelen der Verstorbenen Opfergaben darzubringen, dann würde ihm sein Vater erscheinen. Während der Opferzeremonie fanden sich jedoch so viele Seelen ein, die sich der Opfergaben bemächtigen wollten, dass *Dantur* verwirrt war und seinen Vater vor lauter Seelen nicht sah. Unter den Anweisungen des Rishi konnte er schließlich die Seele seines Vaters ausfindig machen, und seither ist Gokarna der Ort der Totenverehrung. Nebenbei sicherte das Opfern in Gokarna so viel gutes Karma, dass *Dantur* später sogar König wurde.

Der Tempelkomplex von Gokarna stammt aus dem 14. Jh., an der Stelle muss sich aber schon lange vorher ein Heiligtum befunden haben. Der Legende nach ist in Gokarna ein **Teil eines Hornes vergraben,** das Shiva als Hirsch getragen hatte. Shiva hatte sich einst – von seinen Pflichten als Gott erschöpft – in Form eines einhörnigen goldenen Hirsches im Wald bei Pashupatinath vergnügt. Als seine Abwesenheit ein Chaos auf der Erde entstehen ließ, suchten Brahma, Vishnu und Indra nach ihm. Als sie ihn schließlich in der Hirschform entdeckten, jagten sie ihn, bis sie ihn am Horn ergreifen konnten. Als sie alle gleichzeitig das Horn zu fassen bekamen, zerbrach es, und jeder der Götter hielt ein Teilstück in Händen. Auf Shivas Wunsch hin nahm Vishnu sein Stück des Horns mit zu seinem Wohnsitz in Vaikuntha, Indra beförderte sein Teil zu sich in den Himmel, und Brahma brachte das dritte Teil in Gokarna unter.

Alten Aufzeichnungen zufolge war Gokarna vor etwa 1900 Jahren die am besten befestigte **Hauptstadt der Kirata-Dynastie.** Der Name wurde von der südindischen heiligen Stadt Go-

ktm032 Foto: rk

Brahma-Figur in Gokarna

karna übernommen. In Sanskrit-Schriften wurde es als ein Ort von höchster Heiligkeit und Schönheit bezeichnet. Der Gokarna Mahadev wurde in den 1980er Jahren einer eingehenden Restaurierung unterzogen, wobei allein das Reinigen der Außenwände anderthalb Jahre in Anspruch nahm. Viele der Dachstreben mussten durch neue ersetzt werden, da sie vom Zahn der Zeit und durch zahlreiche Monsunregen zermürbt worden waren.

Der Tempel wird von einem dreistöckigen Dach bedeckt und ist von Reihen von Götterfiguren umgeben. Über dem Tempeleingang ist eine goldene Torana mit Shiva und Parvati in ihrer Manifestation als Uma und Maheshvar angebracht. Eines der interessantesten Details ist der **Vishnu Paduka** schräg seitlich des Hauptgebäudes am Fluss, ein offener einstöckiger Schrein, der eine Metallplatte mit einem Fußabdruck Vishnus beherbergt. Da durch das Erdbeben von 1934 die Aufbauten stark beschädigt und das Fundament durch das Flusswasser angegriffen worden waren, wurde auch der Vishnu Paduka restauriert. Dabei kam unter dem Fundament die ursprüngliche Opfergabe zum Vorschein, die man dort vor Baubeginn eingebracht hatte: Es waren die Pancha Ratna oder „Fünf Juwelen" und einige Münzen.

Anreise

- **Mit dem Fahrrad oder Bus** (10 Rs.) ab der City Bus Station in Kathmandu.
- **Taxis** ab Kathmandu-Mitte kosten ca. 250 Rs. mit Taxameter oder ca. 600 Rs. für Hin- und Rückfahrt plus eine Stunde Aufenthalt.
- **Zu Fuß** lohnt der Weg ab Kopan ostwärts (ca. 1½ Std) oder aber ab Shivapuri in Richtung Süden (ca. 3 Std.).

Sundarijal

Folgt man der Straße von Gokarna in nordöstliche Richtung, gelangt man nach ca. 4 km zum malerischen Sundarijal (15 km ab Kathmandu). Hier ergießen sich einige kleine Ströme über einen Wasserfall in ein über hundert Jahre altes Auffangbecken, umgeben von viel Grün. Gleich daneben nimmt die viel begangene **Trekking-Route nach Helambu** ihren Anfang (Dauer ca. 7 Tage). Der Weg beginnt mit einer etwas unbequem zu begehenden steilen Steintreppe, an deren Seite eine Wasser-Pipeline verläuft. Etwa zwei Stunden Fußweg oberhalb von Sundarijal befindet sich ein Stausee, der weite Teile des Kathmandu Valley mit Wasser versorgt.

Anreise

- **Mit dem Fahrrad** eine angenehme Strecke ab Kathmandu, es gibt nur wenig Verkehr und kaum Steigungen.
- Von Kathmandu fahren **keine direkten Busse.** Ab der City Bus Station nehme man einen Bus bis Jorpati (etwas östlich von Bodhnath) und steige an der dortigen Kreuzung in einen Bus nach Sundarijal um.
- **Taxis** ab Kathmandu-Mitte kosten per Taxameter eigentlich ca. 300 Rs., unter 500 Rs. wird aber nichts zu machen sein. Hin- und Rückfahrt plus eine Stunde Aufenthalt sind ab 700 Rs. zu haben.

Gokarna Game Reserve – Sankhu – Vajra Yogini

Gokarna Game Reserve

An der Süd- und Südostseite des Dorfes Gokarna erstreckt sich dieses Reservat, **eines der letzten naturbelassenen Waldgebiete** in der Nähe der Hauptstadt. Das Reservat wurde Ende des 19. Jh. angelegt und beherbergt zahlreiche Hirscharten, Affen und Vögel. Bis in die jüngste Vergangenheit war es ein beliebtes Ausflugsziel für die Bewohner Kathmandus, heute ist es jedoch für die Allgemeinheit nicht mehr zugänglich.

Unterkunft

- Nahe der Hauptzufahrtsstraße sind ein Golfplatz und ein Luxusresort mit 100 Zimmern angelegt worden. Das **Le Meridien Gokarna Forest Golf Resort & Spa** verfügt über den einzigen 18-Loch-Golfplatz in Nepal. Es wurde entworfen vom schottischen Unternehmen Gleneagles Golf Developments. Die Green Fees für Besucher betragen an Wochentagen 40 US$, am Wochenende 50 US$. Zudem werden Trekking-Touren und Safaris organisiert, dazu gibt es ein Swimmingpool und Spa. Die Lage des Resorts ist einerseits wunderbar malerisch und äußerst ruhig, andererseits ist man etwas abgeschnitten und es bedarf eines längeren Fußweges, um an der Hauptstraße im Bereich Jorpati ein Taxi ausfindig zu machen. Für Leute, die viele Ausflüge unternehmen wollen, ist die Lage also nicht so günstig, es sei denn, man lässt sich vom Hotel einen Wagen mit Fahrer stellen (relativ teuer). Unterbringungspreise bei Internetbuchung je nach Zimmer 100 bis 250 US$. Die größeren Cottages sind sehr attraktiv und geräumig. Tel. 01-4451212, Fax 01-4450002, www.gokarna.com.

Anreise

- Am besten **mit dem Fahrrad** oder auch **zu Fuß.** Von Bodhnath sind es ca. 3 km, ab dem Dorf Gokarna ca. 2 km.
- Alle **Busse** nach Sankhu (s.u.) passieren das Reservat.
- **Taxis** ab Kathmandu kosten ca. 250 Rs.; falls der Fahrer sich weigert, zum Taxameter-Preis zu fahren, werden es 350 bis 400 Rs.

Sankhu

Sankhu, 21 km östlich von Kathmandu gelegen, ist eine typische, altertümlich wirkende **Newar-Stadt,** die schon einmal bessere Zeiten gesehen hat. Aufgrund ihrer Lage an der Handelsroute von Kathmandu nach Tibet war sie einst ein wichtiger Zwischenposten. Auch heute ist Sankhu vor allem ein Transitort – auf dem Weg nach Vajra Yogini (s.u.).

Aus seinem Schlaf erwacht der Ort vor allem zu religiösen Festen. Im Monat Magh (Januar/Februar) wird **Swasthani Purnima** gefeiert, ein einmonatiges Fest zu Ehren der Göttin Swasthani. Morgens finden sich Hunderte von Pilgern am Fluss Sali Nad zum rituellen Bad ein, und am nahen Mahadev-Narayan-Tempel lauschen die Gläubigen den Priestern, die die Mythen der Swasthani rezitieren.

Anreise

- Die Straße nach Sankhu ist asphaltiert, die Anfahrt **mit dem Fahrrad** problemlos. Es gibt nur ein paar wenige, minimale Steigungen.
- **Busse** ab der City Bus Station in Kathmandu kosten 20 Rs., Fahrzeit ca. 1½ Std.
- Nimmt man ein **Taxi,** pendelt sich das Taxameter um die 450-Rs.-Marke ein. Für Hin- und Rückfahrt sind samt Wartezeit also ab ca. 1000 Rs. zu zahlen.

ktm097 Foto: rk

Vajra Yogini

Etwa 1,5 km nördlich von Sankhu führt die Straße zum Fuß einer Treppe, an deren oberen Ende sich der Vajra-Yogini-Tempel erhebt, **einer der imposantesten und wichtigsten Tempel des Kathmandu Valley.** Die Treppe ist steil und kann so manchen Besucher aus der Puste bringen. Der Aufstieg dauert 15 bis 20 Minuten. Auf etwa halbem Wege findet sich eine Art Unterstand und ein kleiner Schrein mit Figuren von Ganesh, Kali und Bhairav, der sich zu einer kleinen Pause anbietet. Weiter oben durchschneidet die Treppe einen kleinen Wald, passiert dabei eine hübsche kleine Stupa und endet direkt vor dem Hauptgebäude des Tempelkomplexes. Das Tempelgebäude wurde 1655 unter König *Pratap Malla* angelegt; an der Stelle hatte sich aber wohl schon zuvor eine Tempelstätte befunden. Der Überlieferung nach lebt hier schon seit ewigen Zeiten die Göttin Vajra Yogini, und nur ihretwegen habe Manjushri das Wasser aus dem Kathmandu-Tal abfließen lassen.

Im Inneren des Tempels ist eine **Figur der Vajra Yogini** aufbewahrt, einer der wichtigsten Göttinnen des tantrischen Buddhismus. Dazu gesellen sich Figuren ihrer zwei Begleiterinnen, Sinhini („Löwin") und Baghini („Tigerin"). Die Südfassade des Tempels schmücken filigrane Kupferarbeiten, über der dort befindlichen Haupttür ist eine goldene Torana mit einem Abbild der Göttin zu sehen.

Nahebei steht der **Gunivihar-Tempel** mit seinem doppelgeschossigen Dach. Dieses Gebäude stammt aus dem 16. Jh. und beherbergt eine **Kopie der Stupa von Swayambhunath.** Eine Legende besagt, dass Vajra Yogini Swayambhunath gegründet habe. Um diesen Tempel herum befinden sich die Gebets- und Wohngebäude der ansässigen Mönche mit einigen Schreinen und Statuen darin. Normalerweise sind die Gebäude verschlossen, auf Wunsch gewähren die Mönche jedoch Einblick. Von der so friedlichen und pittoresk gelegenen Tempelanlage bietet sich ein hervorragender Ausblick auf die Felder und Hügel der Umgebung.

Anreise

- **Busse** fahren zumeist nur bis Sankhu (s.o.). Von dort sind es ca. 1,5 km bis zum Fuß der Treppe zum Tempel. Man folge der Straße durch Sankhu in Richtung Norden, bis eine Art Auto-Halteplatz auftaucht, von dem links die Treppe zum Tempel hochführt.
- **Taxis** ab Kathmandu kosten knapp 500 Rs. nach Taxameter; Hin- und Rückfahrt plus ein bis zwei Stunden Aufenthalt für ca. 1200 Rs.

Stupa am Treppenweg zum Vajra-Yogini-Tempel

Bhaktapur (Bhadgaon)

Bhaktapur, 15 km östlich von Kathmandu an der alten Handelsstraße nach Tibet gelegen, ist die **drittgrößte Stadt des Kathmandu Valley.** Der **Großraum** Bhaktapur umfasst ca. **250.000 Einwohner,** 80.000 davon leben in der Stadt selber. Die Bewohner gehören hauptsächlich den Newar an, den „Ureinwohnern“ des Tals. Hier wird weit mehr Newari gesprochen als Nepali. Der Newari-Name der Stadt ist Khwopa.

Bhaktapur ist eine **faszinierend altertümliche Stadt,** vollgestopft mit Tempeln, mittelalterlich wirkenden Häusern und Gassen und anderen Sehenswürdigkeiten. Im Gegensatz zu Kathmandu sind hier kaum Betonneubauten oder andere ernüchternde Vertreter der Neuzeit zu sehen, zumindest nicht in der historischen Innenstadt. Bhaktapur ist zudem auffallend geordneter und sauberer als Kathmandu, eine Tatsache, die schon von Reisenden im 19. Jh. beobachtet wurde. Ein weiterer Vorteil ist, dass in der Altstadt Autos keinen Zugang haben; an den Zufahrtswegen finden sich Parkplätze, wo die Autos und Touristenbusse zu parken haben. Wem Kathmandu zu geschäftig und „modern“ ist, findet hier den idealen Gegenpol – Bhaktapur ist heute so etwas wie das **traditionelle Herzstück des Kathmandu Valley.** Die meisten Reisenden sind von der Ursprünglichkeit des Ortes begeistert. Statt wie in Kathmandu durch Autogehupe, so wird man hier bestenfalls durch das Läuten von Tempelglocken oder das Krähen der Hähne geweckt. Ein kleiner Nachteil ist, dass die touristische Infrastruktur bei weiten nicht so ausgebaut ist wie in Kathmandu. Die Zahl der Unterkünfte und Restaurants ist begrenzt, aber durchaus ausreichend.

Maßgeblich beteiligt an der Erhaltung des Stadtbildes war in den 1970er Jahren das deutsch-nepalesische **Bhaktapur Development Project.** Diese Zusammenarbeit zwecks Restaurierung sanierungsbedürftiger, kulturhistorisch wertvoller Gebäude hatte 1969 verhältnismäßig bescheiden begonnen. Bei einem offiziellen Besuch des damaligen saarländischen Ministerpräsidenten in Nepal hatte dieser aus Anlass der Hochzeit König *Birendras* ihm 1 Mio. DM als Restaurationshilfe für die Pujari Math (s.u.) überlassen. Nach dem Ende der Restaurierungsarbeiten im Jahr 1972 initiierten die dabei beteiligten deutschen Architekten weitere Finanzhilfen, und so entstand 1973/74 das Bhaktapur Development Project.

Aus diesen Gründen dürfte es heute besonders deutsche Besucher ärgern, wenn als **Eintrittsgeld** zum restaurierten Bereich stolze **750 Rs.** erhoben werden (10 US$) - das ist ein guter nepalesischer Wochenlohn. Der Eintrittspreis ist in den letzten Jahren mehrfach angehoben worden. Bis vor einigen Jahren gab es noch Schleichwege, über die man sich kostenlos in den Bereich einschleusen konnte, heute befinden sich jedoch an jedem größeren Zugangsweg Kassenhäuschen. Vielleicht kann man ja doch noch eine Gasse aufspüren, über die man kostenlos in die Innenstadt vordringen kann - das wird aber sicher einen längeren Fußweg zur Folge haben.

Das Eintrittsticket ist ein Jahr gültig, man braucht also nicht bei jedem Besuch neu zu bezahlen. Touristen, die in einer der Unterkünfte in der historischen Innenstadt zu wohnen gedenken, sollten dies bei Ausstellung des Tickets gleich angeben. Journalisten oder Fotografen mit Journalistenausweis oder Leute, die glaubhaft versichern können, dass sie Journalisten oder Reiseschriftsteller sind, kommen umsonst hinein.

Geschichte

Die Anfänge Bhaktapurs gehen bis in die Licchavi-Periode zurück, das „moderne" Bhaktapur aber, so wie es sich in seiner Grundstruktur bis heute präsentiert, wurde 889 n.Chr. von **König Ananda Malla** gegründet. Der Grundriss soll dabei die Form eines Damru bekommen haben, also einer kleinen Trommel Mahadevs (Shiva), die etwa an eine Sanduhr erinnert - oder an zwei Dreiecke, die mit zwei Spitzen gegeneinandergestellt werden.

Der älteste Teil der Stadt befindet sich um den Dattatreya Square herum, das Zentrum verlagerte sich zwischen

Ladenzeile an der Südseite des Taumadhi Tol

dem 14. und 16. Jh. jedoch westwärts, zu der Zeit, als Bhaktapur das Kathmandu-Tal beherrschte. 1768 unterlag es den Truppen *Prithvi Narayan Shahs* und büßte seine Unabhängigkeit ein.

Der **Name** Bhaktapur bedeutet „Stadt der Gottesfürchtigen" (*bhakta* = „Gotthingegebener", *pur* = „Stadt"), der ebenfalls gebräuchliche Name Bhadgaon „Stadt der Bhadra Kali". In früheren Zeiten wurden noch andere Namen benutzt, darunter Dharmapatan, „Stadt des religiösen Gesetzes".

Sehenswertes

Siddha Pokhri

Bei der Anfahrt aus Kathmandu passiert man am Westrand der Stadt einen riesigen, **fast 100 m langen Wassertank,** den Siddha Pokhri. In der Nähe befindet sich das Armeehauptquartier Bhaktapurs und der Tundikhel, der Exerzierplatz. Der Siddha Pokhri wurde im 16. Jh. angelegt – gemäß einer Legende lebt darin eine gigantische Wasserschlange. Diese hat zwar noch niemand zu Gesicht bekommen, aus Furcht aber, die Schlange könnte an Land kriechen, wird der Tank nie geleert. Früher machten viele Einwohner Bhaktapurs einen großen Bogen um das Gelände, um nicht als Schlangenfraß herhalten zu müssen. Im Laufe der Jahrhunderte wurden einige Veränderungen am Tank vorgenommen, zuletzt 1958 auf Veranlassung König *Birendras*.

ktm034 Foto: rk

1 Taxis	8 Jaya-Varahi-Tempel
2 Minibus Stop	9 Ganesh-Schrein
3 Lion Gate	10 Nasamana Square
4 Tank	11 Garuda-Statue
5 Teka Pokhari	12 Jyotirlingeshvar-Shiva-Schrein
6 Ni Bahal	13 Ganesh-Schrein
7 Postamt	14 Jeth-Ganesh-Tempel

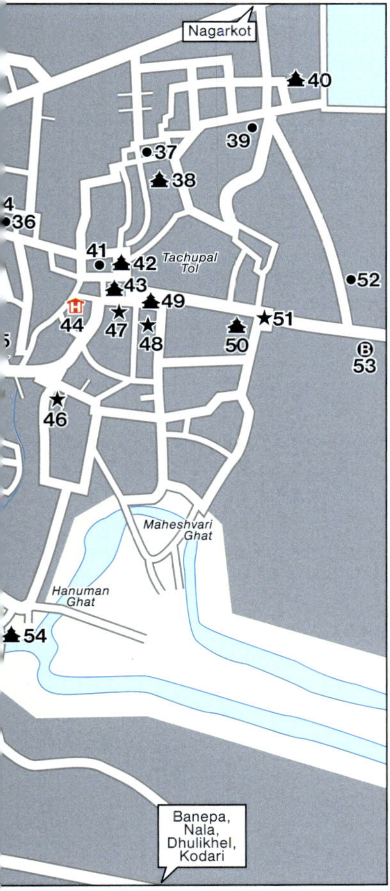

- 15 Vishnu-Tempel
- 16 Bhadgaon Guest House
- 17 Bhagvati-Tempel
- 18 Kumari-Tempel
- 19 Til Mahadev Narayan
- 20 Bhairavanath-Tempel
- 21 Nyatapola-Tempel
- 22 Nyatapola Café
- 23 New Nyatapola Inn
- 24 Golden Gate Guest House
- 25 Shiva Guest House
- 26 Vishnu-Tempel
- 27 Mahakali-Tempel
- 28 Namaste Guest House
- 29 Traditional Guest House
- 30 Sukul Dhoka
- 31 Luna Bahal
- 32 Kleiner Tempel mit dreistufigem Dach
- 33 Tempel
- 34 Shikara
- 35 Tempel
- 36 Naga Pokhari
- 37 Kwathandu Pokhari
- 38 Nava-Durga-Tempel
- 39 Lamuga Pokhari
- 40 Mahalakshmi-Tempel
- 41 Ganesh Pokhari
- 42 Salan-Ganesh-Tempel
- 43 Bhimsen-Tempel
- 44 Dattatraya Guest House
- 45 Golmadhi Square
- 46 Inacho Bahal
- 47 Handwerksstätten
- 48 Pujari Math
- 49 Dattatraya-Tempel
- 50 Wakupati-Narayan-Tempel
- 51 Potters' Square
- 52 Suryamadhi Pokhari
- 53 Minibus-Haltestelle
- 54 Shiva-Parvati-Schrein und Hanuman-Statue

Durbar Square

Als alte Königsstadt hat auch Bhaktapur seinen Durbar Square, der allerdings leerer und aufgeräumter erscheint als die entsprechenden Plätze in Patan oder Kathmandu - alle drei gehören zum **UNESCO-Weltkulturerbe.** Früher muss es auf dem Platz weit beengter gewesen sein, denn durch das Erdbeben von 1934 wurden viele Gebäude zerstört und danach nicht wieder aufgebaut. Glaubt man alten Überlieferungen, so befanden sich hier einst 99 Hofanlagen. 1742 gab es erwiesenermaßen noch zwölf und heute sind es nur noch sechs.

Im Westen wird der Platz vom **Durbar Square Gate** begrenzt, das unter *Bhupatindra Malla* (Regierungszeit 1696–1722) als Hauptzugang zum Durbar Square errichtet wurde. Vor diesem halten heute die Taxis der Tagesbesucher aus Kathmandu, die auch sogleich von Horden von Kindern umlagert werden, die ihre Dienste als „Führer" anbieten oder betteln. Oben am Torbogen ist ein Kirtimukha („Gesicht des Ruhmes") angebracht, und an den Seiten befinden sich hölzerne Figuren von Hanuman (links) und Bhairav (rechts). Direkt links hinter dem Tor sind zwei Figuren von sitzenden Löwen zu sehen, die die dahinter angebrachten Abbildungen von Bhairav und Ugrachandi (Durga) bewachen. Ugrachandi hat 18 Hände, in denen sie Waffen und Symbole schwingt, die ihr von verschiedenen Göttern gegeben worden waren, um damit Dämonen und andere Plagegeister zu besiegen. In diesem Falle tötet sie gerade Mahishasur, einen Dämon mit Büffelkopf. Nachdem die Figuren 1707 auf Veranlassung von *Bhupatindra Malla* gefertigt worden waren, wurden dem verantwortlichen Bildhauer angeblich die Hände abgehackt - der König wollte sichergehen, dass er nie wieder etwas Ebenbürtiges schaffen könnte. Ähnliche Geschichten kennt man auch von anderen glanzvollen Bauten oder Kunstwerken in Asien, und man kann vermuten – oder hoffen –, dass sie reine Legenden sind.

Etwas weiter östlich befindet sich die **National Art Gallery,** deren Zugang Figuren von Narasinha und Hanumanta-Bhairav, einer Mischform aus Hanuman und Bhairav, flankieren. Die Figuren wurden von *Bhupatindra Malla* als eine Art Friedenssicherer aufgestellt, denn er glaubte, dass ihre Kräfte sich gegenseitig in Schach halten würden und so eine ausgleichende Wirkung auf die Stadt hätten. Das Gebäude der Galerie wurde erst 1934/35 nach dem Erdbeben errichtet, die Galerie selber besteht seit 1960. Das große hölzerne Eingangstor wurde 1969 hinzugefügt. Die Galerie verfügt über eine großartige Sammlung hinduistischer und buddhistischer Gemälde, über Thangkas, Palmblatt-Manuskripte sowie diverse Figuren und andere Kunstobjekte aus Holz, Metall, Bronze und Stein - lohnenswert für alle kulturhistorisch Interessierten. Geöffnet Di bis Fr 9–17 Uhr, außer an Feiertagen. Eintritt 20 Rs.

An der Ostseite des Durbar Square, hoch auf einer Säule, thront die **Bhapatindra-Malla-Statue** und blickt in

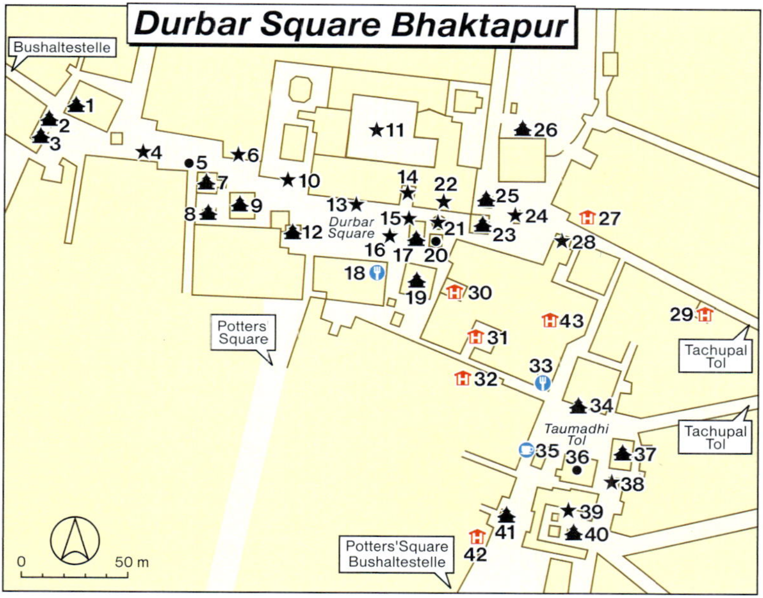

1/2	Shiva-Parvati-Tempel	23	Siddhi-Lakshmi-Tempel
3	Shiva-Tempel	24	Löwen
4	Palast eines Malla-Prinzen	25	Vatsala-Tempel
5	Durbar Square Gate	26	Fasidega-Tempel
6	Statuen von Bhairav und Durga	27	Pahan Chhen G.H. & Sunny G.H.
7	Rameshwar-Tempel	28	Tadhunchen Bahal (Chatur Varna Mahavihara)
8	Bhadri-Tempel	29	Traditional Guest House
9	Krishna-Tempel	30	Shiva Guest House
10	Sundari Chowk	31	Golden Gate Guest House
11	Taleju Chowk	32	New Nyatapola Inn
12	Shiva-Tempel	33	Restaurant
13	National Art Gallery	34	Nyatapola-Tempel
14	Goldenes Tor	35	Nyatapola Café
15	Taleju Bell	36	Dabu (Tanzplattform)
16	Statue des Königs Bhupatindra Malla	37	Bhairavnath-Tempel
17	Vatsala-Durga-Tempel	38	Luna Hiti
18	Layaku Restaurant	39	Shiva-Schrein
19	Pashupatinath-Tempel	40	Til-Mahadev-Narayan-Tempel
20	Tank	41	Jagannath-Tempel
21	Chayasilin Mandap	42	Bhadgaon Guest House
22	55 Window Palace	43	Pagoda Guest House

ktm050 Foto: ms

Richtung Königspalast. Der König kniet in Ehrfurcht vor Taleju Bhavani, der Familiengöttin, mit zum Gebet gefalteten Händen, auf dem Kopf einen königlichen Turban. Neben ihm liegen sein Schwert und sein Schild, die er zum Gebet abgelegt hat. Der Thron, auf dem er sitzt, wird von einem Schirm überdacht, und unten wird er von vier Löwen getragen, die ihrerseits auf einem Lotus ruhen. Die Statue wurde von *Bhupatindras* Sohn *Jaya Ranjit Malla* (Regierungszeit 1722–1769) aufgestellt und gilt als ein Meisterwerk ihrer Gattung.

Die Geschichte des **Royal Palace** gegenüber der Statue ist nicht mehr exakt zu rekonstruieren, wahrscheinlich wurden hier schon zu Beginn der Stadtgründung im 9. Jh. Palastgebäude angelegt. Aus dieser Zeit ist jedoch nichts verblieben, und der bestehende Palast stammt ursprünglich aus dem Jahr 1427, der Zeit *Yaksha Mallas,* wurde jedoch im 17. Jh. unter *Bhupatindra Malla* weitgehend erneuert. Leider sind die meisten Gebäude des Komplexes nicht zugänglich.

Der zentrale Blickfang des Palastes ist sein „Goldenes Tor", das **Sun Dhoka,** auf das auch die Statue *Bhupatindra Mallas* gebannt zu starren scheint. Es wurde 1753 unter *Jaya Ranjit Malla* errichtet und gilt als die wertvollste Kupferarbeit Bhaktapurs, wenn nicht gar des gesamten Kathmandu Valley. Ganz oben ist Vishnus Reittier, der Garuda, zu sehen, der gerade dabei ist, Schlangen zu vernichten. Darunter und direkt über dem Tordurchgang zeigt sich Taleju Bhavani, die Hausgöttin der Dynastie, in ihrer furchterregenden, 16-armigen Pracht.

Das Tor bildet auch den Zugang zum links dahinter befindlichen **Taleju-Tempel** auf dem **Mul Chowk.** Der Zutritt dorthin ist jedoch untersagt, und die Präsenz eines Soldaten in strategischer Position lässt keinen Zweifel daran, dass das Verbot auch durchgesetzt wird. Ein Blick über dessen Schulter lässt zwei vergoldete Fenster, ein paar Wandgemälde und die Statuen von König *Jitamitra Malla* (Regierungszeit 1673–1696) samt Gemahlin erkennen. Diese wurden 1708/09 unter

Bhupatindra Malla errichtet, dem großen architektonischen Erneuerer des Palastes und des Durbar Square.

Hinter dem Mul Chowk befindet sich der – leider ebenso unzugängliche – **Kumari Chowk,** der eines der Paradebeispiele nepalesischer Baukunst sein soll.

An der Nordostseite des Mul Chowk führt ein Tor zum **Nag Pokhri,** einem Badetank aus der Zeit *Jagat Prakash Mallas* (Regierungszeit 1644–1673), der von seinem Nachfolger *Jitamitra Malla* renoviert und mit einem Pfeiler mit dem Kopf des Schlangengottes Vasuki versehen wurde. Das Wasser für den Tank wurde durch ein Rohrsystem angeblich 11 km weit herangeleitet.

Der südöstliche Teil des Palastkomplexes, rechts des Goldenen Tores, wird vom **„Palast der 55 Fenster"** eingenommen, in dem die Könige Bhaktapurs zu residieren pflegten. Das Gebäude hat drei Stockwerke, dessen oberstes eine Halle von 55 geschwungenen Fenstern aufweist. Dieses Stockwerk war ursprünglich überhängend gebaut worden, nach dem Erdbeben von 1934 wurde es jedoch in veränderter Form wiederhergestellt.

An der Südseite des Baus steht der **Chyasilin Mandap,** der vor dem Erdbeben einer der augenfälligsten Schreine des Platzes gewesen sein soll und in jüngerer Vergangenheit restauriert wurde, zum Teil unter Zuhilfenahme der originalen verbliebenen Bausubstanz.

Wenige Meter südwestlich davon findet sich auf einer dreigeschossigen Plattform der **Vatsala-Tempel,** errichtet unter *Jagat Praksh Malla* im Jahr 1672. Er hat eine indisch wirkende Shikhara und eine Treppe, die von steinernen Löwen und Elefanten flankiert wird. Vor dem Tempel hängt eine dickbauchige **Taleju-Glocke,** die *Jaya Ranjit Malla* 1737 dort anbringen ließ, um die Gläubigen zum Gebet in den Taleju-Tempel zu rufen.

Eine weitere, kleinere Glocke am Sockel des Tempels wird im Volksmund **„Glocke des jaulenden Hundes"** genannt. Angeblich wurde sie von *Bhupatindra Malla* installiert, um dem Klang einer Totenglocke entgegenzuwirken, die er eines Nachts im Traum vernommen hatte. Leider ist ihr Läuten bei Bhaktapurs Hundepopulation recht unbeliebt, die jedesmal furchtbar zu jaulen beginnt, wenn die Glocke erschallt! (Die Hunde in Kathmandu beweisen übrigens laut und deutlich, dass es zum Jaulen nicht unbedingt einer Glocke bedarf ...)

An der Südostseite des Durbar Square steht **Bhaktapurs Version des Pashupatinath-Tempels.** Er soll der älteste Tempel der Stadt sein, um den sich einige Legenden ranken. Eine davon besagt, dass einst im Traum die Stimme des Pashupatinath von Kathmandu den Bhaktapur-König geheißen habe, einen Pashupatinath-Tempel in Bhaktapur zu bauen. Gemäß einer anderen Legende besuchte einer der Könige täglich den Pashupatinath-Tempel in Kathmandu, wurde eines Tages jedoch durch das Hochwasser des Bagmati daran gehindert. Daraufhin gab er Anweisung, einen neuen Pashupatinath-Tempel nahe seinem

Palast zu errichten. Historiker halten für möglich, dass der Tempel 1492 nach dem Tod von König *Yaksha Malla* von dessen Witwe erbaut wurde. Noch wahrscheinlicher ist aber, dass er 1682 unter *Jitamitra Malla* entstand, dem Vater von *Bhupatindra Malla*. Der Tempel ist seinem Vorbild in Kathmandu auffallend ähnlich, und daran befindet sich auch ein Schrein der Guhyeshvari. 1934 wurde die Anlage beim Erdbeben stark zerstört und danach rekonstruiert. Die Dachstreben stammen noch vom ursprünglichen Bau und zeigen Shiva, dazu Figuren aus der Ramayana und erotische Szenen.

An der Südostseite des „Palastes der 55 Fenster" steht der 1696 unter *Bhupatindra Malla* erbaute **Siddhi-Lakshmi-Tempel.** Dessen Treppen flankieren menschliche und tierische Wächterpaare. Vor dem Allerheiligsten finden sich Abbildungen der Matrikas oder „Muttergottheiten".

An diesem östlichen Ende des Durbar Square schließt sich ein kleineres Anhängsel an, wo sich u.a. der wenig ansehnliche **Fasidega-Tempel** befindet, eine Art Chaitya auf einem sechsstufigen Sockel, alles in etwas protzigem Grellweiß. Eine Treppe führt zum Allerheiligsten, das Shiva geweiht ist.

Die südliche Seite des Platzes wird von einigen Gebäuden eingenommen, die ursprünglich Dharmshala oder Pilgerherbergen waren, heute aber Souvenirläden beherbergen. Der östlich aus dem Platz hinausführende Weg passiert rechts den **Tadhunchen Bahal** oder **Chatur Varna Mahavihara** („Vierfarben-Kloster") aus dem 15. Jh. An der Ostseite des Innenhofes sind einige sehr interessante Holzschnitzereien an den Dachstreben zu sehen, die einen Ausblick auf die in der Hölle zu erwartenden Torturen gewähren: Einem der Sünder wird der Kopf von zwei Ziegenböcken zerquetscht, einem anderen wird ein Zahn per Riesenzange gezogen.

Nyatapola Deval

Vom Pashupatinath-Tempel im Durbar Square führt eine Gasse ostwärts vorbei an einigen Souvenirgeschäften zu einem weiteren größeren Platz, dem Taumadhi Tol. An dessen Nordseite steht der alles überragende, 30 m hohe Nyatapola-Tempel, der **höchste Tempel des Kathmandu Valley.** Er stammt aus dem Jahr 1708, der Bauherr war wieder einmal der unermüdliche *Bhupatindra Malla.* Der Tempel wurde der Göttin Siddhi Lakshmi geweiht und hatte die Aufgabe, den unheilvollen Einfluss Bhairavs im benachbarten Bhairav-Tempel auszugleichen. Wann und warum Bhairav seine schlechten Schwingungen über den Ort zu verbreiten begann, ist nicht verbrieft. Mit ihm ist generell nicht zu spaßen.

Nach einigen **Überlieferungen** aber ist der Nyatapola-Tempel der Göttin Bhairavi gewidmet; andere Legenden behaupten hingegen, dass er niemals offiziell eingeweiht worden sei und so-

In den Gassen von Bhaktapur

mit eigentlich gar keiner Gottheit gehöre. Schon in vorangegangenen Jahrhunderten waren die „Eigentumsverhältnisse" umstritten, und da nur Priester gelegentlich zum Allerheiligsten Zutritt hatten, wusste das gemeine Volk nie, welche Götterfigur sich eigentlich darin befand. Der Hauptschrein wurde schon bald nach Fertigstellung die meiste Zeit unter Verschluss gehalten. Es gab sogar Mutmaßungen, das Heiligtum sei gänzlich leer. In Anbetracht der erheblichen Unklarheiten ob der innewohnenden Gottheit wurde der Tempel volkstümlich nur „Tempel mit den fünf Dächern" genannt, auf Newari Nyatapola Deval.

Sein Hauptmerkmal ist in der Tat das **fünfgeschossige Dach,** eines der wenigen seiner Art. Es vermittelt einen Eindruck von überwältigender Macht – und so sollte es wohl auch sein, um den schlecht gelaunten Bhairav von nebenan ruhigzustellen. Am Dach sind 108 Streben mit Schnitzereien angebracht, die Siddhi Lakshmi in ihren verschiedenen Formen sowie auch geringere Götter darstellen (108 ist eine heilige Zahl im Hinduismus).

Die Stufen, die zum Allerheiligsten hochführen, werden von einigen **kolossalen Statuen** bewacht. Auf unterster Ebene stehen die 2,40 m hohen Figuren zweier gefürchteter Ringer ihrer Tage, *Jaya Malla* und *Patta Malla,* die

ktm038 Foto: ms

angeblich die Kraft von zehn normalen Sterblichen besaßen. Darüber stehen zwei Elefanten mit der zehnfachen Kraft der Ringer, darüber dann zwei Fabeltiere mit jeweils der Kraft von zehn Löwen. Ganz oben erheben sich die Figuren der Halbgöttinnen Baghini, der Tiergöttin, und Sinhini, der Löwengöttin. Diese wiederum sind zehnmal so stark wie die unter ihnen befindlichen Fabelwesen. Diese Steigerung soll zweifellos auf die ungeheure Macht hinweisen, über die die Göttin im (möglicherweise leeren) Allerheiligsten verfügt. Außerdem stellen die Figuren eine unüberwindliche Wächtertruppe dar.

Die Anlage wirkt insgesamt sehr harmonisch, sie gehört sicherlich zu den **architektonischen Höhepunkten des Kathmandu Valley.** Die optische Harmonie hatte scheinbar auch Einfluss auf die Statik, denn beim Erdbeben von 1934, als die meisten Gebäude schwer in Mitleidenschaft gezogen wurden, kam der Nyatapola-Tempel mit Minimalschäden davon. Ein Bild des Tempels ist auf der Vorderseite des 100-Rupien-Scheins zu sehen.

Bhairavnath-Tempel

Der Bhairavnath-Tempel, als dessen Gegenstück der Nyatapola-Tempel geschaffen wurde, steht wenig entfernt an der **Ostseite des Taumadhi Tol.** Unter *Jagat Jyoti Malla* (Regierungszeit 1613–1637) zunächst mit nur einem Stockwerk gebaut, ließ *Bhupatindra Malla* 1718 zwei weitere Etagen aufsetzen. Der Tempel ist Bhairav, dem Vernichter der Dämonen, gewidmet.

An diesem Tempel - auch unter dem Namen Akash-Bhairav- oder Kashi-Vishva-Tempel bekannt - nimmt die **Bisket Jatra,** das nepalesische Neujahrfest in Bhaktpatur, seinen Ausgang (siehe „Feste und Feiertage"). Zu diesem Fest werden die Figuren von Bhairav und seiner Gemahlin in ihrer Form als Bhadra Kali auf separaten Festwagen durch die Stadt gezogen. Der Legende nach kann Bhairav sehr bösartig werden, wenn man ihn sich selbst überlässt, und so stellt man ihm sicherheitshalber eine Frau zur Seite – also ganz wie es bei normalen Männern auch der Fall ist. Die Figur des Bhairav ist gerade einmal 30 cm hoch, die seiner Gattin 25 cm.

Tilmadhav-Tempel

Etwas südlich des Bhairavnath-Tempels liegt leicht versteckt in einer Hofanlage der **Vishnu geweihte** Tilmadhav-Tempel. Er ist einer der ältesten Tempel der Stadt: Eine Inschrift besagt, dass sein Ursprung auf das Jahr 1080 zurückgeht. In seiner heutigen Form existiert er erst seit dem frühen 18. Jh. Der Tempel ist mit den traditionellen Symbolen des Vishnu ausgestattet: Zwischen zwei Säulen mit einem Chakra (Diskus) und einer Muschel kniet ein Garuda, Vishnus Reittier.

Café Nyatapola

An der Südwestseite des Taumadhi Tol steht das Gebäude des Café Nyatapola, ein **ehemaliges Wohnhaus,** das zu einem Restaurant umgewandelt wurde. Im Gegensatz zu den umliegenden Gebäuden ist es relativ jung, wurde 1977 aber ebenso mit deutscher Hilfe restauriert. Die geschnitzten Fenstergitter sind von Interesse, ebenso die erotischen Schnitzereien an den Dachstreben. Zudem ergibt sich vom Obergeschoss eine herrliche Aussicht auf das rege Treiben auf dem Platz.

Dattatreya Square (Tachupal Tol)

Vom Taumadhi Tol führt ein etwa zehnminütiger Fußweg in nordöstliche Richtung zum Tachupal Tol oder Dattatreya Square, dem **Kernstück des frühen Bhaktapur.** Die Straßen dorthin sind beiderseits mit Geschäften gesäumt und befinden sich in besserem Zustand als die Altstadtgassen von Kathmandu; sie vermitteln das Flair einer Stadt des 17./18. Jh. Gestört wird das Ambiente nur durch gelegentlich vorbeiknatternde Motorräder.

Am Dattatreya Square angelangt, sieht man an dessen Südwestseite einen zweigeschossigen, rechteckigen **Bhimsen-Tempel,** der dem Gott der Händler geweiht ist. Sein genaues Entstehungsdatum ist unbekannt, er soll irgendwann im 17. Jh. errichtet worden sein. Vor ihm befindet sich eine Plattform mit einem kleinen **Vishnu-Tempel,** der von einem doppelgeschossigem Dach gekrönt wird.

Die Südseite des Platzes wird von einem Gebäudekomplex eingenommen, in dem Handwerker die für Bhaktapur typischen Holzschnitzereien anfertigen. An der Rückseite des Innenhofes führt eine Treppe hinauf zum **Bhaktapur Handicraft Centre,** in dem die Artikel veräußert werden. Es gibt holzgeschnitzte Miniaturausgaben des berühmten „Pfauenfensters“ (s.u.) zu kaufen, Dämonenmasken aus Holz oder Pappmaché sowie Marionetten, die Götter oder Dämonen darstellen. Beim Kauf darf (muss) gehandelt werden.

Dattatreya-Tempel

Der Blickfang des Dattatreya Square ist der Tempel an seiner Ostseite, der ihm auch den Namen gab. Der Dattatreya-Tempel ist einer gemeinsamen Manifestation von **Brahma, Vishnu und Shiva** geweiht, genannt Dattatreya (etwa „Göttliche Dreifaltigkeit“). Diese Mischinkarnation kommt sehr selten vor, es gibt nur wenige Tempel, die ihr gewidmet sind. Der vor dem Tempel knieende Garuda deutet an, dass die Nepalesen sie in erster Linie als eine Erscheinung Vishnus betrachten. Dennoch sind hier Statuen aller drei Gottheiten untergebracht.

An der Stelle des Dattatreya-Tempels hatte sich einst nur ein kleiner Schrein befunden, der den Ort markierte, an dem ein verehrter spiritueller Lehrer gestorben war. *Yaksha Malla* ließ dort 1427 einen **hölzernen Mandap** bauen, der auffallend dem Kashtamandap von Kathmandu ähnelte. Genau wie dieser soll auch der Mandap aus dem Holz eines einzigen Baumes angefertigt worden sein. 1458 wurde der Mandap unter *Vishva Malla* erneuert und erweitert. An der Westseite ließ er einen Anbau errichten, der die Statuen der drei oben genannten Gottheiten beherbergen sollte. Für die Bevölkerung zugänglich gemacht wurde er jedoch erst 1486, vier Jahre nach dem Tod *Vishva Mallas.*

Die zum Allerheiligsten führenden Stufen werden wie die des Nyatapola-Tempels von zwei monumentalen Ringern bewacht – originalgetreue Kopien der Nyatapola-Ringer, die 1860 dem Tempel beigefügt wurden.

Pujari Math

Wenige Meter östlich, an der Südostecke des Dattatreya Square, steht das Gebäude, mit dem das Bhaktapur Development Project (s.o.) begann, die Pujari Math. Diese birgt einige der beeindruckendsten Holzschnitzarbeiten des Kathmandu Valley und wurde deshalb auch zum **Sitz des Woodcarving Museum** erkoren, das weitere imposante Schnitzereien zeigt (s.u.).

Das exakte Entstehungsdatum der Pujari Math oder **„Priester-Residenz"** ist nicht überliefert. Das Gebäude muss irgendwann in den Jahren nach der Fertigstellung des Dattatreya-Tempels entstanden sein und diente dem Priester *(pujari)* des Tempels als Wohnsitz. Die Tradition, Tempeln einen Math hinzuzufügen, wurde im Indien des 8. Jh. von *Adi Shankaracharya,* einem spirituellen Lehrmeister, eingeführt. Der Bauherr der Pujari Math war ein reicher Händler namens **Gosain Gurubaksha Giri,** ein Anhänger der Lehren des Shankaracharya. *Gurubaksha Giri* hatte im Handel mit Tibet ein ungeheures Vermögen angehäuft, von dem er einen beträchtlichen Teil in die Konstruktion des Priesterhauses steckte. Wegen der guten Beziehungen zu Tibet ließen die tibetischen Herrscher der Math bald **generöse Schenkungen** zuteil werden. Jedes Jahr erhielt die Math eine Tola (ca. 11 g) Gold, eine Tola Silber, ein Pferd, einen Wollteppich, 365 Walnüsse und 216 Rupien (zweimal die heilige Zahl 108). Diese Schenkungen wurden erst 1904 beendet. Wohlhabende nepalesische Mitbürger stifteten der Math große Flächen Land, machten die Math unermesslich reich und sorgten dafür, dass die jeweiligen Priester satt von den Pfründen leben konnten. Wahrscheinlich gab es unter den Priester-Aspiranten Bhaktapurs keinen größeren Wunsch als den, zum Priester des Dattatreya-Tempels ernannt zu werden.

Gurubaksha Giri, der wohlhabende Begründer der Math, wandte sich vom Weltlichen ab und wurde der erste Priester, der in dem Gebäude wohnte. Wer sein Nachfolger wurde, ist unbekannt, von 1486 bis 1763 übernahmen wahrscheinlich Sadhus der Naga-Sekte das Kommando. Die **Naga-Sadhus** – eher bekannt für ihre fakirhafte Erscheinung und ihren Haschisch-Dauerkonsum als für übermäßigen Meditationseifer – waren jedoch inkompetent und wirtschafteten die Math herunter. Folglich wurden sie unehrenhaft entlassen und machten einer stetigen Folge von Priestern Platz.

Die Pujari Math ist ein **vierstöckiger Bau,** der **drei Innenhöfe** umfasst. Diese sind mit außerordentlich aufwendigen und filigranen Schnitzereien versehen. Es lohnt sich, auf Details zu achten, denn in jedem kleinen Winkel, der eine Schnitzfläche bietet, scheint sich eine Figur oder ein Ornament zu befinden. Die Arbeit muss extrem zeitaufwendig gewesen sein. Im Laufe der Jahrhunderte erlebte die Math einige Umbauten, die zum Teil durch diverse Erdbeben notwendig geworden waren. Die heute vorhandenen Schnitzereien stammen aus dem 18. Jh. und sind vor allem unter *Bhupatindra Malla* und *Ranjit Malla* entstanden, den großen Kunst- und Architekturmäzenen von Bhaktapur.

An der Ostseite des Hauses, wo eine schmale Gasse vorbeiführt, präsentieren sich einige **kunstvolle Fenster,** die in Form eines Pfaus geschnitzt sind, der sein Gefieder ausbreitet. Eines der Fenster ist besonders meisterhaft gearbeitet und sehr gut erhalten – dies ist das berühmte **Pfauenfenster,** das auch auf zahlreichen Ansichtskarten zu sehen ist. In der Gasse unter dem Fenster befindet sich ein Souvenirladen, der u.a. Miniaturversionen dieses Fensters anbietet. Die Preise richten sich nach Größe und Machart.

In den Obergeschossen der Pujari Math befindet sich das eingangs erwähnte **Woodcarving Museum,** das Götterfiguren verschiedener Epochen und andere Schnitzereien ausstellt. Ein Besuch lohnt. Von den oberen Stockwerken ergibt sich durch die herrlich geschnitzten Fenster zudem ein guter Ausblick auf die so reich verzierten Innenhöfe der Math. Das Museum ist geöffnet Sa bis Do 10–17 Uhr und Fr 10–15 Uhr, Eintritt 20 Rs., Fotografieren 20 Rs. zusätzlich.

Direkt gegenüber der Pujari befindet sich das **Brass & Bronze Museum,** das Metallobjekte verschiedener Jahrhunderte zeigt. Öffnungszeiten und Preise wie oben.

ktm035 Foto: rk

Garuda-Figur

Ein wenig nördlich des Dattatreya Square steht der kleine **Salan-Ganesh-Tempel** aus dem Jahr 1654. Seiner reichhaltigen Verzierung zum Trotz weist er nur eine rudimentäre, grob gearbeitete Ganesh-Figur auf. Dieser Figur wird eine mystische Verbindung zur Taleju des Taleju-Tempels im Königspalast nachgesagt.

Nava-Durga-Tempel

An der Ostseite des Salan-Ganesh-Tempels führt eine Straße in Richtung

Nava-Durga-Tempel, dem **„Tempel der neun Durgas“.** Die neun Durgas sind Gottheiten, die der Göttin Durga entsprungen sind und jeweils über eigene Aspekte oder Eigenschaften verfügen. Zusammen gelten sie als Beschützerinnen der Stadt und können – sofern sie mit Opfergaben aus Blut und Spirituosen beschwichtigt werden – alles Unheil fernhalten. Werden die Opferrituale aber falsch ausgeführt oder gänzlich vernachlässigt, verbreiten die Durgas Unheil, Pest und Tod. Um all dies zu vermeiden, sollen gelegentlich merkwürdige und blutige Riten im Tempel stattfinden.

Vakupati-Narayan-Tempel

Folgt man der Straße, die ostwärts aus dem Dattatreya Square hinausführt, erreicht man nach ein bis zwei Minuten den Vakupati-Narayan-Tempel, dessen Alter unbekannt ist. Er ist **dem Garuda-Narayan geweiht** und verfügt anstelle des üblichen einzelnen Garuda über zwei Garudas, die auf Säulen vor dem Tempel angebracht sind. Der Tempel ist weitgehend mit Metallarbeiten verziert, die Torana und das Dach sind aus Kupfer. Das Dach weist sehenswerte Detailarbeiten auf, z.B. auf den Ecken sitzende Vogelfiguren und eine großzügig ornamentierte Dachspitze, von der ein mit Inschriften versehener Metallstreifen, die Dhvaja, herabhängt.

Potters' Square

Einige Minuten Fußweg vom Durbar Square oder Taumadhi Tol in südwestlicher Richtung befindet sich das **Töpfereizentrum** Bhaktapurs, der Potters' Square („Platz der Töpfer“). Auf halb offenen Verandas sitzen die Töpfer, drehen ihre massiven steinernen Töpferscheiben und formen den Ton mit einer schlafwandlerischen Sicherheit, so wie sie nur aus der Erfahrung von vielen Generationen erwachsen kann. An der Herstellungsmethode hat sich wahrscheinlich seit Jahrhunderten nichts geändert. Die fertig geformten Gefäße werden zum Trocknen in die Sonne gestellt, und so ist der Platz mit Hunderten oder Tausenden davon übersät, in allen erdenklichen Größen und Formen. Man kann hier auch gleich kaufen.

Wichtiger Bestandteil des Platzes ist der kleine **Jeth-Ganesh-Tempel,** der 1646 von einem reichen Töpfer gestiftet wurde. Folglich muss das Töpfergewerbe an diesem Platz mindestens bis ins 17. Jh. zurückreichen. Der Priester des Ganesh-Tempels hat gemäß der Tradition selbst aus den Reihen der Töpfer zu kommen.

Surya-Binayak-Tempel

Gut anderthalb Kilometer südlich außerhalb des Stadtkerns, in ländlicher Umgebung nahe der Trolleybus Station, findet sich der Surya-Binayak-Tempel, der im 17. Jh. unter *Vishnu Deva Varma* gebaut worden sein soll. Angeblich steht er an einer so geschickt errechneten Stelle, dass die ersten Sonnenstrahlen genau auf seine kleine Ganesh-Figur fallen. Daher der Name Surya Binayak oder „Sonnen-Ganesh“. Er ist **einer von insgesamt vier Binayak-Tempeln im Kathmandu Valley.**

ktm036 Foto: ms

Die anderen drei stehen in Chabahil, Chobar und Bungamati. Solche Ansammlungen von Ganesh-Tempeln gibt es auf dem indischen Subkontinent öfter; mancher fromme Hindu begibt sich auf eine Pilgerfahrt, auf der er alle wichtigen Ganesh- oder Binayak-Tempel seiner Umgebung besucht. Den Binayak-Tempeln wird die Kraft nachgesagt, bei diversen Familienproblemen günstig eingreifen zu können – der Surya Binayak soll beispielsweise Kindern, die ihrem Alter unangemessen spät zu sprechen beginnen, zur Sprache verhelfen.

Der im Tempel verehrte Ganesh ist nur ein grob gehauenes Steinrelief, das allerdings von einem goldmetallenen, filigran gearbeiteten Schrein umrahmt ist. Das Ganze befindet sich **hoch an einem Felsen gelegen** und ist über eine Treppe zu erreichen. Das Gelände um den Tempel dient einheimischen Familien als Picknickplatz, und auch Hochzeitsgesellschaften halten hier gerne ihren Festschmaus ab. Damit steht dem Eheglück nichts mehr im Wege. Von der Erhebung hinter dem Tempel ergibt sich eine gute Aussicht auf Bhaktapur. Zum Tempel gelangt man zu Fuß, per Fahrrad oder Taxi; ein Muss auf dem Besuchsprogramm ist er allerdings nicht.

Töpferin am Potter's Square

Unterkunft

Bhaktapur bietet so viel Sehenswertes und so viel unverfälschte Atmosphäre, dass sich das Wohnen hier sicherlich lohnt. Tagsüber wird der Ort zwar von Tausenden von Tagesausflüglern besucht, diese ziehen sich aber spätestens am frühen Abend nach Kathmandu zurück. Verglichen mit Kathmandu ist Bhaktapur eine **Oase der Ruhe,** ganz zu schweigen von der besseren Atemluft. Folglich ziehen es immer mehr Leute vor, hier zu wohnen anstatt in Kathmandu. So gibt es neben den althergebrachten Einfachunterkünften neuerdings auch einige Guest Houses der soliden Mittelklasse. Wer allerdings Luxushotels sucht, dem ist in Kathmandu immer noch besser gedient. Außerdem sind die Guest Houses in Bhaktapur am Standard gemessen vielleicht etwas teurer als die in Kathmandu, was sicher an der begrenzten Anzahl und der größer werdenden Nachfrage liegt.

- Sehr beliebt ist das **Shiva Guest House,** das sich am Ostende des Durbar Square befindet und in der Saison oft ausgebucht ist. Es verfügt über ein einfaches, gemütliches Restaurant mit gutem Ausblick und recht akzeptable Zimmer (Gemeinschaftsbad). Einzel 6 US$, Doppel 8 US$, Dreierzimmer 12 US$; + 10% Steuer. Bessere Zimmer mit eigenem Bad (h. + k. Wasser) kosten 15 bis 30 US$. Durbar Square, Bhaktapur-11, P.O. Box Bhaktapur No. 34, Tel. 01-6613912, Fax 01-6610740, www.shivaguesthouse.com.
- Das **Golden Gate Guest House** hat einfache, aber saubere Zimmer ohne eigenes Bad zu 6/8 US$, mit Bad zu 10/15 US$. Die Lage an der Ostseite des Durbar Square, in unmittelbarer Nähe des alten Palastes, hat sehr viel für sich. Durbar Square, Bhaktapur-11, Tel. 01-6612427, 01-6610534, Fax 01-6611081, goldengate@mail.com.np.
- Gleich gegenüber findet sich das **New Nyatapola Inn** mit sehr sauberen Zimmern (Teppiche, Bad) zu 400 Rs. (Einzel) und 500/600 Rs. (Doppel). Das nette Besitzerehepaar ist nach Kräften bemüht, es den Gästen angenehm im Hause zu machen. Taumadhi Tol, Bhaktapur-11, Tel. 01-661852, 01-6613939, lohala2001@yahoo.com.
- Sehr gemütliche, gepflegte Zimmer hat das in einem typischen Newar-Haus untergebrachte **Bhadgaon Guest House,** das den Taumadhi Tol überblickt. Die Zimmer (Bad, h. + k. Wasser) sind sehr sauber und gleichfalls mit Teppich ausgelegt. Einzel je nach Ausstattung 20/30 US$, Doppel 35/50 US$. Taumadhi Tol, Bhaktapur-11, Tel. 01-6610488, Fax 01-6610481, www.bhadgaon.com.
- Das **Pahan Chhen Guest House** befindet sich an der Ostseite des Nyatapola-Tempels, von seinem Dachrestaurant kann man gut das Treiben auf dem Taumadhi Tol überblicken. Ordentliche Zimmer mit Bad zu 15 bis 20 US$. Tel. 01-6612887, Fax 01-6610290, srp@mos.com.np.
- Gleich daneben liegt das nur sechs Zimmer kleine **Sunny Guest House.** Gleiche Preislage wie oben, dazu ein Dachrestaurant mit besonders gutem Essen und bester Aussicht. Tel. 01-6616094, sunnyres@hotmail.com.
- Das kleine **Khwopa Guest House** ist ein renoviertes Newar-Haus etwas südwestlich des Taumadhi Tol – eine sehr gute Option im unteren Kostenbereich. Nette Zimmer mit eigenem Bad (h. + k. Wasser) zu 6/8/10 US$, dazu gibt es ein kleines Dachrestaurant. Bolacchen, Bhaktapur-12, Tel. 01-6614661, www.khwopa-guesthouse.com.
- Das nahe dem Durbar Square gelegene **Pagoda Guest House** hat sehr saubere und wohnliche Zimmer und ein Restaurant auf der Dachterrasse. Zimmer ohne Bad 6 US$ (Einzel), 8 US$ (Doppel), mit Bad 15/30 US$. Sehr empfehlenswert. Tel. 01-6613248, Fax 01-6612685, www.pagodaguesthouse.com.
- Das von Italienern gemanagte **Hotel Planet Bhaktapur** befindet sich ca. 1 km nördlich vom Durbar Square entfernt an der Strecke nach Chnagu Narayan in sehr ruhiger Lage. Das Hotel hat 14 sehr komfortabel eingerichtete, große Zimmer mit TV und Bad (h. + k. Wasser) und Internet, dazu ein Dachrestaurant mit italienischer, nepalesischer und chinesischer Küche, einen Garten und einen kleinen Fußballplatz. Sehr empfehlenswert oder anders formuliert: das Hotel der Wahl, wenn man es sich in Bhaktapur bequem machen will. Preise ab 50 US$. Jaukhel VDC 7, Cha, Bhaktapur, Tel. 01-6616038, nepalplanet@yahoo.it.

- Eine sehr gute Wohnalternative am Rand von Bhaktapur ist das **Bhaktapur Guest House,** das hoch am Rand des Tals liegt und beste Ausblicke bietet. Ordentliche Zimmer mit Bad zu 20 und 25 US$, Ermäßigungen bis um fast die Hälfte sind aber oft möglich. Angeschlossen sind ein Restaurant und eine Bar, was bei der isolierten Lage von Vorteil ist. Chundevisthan, Kutunje, Tel. 01-6610670, Fax 01-6612325. Um zum Haus zu gelangen, achte man auf die Schilder, die ca. 1 km westlich der Trolleybus-Station den Weg vom Arniko Highway weisen.

Essen und Trinken

Die Auswahl an Speisemöglichkeiten ist recht gering und beschränkt sich fast ausschließlich auf die Restaurants der Guest Houses. Es gibt einige einheimische Lokale, die aber dermaßen „schlicht" sind, dass sie von den meisten Touristen gar nicht als solche erkannt werden.

- Restaurants mit westlich ausgerichteten oder für westliche Zungen modifizierten Nepali-Gerichten gibt es in den **Guest Houses Shiva, Golden Gate, Pahan Chhen und Sunny** sowie im **Open-Air-Restaurant Durbar Square** gleich rechts hinter dem Eingang zum Durbar Square.
- An der Südseite des Durbar Square liegt das wunderbare **Layaku Restaurant,** ein altes Holzhaus mit vielen traditionellen Holzschnitzarbeiten. Es wird sehr gutes nepalesisches, chinesisches und westliches Essen geboten. Layaku ist die Newari-Bezeichnung für den Durbar Square.
- Das **Café Nyatapola** (auch Nyatapola Restaurant genannt) am Taumadhi Tol ist schon wegen der Aussicht vom Obergeschoss einen Besuch wert. Es werden westliche und einheimische Gerichte gereicht.
- Das **Café de Peacock & Soma Bar** befindet sich gegenüber dem Dattatreya-Tempel und bietet eine ausgezeichnete Palette an westlichen, mexikanischen und nepalesischen Gerichten. Mittags kehren hier oft Reisegruppen ein. Etwas gehobenere Preislage, die aber durchaus ihre Berechtigung hat.
- Bhaktapurs Spezialität ist der **„Bhaktapur Curd"** oder auf Newari **Jujudhau** (wörtlich „Königs-Joghurt"), der angeblich beste Joghurt weit und breit. Dieser wird in Tongefäßen aufgetischt. Das Geheimnis seines Geschmacks soll in der besseren Milch der Bhaktapur-Kühe und dem speziellen Herstellungsprozess liegen. Wer ihn probieren möchte, findet z.B. nahe der Bushaltestelle am Siddhu Pokhri einige Läden.

Anreise

Die Anfahrt nach Bhaktapur lässt sich gut mit dem Besuch von Thimi (s.u.) kombinieren.

- Die Strecke von Kathmandu nach Bhaktapur (ca. 16 km ab Thamel oder 15 km ab der New Road) ist theoretisch zwar gut **mit dem Fahrrad** zu bewältigen, die dichten Abgasschwaden und die vielen Lastwagen auf der Strecke machen das Unterfangen allerdings zu einer Tortur. Man kann sich die Strecke verschönern, indem man bei Thimi links (nördlich) von der Hauptstraße abzweigt und dann vom Zentrum von Thimi auf einer parallel zur Hauptstraße verlaufenden ruhigen Landstraße weiterfährt.
- Ab der City Bus Station in Kathmandu fahren **Minibusse** der Linien 7 und 9 (15 Rs., Fahrzeit ca. 1 Std.). Die Busse halten am Siddha Pokhri, ca. 5 Min. Fußweg westlich des Durbar Square. Weitere **Busse** fahren von der Bagh Basar Bus Station ab (etwas nördlich der City Bus Station) und kosten ebenfalls 15 Rs. Auch sie halten am Siddha Pokhri. Busse von Nagarkot kommen am Kamal Binayak an, 5 Min. Fußweg vom Tachapal Tol entfernt.
- **Taxis** ab Thamel/Kathmandu kosten per Taxameter ca. 350 Rs. bis zum Durbar Square, die allermeisten Fahrer weigern sich jedoch, dorthin das Taxameter einzuschalten. Mit einem Einzelfahrpreis von 500 Rs. muss gerechnet werden. Bei einem Tagesbesuch ist es günstiger, ein Taxi für Hin- und Rückfahrt plus Wartezeit anzuheuern. Ein 3- bis 4-stündiges Besuchsprogramm, bei dem man das Wichtigste sehen und eine Mahlzeit einnehmen kann, sollte 1000 bis 1200 Rs. kosten.

Ausflüge in die Umgebung

Von Bhaktapur lassen sich vielfältige Ausflüge **in den östlichen Teil des Kathmandu Valley** unternehmen. Einzelheiten zu den Reisezielen und zur Anreise sind den folgenden Kapiteln zu entnehmen.

Einen Ausflug lohnt das 4 km nördlich gelegene **Changu,** wo sich der älteste Tempel des Kathmandu-Tales, der Changu Narayan, befindet.

Der malerische Bergort **Nagarkot** (20 km nordwestlich) bietet hervorragende Ausblicke auf die umliegende Bergwelt und kann als Ausgangspunkt für Trekking-Touren dienen.

Über das wenig sehenswerte Banepa erreicht man **Panauti** (ca. 15 km südöstlich) am Zusammenfluss von Roshi Khola und Punyamati, das nur zu religiösen Festen aus seinem Dämmerschlaf zu erwachen scheint.

Auch **Dhulikel** (14 km östlich) bietet Naturschönheit im Überfluss. 10 km weiter Richtung Süden befindet sich in **Namobuddha** eine der bedeutendsten Stupas des ganzen Landes.

ktm039 Foto: rk

Thimi – Bhaktapur – Changu Narayan

Thimi

Mit ca. **55.000 Einwohnern** ist Thimi die **viertgrößte Stadt des Kathmandu Valley.** Sie erstreckt sich zwischen der alten und der neuen Kathmandu-Bhaktapur-Straße ca. 12 km östlich von Kathmandu und 3,5 km westlich von Bhaktapur. Der Ortsname stammt vom Newari-Begriff Chhemi für „fähige Leute" und wurde von den Bhaktapur-Königen geprägt, die in den Bewohnern willige Kämpfer gegen die Dynastien von Kathmandu und Patan fanden.

Heute werden die Fähigkeiten ausschließlich für friedliche Zwecke genutzt – Thimi gilt als das **Zentrum des Töpferhandwerks,** als die „Stadt der Töpfer". Das so beschauliche Handwerk hat eine lange Tradition in dem Ort und wurde schon von den Reisenden vergangener Jahrhunderte erwähnt. Hergestellt werden Wasser- und Kochgefäße sowie Zierobjekte (kleine Elefantenfiguren) u.Ä. und Behälter für Rakshi, den Reiswein, dem so gerne zugesprochen wird. Oft spielt sich der gesamte Herstellungsprozess mitten auf der Straße ab, wo die fertigen Produkte auch zum Trocknen in die Sonne gestellt werden.

Außerdem werden in Thimi die bunten **Papiermaché-Masken** gefertigt, die in Kathmandu oder Bhaktapur zu kaufen sind.

Die rustikal wirkende Hauptstraße des Ortes verläuft in Nord-Süd-Richtung, im rechten Winkel zu den beiden Straßen nach Bhaktapur. Am südlichsten Platz an der Hauptstraße steht Thimis wichtigster Tempel, der **Balkumari-Tempel** aus dem 16. Jh. Er ist Balkumari, einer von Bhairavs Shaktis oder weiblichen Gegenstücken, geweiht. Der Tempel bildet den Mittelpunkt der Neujahrsfeiern des Ortes (April/Mai), wenn unter allerlei Ausgelassenheiten 32 festlich geschmückte Khat, eine Art Sänften, um ihn herum getragen werden. Zum heiß erwarteten Höhepunkt gestaltet sich die Ankunft eines ganz besonderen Khat, auf dem sich eine verehrte Ganesh-Figur aus dem Nachbardorf Nagadish (auch Nade genannt) befindet.

In Thimi findet sich weiterhin ein **Mahadev-Tempel** aus dem 15. und ein **Narayan-Tempel** aus dem 16. Jh.

Direkt nördlich an Thimi schließt sich **Nagadish** an, wo ein Weg durch einen hohen Torbogen zum **Ganesh Dyochhen** führt (*dyochhen* = „Gotteshaus"). Nahebei steht der in der lokalen Tradition wichtige **Ganesh-Tempel,** über dem sich ein dreigeschossiges Dach erhebt.

Zwei oder drei Tage nach dem nepalesischen Neujahr (13./14. April) findet im Ort eine Art **Trance-Fest** statt, zu dem sich die Teilnehmer Backen, Zungen und andere Körperteile mit Nägeln oder sonstigen Folterinstrumenten durchstechen.

Etwas nördlich von Thimi liegt das Dorf **Bhode** mit seinem **Mahalakshmi-Tempel** aus dem 17. Jh. Die Legende besagt, dass Bode 1512 gegründet wurde, nachdem Mahalakshmi, der schon ein Schrein an der Stelle des heutigen Dorfes geweiht war, dem König von Bhaktapur im Traum erschienen war.

Anreise

- Ab der City Bus Station in Kathmandu mit jedem beliebigen Bus auf der Strecke nach Bhaktapur. Einige **Busse** fahren nur bis Thimi.
- Mit dem **Taxi** für ca. 250 Rs. (nach Taxameter). Es macht aber kaum Sinn, den Ort für sich alleine zu besuchen, sondern nur in einer Tour inklusive Bhaktapur. Im Bereich von Thimi, an der Hauptstraße, befinden sich einige **Tankstellen,** an denen sich aufgrund von Treibstoffknappheit oft kilometerlange Fahrzeugschlangen bilden. Es gibt Warteschlangen für Benzin und andere für Diesel. Durch die Fahrzeugkolonnen wird der Verkehr auf der Hauptstraße oft empfindlich beeinträchtigt. An einem schlechten Tag kann es 4 bis 5 Std. dauern, bis ein Fahrzeug aufgetankt ist.

Bhaktapur

Bhaktapur bietet so viele Sehenswürdigkeiten – und Atmosphäre –, dass sich auch ein mehrtägiger Aufenthalt lohnt. Alle Informationen zur Stadt finden sich im entsprechenden Kapitel (siehe weiter oben).

Changu Narayan

Etwa 4 km nördlich von Bhaktapur findet sich auf einem Hügel (1677 m) das **Newar-Dorf Changu,** an dessen höchster Stelle der **älteste Tempel des Kathmandu Valley** steht, der Changu Narayan, Teil des UNESCO-Weltkulturerbes. Die Strecke von Bhaktapur nach Changu Narayan gehört sicher zu den schönsten im Tal.

Fahrzeuge müssen an einem Parkplatz halten, von dem es in wenigen Minuten **zu Fuß** über eine Gasse **hoch zum Tempel** geht (Eintritt 60 Rs., geöffnet von Morgengrauen bis Sonnenuntergang). Dabei passiert man alte traditionelle Backsteinhäuser, vor denen man möglicherweise Frauen sieht, die auf althergebrachte Weise Wolle spinnen.

Der ursprüngliche Tempelbau geht wahrscheinlich auf König *Hari Datta Varma* und das Jahr 325 zurück. Die **Legende** besagt, dass der Garuda einst in einen mörderischen Kampf mit dem Schlangengott Takshaka Naga verwickelt war, der alles attackierte, was ihm in den Weg kam. Als das Wasser aus dem Kathmandu-Tal abgelaufen war, verlor er seinen angestammten Wohnort und rächte sich in blinder Wut. Nach dem Kampf, in den

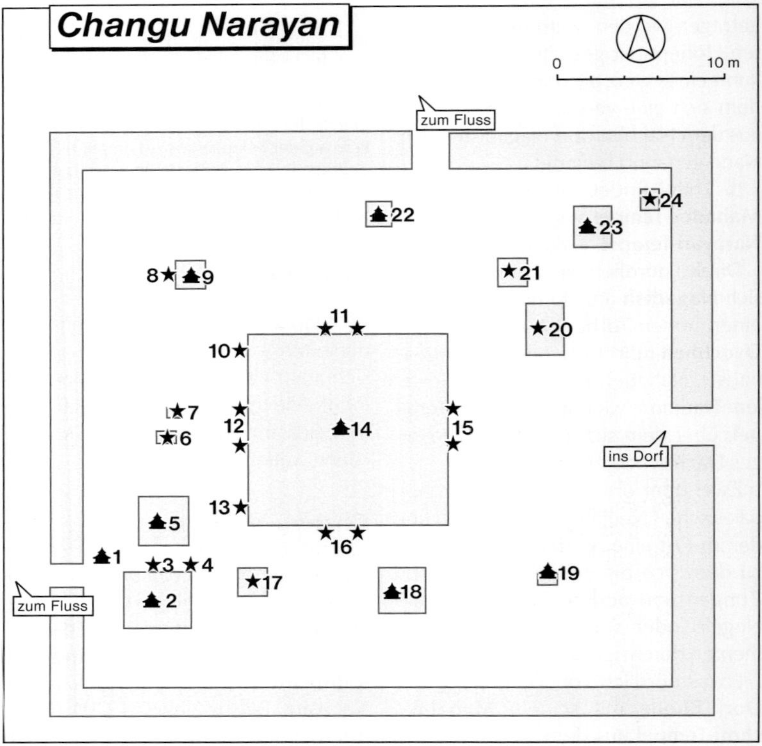

auch andere Götter verwickelt wurden, schlossen die beiden Frieden, der Schlangengott wickelte sich um den Hals des Garuda, und einträchtig flog das Gespann zum Hügel von Changu.

Dem Hörensagen nach wird die im Changu-Narayan-Tempel aufbewahrte **Narayan-Figur** gelegentlich nass von „Schweiß", was bedeutet, dass die beiden wieder miteinander kämpfen! In früheren Zeiten wischten die Priester diesen „Schweiß" mit einem Tuch ab, das sie danach dem König schenkten. Heute gilt ein derartiges Tuch als sicherer Schutz gegen Schlangenbisse und wird in Streifen geschnitten und am Körper getragen – falls man gute Beziehungen zum Priester hat und eines bekommt.

Unter der Schirmherrschaft von *Ganga Rani,* der Frau von König *Shiva Sinha Malla,* wurde der Tempel Ende des 16., Anfang des 17. Jh. **restauriert.** 1702 bei einem Brand beschädigt, wurde er danach in seiner heutigen Form wiederhergestellt. Einige Kupferinschriften, die von König *Bhaskar Malla* angebracht wurden, stammen aus dem Jahr 1708.

Der Tempel liegt in einem Hof umgeben von einigen kleineren Schreinen und Figuren. Vor der Haupttür steht der **Garuda** aus dem 5. Jh., der sich seinen neu gewonnenen Freund, den **Schlangengott Takshaka Naga,** um den Hals gewunden hat. Ungewöhnlicherweise weist der Garuda menschliche Züge auf. Gleich daneben sind Statuen von König *Bhupatindra* und seiner Frau zu sehen, die sich als großzügige Gönner dem Tempel gegenüber hervorgetan hatten.

Mehrere Figuren stellen Vishnu in seinen verschiedenen Manifestationen dar, so z.B. eine **Vishnu-Trivikrama-Statue** aus dem 8. Jh., die einen „Schreitenden Vishnu" abbildet. Die Mythologie erzählt, dass Vishnu einst in Zwergen-Form mit dem Dämonen Bali zusammengetroffen war, der ihm so viel Land versprach, wie er in drei Schritten erlaufen konnte (*tri* = „drei", *vikrama* = „Schritt"). Darauf wuchs Vishnu unversehens zu einem Gigan-

---

- 1 Bhairav-Schrein
- 2 Lakshmi-Narayan-Tempel
- ★ 3 Vishnu als Narasinha
- ★ 4 Figur Vishnus als Vikrantha
- 5 Pashupatinath-Schrein
- ★ 6 Statue von König Bhupatindra Malla und Gemahlin
- ★ 7 Garuda
- ★ 8 Garuda-Bildnis
- 9 Mahavishnu-Schrein
- ★10 Vishnus Chakra
- ★11 Löwenfiguren
- ★12 Löwenfiguren
- ★13 Vishnus Muschelsymbol
- 14 Changu-Narayan-Tempel
- ★15 Löwenähnliche Fabelwesen
- ★16 Elefantenfiguren
- ★17 Reliefs von Narayan mit der Schlange Ananta und Uma Maheshvar (Parvati und Shiva)
- 18 Mahadev-Schrein
- 19 Ganesh-Schrein
- ★ 20 Abbildungen von Avalokiteshvara und Vishnu
- ★ 21 Vishnu-Bildnis
- 22 Nriteshvar-Schrein
- 23 Mahavishnu-Schrein
- ★ 24 Shiva-Lingam

ten und schritt mit drei Schritten Unterwelt, Erde und Himmel ab und ließ so keinen Zweifel, wer der Herr des Universums war.

Die **Vishvarupa-Figur** zeigt Vishnu als Beherrscher der Welt (*vishva* = „Welt", *rupa* = „Form"), stehend und von seinen Göttinnen und anderen Figuren umgeben. Unter ihm ist ein schlafender Vishnu zu sehen, der an den Budhanilakantha erinnert.

Nicht fehlen darf auch eine **Narasinha-Figur,** Vishnu halb als Mensch, halb als Löwe (*nara* = „Mann", *sinha* = „Löwe"), die gerade nach allen Regeln der Kunst einen Dämonen auseinanderpflückt.

In der Nordwestecke des Hofes steht eine Statue von **Vishnu,** wie er **auf dem Garuda** reitet und dabei die Zeichen seiner Macht in Händen schwingt. Dieses Abbild ist auch auf der nepalesischen 10-Rupien-Note zu sehen – ein wohl untrügerisches Indiz für die Bedeutung des Tempels.

Der attraktivste Teil der Anlage ist die **Haupttür an der Westseite,** die von zwei steinernen Löwen bewacht wird. Die Tür und auch die benachbarten Fenster sind mit detailliert gearbeiteten Kupferplatten verziert, über der Tür befindet sich eine filigran ausgeführte Torana mit Vishnu in der Mitte und zwei seiner Göttinnen an den Seiten. Die goldkupferne Pracht dieser Fassade stellt eines der schönsten Architektur-Fotomotive im Tal dar.

Das Gebäude ist mit einem doppelstöckigen Dach bedeckt, von dem der untere Teil durch geschnitzte Streben gestützt wird. Sie zeigen die **Dasavatar Vishnus,** d.h. die zehn Inkarnationen Vishnus (*das* = „zehn", *avatar* = „göttliche Inkarnation").

Anreise

- **Busse** ab Bhaktapur kosten 6 Rs., man kann die Strecke (4 km) aber auch gut laufen.
- Die Straße ist asphaltiert, hat aber eine starke Steigung, sodass **Fahrradfahrer** auf ein Mountainbike zurückgreifen sollten. Zurück geht's um so leichter.
- Bei der Anfahrt mit dem **Taxi** ab Kathmandu zeigt das Taxameter ca. 400 Rs. an; die Fahrer nehmen für die einfache Strecke aber ab 600 bis 700 Rs. Hin- und Rückfahrt mit einer Stunde Aufenthalt sollten etwa 1000 Rs. kosten. Fahrzeuge können nur bis zu dem eingangs erwähnten Platz am Dorfanfang fahren, von dort sind es ca. 3 Min. zu Fuß zum Tempel.

Nagarkot

Der winzige Ort Nagarkot, der 20 km nordöstlich von Bhaktapur und 35 km östlich von Kathmandu liegt, bietet von allen Berggipfeln rund um das Kathmandu Valley die **faszinierendsten Ausblicke:** Das Blickfeld erstreckt sich vom Dhaulagiri im Westen bis zum Everest und Kanchenjunga im Osten, außerdem sind die Sonnenaufgänge ein Erlebnis. Nagarkot, auf einer Höhe von 2168 m gelegen, noch unter den Gipfeln von Shivapuri und Pulchowki, besitzt eine gute touristische Infrastruktur. Die besten Monate für einen Besuch sind Oktober bis März. Wer ausspannen oder wandern will, ist hier genau richtig. Man kann es durchaus eine längere Zeit in Nagarkot aushalten. Für manche mag das Haschisch bzw. Gras eine Attraktion

ktm040 Foto: rk

sein, denn **Hanf** wächst hier an vielen Stellen wild, auch im Garten so mancher Guest Houses.

Der **Ort Nagarkot** zieht sich einige Kilometer weit auseinander, allein schon das Hin- und Herlaufen zwischen manchen Unterkünften kann ein Wandererlebnis sein. Am Ende der Hauptstraße, oben auf dem Gipfel, befindet sich ein Armeequartier, das in den letzten Jahren immer mehr Land eingenommen hat. Dort oben gibt es nur wenige Häuser und Unterkünfte. Von einem kleinen **Aussichtsturm** nahe dem Armeegelände (man beachte die Ausschilderung) ergeben sich exzellente Ausblicke in luftiger Höhe.

Das **„Zentrum"** von Nagarkot befindet sich etwa 1 km vor dem Armeelager. Links an der Hauptstraße (aus Kathmandu kommend) ist eine Ansammlung von Häusern zu sehen; dort zweigt eine Straße weiter nach links ab, die zur größten Konzentration an Unterkünften führt.

Unterkunft/Essen

Nagarkot ist der Ort im Kathmandu Valley, der außer Kathmandu am besten mit Unterkünften versorgt ist. Bei Besuchen in der kalten Jahreszeit (Nov. bis Febr.) empfiehlt sich auf jeden Fall ein Guest House mit heißem Wasser; die meisten verfügen heute darüber oder werben zumindest damit ... Beim Ein-

Landschaft zwischen Bhaktapur und Nagarkot

checken sollte man gleich antesten, ob es auch tatsächlich heiß ist. Es sollten ausreichend Decken vom Guest House gestellt werden, trotzdem kann ein zusätzlicher Schlafsack nicht schaden. Wegen möglicher Stromausfälle und allgemeiner Finsterkeit nachts ist die **Mitnahme einer Taschenlampe** zu empfehlen.

Außerhalb der Hauptsaison von November bis Februar kann man die Preise gut herunterhandeln, in den kleineren Guest Houses oder Hotels etwa um die Hälfte. Selbst in der Hauptsaison kann man es mit **Handeln** versuchen. Insgesamt stehen etwa zwei Dutzend Unterkünfte zur Auswahl, die auch fast alle sehr gute Ausblicke bieten – oft direkt vom Bett aus. Praktisch alle Häuser haben ein **Restaurant.** Die Unterkünfte befinden sich zumeist ein paar hundert Meter von der Hauptstraße, die den Berg hinaufführt, zurückgesetzt. Einige Hinweisschilder weisen den Weg, der von dem bescheidenen „Zentrum" von Nagarkot links abzweigt.

Im zentraleren Bereich von Nagarkot

- Das **Hotel Nagarkot Besso** liegt ca. 1 km von der Hauptstraße entfernt, direkt an einer Schlucht, von der man meilenweit ins Tal blicken kann. Die Aussicht ist grandios. Die Zimmer sind einfach eingerichtet, nichts Sensationelles, aber akzeptabel, und haben Bad (h. + k. Wasser). Den Sonnenaufgang kann man gleich vom Bett aus sehen. Ein Restaurant ist angeschlossen. Zimmerpreise offiziell 40 US$ (Einzel), 50 US$ (Doppel); die Preise kann man aber herunterhandeln, meist auf weniger als die Hälfte. In der Off-Season ab ca. 10 US$. Sehr empfehlenswert. Tel./Fax 01-6680119, oder in Thamel 01-4262602, nagarkotbesso@yahoo.com.
- Das **Hotel Galaxy View Tower** hat Einzel mit Bad (h. + k. Wasser) zu offiziell 20 US$, Doppel zu 25 US$, oft werden die Preise aber gesenkt, dann ist das Haus sein Geld wert. Die im Obergeschoss gelegenen Räume sind den unteren vorzuziehen. Tel. 01-6680122, www.hotelgalaxyviewtower.
- **Peaceful Cottage & Café Du Mont** hat spartanische Zimmer ohne eigenes Bad zu 8 US$ sowie bessere mit Bad und heißem Wasser zu 15 und 20 US$; für 40 US$ gibt es Zimmer mit 360-Grad-Panoramablick. Jeweils + 10% Steuer. Von dem im Obergeschoss gelegenen Café du Mont bietet sich ebenfalls ein ausgezeichneter Panoramablick. Sehr empfehlenswert. Tel. 01-6680077, 01-6680056, pcottage@gmail.com.
- Das große **Hotel View Point** hat bequeme Zimmer (Bad, h. + k. Wasser), Einzel 24 US$, Doppel 30 US$ und 55/65 US$, dazu ein Restaurant mit loderndem Kaminfeuer und spektakuläre Ausblicke. Tel./Fax 01-6427424, www.hotelviewpoint.com.np.
- Etwa 100 m entfernt liegt das **Hotel Country Villa.** Das Haus macht von außen nicht viel her, die Zimmer (Bad) sind aber sehr ordentlich und komfortabel, dazu bietet sich von ihnen ein herrlicher Ausblick – und sie

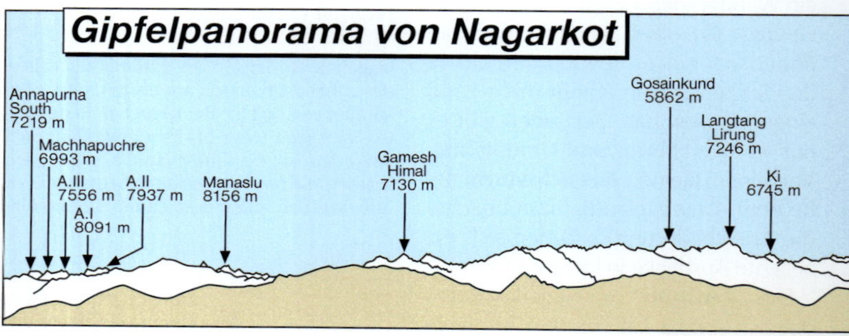

haben einen Balkon, von dem sich die Aussicht noch besser genießen lässt. Einzel kosten 60 US$, Doppel 75 US$; + 10% Steuer. Angeschlossen ist ein sehr sauberes, aber auch teures Restaurant. Tel. 01-6680128, Fax 01-6680127, www.hotelcountryvilla.com.

- **The Fort Resort** ist ein im Newari-Stil erbautes Hotel, das hauptsächlich von Reisegruppen angesteuert wird. Das Resort steht exponiert auf einem Hügel, die Aussicht aus den nach vorne gelegenen Zimmern ist ausgezeichnet. Einzel mit Bad (h. + k. Wasser) zu 65 US$, Doppel 80 US$, dazu geräumige, gemütliche Cottages zu 75/90 US$; jeweils + 13% Steuer. Es lohnt sich, bei Internet-Agenturen nach günstigeren Preisen Ausschau zu halten. Tel. 01-4432960, 01-4432964, Fax 01-4432958, fort@mos.com.np.
- Sehr beliebt ist das **Nagarkot Farmhouse,** das in 1900 m Höhe am Nordrand Nagarkots liegt, ca. 2 km von der Ortsmitte entfernt. Das Haus ist ein Tochterunternehmen des Hotel Vajra in Kathmandu, was schon Gutes verspricht. Die Zimmer sind sehr rustikal, aber gepflegt und erinnern an den Stil des Vajra. Die Lage ist ausgezeichnet, man genießt beste Panoramablicke. Umgeben ist das Farmhouse, das einmal ein Privatwohnsitz war, von unzähligen Obstbäumen und allgemein viel Grün. Angeschlossen sind ein Restaurant mit gemütlichem Kaminfeuer und ein Yoga- und Meditationsraum. Zimmer ohne Bad zu 30/40 US$ (Einzel/Doppel), mit Bad (h. + k. Wasser) 35/50 US$. Alle Preise beinhalten drei Mahlzeiten. Siehe www.nagarkofarmhouse.com. Kontakt auch über das Hotel Vajra in Kathmandu, Tel. 01-4271545, Fax 01-4271695, vajra@mos.com.np.
- Das **Hotel Chautari Keyman** besteht aus sehr komfortablen Cottages mit Bad (h. + k. Wasser). Die Lage und Ausblicke sind sehr gut, die Zimmer bei offiziellem Preis aber vielleicht etwas überteuert (113 US$). Mit Bar und Restaurant, das nepalesische, westliche und chinesische Küche kredenzt. Es empfiehlt sich die Buchung über preisgünstigere Internet-Agenturen, dann ist dies eine sehr lohnende Unterkunft. Tel. 01-680075, 01-680019, Fax 01-680020.
- Das **Tea House Inn** befindet sich wenige hundert Meter nördlich des kleinen Ortszentrums an der Straße in Richtung Armeelager (linke Straßenseite von Kathmandu aus kommend). Das Haus bietet zehn relativ einfache, aber sehr komfortable und saubere Zimmer mit Bad (h. + k. Wasser) zu sehr vernünftigem Preis: Einzel 20 US$, Doppel 25 US$, jeweils +12% Steuer. Angeschlossen ist ein gemütliches Restaurant, das auch eine Veranda hat, von der man den kühlen Bergwind genießen kann; gutes Essen, sehr beliebt sind die Chicken Momos. Insgesamt sehr empfehlenswert. Tel. 01-680045-8, Fax 01-680068, club@mos.com.np, clubhim@mos.com.np.

Am Armeequartier

Die Straße, die zum Gipfel führt, wird jäh durch einen Schlagbaum versperrt, denn nahebei befindet sich ein Militärlager. Die Um-

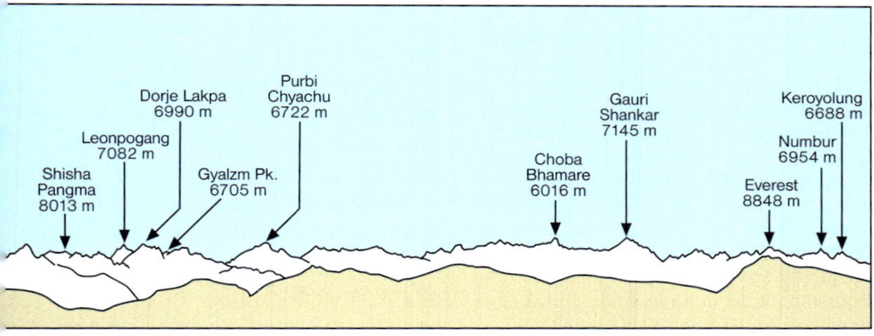

gebung hier ist ruhiger als in der Ortsmitte, es gibt aber nur wenige Unterkünfte.

- Auf einer Anhöhe kurz vor der Zufahrt zum Armeequartier steht das große **Club Himalaya Resort.** Das von außen etwas klobig anmutende Hotel umfasst einen im Inneren des Gebäudes angelegten Swimmingpool, ein Jacuzzi und ein Restaurant mit nepalesischer, chinesischer und westlicher Küche. Die Zimmer haben Balkon, TV und Bad (h. + k. Wasser). Kostenpunkt bei Buchung über Internet-Agenturen ab ca. 65 US$ (Einzel) und ca. 80 US$ (Doppel), ansonsten ab ca. 100 US$. Das Hotel ist insgesamt eine wunderbare Wohnmöglichkeit, denn die Ausblicke sind – im Winter zumindest – absolut fantastisch. Dies ist auch einer der besten Orte, den Sonnenaufgang zu beobachten. In der wärmeren Jahreszeit kann allerdings auch die günstige Hügellage nichts an dem oft verhangenen Himmel ändern. Insgesamt aber sehr empfehlenswert. Aufgrund der exponierten Lage des Hotels und des starken Windes kann es empfindlich kühl werden. Windy Hills, Nagarkot, Tel. 01-680080, 01-6680083, Fax 01-6680068, E-Mail wie oben Tea House Inn.

Anreise

- Ab Bhaktapur fahren täglich einige wenige, oft sehr überfüllte **Busse** zu 18 Rs. Abfahrt von der Kamal Binayak Busstation im Nordosten von Bhaktapur. Fahrzeit 1½ bis 2 Std.
- **Taxis** nach Nagarkot fahren nur auf Pauschale: ab Bhaktapur 600 bis 700 Rs. einfach, ab Kathmandu 1500 bis 1600 Rs. Hin- und Rückfahrt sollten bei einer Stunde Aufenthalt (genug für einen der Nagarkot-Sonnenaufgänge) ca. 1000 bzw. 2000 Rs. kosten.
- **Reisebüros in Kathmandu** organisieren Fahrten in relativ bequemen Bussen nach Nagarkot (einfache Fahrt 150–200 Rs.). Das **Hotel at the End of the Universe** in Nagarkot bietet Hin- und Rückfahrten inklusive einer Übernachtung im Hotel plus Abendessen und Frühstück zu 950 Rs. Abfahrt Fr und Sa 14.30 Uhr vom Little Britain Café nahe der Bodhnath-Stupa in Kathmandu. Buchungen und Infos: Tel. 01-6680011, 01-6680109.

Trekking-Routen ab Nagarkot

Nagarkot – Bhaktapur (ca. 2½ Std.)

Der 15 km lange Abstieg nach Bhaktapur ist leicht über die relativ gut ausgebaute Straße zu bewerkstelligen. Der (spärliche) Verkehr trägt aber nicht zu jedermanns Wandervergnügen bei. Zwischen den Serpentinen, in denen sich die Straße runterschlängelt, bieten sich Abkürzungspfade an, die die Route interessanter machen. Der Aufstieg ab Bhaktapur dauert gut 4 Std.

Nagarkot – Changu Narayan (3½–4 Std.)

Von Nagarkot führt ein Pfad westwärts in Richtung Changu Narayan, der mehrmals die Straße nach Bhaktapur kreuzt. Der interessanteste Streckenabschnitt beginnt bei einer Haarnadelkurve der Straße, die am besten per Bus ab Nagarkot zu erreichen ist. Man bitte den Schaffner, am Weg nach Changu Narayan zu halten.

Von der Kurve führt der Weg 20 bis 30 Minuten durch einen Pinienwald aufwärts, bis er an einen Bergkamm gelangt. Der Weg führt nun genau diesen Kamm entlang gemächlich in Richtung des Dorfes Changu und bietet dabei hervorragende Ausblicke. Man passiert einige winzige Ortschaften. Wenn das goldene Dach des Changu-Narayan-Tempels über Changu auftaucht, ist man am Ziel angelangt. Ab Changu ist es ein 4 km langer Abstieg über eine gut ausgebaute Straße nach Bhaktapur, möglicherweise steht am Halteplatz von Changu ein

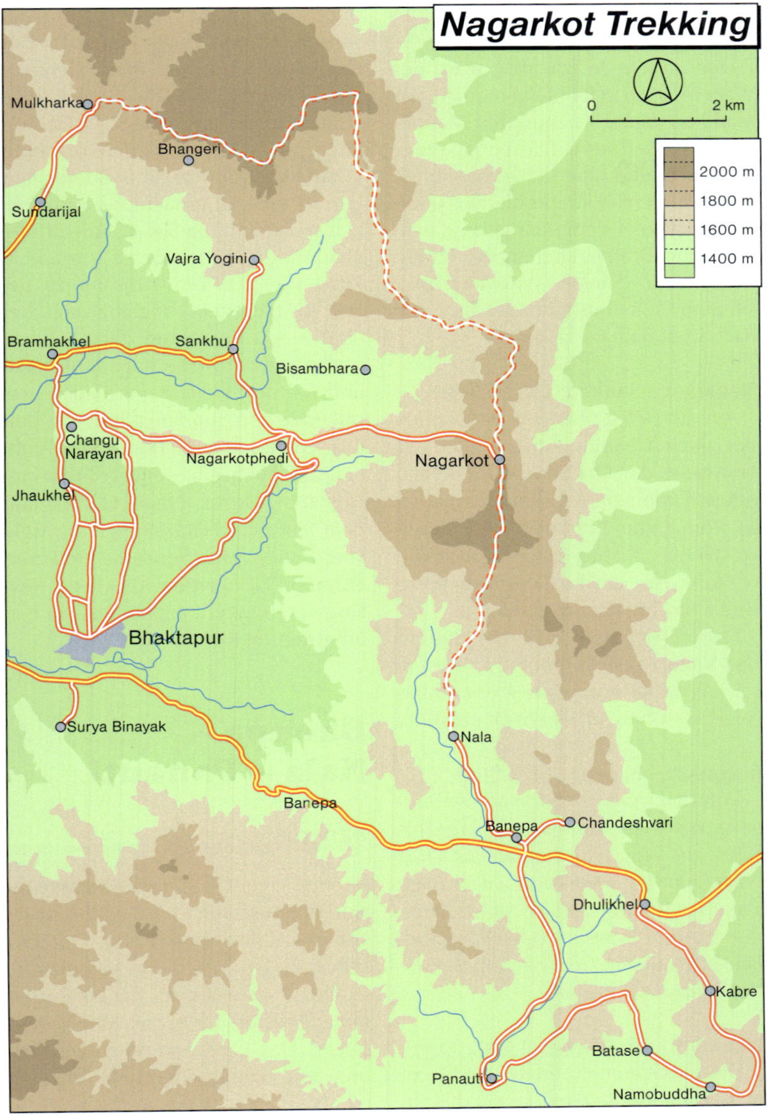
Nagarkot Trekking
0
2 km
2000 m
1800 m
1600 m
1400 m
Mulkharka
Bhangeri
Sundarijal
Vajra Yogini
Bramhakhel
Sankhu
Bisambhara
Changu Narayan
Nagarkotphedi
Nagarkot
Jhaukhel
Bhaktapur
Surya Binayak
Nala
Banepa
Banepa
Chandeshvari
Dhulikhel
Kabre
Batase
Panauti
Namobuddha

Taxi, das man für die Fahrt dorthin mieten kann.

Eine andere Möglichkeit wäre der Weitermarsch in Richtung Norden, wo man kurz hinter Changu den Manohra-Fluss überquert. Dieser ist meist sehr flach, und über die vorhandenen Steine kann man ihn problemlos überwinden. Hinter dem Fluss gelangt man zum Dorf Brahmakhel an der Straße Kathmandu - Sankhu. Westwärts führt sie zum Gokarna-Wildreservat, dann nach Bodhnath und Kathmandu.

Nagarkot – Sankhu (ca. 2½ Std.)

Auf dem Weg über den Bergkamm, der nach Changu führt, ist an der Nordseite der Ort Sankhu zu sehen, der von üppigem Ackerland umgeben ist. Vom Kamm führt ein Weg in nordwestlicher Richtung nach Sankhu (12 km). Ab Sankhu fahren mehrere Busse pro Tag nach Kathmandu.

Es böte sich aber auch der Besuch des Vajra-Yogini-Tempels an, der ca. 1,5 km weiter nordwärts - der Straße folgend - oben auf einem Hügel steht.

Nagarkot – Banepa (ca. 2 Std.)

Von dem Aussichtsturm an der Südseite des Bergkamms bei Nagarkot führt ein Weg steil bergab ins Dorf Nala (7 km) und von dort weiter nach Banepa (10 km), von wo sich zahlreiche weitere Wander- oder Fahrmöglichkeiten bieten (u.a. nach Kathmandu, Panauti, Dhulikhel).

Nagarkot – Sundarijal (1 bis 2 Tage)

Diese weit kompliziertere und längere Trekking-Route nimmt einen harten oder zwei gemächliche Tage in Anspruch. Ab den Guest Houses in der Ortsmitte führt ein Pfad Richtung Nord-Nordost über die Orte Kattike (1 Std.), Jorsim Pauwa (1 Std.), Chowki Bhanjyang (1 Std.) und Bhotechaur (1 Std.) nach Sundarijal. In Bhotechaur gibt es eine Übernachtungsmöglichkeit in einem Tea-Shop. Von Bhotechaur ist dann zunächst zurück in Richtung Chowki Bhanjyang zu gehen, bis rechts ein Weg abzweigt, der über einen Bergkamm führt. Dieser schlängelt sich weiter nach Mulkharka und von dort entlang des Staudamms oberhalb von Sundarijal hinab in den Ort. Von dort fahren Busse nach Kathmandu. Auch ein weiterer Trekking-Tag zum Kloster Nage Gumba auf dem Shivapuri Hill böte sich an. Trekking-Touren nach Sundarijal und zum Shivapuri Hill werden von vielen Trekking-Veranstaltern angeboten, auch in umgekehrter Richtung.

Banepa – Nala – Panauti

Banepa

Banepa eignet sich als **Zwischenstation für Ausflüge** in den südöstlichen Teil des Kathmandu Valley. Der Ort selbst, 26 km östlich von Kathmandu, erscheint als einer der am wenigsten einladendsten Orte des Kathmandu Valley. Das Ortszentrum ist hässlich und ein wenig chaotisch, letztlich nichts als eine große, verkehrsreiche und laute Kreuzung, in deren Mitte eine Statue von Ex-König *Tribhuvan* steht und Richtung Kathmandu blickt – als wolle er nur schnell fort von hier. An der Ostseite der Kreuzung hat sich ein mehr oder weniger improvisierter Bushalteplatz entwickelt, an dem sich Mensch und Tier drängen. Im Monsun, wenn der Boden zu Morast aufweicht, wird der Ort auch nicht anheimelnder. Banepas einziges Ruhmesblatt ist die Tatsache, dass *Edmund Hillary* seine Everest-Expedition 1953 von hier aus organisierte. Der Ort ist heute eines der wichtigsten Handelszentren des Kathmandu-Tals.

Begibt man sich in die **Seitengassen** nördlich der Kreuzung, bietet sich schon ein besseres Bild: Typische alte Newar-Häuser, Wassertanks und zwei Vishnu-Tempel aus dem 16. Jh., die in den 1980er Jahren renoviert wurden, sind zu sehen.

Die Straße, die nordwärts von der Kreuzung abzweigt, führt – an zwei Wassertanks vorbei – zum winzigen Ort Chandeshvari und seinem **Chandeshvari-Tempel** (ca. 1,5 km). An dieser Straße begannen alle frühen Everest-Expeditionen ihren langen Marsch. Der Chandeshvari-Tempel stammt aus dem 17. Jh. und wurde zu Ehren von Parvati gebaut, die der Legende nach den Dämonen Chand vernichtet haben soll. Chand hatte die Gegend terrorisiert, worauf die Bewohner die Göttin um Hilfe riefen. Chandeshvari bedeutet so viel wie „Beherrscherin des Chand".

Der Tempel hat ein dreigeschossiges Dach und einige kunstvolle Schnitzereien. Das auffallendste Merkmal aber ist ein wundervoll buntes **Wandgemälde an der Westseite des Tempels,** das den furchterregenden Bhairav darstellt – ein beliebtes Fotomotiv, vor dem sich die Touristen in Stellung bringen. Das Gemälde ist im Gegensatz zum Tempel nicht alt und wird alle paar Jahre neu angebracht, zuletzt

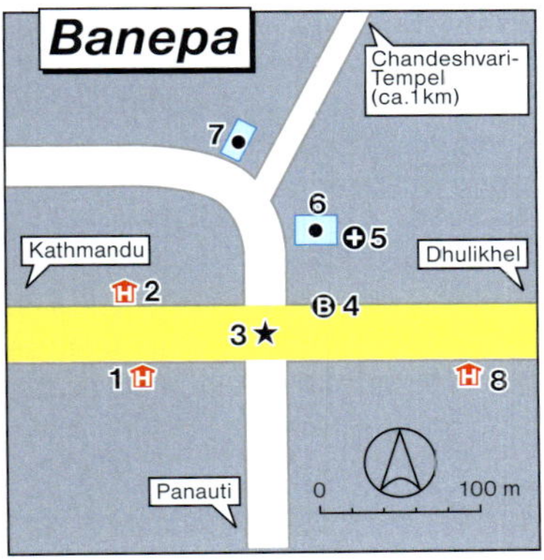

- 🏨 1 Munal Guest House
- 🏨 2 Banepa Guest House
- ★ 3 König-Tribhuvan-Statue
- Ⓑ 4 Busstation
- ✚ 5 Hospital
- • 6 Wassertank
- • 7 Wassertank
- 🏨 8 Snow Land Guest House

ktm041 Foto: rk

Am Chandeshvari-Tempel nahe Banepa

2008, als auch der gesamte Tempel einer gründlichen Renovierung unterzogen wurde.

Hinter dem Tempel plätschert ein kleiner Fluss, an dessen Ufer **Leichenverbrennungen** stattfinden. Die Verbrennungen an diesem Ort sollen den Toten ein besonders günstiges Schicksal in der Nachwelt bescheren.

Unterkunft/Essen

Es werden nur wenige Leute den Wunsch verspüren, in Banepa zu übernachten. Die nahen Orte Dhulikhel und Panauti sind allemal vorzuziehen. Falls unbedingt notwendig, so stehen nahe der großen Kreuzung einige einfache Unterkünfte zur Verfügung, etwa das **Banepa Guest House** oder das **Munal Guest House,** Zimmer ohne eigenes Bad ab ca. 200 Rs. Beide verfügen über ein Restaurant mit einfachen Gerichten.

Anreise

- **Busse** fahren ca. jede halbe Stunde ab der City Bus Station in Kathmandu (Linien 11 und 12, Preis 20 Rs., Fahrzeit 1½ bis 2 Std. Ab Banepa gibt es alle möglichen Verbindungen zur Weiterfahrt, so u.a. nach Panauti, Dhulikhel und Panchkhal.
- **Taxis** ab Kathmandu kosten nach Taxameter ca. 550 Rs.; falls der Fahrer sich auf das Einschalten nicht einlässt, sind 700 bis 800 Rs. für die einfache Fahrt akzeptabel.

Nala

Das mittelalterliche Nala befindet sich ca. 3 km nordwestlich von Banepa und ist ganz auf **Landwirtschaft** eingestellt – an jeder Ecke werden Säcke mit Kartoffeln gelagert, Zwiebeln gewogen oder Gemüse verladen. Ein Großteil der in Kathmandu getrunkenen **Milch** stammt von hier, genauer gesagt aus dem nördlich gelegenen Dorf **Tusal.** Dort wurde mit Hilfe der Regierung der Schweiz eine Milchfarm eingerichtet.

Nala bietet dem Besucher einige verwinkelte alte Gassen und zwei sehenswerte Tempel. An der höchsten Stelle des Ortes steht der **Bhagvati-Tempel,** dessen Entstehungsjahr ungewiss ist. 1647, zur Regierungszeit von König *Jagat Prakash Malla* von Bhaktapur, wurde er erneuert. Der Tempel ist einer der wenigen viergeschossigen Tempel im Kathmandu Valley; am zweiten und dritten Stockwerk sind horizontale Streben angebracht, an die Haushaltsutensilien und andere

Opfergaben für die Göttin Bhagvati gehängt wurden. Am Eingang stehen zwei Steinlöwen Spalier, auf einigen Säulen sind Löwen- und Pfauenfiguren zu sehen.

Am Rand des Ortes steht der buddhistische **Lokeshvara-Tempel,** ein zweistöckiges Gebäude, das von einem Hof umgeben wird. Vor dem Tempel befindet sich ein kleiner Wassertank. Dem Tempel wohnt eine Statue von Lokeshvara inne, knapp 1 m groß und in bunten Stoff gekleidet. Sein Gesicht ist weiß bemalt, auf dem Kopf trägt er eine Krone mit Federschmuck.

Anreise

- **Busse** fahren nur bis Banepa, von dort ist es ein gemächlicher halbstündiger Fußweg. Die Straße nach Nala zweigt an der Westseite von Banepa ab, gleich neben einem Polizeiposten, an dem die aus Richtung Kathmandu kommenden Fahrzeuge kontrolliert werden. Der Polizeiposten befindet sich einige hundert Meter westlich der großen Kreuzung in Banepa.
- **Taxis** aus Kathmandu kosten ab 1300 bis 1400 Rs. für Hin- und Rückfahrt plus eine Stunde Aufenthalt.

Panauti

Banepa (s.o.) ist meist nur Zwischenstation auf dem Weg nach Panauti, das sich ca. 6 km südlich der großen Kreuzung in Banepa befindet. Auf der Strecke passiert man so manches bäuerliche Idyll; zu beiden Seiten der Straße erstrecken sich fruchtbare Felder.

Panauti (ca. 30.000 Einwohner) ist eine altertümlich wirkende Kleinstadt, gelegen **am Zusammenfluss von Roshi Khola und Punyamati Khola.** Solchen Zusammenflüssen wird oft mystische oder religiöse Bedeutung zugeschrieben, und so ist es nicht verwunderlich, hier umfangreiche Tempelanlagen vorzufinden. Der Legende nach soll noch ein dritter, unterirdischer Fluss dazutreffen, was die Heiligkeit des Ortes noch erhöht. Das indische Gegenstück dazu wäre Prayag oder Allahabad am Zusammenfluss von Ganges, Yamuna und (dem mystischen, unterirdischen) Saraswati.

Panauti soll schon vor über 1400 Jahren gegründet worden sein, und aufgrund seiner Lage an einer wichtigen Handelsroute war es einmal eine blühende Handelsstadt. Heute ist es nur noch ein schläfriger, kleiner Ort, der hauptsächlich von der Landwirtschaft lebt. Für Touristen aber ist Panauti einer der besuchenswertesten Orte im Kathmandu Valley: Die Tempelanlagen und die sie umgebende Natur mit den beiden Flüssen ergänzen sich zu einem sehr **romantischen, pittoresken Bild,** und die Stadt selber wirkt teilweise, als wäre die Zeit stehen geblieben. Die Bevölkerung ist freundlich und hilfsbereit. Trotzdem sind Touristen, die länger als zu einem Tagesausflug bleiben, selten.

Panautis romantischer Schlummer wird nur aus Anlass seiner regelmäßigen **religiösen Feste** unterbrochen. Zu Magh Sankranti, dem ersten Tag des Monats Magh (13. Januar), finden sich die Gläubigen zum rituellen Bad am Treffpunkt der beiden Flüsse ein, das alle Sünden des vergangenen Jahres hinwegwaschen soll. Der Name des Festes, **Punyamati,** bedeutet „Ort der Tugend". Alle zwölf Jahre fällt das Fest besonders groß aus, und es finden sich viele Tausende Pilger aus der gesamtem Umgebung ein – das nächste Mal 2010. Wer zu der Zeit im Kathmandu Valley weilt, sollte es sich auf keinen Fall entgehen lassen.

Am Ende der Regenzeit werden die Götterfiguren der lokalen Tempel in einer Prozession durch die Straßen des Ortes gezogen, und im November/Dezember huldigt man Shiva in seiner Form als Dhaneshvar Mahadev, wörtlich „Großer Gott des Reises". *Dhan* (sprich Dhaan) ist Sanskrit/Nepali für Reis, so wie er vom Feld weg geerntet wird (gekochter Reis ist *Bhat*). Eine Ähnlichkeit besteht aber auch zur Vokabel *dhan,* gesprochen mit kurzem a, die „Reichtum" bedeutet – **Reis und Reichtum** liegen in Nepal nicht weit auseinander.

Im August 2008 wurde Panauti von einer Tragödie heimgesucht: In Nordindien stürzte ein Bus mit nepalesischen Pilgern in eine Schlucht, 36 Pilger kamen ums Leben, 17 stammten aus Panauti.

Sehenswertes

Mitten im Ort steht der **Indreshvar-Mahadev-Tempel,** einer der ältesten Tempel des Kathmandu Valley. Der ursprüngliche Bau geht auf das Jahr 1294 zurück, im 15. Jh. wurde er in seine heutige Form „gebracht". In den 1990er Jahren waren Teile seines dreigeschossigen Daches herausgebrochen, der Schaden ist inzwischen behoben. Im Allerheiligsten wird ein Shiva-Lingam aufbewahrt, um den sich eine **pikante Legende** rankt. So soll einst *Ahilya,* die Frau eines Weisen, von Indra verführt worden sein, der zum Zweck der Täuschung die Gestalt ihres Mannes angenommen hatte. Als der Weise davon erfuhr, rächte er sich auf eine ganz und gar originelle Art: Er verwünschte Indra und ließ auf dessen Körper zahlreiche Yonis oder weibliche Geschlechtsorgane erscheinen. Indra, einigermaßen verstört, tat daraufhin zusammen mit seiner Frau Indrayani in Panauti Buße. Nach einigen Jahren erbarmte sich die Göttin Parvati und verwandelte Indrayani in einen Fluss, der unterirdisch in den Zusammenfluss von Roshi Khola und Punyamati Khola einfließen sollte. Nach einigen weiteren Jahren wähnte Shiva die Zeit gekommen, um Indra aus seiner ungewöhnlichen Lage zu befreien. Er erschien in Panauti in Form des oben genannten Lingam, und als Indra wenig später im Fluss badete, verschwanden die Yonis von seinem Körper. Um den Lingam wurde der Tempel gebaut, der nun an die denkwürdigen Ereignisse erinnert.

Um den Tempel herum befinden sich einige weitere Lingams sowie ein Schrein, der *Ahilya* gewidmet ist, dem Opfer von Indras Verführungskünsten. An der Seite zum Punyamata Khola hin steht ein interessanter **Bhairav-Tempel,** aus dessen oberen drei Fenstern hölzerne Menschenfiguren he-

Panauti – ein idyllischer Ort

rausschauen, was sehr stark an den Shiva-Parvati-Tempel auf Kathmandus Durbar Square erinnert.

Direkt am Treffpunkt der beiden heiligen Flüsse steht ein **Krishna-Narayan-Tempel** unbekannten Datums. An den Flussufern befinden sich die an segensreichen Ufern so unabkömmlichen Kremations-Ghats. Die Stelle hier ist sehr malerisch und ein guter Ort für einige Momente der Ruhe.

Auf der anderen Seite des Roshi Khola, gegenüber dem Krishna-Narayan-Tempel, befindet sich der kleine **Brahmayani-Tempel,** der Brahmayani geweiht ist, der Schutzpatronin von Panauti. In den 1980er Jahren wurde er ausgiebig restauriert, nachdem er fast völlig verfallen war. Bei den Arbeiten mussten besondere Vorsichtsmaßnahmen getroffen werden, um die Göttin nicht zu erzürnen.

Die **beste Aussicht** sowohl auf diesen Tempel als auch auf den ganzen Ort ergibt sich von einem Hügel, der steil hinter dem Tempel ansteigt. Dieser ist leicht zu besteigen, und von oben sieht man bestens das zwischen den Flüssen eingepferchte Panauti mit den zahlreichen Tempeldächern, die sich in die Höhe recken. Von Panauti führt eine Hängebrücke über den Roshi Khola, und gleich dahinter liegt der Hügel. Die Uferanlagen dienen vielen

ktm042 Foto: rk

Einwohnern Panautis als Treffpunkt – Kindern, die im Fluss planschen, ebenso wie älteren Herren, die über Politik disputieren.

Unterkunft

- Gegenüber dem Eingang zum Indreshvar-Mahadev-Tempel befindet sich das kleine **Panauti Garden Guest House.** Die Zimmer in dem 200 Jahre alten Newar-Haus sind entsprechend einfach (ohne eigenes Bad), klein und haben eine sehr niedrige Decke. Zum Schlafen dienen Matten. Enge Holztreppen führen zu den Zimmern empor. Der nette Besitzer des Hauses spricht ein wenig deutsch. Der Zimmerpreis ist Verhandlungssache, liegt aber im ganz unteren Bereich, ab 100 bis 200 Rs. Der „Garten" im Namen des Hauses ist nur ein winziges Stück Grün vor dem Haus, das von einer mannshohen Mauer umschlossen ist. Essen kann auf Wunsch arrangiert werden.
- Im neueren Stadtteil nahe dem Busbahnhof, ca. ¼ km südlich davon an der Hauptstraße, steht das **Panauti Hotel.** Es hat einen angenehmen Garten, ein Dachrestaurant und ordentliche, saubere Zimmer mit Bad (h. + k. Wasser) zu 400 bis 600 Rs., ohne Bad zu 200 bis 300 Rs. Tel. 011-661055, Fax 011-663269, hpanauti@hppc.mos.com.np.
- Etwa 7 km südöstlich von Panauti und 3 km südöstlich von Khopasi steht das **Balthali Village Resort.** Busse von Panauti nach Balthali kosten 5 Rs. Auf dem Weg passiert man Reis- und Kartoffelfelder. Das Dorf Balthali liegt etwa in 2400 m Höhe. Das dortige Resort hat urgemütliche Zimmer mit Bad (h. + k. Wasser), Einzel kosten 35 US$, Doppel 45 US$, dazu gibt es etwas teurere Angebote inkl. Halb- oder Vollverpflegung sowie teurere Suiten. Insgesamt sehr empfehlenswert. 10% Rabatt bei Buchung über die Website des Hauses. Das Resort ist ca. 5 km von Namobuddha entfernt (siehe folgendes Kapitel) und liegt in sehr reizvoller Natur. Tel. in Kathmandu 01-4108210, Tel./Fax 01-4108095, www.balthalivillageresort.com.

Anreise

- **Busse** von Banepa nach Panauti kosten 5 Rs., die Strecke ist aber auch gut zu Fuß zu bewältigen. Busse von der City Bus Station in Kathmandu fahren zu 25 Rs.

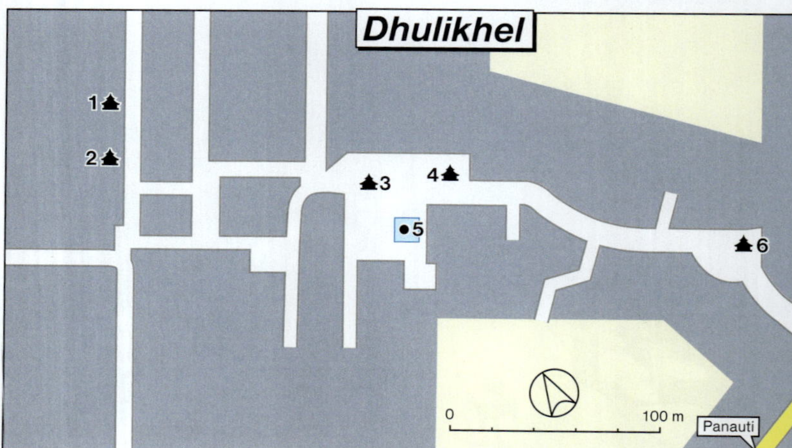

- **Taxis** ab Banepa – falls man eins findet – sollten 120 bis 130 Rs. kosten, wahrscheinlich nehmen die Fahrer mehr. Fahrten ab Kathmandu kosten nach Taxameter ca. 650 Rs., Hin- und Rückfahrt plus zweistündigem Aufenthalt ca. 1500 Rs.

Dhulikhel – Palanchowk – Namobuddha

Dhulikhel

Von der turbulent-hässlichen Kreuzung in Banepa führt die Straße ostwärts nach 4 km in den Ort Dhulikhel (30 km ab Kathmandu) und dann weiter in Richtung tibetischer Grenze. Diese Straße, der Arniko Rajmarg oder **Arniko Highway,** stellt die wichtigste Landverbindung nach Tibet dar – sofern die Grenze geöffnet ist.

Dhulikhel (1524 m), der wichtigste Ort am Ostrand des Kathmandu Valley, ist eine **angenehme kleine Newar-Stadt,** von der sich faszinierende Ausblicke auf die Region des Langtang, Helambu und nach Osten bis zum Mt. Makalu bieten. Der Ort gehört somit zu den beliebtesten im Kathmandu Valley, und kein Wunder, dass der Tourismus hier schon früh Fuß fasste. Zu den naturgegebenen **Sehenswürdigkeiten** kommen einige von Menschenhand hinzu – es gibt Wohnhäuser mit wunderschönen Schnitzereien zu sehen sowie einige Tempel. Am zentralen Platz von Dhulikhel finden sich ein Wassertank sowie ein Narayan- und ein Harisiddhi-Tempel. Etwas außerhalb, an der Strecke nach Namobuddha, stehen ein

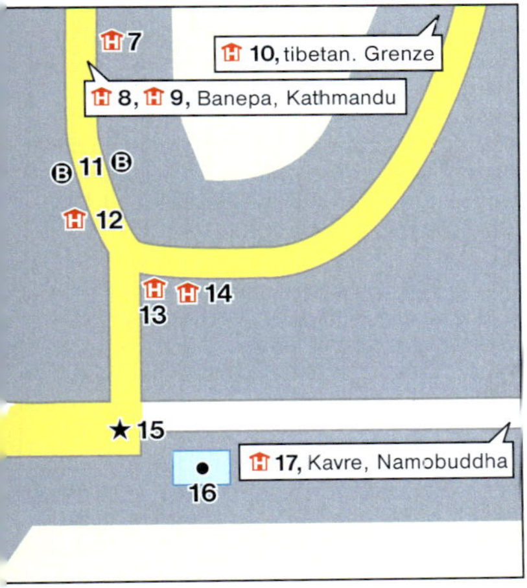

- 1 Krishna-Tempel
- 2 Bhagvati-Shiva-Tempel
- 3 Vishnu-Tempel
- 4 Harisiddhi-Tempel
- 5 Wassertank
- 6 Ganesh-Tempel
- 7 Dhulikhel Lodge Resort
- 8 Himalayan Horizon Hotel
- 9 Mirabel Resort
- 10 Dhulikhel Mountain Resort
- 11 Busbahnhof
- 12 Dhulikhel Royal Guest House
- 13 Silk Road Guest House
- 14 Mount View Guest House
- 15 König-Tribhuvan-Statue
- 16 Wassertank
- 17 Panorama View Lodge

kleiner Shiva- und ein Kali-Tempel, Letzterer auf einem Hügel mit guter Aussicht. Die größte Attraktion sind jedoch die Bergpanoramablicke in der kalten Jahreszeit. Die Ortschaft selber hat nicht denselben verschrobenen Charme wie z.B. Panauti, Bhaktapur oder Bungamati.

Unterkunft/Essen

- Das **Hotel Himalayan Horizon** ist eine der komfortabelsten Unterkünfte vor Ort. Das Haus besteht aus einem alten und einem neuen Flügel, die Zimmer im neuen Flügel sind etwas größer und besser; von beiden Flügeln ergeben sich hervorragende Ausblicke, die Umgebung ist ruhig und erholsam. Die Zimmer (Bad, h. + k. Wasser, TV) kosten 62 US$ (Einzel), 66 US$ (Doppel); + 13% Steuer. P.O. Box 1583, Kathmandu, Tel. 01-4225092, 01-4247183, Fax 01-4225092, www.himalayanhorizon.com.
- Das **Dhulikhel Lodge Resort** wird von den Mitgliedern einer Newar-Familie betrieben, die so etwas sind wie die Tourismus-Pioniere in Dhulikhel. Ihr legendäres Guest House in der Innenstadt ist schon lange geschlossen, das neue Resort ist einige Klassen luxuriöser und teurer. Das Hauptgebäude ist an einen Hang gebaut, von den sehr komfortablen, gepflegten Zimmern (Bad, h. + k. Wasser, TV) bietet sich eine großartige Aussicht auf die Berge. Einzel kosten 70 US$, Doppel 80 US$, Dreierzimmer 110 US$; jeweils + 12,2% Steuern. Es empfiehlt sich die preiswertere Buchung über eine Internet-Agentur oder aber ein wenig Handeln im Resort – Rabatte von gut 30% sind machbar. Tel. 011-490114, 011-490494, Fax 011-490001, www.dhulikhellodgeresort.com.
- Das **Dhulikhel Royal Guest House** (Tel. 011-664097) befindet sich nahe der Bushaltestelle, aber in ruhiger Lage, und hat dazu einen Garten. Zur Unterhaltung werden Filme gezeigt. Einfache Zimmer ohne Bad zu 250/350 Rs., mit Bad (h. Wasser) 450/500 Rs.
- Am östlichen Ortsende – auf dem Weg in Richtung Namobuddha-Trekk – findet sich das **Nawa Ranga Guest House & Restaurant** (Tel. 011-661226), eine der ältesten Unterkünfte in Dhulikhel. Schilder weisen schon ab der Busstation den Weg. Die Zimmer (Gemeinschaftsbad) sind einfachster Art und kosten 200 bis 250 Rs. Besser als die Zimmer erwarten lassen, fällt das Essen im Hause aus. Das Guest House ist bei Low-Budget-Reisenden sehr beliebt.
- Das **Mirabel Resort Hotel** ist ein relativ neues Luxushotel, äußerlich nicht sonderlich attraktiv, mit Biergarten und Dachrestaurant, es werden auch Yoga-Kurse gegeben. Die preiswerteren Zimmer (Bad, h. + k. Wasser, TV) kosten ab 75 US$ und sind nicht gerade opulent und haben zudem keine Bergsicht. Besser sind die teureren Zimmer ab 100 US$; jeweils + 13% Steuer. Man sollte sich die Zimmer vorher ansehen und möglichst einen guten Rabatt heraushandeln. Tel. 011-490972-5, Fax 011-490025, www.mirabelresorthotel.com.
- Vom Gartenlokal des **Dhulikhel Mountain Resort** am Arniko Highway öffnen sich wunderbare Himalaya-Ansichten. Die insgesamt 43 Zimmer (Bad, h. + k. Wasser) sind in mehreren, gut über die Anlage verteilten, großen Bungalows untergebracht. Mit Spa. Einzel 76 US$, Doppel 78 US$, jeweils + 13% Steuer und 10% Service Charge. Bei Internet-Agenturen werden oft günstigere Preise angeboten, dann lohnt sich das Haus. Khawa, Dhulikhel, Tel. (Stadtbüro in Kathmandu) 01-4420774, 01-4420776, Fax 01-4420779, www.dhulikhelmountainresort.com.
- Schlicht und einfach sind die beiden an der Hauptstraße gelegenen **Mount View Guest House** (250 Rs., Tel. 011-64039) und **Silk Road Guest House** (200 Rs., Tel. 011-661269). Einfache Zimmer ohne Bad. Beide Häuser haben ein Restaurant mit Dachterrasse. Gut und preiswert ist das Restaurant des Mount View Guest House.
- Etwa 2 km außerhalb von Dhulikhel, an der Strecke nach Namobuddha, und ca. 2 km vor Kabre liegt die **Panorama View Lodge** (Tel. 011-662085) hoch auf einem Hügel (ca. 1700 m), einem der besten Aussichtspunkte der ganzen Umgebung. Man sieht die Berge Machhapuchre, Annapurna, Mt. Manaslu, Lantang, Gauri Shankar und einige weitere

Gipfel sowie faszinierende Sonnenauf- und Sonnenuntergänge. Das Haus steht weithin allein und verlassen da, und so bietet dieser Ort Ruhe und Entspannung. Es gibt einfache Zimmer (mit Gemeinschaftsbad) zu 100/150 Rs. (1 bis 2 Personen), dazu mit Bad (h. + k. Wasser) zu 400/600 Rs. und 700 Rs. im Obergeschoss. Essen ist erhältlich.

Anreise

- **Busse** fahren regelmäßig ab Banepa (5 Rs.) und etwa jede halbe Stunde ab der City Bus Station in Kathmandu (Linien 11 und 12, 25 Rs., Fahrzeit ab Kathmandu 1½ bis 2 Std.).
- Bei **Taxis** aus Kathmandu zeigt das Taxameter ca. 600 Rs. an; Hin- und Rückfahrt plus zweistündigem Aufenthalt sollten 1400 bis 1500 Rs. kosten.
- **Reisebüros in Kathmandu** bieten oft Fahrten in bequemen Touristenbussen nach Dhulikhel an (150 bis 200 Rs.).

Palanchowk

Eines der wichtigsten Heiligtümer der Umgebung von Dhulikhel ist der **Palanchowk-Bhagvati-Tempel** im Dorf Palanchowk (1563 m). Er ist einer Form von Kali geweiht, der Göttin Bhagvati. Zwar ist der Tempel selber kaum sehenswert, die Figur der Göttin – knapp 1 m hoch – ist jedoch eine der wichtigsten Götterfiguren im Kathmandu Valley. Sie hat 16 Arme, ist mit Schmuck behangen und mit rotem Pulver bestäubt. Dienstags und samstags werden der Göttin Tieropfer dargebracht, und zum Fest Dasain stehen die Gläubigen Schlange, um ihr ein Blutopfer darzubringen.

Vom Tempel hat man eine gute Aussicht, und gleich nebenan befindet sich das Dorf Palanchowk, einer der typischen, verschlafenen kleinen Orte im Tal.

Anreise

Palanchowk liegt etwa 27 km von Dhulikhel entfernt bzw. 23 km vom Dhulikhel Mountain Resort. Vom Resort folge man dem Arniko Highway bis zur kleinen Ortschaft **Lamidhara** (ca. 13 km), wo eine Straße rechts Richtung Palanchowk abzweigt (ca. 10 km). Ab Lamidhara steigt der Weg steil an mit zunehmend guter Aussicht. Kurz nach Lamidhara ist ein Militärposten zu passieren.

- **Busse** fahren nur ab Banepa (ca. 25 Rs.) und auch nicht sehr häufig. Dienstag und Samstag morgens gibt es mehr Verbindungen als sonst. Die Busse fahren über Dhulikhel und Lamidhara; Fahrzeit ca. 1½ Std.
- Günstiger ist die Anfahrt mit dem **Taxi.** Hin- und Rückfahrt ab Kathmandu samt einstündigem Aufenthalt sollten ca. 2500 Rs. kosten, dasselbe ab Dhulikhel etwa 1300 Rs.

Namobuddha

Etwa 10 km südöstlich von Dhulikhel befindet sich die **Stupa** von Namobuddha, der **viertheiligste buddhistische Ort Nepals** (die ersten drei sind Lumbini, Swayambhunath und Bodhnath). Namobuddha heißt auf Newari, das die meisten Leute hier sprechen, **Namra Bhagvan** (sprich Bhagwaan). Über die Ursprünge der Stupa ist wenig bekannt, dafür kann von zwei Legenden berichtet werden.

Die **bekanntere Legende** erzählt von einem Jäger, der auf dem Hügel der späteren Stupa einst eine Tigerin erlegte, woraufhin deren Nachwuchs zu verhungern drohte. Aus Mitgefühl für die leidenden Kreaturen opferte sich der Buddha und bot ihnen sein eigenes Fleisch dar. Ein Steinrelief an der Stupa zeigt Buddha, der seine Hände den Tigern zum Fraß hinhält.

Die **andere Legende** besagt, dass ein Prinz einst auf eine kranke Tigerin und ihre Jungen traf. Die Tigerin bat den Prinzen um Hilfe, woraufhin der Stücke aus seinem Körper schnitt und sie den Jungen zu fressen gab. Als deren Hunger gestillt war, griff die Tigerin den Prinzen an, was dieser nicht verstand, schließlich hatte er ihre Jungen doch vor dem Hungertod bewahrt. Die Tigerin erklärte ihm, dass er als Märtyrer sterben und dafür als Buddha wiedergeboren würde.

Der Name der Stupa ist Sanskrit für **„Heil dem Buddha"**, und wie üblich sind oben die allsehenden Augen des Buddha angebracht. Um die Stupa herum stehen einige kleinere Chaityas, und unzählige bunte Gebetsfahnen flattern im Wind. An einer Seite der Stupa steht ein kleines Klostergebäude, von dem Stufen auf einen Hügel führen. Dort sind zwei Stupas zu sehen, die Vater und Mutter des aufopferungsvollen Prinzen repräsentieren.

Links neben der Stupa führt ein Weg zum **Gandar Madan Hill,** auf dem sich ein tibetisches Kloster befindet, **Thrangu Tashi Choeling.** Das Kloster betreibt auch ein Meditationszentrum

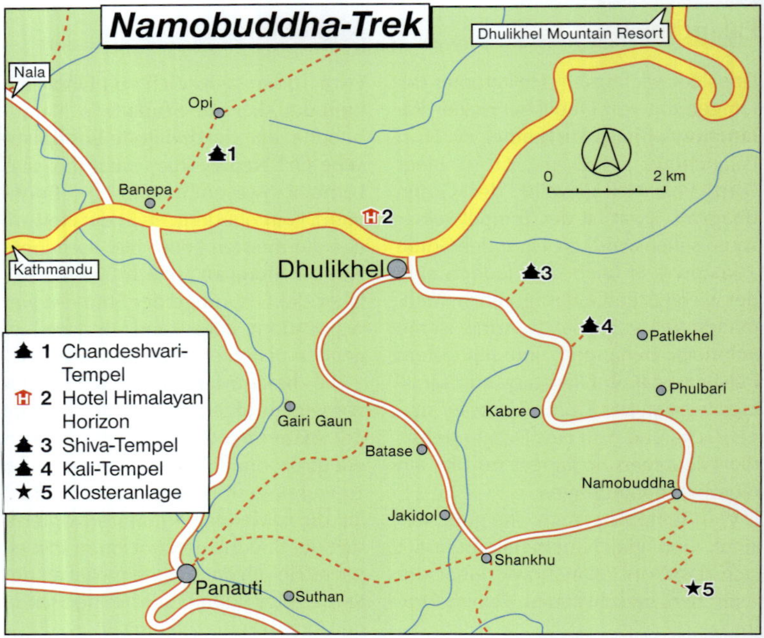

und eine kleine Unterkunft, das Thrangu Guest House (Tel. 011-663106).

Trekk nach Namobuddha (ca. 3 Std.)

Von Dhulikhel führt eine **sehr schlechte, mit Schlaglöchern übersäte Straße** nach Namobuddha, die kaum für normale Fahrzeuge geeignet ist, eher für Jeeps. Die sicherste Art, dorthin zu gelangen, ist also zu Fuß. In der Regenzeit kann aber auch das unangenehm werden, denn die Straße wird schnell zur Schlammpiste.

Der **Fußweg** führt 2 km nach Dhulikhel an der Panorama View Lodge, am Shiva- und am Kali-Tempel, die auf zwei Hügeln stehen, vorbei. Nach weiteren 2 km erreicht man das Dorf **Kabre.** Statt der Straße zu folgen, kann man eine Abkürzung nehmen, die gleich hinter der Panorama View Lodge ihren Anfang nimmt und am Rande eines Bergrückens durch ein kleines Dorf hindurch ebenfalls nach Kabre führt. Dieser Weg ist kürzer und interessanter, aber auch etwas abenteuerlicher als der die Straße entlang. Von Kabre folgt man wieder der Straße und passiert gleich hinter dem Ort ein paar Pinienwälder und gelangt schließlich nach **Phulbari.** Bis Namobuddha sind es dann noch etwa 2 km, wobei es einige Male auf- und abgeht.

Eine weitere, etwa gleich lange Anmarschmöglichkeit bietet sich ab Panauti (über den Ort Batase).

Unterkunft

- Ca. 5 km südwestlich von Namobuddha liegt das **Balthali Village Resort** (siehe dazu „Unterkunft" bei Panauti).

Lubhu

Diese Tour sei nur Leuten empfohlen, die nach dem Besuch der touristischen Highlights **alltägliches ländliches Leben** fernab der Tourismuspfade erleben wollen. Nach dem obligatorischen Besuch in Patan könnte man die südöstlich von Patan von der Ring Road abgehende Straße nach Lubhu nehmen (ab der Ring Road ca. 5 km). Auf dem Weg passiert man manche ländliche Idylle, aber auch zahlreiche **Ziegelbrennereien,** von denen es über 150 im Kathmandu Valley gibt und die zu den ärgsten Luftverschmutzern im Tal zählen. Hinzu kommt, dass für das Rohmaterial der Ziegel die fruchtbarste Bodenschicht abgetragen wird. Glücklicherweise sind die Ziegelbrennereien nur in den Monaten September bis Mai aktiv.

Lubhu selber ist eine verschlafene Kleinstadt mit weniger als 10.000 Einwohnern. Sie liegt um das Ende der aus Richtung Norden kommenden Straße herum; südlich des Ortsendes verläuft die Straße nur noch als Trampelpfad weiter. „Lubhu" ist Newari für **„Goldener Essensteller"** – der Name rührt daher, dass angeblich vor über 600 Jahren eine Königin ihr goldenes Essbesteck verkaufte, um mit dem Erlös die Stadt zu gründen.

Es gibt einige Tempel zu sehen, vor allem einen **Mahalakshmi-Tempel,** der ein dreigeschössiges Dach aufweist und um den herum einmal im Jahr ein religiöses Fest stattfindet, die **Mahalakhsmi-Bhairav Jatra** (etwa Juni). Die Göttin Mahalakshmi ist die

Schutzpatronin des Ortes und gilt als Mutter des furchterregenden Bhairav. Das Fest soll Wohlstand und Glück über den „Goldenen Essensteller" bringen.

Anreise

- Entlang der Straße zwischen der Ring Road und Lubhu pendeln **Sammeltaxis** (30 Rs. pro Person). **Taxis** ab Kathmandu dürften ca. 700 Rs. für Hin- und Rückfahrt samt einstündigem Aufenthalt kosten. Der Ort alleine ist – außer zu dem genannten Fest – den Weg von Kathmandu nicht wert.
- Ideal ist die Anfahrt **mit dem Fahrrad,** denn die Strecke ist leicht und weist kaum Steigungen auf.

Bishankhu Narayan — Godavari — Pulchowki

An der Südseite von Patan zweigt von der Ring Road eine Straße in Richtung Harisiddhi und Godavari ab. Die folgende Strecke kann theoretisch mit der Besichtigung von Patan verbunden werden. Aufgrund der zahlreichen Sehenswürdigkeiten in Patan und der Länge der Strecke ist das aber recht unpraktikabel. Deshalb sollte man sich für diese Tour einen separaten Tag reservieren.

Bishankhu Narayan

Etwa 3 km südöstlich der Abzweigung in Richtung Godavari erreicht man das Dorf **Harisiddhi** mit seinem viergeschossigen Harisiddhi-Bhawani-Tempel. Ca. 2 km weiter liegt das noch kleinere **Baregaon.**

Von Baregaon zweigt eine Straße in Richtung eines größeren Hügels ab. Bald passiert sie einen kleinen Fluss und man erreicht einen kleinen Dorfplatz unmittelbar neben besagtem Hügel. Hier wiederum zweigt links eine Straße ab, und man gelangt nach gut 1 km zu einem wichtigen Schrein, dem **Bishankhu Narayan.** Eine steile Treppe führt zu einer an einen Felsen gebauten Plattform. Im Felsen befindet sich eine etwa mannsbreite Spalte, in der sich eine Narayan-Figur versteckt zu haben scheint – es handelt sich um Bishankhu Narayan, „Der versteckte Narayan".

Einer etwas wirren **Legende** nach soll sich einst Shiva (nicht Narayan/Vishnu) versteckt haben, der den Dämonen Bhasmasur fürchtete, welcher durch seine Berührung alles zu Asche verwandelte (Sanskrit: *bhasma* = „Asche"). Diese Fähigkeit hatte Shiva ihm zuvor selbst beigebracht. Um dem Dämonen den Garaus zu machen, stellte Vishnu ihm eine Falle und ließ ihn seine Stirn berühren. Darauf zerfiel der Dämon selbst zu Asche. Daraus soll dann der Hügel entstanden sein, der sich hinter der Felsspalte erhebt. Die Spalte ist durch ein grobmaschiges Eisengitter vor Normalsterblichen abgesperrt; nur einem Priester ist der Zutritt erlaubt, der dort morgens Pujas abhält. Von der Plattform und dem Hügel öffnen sich wunderbare Ausblicke auf die Umgebung. Touristen verirren sich dennoch kaum hierher.

Anreise

- Am besten **mit dem Fahrrad:** Die Strecke ist ab Kathmandu ca. 15 km lang und leicht befahrbar. Bis Baregaon gibt es noch einigen Verkehr, danach sehr wenig.
- Die Hin- und Rückfahrt per **Taxi** ab Kathmandu plus eine Stunde Aufenthalt sollte 700 bis 800 Rs. kosten.

Godavari

Etwa 3 km weiter südöstlich befindet sich das kleine, verstreute Godavari (sprich etwa Godaawri). Hinter dem Ort macht die Straße eine Linksabbiegung und führt zu den **Botanical Gardens.** Dieser Botanische Garten ist ein beliebtes Ausflugsziel der Einheimischen, unbedingt gesehen haben muss man ihn aber nicht. Zu betrachten sind ein paar Blumenbeete, verschiedene Baumsorten (meist ohne Beschreibung) und etwas Wildwuchs, außerdem bieten sich einige Gelegenheiten zum Ausruhen. Geöffnet täglich 9–17 Uhr.

Folgt man der Straße, die zum Botanischen Garten führt, weiter nach Osten, anstelle von dort zum Garten zu fahren, erreicht man nach ca. 100 m **Godavari Kunda,** eine heilige Quelle. Alle zwölf Jahre versammeln sich hier Tausende von Gläubigen zum rituellen Bad, das genau so viel Verdienst einbringen soll wie die Gabe von sechs Millionen Kühen an Brahmanen! Die nächste Gelegenheit dazu ergibt sich im Jahr 2015.

Unterkunft

- Das **Godavari Village Resort** ist eine sehr gepflegte Anlage mit stilvoll gestalteten Gebäuden im Newar-Stil, die sich über ein weitläufiges, hügeliges und sattgrünes Gelände verteilen. Von den Zimmern hat man eine gute Aussicht auf Reisfelder und, im Hintergrund, Berge und Täler. Die Zimmer haben Bad, TV, A.C. und Mini-Bar, zur Verfügung stehen ein Jacuzzi, eine Sauna und ein Swimmingpool – eine wunderbare Unterkunft für diejenigen, die es sich leisten können: Einzel kosten 125 bis 150 US$, Doppel 140 bis 165 US$; + 13% Steuer und 10% Service Charge. Bei Buchung über die Website des Hauses gibt es einen Rabatt von 20%. Tel. 01-5560675, Fax 01-5560777, www.godavariresort.com.np.
- In Godavari finden sich zudem einige Hotels, deren **Zimmer stundenweise** für sexuelle Eskapaden angemietet werden können. Wenn ein Hotel hier etwas anrüchig wirkt, ist es das wahrscheinlich auch!

Anreise

- Um **mit dem Fahrrad** zu fahren, ist die Entfernung schon ganz ordentlich: 22 km ab Kathmandu. Machbar ist es trotzdem.
- Ab Lagankhel in Patan fahren **Busse** für 12 Rs. nach Godavari, Fahrzeit ca. 1 Std.
- **Taxis** ab Kathmandu und zurück samt einer Stunde Aufenthalt kosten ca. 1000 Rs.

Pulchowki

Noch vor dem Botanischen Garten zweigt von der Hauptstraße südlich eine nicht asphaltierte Straße ab, die fast unmittelbar danach am St. Xavier's College vorbeiführt. Ca. 300 m weiter südlich befindet sich gegenüber einem Marmor-Steinbruch der **Schrein der Göttin Pulchowki Mai,** der Schutzpatronin von Pulchowki.

Folgt man der Straße weiter, so führt sie über zahlreiche Serpentinen hoch zum **Gipfel von Pulchowki,** dem **mit 2762 m höchsten Punkt im Kathmandu Valley** – die Aussicht ist atemberaubend! Es breitet sich dichter

Wald aus, im Frühjahr erblühen unzählige Blumen, darunter roter und weißer Rhododendron und Orchideen. Pulchowki bedeutet **„Ort der Blumen"** (von Nepali *phuul* = „Blumen"), insgesamt wachsen hier mindestens 571 Arten; dazu gibt es 300 Arten Schmetterlinge und 254 Vogelarten. Insgesamt ist dies ein fantastisches Gebiet für Tier- und Pflanzenliebhaber.

In der Regenzeit sind die oberen Gefilde des Berges meist wolkenverhangen und möglicherweise regnet es, während unten im Tal hell die Sonne scheint. **Auf dem Gipfel** finden sich ein Schrein der Pulchowki Mai, ein Shiva-Schrein und eine kleine Stupa. „Störenfriede" sind ein benachbarter Fernmeldeturm und etliche TV- und Radiosendeanlagen. Die Sicht ins Tal aber ist – an einem klaren Tag – die Anfahrt allemal wert.

Anreise

- **Mit einem Mountainbike und exzellenter Kondition!** Ab Kathmandu sind es ca. 27 km, und es geht steil bergauf.
- Hin- und Rückfahrt mit dem **Taxi** ab Kathmandu plus einstündiger Aufenthalt kosten 1400 bis 1500 Rs. Starke Steigungen sind den Taxifahrern immer ein Vorwand, überdurchschnittlich hohe Preise zu veranschlagen.

ktm043 Foto: rk

Vajra Varahi – Tika Bhairav – Lele

Auch für diese Tour sollte man einen Tag extra einplanen, ohne Patan zu besichtigen, das zwar auf dem Weg liegt, aber auch alleine schon einen ganzen Tag in Anspruch nehmen dürfte.

Leider ist die Strecke, trotz ihrer Sehenswürdigkeiten und Naturschönheit, in den letzten Jahren zu einem **ökologischen Alptraum** geworden: Im Bereich von Lele befinden sich **Steinbrüche,** und schwer beladene Lastwagen zwängen sich im Halbminutentakt durch die enge Hauptstraße, wirbeln jede Menge Staub auf, verpesten die Luft und machen einen Höllenlärm. 2008 war dies die unangenehmste Strecke im ganzen Kathmandu Valley. Der Besucher sei vorgewarnt. Die Menschen, die an dieser Strecke wohnen, verdienen Mitgefühl. Man sollte sich vor Ort erkundigen, wie sich die Situation aktuell darstellt.

Vajra Varahi

Am Südende von Patan führt eine Straße von der Ring Road in südliche Richtung. Nach ca. 3 km ist **Sunagathi** erreicht. Hier stehen zwei Tempel: einer für Vringeshvar Mahadev (Shiva) und ein Jagannath-(Vishnu-)Tempel, sonst gibt es nicht viel zu sehen.

Etwa 2 km weiter südlich passiert man das Dorf **Thecho** mit einem Balkumari-Tempel und einem Brahmayani-Tempel.

1 km weiter südlich liegt **Chapagaon.** Der Ort zeichnet sich durch ein ausgeklügeltes System von Abwässerkanälen aus, die zum Teil unterirdisch verlaufen. Hier gibt es einige kleine Tempel zu sehen, das wichtigste Heiligtum befindet sich jedoch ca. 500 m östlich von Chapagaon: In der Ortsmitte zweigt eine Straße Richtung Osten ab und führt zum **Vajra-Varahi-Tempel,** der einer tantrischen weiblichen Gottheit geweiht ist. Fotografieren ist hier offiziell verboten, es scheint sich aber niemand darum zu kümmern. Der Tempel stammt aus dem Jahr 1665 und ist von einem kleinen umzäunten Waldstück umgeben. Der lokalen Überlieferung gemäß kann niemand auch nur einen Stein oder sonst irgendetwas aus dem Wald ungestraft hinausnehmen – ihm würde das Haus über dem Kopf abbrennen oder sonst ein Unheil widerfahren. Der Wald ist der Lebensraum von Heerscharen von Zikaden, die mit ihrem Zirzen einen beachtlichen Lärm verursachen. Es klingt wie das hohe Summen von einigen Dutzend Hochspannungskabeln.

Anreise

- Kein Problem **mit dem Fahrrad,** es sind ca. 14 km ab Kathmandu.
- **Busse** fahren ab Lagankhel in Patan, sie kosten 8 Rs., Fahrzeit 1 bis 1½ Std.
- Zwischen der Ring Road und Chapagaon pendeln auch **Sammeltaxis** für 20 Rs. pro Person. Es ist jedoch nicht garantiert, dass man eins ohne lange Wartezeit antrifft.
- **Taxis** ab Kathmandu kosten ca. 300 Rs. nach Taxameter; für Hin- und Rückfahrt mit einer Stunde Aufenthalt sind ca. 400 Rs. zu veranschlagen.

Tika Bhairav

Südlich von Chapagaon wird die Landschaft zunehmend hügeliger und idyllischer. Von der Hauptstraße zweigt eine kleinere Straße ab und führt um einen Hügel herum vorbei am **Anandaban Leprosy Hospital** ins Dorf Tika Bhairav. Das Lepra-Krankenhaus ist eine Außenstelle des Patan Hospital. Anandaban heißt „Wald der Glückseligkeit“.

Tika Bhairav ist nach einem **Shiva-Schrein** benannt, der den Gott in seiner schrecklichen Form als Bhairav darstellt. Das Bildnis ist ein buntes Wandgemälde in einer Art Unterstand, gelegen am Zusammenfluss zweier kleiner Flüsse. Der Schrein ist zwar nicht sonderlich spektakulär, die umliegende **Landschaft** allein aber ist den weiten Weg vielleicht schon wert – wenn man von dem eingangs erwähnten Lkw-Horror absieht. Um den Zusammenfluss erheben sich einige Hügel, von denen man eine herrliche Aussicht genießt – unten spielen Kinder, Bauern bestellen ihre Felder.

Anreise

- **Radfahrer** sollten sich am besten auf ein Mountainbike schwingen, es geht vor Tika Bhairav einige Male stark bergauf, kurz vor dem Ort einmal stark bergab. Ab Kathmandu sind es ca. 19 km.
- **Taxis** ab Kathmandu kosten ca. 1000 Rs. für Hin-/Rückfahrt plus 2 Std. Aufenthalt.

Lele

Lele (sprich etwa: Lilli) liegt ca. 1,5 km östlich von Tika Bhairav am Ende der Hauptstraße. Der Ort war einmal himmlisch ruhig, durch die zuvor erwähnten **Steinbrüche** aber hat sich die Situation dramatisch verändert. Bis man bis Lele vorgedrungen ist, ist man durch die vielen luftverpestenden Lastwagen auf der Strecke wahrscheinlich schon einem Lungen- und Nervenkollaps nahe. In der Regenzeit verwandelt sich die Straße durch die schweren Laster zudem teilweise in eine Schlammpiste. Der Boden ist an einigen Stellen so aufgewühlt, dass normale Fahrzeuge im Schlamm stecken bleiben. Schade um diesen im Grunde so wunderbaren Ort.

Am Ostende von Lele, das sich an einer einzigen Straße ausbreitet, befinden sich einige sehenswerte kleine Tempel, so ein **Muktinath-Tempel** aus dem Jahr 1668 und, weiter außerhalb, ein **Tileshvar-Mahadev-Tempel** aus dem 16. Jh.

Unterkunft/Essen

- Das **Malla Alpine Resort** ist ein Ableger des Hotel Malla in Kathmandu und bietet 18 komfortable Bungalows mit Bad und guter Aussicht. 65 US$ (Einzel) und 80 US$ (Doppel), jeweils + 12% Steuer. Angeschlossen sind Swimmingpool, Sauna und ein ausgezeichnetes Multi-Cuisine-Restaurant. Insgesamt eine sehr schöne Anlage. Kalitar – Tika Bhairav, Tel. 01-4418358, 01-4410966, Fax 01-4418382, info@hotelmalla.com.

Anreise

- **Mit dem Mountainbike** gut machbar. Ab Kathmandu sind es bei direkter Fahrt über die Hauptstraße ca. 19 km, mit Umweg über Tika Bhairav ca. 21 km.
- Für die Hin- und Rückfahrt mit **Taxi** plus einen angemessenen Aufenthalt von 2 Std. ist mit ca. 1200 Rs. zu rechnen.

Khokna – Bungamati

Khokna

Überquert man am Südende der tibetischen Flüchtlingssiedlung in Jawalakhel, Patan, die Ring Road, so führt dort eine nicht asphaltierte Straße nach Süden in Richtung Khokna und Bungamati (10 bzw. 11 km ab Kathmandu). Die kleinen Newar-Orte sind im 16. Jh. entstanden und liegen so eng beieinander, dass sie gelegentlich als Zwillingsstädte bezeichnet werden.

Khokna (ca. 5000 Einwohner) besteht vornehmlich aus den typischen **Backsteinhäusern der Newar,** die sich scheinbar der Erdfarbe anzupassen versuchen. Der Ort wird von kleinen Gassen durchzogen, nur wenige davon sind mit dem Auto passierbar. Vorsicht, die zahlreichen Hühner und Enten haben in jedem Fall Vorfahrtsrecht! Vor vielen Häusern kann man Frauen beim Spinnen von Wolle beobachten, an dessen Technik sich seit Jahrhunderten nichts geändert zu haben scheint.

Daneben ist Khokna für das hier produzierte **Senföl** bekannt. Dessen Herstellung liegt vornehmlich in den Händen der Manandhar-Kaste und ist ebenso einfach wie effizient: Eine Gruppe schweißbedeckter Männer

ktm044 Foto: rk

dreht ein schweres Rad, das über eine Mechanik zwei mächtige Holzblöcke zusammendrückt, zwischen denen die Senfkörner – die in aus Bambus geflochtenen Behältnissen stecken – zerquetscht werden.

Die Hauptstraße des Ortes ist überraschend breit ausgebaut. An ihr liegt ein **Rudrayani-Tempel,** welcher der Schutzpatronin des Ortes geweiht ist. Die Straße war ursprünglich sehr schmal, wurde aber nach dem Erdbeben von 1934, das Khokna stark in Mitleidenschaft gezogen hatte, in verbreiteter Form wiederhergestellt.

Anreise

- Mit dem **Bus** ab Jawalakhel in Patan für 9 Rs., Fahrzeit ca. ½ Std.
- **Taxis** ab Kathmandu kosten nach Taxameter ca. 250 Rs.; Hin- und Rückfahrt plus 2 Std. Aufenthalt (in denen auch das benachbarte Bungamati zu Fuß besucht werden kann) belaufen sich auf 700 Rs.
- Ideal ist das **Fahrrad;** die Strecke bietet nur in der heißen Zeit vor dem Monsun Probleme, wenn von vorbeifahrenden Wagen kiloweise Staub aufgewirbelt wird.

Bungamati

Direkt südöstlich an Khokna schließt sich Bungamati an, das querfeldein oder über die Hauptstraße erreicht werden kann. Diese **„Stadt der Bauern“** (so die Übersetzung aus dem Newari) wurde 1593 von König *Narendra Deva* gegründet. „Stadt“ kann man den Ort aber kaum nennen, denn beim letzten Zensus im Jahr 2001 wurden weniger als 6000 Einwohner gezählt. In dem äußerst charmanten und ursprünglichen Ort kann man sich gut ausmalen, wie wohl Kathmandu noch vor ein oder zwei Jahrhunderten ausgesehen haben mag.

Der Mittelpunkt Bungamatis ist der auf einem rechteckigen Platz gelegene **Rato-Machhendranath-Tempel,** der Heimatstandort des Rato Machhendranath, der hier jeweils sechs Monate des Jahres verbringt und dann in einer feierlichen Prozession nach Patan gebracht wird. Um den Tempel herum geht es herzerfrischend weltlich zu, Bauern dreschen ihr Stroh, Kinder spielen mit lautem Gejohle, und zahlreiche Zeitgenossen schauen dem ganzen Treiben etwas gelangweilt zu. Der Tempel ist hier nicht nur Mittelpunkt des religiösen, sondern auch des ganz normalen Alltagslebens. Alle Gassen scheinen hierher zu führen.

An der Südwestecke des Platzes steht ein kleiner, aber sehr verehrter **Bhairav-Tempel,** dessen Allerheiligstes sich im Obergeschoss befindet.

Zwischen Bungamati und Khokna erhebt sich auf einer Anhöhe der **Karya-Vinayak-Tempel,** der Ganesh gewidmet ist. Der Gott ist hier nur durch einen etwas abgeschliffenen Stein repräsentiert, um den ein kleiner Schrein errichtet ist. Die um diesen herum angelegten Tempelanlagen sind nicht sonderlich interessant, es bietet sich jedoch eine gute Aussicht auf das Umfeld.

Auf der anderen Seite des Bagmati-Flusses erhebt sich weithin sichtbar der **Chandragiri,** der „Berg des Mondgottes". Dieser ist mit 2250 m Höhe die dritthöchste Erhebung am Rand des Kathmandu Valley, und der am Berg gelegene dichte Wald gehört zu den fauna- und florareichsten Gebieten im Tal. Es gibt Bestrebungen, ihn zum Naturschutzgebiet zu erklären.

In Bungamati arbeiten etwa 300 kleine **Holzschnitzbetriebe,** in denen Masken, Figuren und andere Souvenirs hergestellt werden, die in Touristenvierteln wie Thamel verkauft wer-

ktm045 Foto: rk

Der Rato-Machhendranath-Tempel in Bungamati

den. Zahlreiche Frauen finden durch das Weben von Stoffen oder Nähen von Kleidung ein Auskommen.

Essen

- Das **Begumbeli Garden Restaurant** liegt auf dem Bergkamm bei Khokna und Bungamati, über den die Hauptstraße führt. Es ist ein guter Ort für eine Mahlzeit, auch wenn die Sicht auf die Zwillingsorte etwas beeinträchtigt ist, da das Restaurant auf der den Orten abgewandten Straßenseite liegt. Es wird ordentliches nepalesisches Essen geboten, darunter vegetarische Dal-und-Bhat-Platten zu 150 Rs., mit Fleisch zu 200 Rs.

Anreise

- **Busse** ab Jawlakhel in Patan kosten 10 Rs.; Fahrzeit ca. ½ Std.
- **Taxis** kosten vielleicht ein paar Rupien mehr als nach Khokna, da die Strecke ca. 1 km länger ist. Bei der Anfahrt über die Hauptstraße, die etwas höher liegt als Bungamati, bieten sich kurz vor Erreichen der Abzweigung zum Ort hervorragende Ausblicke: Man sieht, wie der Rato-Machhendranath-Tempel sich mit seiner Shikhara-Spitze majestätisch über den Ort erhebt. Auf dem Bergkamm zwischen Khokna und Bungamati findet sich das eine oder andere kleine Gartenrestaurant, von denen sich die Aussicht genießen lässt. Der Ausblick ist etwas erschwert, da sich die Restaurants auf der den Städten abgewandten Seite der Straße befinden. Großartiges Essen gibt es nicht, es lohnt aber eine kurze Pause bei Tee oder Kaffee.

Kirtipur

Kirtipur, die „Ruhmreiche Stadt", liegt 9 km südwestlich von Kathmandu-Mitte auf einem steil ansteigenden Zwillingshügel, zwischen dessen Spitzen sich ein kleines Plateau ausbreitet. **50.000 Menschen** leben in der Stadt, sie gehören hauptsächlich den Newar an. Kirtipur macht heutzutage einen etwas verlassenen, von der Welt vergessenen Eindruck, der über ihre historische Bedeutung beinahe hinwegtäuschen könnte. Die alten, verwinkelten Gassen, in denen kaum ein modernes Verkehrsmittel Platz hat, wecken Assoziationen an das Hochmittelalter. Es ist eine Stadt mit viel altertümlicher Atmosphäre, und mit viel Ruhe. Wer einen **typischen Newar-Ort** besuchen möchte, ist hier an der richtigen Stelle, ebenso alle, denen Patan oder Bhaktapur zu sehr vom Tourismus geprägt erscheinen.

Geschichte

Kirtipur wurde zwischen 1099 und 1126 unter **König Shiva Deva** gegründet. Im 15. Jh., zur Zeit der Malla-Könige, entwickelte es sich zu einer florierenden Siedlung. Als das Kathmandu-Tal 1482 in drei Reiche unterteilt wurde, geriet der Ort unter die Herrschaft von Patan.

Die strategisch günstige Lage und einige wehrhafte Bauten machten Kirtipur zu einer **fast uneinnehmbaren Festung** – fast. Zweimal war die Gurkha-Armee unter *Prithvi Narayan Shah* gegen diese Festung angerannt, 1755 und 1764, und beide Male wurde sie zurückgeschlagen. *Prithvi Narayan Shah* ließ die Stadt 1766/67 jedoch erneut belagern, und dieses Mal gelang ihm die Eroberung. Aus Rache für die vorangegangenen verlorenen Schlachten und dafür, dass sein Bruder bei der zweiten Belagerung ein Auge verloren hatte, ließ der König allen männlichen Bewohnern die Nase abschneiden – damals eine gängige Methode der Bestrafung, auch bei Verbrechern. Nur Musikanten, die Blasinstrumente spielten, ließ der König ungeschoren. Damit hatte er seinen Feingeist bewiesen und konnte sich nun der weiteren Eroberung des Kathmandu-Tals widmen.

Als in den 1950er Jahren vor Ort die **Tribhuvan-Universität** gebaut werden sollte, gab es Widerstand. Für das Großprojekt mussten zahlreiche Händler aus der Shreshta-Kaste sowie Jaypus, Bauern, aus ihren angestammten Lebensräumen vertrieben werden – das traditionelle Gefüge des Ortes ging teilweise verloren. 1959 wurde die Universität eröffnet.

Sehenswertes

Im zentralen Bereich der Stadt können wegen der engen, holprigen und zudem stark an- oder absteigenden Gassen keine Fahrzeuge verkehren. **Alle Wege** müssen daher **zu Fuß** zurückgelegt werden.

Nagar Mandap (Shri Kirti Vihar)

Nähert man sich Kirtipur über die Straße aus Richtung Kathmandu, so fällt schon einige hundert Meter vor der Stadt, zur linken Seite, ein ungewöhnliches Gebäude mit einem rotgrünen Dach ins Auge. Dieses hebt sich auffallend von der Masse der typischen backsteinbraunen Newar-Häuser ab. Das Gebäude gehört zum Nagar Mandap oder Shri Kirti Vihar, einem **buddhistischen Tempel der Hinayana-Tradition** („Kleines Fahrzeug") und wurde im typischen Thai-Stil errichtet. Der Bau wurde von der thailändischen Botschaft in Kathmandu finanziert und 1991 fertiggestellt. Gelegentlich verrichten hier thailändische Mönche ihren Dienst, die sogar von ihrer Botschaft mit Heimatküche versorgt werden. Im Inneren des Gebäudes – die korrekte Thai-Bezeichnung wäre Viharn – befindet sich ein aufwendig angelegter Gebetsschrein.

Der neue Thai-Tempel ist nur Teil einer größeren Tempelanlage aus dem Jahr 1975. Die Gebäude geben nicht viel her, der Tempel aber ist im Besitz von **Miniaturnachbildungen der vier heiligen Orte des Buddhimus:** Lumbini (Geburtsort Buddhas), Bodh Gaya (Ort seiner Erleuchtung), Sarnath (Ort seiner ersten Predigt) und Kushinagar (Ort des Hinüberwechselns ins Nirvana). Bis auf Lumbini befinden sich die Orte in Indien. Man bitte einen der anwesenden Priester, einen Blick auf die Nachbildungen werfen zu dürfen.

Chilanchu-Stupa

Die Chilanchu-Stupa steht auf dem **höchsten Punkt Kirtipurs** und geht der lokalen Überlieferung nach auf König *Ashoka* zurück, was jedoch historisch nicht belegt werden kann. Das exakte Alter der Stupa ist unbekannt, eine Inschrift deutet lediglich darauf hin, dass sie im Jahr 816 von einem gewissen *Jagatpal Sarna* aus Patan renoviert wurde. Dennoch ist die Stupa das **älteste erhaltene Bauwerk Kirtipurs.** Sie ist 10 m hoch, auf einem quadratischen Sockel aufgebaut und weist eine starke Ähnlichkeit zur Stupa von Swayambhunath auf. Die vier umgebenden, kleineren Stupas stammen aus dem 16. Jh.

Am Westrand des Geländes steht der 1514 erbaut **Jagatpal Vihara,** der nach seinem Erbauer, *Mahapatra Jagatpal Varma,* benannt wurde.

Bagh-Bhairav-Tempel

Kirtipurs **wichtigste religiöse Stätte** ist der Bagh-Bhairav-Tempel, der dem Schutzpatron der Stadt geweiht ist, einem zornigen Bhairav in Tigergestalt (*bagh* = „Tiger"). Die Entstehung des Tempels wird mit mehreren **Legenden** in Verbindung gebracht.

Eine davon besagt, dass einst ein mörderischer Tiger die Bevölkerung von Kirtipur in Angst und Schrecken versetzte und bei jeder Gelegenheit Vieh riss. Um die Bestie zu beschwichtigen, ließ der König ein Tigerbildnis anfertigen, das daraufhin als eine Manifestation Bhairavs, des Gottes der Zerstörung, betrachtet wurde.

Eine andere Legende erzählt von einem Hirtenjungen, der eines Tages seine Schafe hütete und auf die Idee kam, aus Erde einen Tiger zu formen. Als Zunge steckte er ihm ein Blatt ins Maul. Als der Junge sein Spiel unterbrach, merkte er, dass seine Schafe verschwunden waren. Verzweifelt suchte

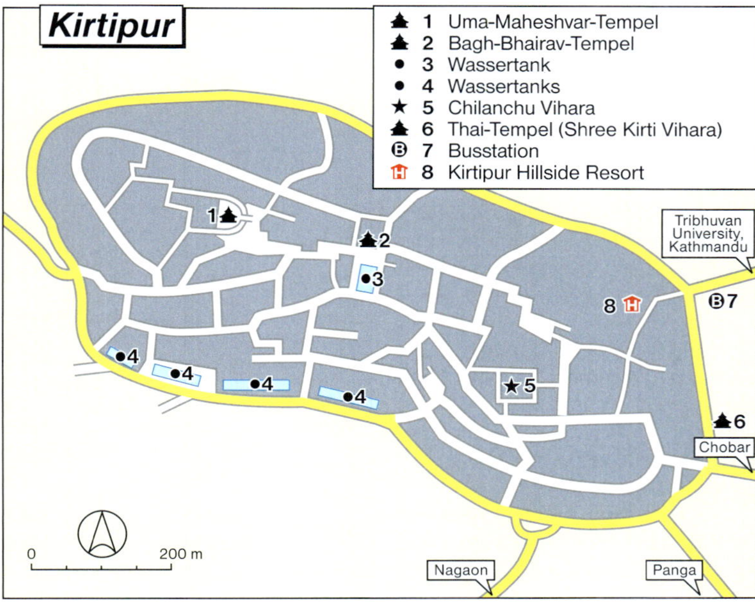

er das Weidegelände nach den Tieren ab, doch vergebens. Er kehrte zu seiner Tigerfigur zurück und sah mit Schrecken, wie sie plötzlich vom Geist eines übernatürlichen Tigers ergriffen war und drohend ihr Maul öffnete. Das Blatt, das als Zunge gedient hatte, fehlte jedoch. Nachdem die Geschichte die Runde gemacht hatte, baute die Bevölkerung einen Tempel um die Figur herum und verehrte sie als eine Form des Bhairav. Bis heute ist sie ohne Zunge, wurde aber mit einer Silberschicht überzogen. Die Newar nennen die Figur, die von Hindus und Buddhisten gleichermaßen verehrt wird, Ajudya oder „Großvatergott".

Der Tempel wurde wahrscheinlich zwischen 1099 und 1126 gebaut, hat ein dreigeschossiges Dach und ist von einem ausgedehnten Hof umgeben. Die beiden Untergeschosse des Daches sind mit Ziegeln gedeckt, das oberste ist kupferbesetzt. An der Vorderseite sind **Waffen** angebracht – vornehmlich Schwerter und Schilde –, die die besiegten Kirtipur-Soldaten *Prithvi Narayan Shah* überreicht haben sollen. An den Dachstreben sind einige erotische Schnitzereien zu sehen. Um den Tempel stehen kleinere Schreine, zum Teil mit aufgesetztem Shikhara-Turm, sowie Steinskulpturen, die bis ins 12. Jh. zurückgehen.

Uma-Maheshvar-Tempel

Kirtipurs zweitwichtigster Tempel ist der Uma-Maheshvar-Tempel aus dem Jahr 1673, an einer der höchsten Stellen der Stadt gelegen. In ihm werden Shiva (Maheshvar) und Parvati (Uma) verehrt, und so wird die Stätte auch häufig **Bhawani-Shankar-Tempel** genannt, was wiederum nur ein anderer Name für das Götterpaar ist.

Trotz dessen Schutzes haben es die Naturgewalten nicht immer gut mit dem Bau gemeint, und gar mehrere Male blies der Wind das Dach hinweg. Die Stelle, an der der Tempel steht, ist in besonderem Maße dem Wind ausgesetzt. So waren mehrmals Restaurierungen notwendig.

Vor dem Eingang steht ein kleiner Lakshmi-Narayan-Schrein. Das Gebäude besteht aus Ziegelstein und Holz und wird von einem dreigeschossigen Ziegeldach bedeckt. Links am Tempel hängt eine Glocke, 1895 in England gegossen. Im Inneren befindet sich eine kunstvoll geformte Skulptur des Götterpaares, die wiederum von weiteren Shiva-, Parvati- und Vishnu-Figuren umgeben ist.

Unterkunft

- Das **Kirtipur Hillside Resort** befindet sich etwa auf halbem Wege zwischen dem Busbahnhof und der Chilanchu-Stupa. Vom Busbahnhof ist es etwa ein 10-minütiger, aufsteigender Fußweg. Das Resort hat einfache, aber sehr saubere Zimmer mit gutem Blick über das Tal – eine empfehlenswerte, ruhige Wohnalternative zum turbulenten Kathmandu. Einzel kosten 20 US$, Doppel 25 US$ (ohne Bad), mit eigenem Bad 25/30 US$; + 15% Steuer. Ein schmuckes Dachrestaurant ist angeschlossen. Tel. 01-4334010, 01-4330908, www.kirtipurhillside.com.

Anreise

- Ab Kathmandu ist die Strecke (9 km ab der New Road) gut **mit dem Fahrrad** zu bewältigen, auch wenn die letzten Meter den steilen Berg hoch wohl geschoben werden müssen. In der Stadt selber ist es besser zu laufen, da die meisten Straßen sehr holprig sind, und viele der engen Gassen steil an- oder absteigen und für Räder gänzlich unpassierbar sind. Das weitgehende Fehlen von Fahrzeugen in Kirtipur macht das Gehen zu einem stressfreien Erlebnis.

- **Busse** der Linie 21 fahren ab der City Bus Station in Kathmandu zu 8 Rs. und halten an der Tribhuvan-Universität, von der es noch einige Minuten Fußweg in die Stadt sind.
- **Taxis** ab der Innenstadt von Kathmandu kosten per Taxameter ca. 200 Rs. Falls nur zur Hinfahrt angeheuert, nehmen die Fahrer aber gerne mehr, da sie wahrscheinlich keinen Passagier für die Rückfahrt bekommen. Hin und zurück mit zweistündigem Aufenthalt kostet etwa 600 Rs. Die Taxis halten meist im Osten der Stadt, an einer noch relativ breiten Straße, die von den örtlichen Bauersfrauen auch als Dreschplatz benutzt wird. Ab dort wird die Straße Richtung Ortsmitte für Autos zunehmend unpassierbar. Zu Fuß sind es noch 3 oder 4 Minuten zum Bagh-Bhairav-Tempel.

Chobar – Pharping – Dakshinkali

Chobar

Nach der Besichtigung von Kirtipur empfiehlt sich der Besuch des 2 km weiter südöstlich gelegenen kleinen Ortes Chobar und nachfolgend der Besuch von Dakshinkakli. Chobar liegt in pittoresker Umgebung auf einem Hügel, von dem man den Bagmati überblickt. Die Hauptsehenswürdigkeit ist der buddhistische **Adinath-Tempel,** der Buddha in seiner Manifestation als Lokeshvar, dem „Herrn der Welt", gewidmet ist (*Adinath* bedeutet „Der Ur-Gott"). Der Tempel wurde im 15. Jh. gebaut und 1640 erneuert. Das auffälligste Merkmal sind die zahllosen Küchenutensilien, die an verschiedenen Stellen angebracht sind – Töpfe, Pfannen, Besteck, Werkzeug, Spiegel, Besen und sonstige Dinge des nepalesischen Durchschnittshaushalts. Für diese Gaben gibt es mehrere Gründe: So wollen frisch verheiratete Paare dadurch um eine glückliche Ehe bitten, andere Gläubige um die Erfüllung eines Wunsches. Einer dritten Variante gemäß werden die Utensilien dem Gott gestiftet, damit er sie dem Spender im nächsten Leben zurückgeben möge! Im Allerheiligsten wird eine Rato-Machhendranath-Figur aufbewahrt. Zum **Fest Chaitra Ashtami** am 8. Tag des Monats Chaitra (März/ April) wird die Figur in einer Prozession zum Bagmati getragen und dort gebadet.

Etwas weiter südlich am Fluss befindet sich die **Chobar-Schlucht (Chobar Gorge),** die der Heilige Majushri einst in die Felsen geschnitten haben soll, um das Wasser im Kathmandu-Tal abfließen zu lassen. Mit dem Wasser flossen auch die im See lebenden Schlangen ab, mit Ausnahme von Karkotak, dem König der Schlangen: Manjushri ließ ihn dort weiterleben und machte ihn zum Herren allen Reichtums im Kathmandu Valley. Dazu richtete er ihm den **Taudaha-See** ein (etwa 1,5 km südwestlich der Schlucht), in dem er bis heute – ein paar Tausend Jahre alt und quicklebendig – seine Schätze hütet.

Direkt südlich der Schlucht steht ein wichtiger Tempel, der **Jal Vinayak.** Jal ist Sankskrit/Nepali für „Wasser" – schließlich floss ja hier das Wasser des Tals ab –, Vinayak ein anderer Name für Ganesh. Die Einheimischen halten hier gerne Picknicks ab, und gelegentlich finden sich ganze Hochzeitsgesellschaften ein. Dem im Tempel wohnenden Ganesh wird die Fähigkeit zugesprochen, Charakterstärke zu verleihen, und so bitten hier viele Gläubige um dieses edle Gut. Der Tempel, direkt an den Bagmati gebaut, stammt aus dem Jahr 1602, wahrscheinlich hat sich hier aber schon zuvor etwas Ähnliches befunden. Am Sockel des Tempels ist ein Bildnis des göttlichen Paares Shiva und Parvati zu sehen, das aus dem 12. Jh. stammt.

Unterkunft

- Das **Chobhar Le Village Resort** ist ein rustikales, 200 Jahre alte Newar-Haus auf einem Hügel, das gründlich restauriert worden ist. Die Zimmer wirken sehr urig – ein bisschen wie gemütlich eingerichtete Dachböden. Sie sind mit einem modernen Bad ausgestattet. Ein Restaurant ist vorhanden, in dem auf Wunsch des Gastes auch rein vegetarische Kost serviert wird. Einzel 16 US$, Doppel 22 US$, dazu ein Großraum zu 35 US$; jeweils + 12% Steuern. Das Resort ist entlang der Strecke von Kirtipur nach Chobar mehrmals ausgeschildert. An der rechten Straßenseite (aus Richtung Kirtipur kommend) zweigt im Bereich Chobar eine Straße in Richtung zum Resort ab; siehe Ausschilderung. Tel. 01-4333555, 01-2191010, info@nepalvillage-resort.com.
- Zusätzlich finden sich noch einige kleine Hotels in der Gegend, die gerne von jungen Paaren zum Verbringen einiger romantischer Stunden aufgesucht werden. Für längere Aufenthalte eignet sich obiges Resort besser.

Anreise

- Chobar liegt an der Straße nach Pharping und Dakshinkali und alle **Busse,** die dorthin fahren, kommen hier vorbei (s.u.).
- Der Preis für ein **Taxi** richtet sich danach, ob nur der Adinath-Tempel oder auch die Schlucht mit dem Jal-Vinayak-Tempel besucht wird. Für beide Sehenswürdigkeiten plus insgesamt 2 Std. Aufenthalt ist mit 400 bis 500 Rs. zu rechnen.
- Kein Problem ist der Anmarsch **zu Fuß** ab Kirtipur (gut 3 km bis zur Schlucht), der Weg führt über die Dörfer Panga und Nagaon.

Pharping

Der kleine Ort Pharping befindet sich ca. 9 km südlich von Chobar an der Straße, die weiter nach Dakshinkali führt. Bei der Fahrt taucht kurz nach dem Taudaha-See an der rechten Seite der **Champadevi-Berg** (2279 m) auf. Auf seinem Gipfel soll einst ein markanter Baum gestanden haben, der bevorzugt zum Aufknüpfen von Verbrechern genutzt wurde.

Kurz vor dem Ortsanfang von Pharping befindet sich an der rechten Straßenseite der **Shekh-Narayan-Tempel** aus dem 17. Jh. Dazu gehören auch die direkt an der Straße gelegenen Teiche, in denen Pharpings Hausfrauen gerne ihre Familienwäsche reinigen. Das Wasser ist außergewöhnlich klar, und in einem der Teiche sieht man ein **Steinrelief von Surya,** dem Sonnengott, das um das 12./13. Jh. entstanden sein muss. An den Teichen führt eine Treppe hoch zu einem Felsen, wo sich das Hauptheiligtum befindet, das Vishnu (Narayan) geweiht ist. Ein Relief zeigt den Gott in seiner Form als Zwerg Vamana, der später zum Riesen wurde und in drei gewaltigen Schritten die Erde abmaß.

An der Westseite von Pharping steht auf einem Hügel der buddhistische **Vajra-Yogini-Tempel,** ebenfalls aus dem 17. Jh. Irgendeine Art von Heiligtum muss sich aber auch hier schon vorher befunden haben, denn im 11. Jh. lebte an dieser Stelle der Weise *Pham-Thing-Pam,* ein Schüler des tibetischen Yogis *Narepa. Pham-Thing-Pam* wurde von seinem Lehrer in diverse Tantra-Techniken eingeführt, und auch zwei seiner Brüder widmeten sich hier tantrischen Studien. Der Ort wurde somit bald zu einer **buddhistischen Pilgerstätte.**

Der Tempel beherbergt eine **Figur der tantrischen Göttin Vajra Yogini,** der auch ein gleichnamiger Tempel bei Sankhu geweiht ist. Die Figur ist rot, eine ihrer Füße ruht auf Maheshvar, während der andere in die Luft zeigt. Dabei führt sie einen Becher in Form eines Totenschädels an ihre Lippen, und die andere Hand schwingt ein Messer – eine Göttin, mit der man sich besser nicht anlegt!

ktm047 Foto: rk

Ein von Hindus und Buddhisten gleichermaßen verehrtes Heiligtum befindet sich etwas weiter südwestlich. Die kleine **Gorakhnath-Höhle** ist nach dem Hindu-Heiligen Gorakhnath benannt, dessen angebliche Hand- und Fußabdrücke am Eingang zu sehen sind. Die buddhistischen Tibeter nennen sie **Asura-Höhle,** nach dem Dämon (*asura* = „Dämon"), der hier vom Boddhisattva Padmasambhava besiegt worden war. Um die Höhle sind Klostergebäude entstanden, aus denen nicht selten die sonore und faszinierende Musik tibetischer Instrumente tönt. Vom Hügel hinter den Gebäuden, wo auch eine Stupa zu finden ist, hat man einen hervorragenden Ausblick auf Pharping und das Kathmandu Valley, an klaren Tagen sogar bis zum Himalaya.

Unterkunft

- Das **Haatiban Resort** befindet sich einige Kilometer vor Pharping. Um hinzukommen, bedarf es eines etwa 2 km langen Trekks von der Hauptstraße aus. An der Abzweigung von der Hauptstraße befindet sich ein Parkplatz, an dem man sein Fahrzeug abstellen und sich von einem Jeep des Unternehmens abholen lassen kann. Das Resort liegt idyllisch in einem Pinienwald und bietet großartige, beinahe Rundum-Ausblicke auf das Kathmandu Valley. Komfortable Zimmer mit Bad und Balkon zu 66 und 77 US$ + 12% Steuer. Bei Buchung über Internet-Agenturen ergeben sich oft nennenswerte Rabatte. Insgesamt sehr empfehlenswert. Stadtbüro Tel. 01-4371397, 01-4371537, Fax 01-4371561.
- Ca. 2 km von Pharping entfernt, in Dollu, liegt das **Dakshinkali Hill Resort** mit gepflegten Cottages in einer netten Gartenanlage mit Swimmingpool. Zimmer ab 50 US$. Tel. 01-4710072, Fax 01-4710360, www.dakhillresort.com.

Anreise

- Von der City Bus Station in Kathmandu fahren alle halbe Stunde **Busse** der Linie 22 zu 16 Rs.; Fahrzeit ca. 1½ Std. Dienstags und samstags sind die Busse hoffnungslos überfüllt, da das Endziel der Busse der Dakshinkali-Tempel ist (s.u.).
- **Taxis** ab Kathmandu kosten laut Taxameter ca. 400 Rs. bis zum Shekh-Narayan-Tempel, ein wenig mehr nach Gorakhnath. Hin- und Rückfahrt mit 2 Std. Aufenthalt, in denen alles besichtigt werden kann, zu ca. 1000 Rs.

Dakshinkali

Der Tempel der Dakshinkali befindet sich in einer Schlucht zwischen zwei Felshügeln, am Zusammenfluss von zwei Flüssen. Das Gelände ist von Wald umgeben, und nicht wenige Besucher glauben, etwas „Unheimliches" in der Atmosphäre zu verspüren. Ganz abwegig wäre es nicht: Der Dakshinkali-Tempel ist der **Austragungsort eines blutigen Opferrituals,** bei dem für die Göttin Kali unkastrierte männliche Haustiere geschlachtet werden. Eine Steinfigur zeigt die Göttin, wie sie auf einem männlichen Wesen herumtrampelt. Die meisten Schlachtopfer sind glücklicherweise nur Gockel, obwohl einige ältere Einwohner sich daran erinnern wollen, dass vor Jahrzehnten hier noch legale Menschenopfer stattgefunden haben sollen. Auch heute noch soll es gelegentlich Menschenopfer in Nepal geben, in zahlreichen Dörfern kursieren Geschichten von urplötzlich verschwundenen Kindern, die nie wieder gesehen wurden.

Die meisten **Pilger** in Dakshinkali finden sich Samstag morgens ein, dann stehen Hunderte von Familien Schlange – einen Gockel unter dem Arm oder eine Ziege im Schlepptau – und warten, bis ihre Opfergabe an der Reihe ist. Die meisten bringen Hühner, denn nicht jeder kann sicht Teureres leisten. Ein Priester schneidet den Tieren die Kehle durch und lässt das Blut auf eine Kali-Figur träufeln. Der unmittelbare Opferbereich ist für Ausländer nicht zu betreten, aber auch von außen bekommt man einen guten Eindruck vom Geschehen. Der zweitwichtigste Opfertag ist der Dienstag, an dem weniger Pilger eintreffen.

Nach dem Opfer treten die Familien mit ihren toten Tieren den Heimweg an, um sie danach festlich zu verspeisen. Sie gelten nun als **Prasad,** d.h. als **„Geheiligte Speise",** da ja die Göttin davon gekostet und das Tier dadurch gesegnet hat. Manche Pilger veranstalten gleich ein Picknick in dem umliegenden Waldgelände und verzehren die Opfergabe an Ort und Stelle.

Am blutrünstigsten geht es an dem der Kali geweihten **Dasain-Fest** im Oktober zu, wenn auch größere Tiere wie Schafe, Schweine und Büffel geopfert werden.

Unterkunft

- Das **Dakshinkali Village Inn** liegt günstig gleich am Eingang zum Tempelbereich, hat nette, komfortable Bungalows mit Bad und einen hübschen Garten. Einzel 15 US$, Doppel 25 US$. Tel. 01-4710053, dik.winn@wlink.com.np.
- Das **Ashoka Resort** befindet sich ca. 200 m vom Haupttor entfernt, hat einen hübschen Garten, ein Restaurant mit indischer Küche und ein Café. Zimmer mit Bad 12 bis 20 US$. Das Gebäude selber sieht etwas einfallslos aus, weniger Beton hätte besser ins Umfeld gepasst. Tel. 01-290657.
- Weiterhin gibt es ein paar sehr einfache Zimmer im **Dakshinkali Fast Food & Lodge,** gelegen nahe dem Eingang. Ab 200 bis 300 Rs. Tel. 01- 4710041.

Anreise

- **Busse** ab der City Bus Station in Kathamdu (Linie 22) fahren etwa jede halbe Stunde direkt (18 Rs.). Dienstags und samstags sowie an anderen wichtigen Opfertagen im Hindu-Kalender fahren auch **Minibusse,** die sofort starten, wenn genug Passagiere an Bord sind (meist sind es mehr als genug ...).
- **Taxis** ab Kathmandu kosten ca. 450 Rs. nach Taxameter, Hin- und Rückfahrt plus 1 Std. Aufenthalt ca. 1000 Rs. Am Parkplatz vor dem Tempelgelände ist eine kleine Parkgebühr zu zahlen. Einfache Fahrten am besten nur samstags und dienstags unternehmen, da dann am ehesten Taxis für die Rückfahrt zu finden sind.
- **Mit dem Fahrrad** ist es eine interessante Strecke (21 km ab Kathmandu), die jedoch kontinuierlich bergauf führt. Ein Mountainbike und recht gute Kondition sind Voraussetzung.

Thankot – Mata Tirtha

Thankot, ca. 12 km westlich von Kathmandu am **Prithvi Highway** gelegen, ist der **westlichste Ort des Kathmandu Valley.** Kurz dahinter überquert die Straße einige schwindelerregende Bergpässe und führt dann – etwas weniger abenteuerlich – weiter nach Pokhara. Thankot wurde in der Malla-Epoche begründet, unter *Prithvi Narayan Shah* wurde hier ein Militärlager angelegt. Der Ortsname bedeutet des-

ktm046 Foto: rk

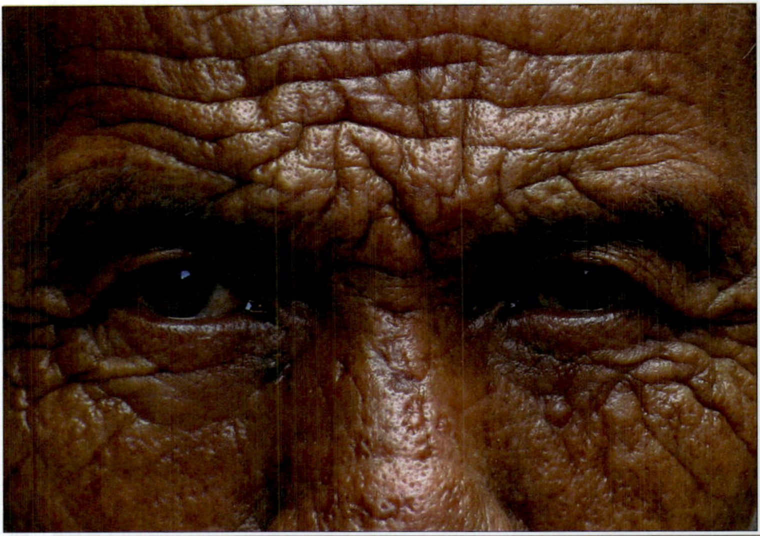

halb übersetzt etwa „Militärische Festung".

Am zentralen Platz von Thankot steht der zweigeschossige **Mahalakshmi-Tempel,** der an seinen Streben erotische Schnitzereien aufweist. Er ist Mahalakshmi, der Göttin des Wohlstands, geweiht, und jedes Jahr nach der Ernte im November wird ihr in einem ausgedehnten Fest gehuldigt. Dazu wird die Figur der Göttin unter allerlei Frohsinn und Ausgelassenheit in einer Prozession auf ihrer Khat oder Sänfte durch den Ort getragen. Begleitet wird sie von einer Ganesh-Figur, die auf einer separaten Sänfte thront. Mit den Feierlichkeiten wird um Mahalakshmis Segen für die eingefahrene Ernte gebeten, die sie beschützen möge. Gleichzeitig erhofft man sich eine günstige Ernte im folgenden Jahr.

Außer diesem Tempel gibt es in Thankot selber nicht viel zu sehen, bestenfalls noch das Mango-Frooty-Werk am Ostrand des Orts, das Nepal mit dem gleichnamigen Mangotrunk versorgt. Die ländliche und waldreiche Umgebung lädt aber zu **Wanderungen** ein. Direkt neben dem Polizeiposten zweigt links (von Kathmandu kommend) ein Weg ab und führt über eine kleine Ansiedlung durch einige malerische Felder. Ca. 2 km östlich von Thankot zweigt von der Hauptstraße ein Weg in Richtung Süden ab, der – leicht ansteigend – durch dörfliche Ansiedlungen und Felder führt. Nach einer halben Stunde erreicht man am

Fuße eines Berges das **Mata Tirtha,** wörtlich „Mutter-Heiligtum", ein aus Bergbächen gespeistes kleines Wasserbassin, in dem der Betrachter – so die Überlieferung – das Antlitz seiner verstorbenen Mutter erblicken kann.

Zur Zeit der legendären Gopala-Dynastie (*Gopala* – „Kuhhirte") vor etwa 2500 Jahren war der **Überlieferung** zufolge ein Kuhhirte, tief erschüttert vom Tod seiner Mutter, zu dieser Stelle gepilgert. Am Rand des Beckens betete er zum Geist seiner Mutter und opferte ihm eine Kugel aus gekochtem Reis. Plötzlich zeigte sich auf der Wasseroberfläche das Gesicht seiner Mutter, und eine Hand tauchte aus dem Wasser, die nach der Opfergabe griff.

Seither wird hier im April oder Mai die **Mata Tirtha Puja** abgehalten, eine Art Muttertag, an dem man den Seelen der verstorbenen Mütter huldigt. Dazu finden sich Hunderte oder Tausende von Pilgern ein, die zuvor in einem nahe gelegenen größeren Wasserbecken rituelle Bäder vollziehen. Das Fest wird deshalb auch Mata Tirtha Snan genannt, das „Bad am Mutter-Heiligtum".

Die Muttervisionen soll es heute allerdings aufgrund eines **Unglücks** kaum noch geben: Ein Mädchen hatte sich beim Anblick ihrer Mutter in das Becken gestürzt und war ertrunken. Daraufhin stellten die Mütter ihr posthumes Erscheinen ein.

An der Straße nach Pokhara, etwas westlich des Ortszentrums von Thankot, befindet sich der **Tribhuvan Memorial Park,** dessen Mittelpunkt eine Statue von König *Tribhuvan* bildet.

Anreise

- **Busse** nach Thankot fahren ab der City Bus Station in Kathmandu zu 10 Rs.
- Alle Busse, die das Kathmandu Valley in westlicher Richtung verlassen, müssen in Thankot an dem **Polizeiposten** halten, also alle Busse nach Pokhara, Gorkha, Mugling usw. Bei den Touristenbussen **nach Pokhara** kann man den Schaffner bitten, als Stehpassagier die paar Kilometer mitgenommen zu werden. Die Schaffner haben meist nichts dagegen, sich einige Rupien in die eigene Tasche dazuzuverdienen, das machen sie mit einheimischen Passagieren auch so. 10 bis 15 Rs. sind angemessen. Zur Rückfahrt frage man einfach bei jedem beliebigen Bus, der am Polizeiposten hält und weiter in Richtung Kathmandu fährt.
- **Taxis** ab Kathmandu kosten ca. 250 Rs. einfach, Hin- und Rückfahrt mit 2 Std. Aufenthalt ca. 700 Rs.

Pokhara

Vorbemerkung: Pokhara, 200 km westlich von Kathmandu gelegen, gehört zwar nicht zu dem in diesem Buch besprochenen Gebiet, soll aber trotzdem in Grundzügen vorgestellt werden, da es sich nach Kathmandu (Valley) um das zweitwichtigste touristische Zentrum Nepals handelt.

Überblick

Pokhara, der perfekte Gegensatz zur turbulenten Metropole, ist eine flächenmäßig weit ausgedehnte Stadt mit ca. **200.000 Einwohnern,** eingebettet in ein fruchtbares Tal. Von der Hektik Kathmandus ist hier nichts zu spüren, selbst im kleinen kommerziellem Zentrum der Stadt nicht. So **beschaulich** wie in Pokhara muss es in Kathmandu vor etlichen Jahrzehnten zugegangen sein.

Vor dem Bau der **Fernstraßen** nach Indien und des **Prithvi Highway** in den 1960er Jahren war Pokhara weitgehend von der Außenwelt abgeschnitten. Ältere Nepalesen können noch davon berichten, dass Reisen zwischen Kathmandu und Pokhara zu Fuß bewältigt werden mussten, was etwa eine Woche bis zehn Tage in Anspruch nahm – vorausgesetzt man kannte die richtigen Pfade und verirrte sich nicht.

1962 wurde eine **Flugverbindung** nach Kathmandu eingerichtet; die Flüge aber konnten sich fast nur ausländische Touristen leisten, und es fanden sich ganze 681 von ihnen ein. Was sie vorfanden, war ein echtes Abenteueridyll: Es gab keine Straßen, keinen Strom, nur drei bescheidene Hotels; auf die Einheimischen müssen die Fremden gewirkt haben wie Aliens von einem fernen Planeten. Heutzutage sind es in guten Jahren über 100.000 **Touristen,** die den Ort besuchen, nicht mitgerechnet die zahlreichen indischen Reisenden, die in den nepalesischen Statistiken gesondert behandelt werden.

Die relativ niedrige Lage Pokharas verursacht ein **wärmeres Klima** als im höher gelegenen Kathmandu, was man in den kühlen Wintermonaten als sehr angenehm empfindet. Die kühlsten Temperaturen im Dezember und Januar liegen um 7 Grad. Von April bis Juni kann es richtig heiß werden, mit Temperaturen bis zu 34 Grad.

Im Gegensatz zu Kathmandu bietet Pokhara kaum kulturelle, aber jede Menge **landschaftlicher Höhepunkte.** Der Ort befindet sich in 884 m Höhe inmitten eines 124 km² großen fruchtbaren Tals. Darin eingebettet liegen sieben Seen, davon drei größere. An der Westseite von Pokhara erstreckt sich das malerische Fewa Tal oder der Fewa Lake, eine der touristischen Hauptattraktionen der Region. Der Name Pokhara (sprich Pokhra) bedeutet nichts anderes als „See".

In der klaren Jahreszeit von Oktober bis März bietet Pokhara großartige Ausblicke auf das sich im Norden erhebende Annapurna-Massiv und, weiter westlich, das Dhaulagiri-Massiv. In den übrigen Monaten sind die **Berge** mehr oder weniger wolkenverhangen, und aus dem Fernblick wird nichts. Die besten Chancen bieten sich noch frühmorgens beim ersten Hahnenschrei.

Pokhara ist heute eine lebendige Stadt, die fünftgrößte Nepals. Die **Bevölkerung,** die sich seit dem Zensus von 1971 beinahe verzehnfacht hat, setzt sich aus mindestens zwei Dutzend Volksgruppen und Kasten zusammen. Darunter sind Brahmanen, Chetri, Newar, Magar, Thakali und Gurung. Die Thakali sind landesweit als Hoteliers bekannt und leiten auch in der Region von Pokhara zahlreiche gastronomische Betriebe. Aus den Gurung rekrutiert sich ein großer Teil der hoch angesehenen Gurkha-Regimenter. Viele pensionierte Ex-Gurkhas aus der Gruppe der Gurung betreiben inzwischen ganz friedlich Guest Houses, die sie sich mit ihrem gesparten Sold aufgebaut haben. Pokhara lebt ansonsten vornehmlich von der althergebrachten Landwirtschaft, auch wenn Handel und Industrie zunehmend an Bedeutung gewinnen.

Anreise

Nach Pokhara gelangt man **von Kathmandu** mit einer der zahlreichen Inlandsfluggesellschaften (Flugzeit 45 Min.) oder über den Prithvi Highway; hier sind die Alternativen ein gechartertes Taxi, ein spottbilliger staatlicher Bus, ein relativ bequemen Tourist Bus, oder – am empfehlenswertesten – der Luxury Bus (Green Line oder Golden Travels). Die Fahrzeit beträgt sechs bis sieben Stunden. Die Tickets sind in Reisebüros in Thamel, Kathmandu erhältlich.

Zur Orientierung

Pokhara ist überraschend lang gestreckt und besteht aus **drei** fast separaten, **sehr unterschiedlichen Stadtteilen:** Das Zentrum bildet das quirlige Marktviertel, lokal **Basar** genannt. Hier schlägt das ursprüngliche Herz Pokharas, ein geschäftiges Viertel mit zahlreichen Märkten und Läden. Im Vergleich zu ähnlichen Vierteln in Kathmandu wirkt es jedoch wohlhabender, sauberer und geordneter – mit anderen Worten: weniger chaotisch, aber auch farbloser. An der Südseite des Basars liegt der Busbahnhof, eine Art offenes Gelände, das genauso gut als rustikaler Fußballplatz oder Viehweide herhalten könnte.

Etwas weiter südwestlich befindet sich das **Flughafen-Viertel,** das aber bei weitem nicht so mondän erscheint, wie sein Name vermuten lassen könnte. Hier befinden sich lediglich der winzige Flughafen, ein paar Hotels und die Touristen-Information.

An der Westseite von Pokhara liegt der **Fewa Lake,** der an seinem südlichen Ende vom Pardi-Staudamm begrenzt wird. Das umliegende Viertel wird schlicht **Pardi Dam** genannt, hier befinden sich zahlreiche ruhig gelegene Unterkünfte.

Nördlich davon schließt sich **Baidam** an, das Haupttouristenviertel am Fewa Lake, mit zahllosen Unterkünften und Restaurants.

Entfernungen: Baidam – Basar 5 bis 6 km, Baidam – Flughafen 4 km, Baidam – Pardi Dam 1 bis 2,5 km (je nach Standort in Baidam).

Wichtige Stadtteile

Basar/Mahendrapul

Der geschäftsorientierte Stadtkern von Pokhara ist nicht anziehender als der vergleichbarer Städte, und so lohnt sich die Fahrt hierhin nur zum **Einkaufen** oder für den Gang zur Post. Das G.P.O. oder Hauptpostamt befindet sich an der Ecke Chiple Dhunga/ Mahendrapul. Das Viertel darum wird so auch Mahendrapul genannt, nach der Brücke, die nahebei über den Seti-Gandaki-Fluss führt. Ein wenig mehr Atmosphäre bieten die nördlich an den Basar angrenzenden Stadtteile, in denen noch viele alte Häuser zu sehen sind.

Pardi Dam

Hier beginnt das reizvolle, **malerische Pokhara:** Das Gebiet um den Pardi-Staudamm ist eine ruhige Wohngegend am Südende des Fewa Lake, in der sich zahlreiche pensionierte Gurkha-Soldaten angesiedelt haben. Von den Dachterrassen, die die Guest Houses obligatorisch bieten, ergeben sich hervorragende Ausblicke auf die Berge. Das Wohnen hier sei denjenigen empfohlen, die zwar touristischen Komfort, aber kein touristisches Treiben wie in Baidam wünschen.

Baidam/Fewa Lake

Die Ostseite des Fewa Lake ist Pokharas **touristisches Zentrum** mit Dutzenden von Hotels und Restaurants, die dicht beieinander liegen. Dazwischen finden sich zahlreiche Fahrradverleiher und einige kleine Buchläden. Dieser „Tourismus-Gürtel" erstreckt sich über eine Länge von ca. 3 km, die meisten touristischen Einrichtungen befinden sich direkt an der Straße, die am Seeufer entlangführt. Trotz allem Trubel ist dies immer noch die **schönste Gegend von Pokhara,** die Aussicht auf die Berge ist überwältigend (Oktober bis März!), und der See bietet sich für ausgedehnte Ruderausflüge an. In der Regenzeit sollte man vorsichtig sein: Wenn der Regen hereinbricht, kann es auf dem See sehr stürmisch werden, und es bilden sich gefährliche Strudel. Etwa auf halber Höhe des Sees befindet sich der Royal Palace, ein alter Königspalast, der sich allerdings nur durch eine hässliche graue Mauer auszeichnet.

Der **Fewa Lake** ist ca. 4 km^2 groß und wird vom Harpa Khola gespeist. Seine Entstehung wird von einer Legende beschrieben: Eines Tages besuchte ein Gott unverhofft ein Dorf, das sich an der Stelle des heutigen Sees befand. Um die Bewohner auf die Probe zu stellen, hatte er sich eine Verkleidung zugelegt und zog nun von Tür zu Tür und bat um Speise und Obdach. Niemand gewährte es ihm, bis er schließlich auf ein gastfreundliches Ehepaar traf, das ihn zu sich einlud. Am nächsten Morgen brach der Gott auf und riet dem Ehepaar, das so hartherzige Dorf zu verlassen und sich in die Berge zu begeben. Als die beiden in sicherer Entfernung waren, ließ

Statue von Prithvi Narayan, dem „Vater der Nation"

der Gott eine Flut über das Dorf hereinbrechen, das so von der Landkarte verschwand – und der Fewa Lake war entstanden.

Ausflüge in die Umgebung

Mahendra Cave (Mahendra Gufa)

Etwa 7 km nördlich von Pokhara liegt in der Ortschaft **Batulechaur** die Mahendra Cave, eine gut begehbare Kalksteinhöhle. Der lokale Name lautete ursprünglich Chamero Odar, „Fledermaushöhle", nach einem Besuch Königs *Mahendras* wurde sie jedoch ihm zu Ehren umbenannt. In der Höhle befinden sich einige Stalaktiten und Stalagmiten, ohne Taschenlampe kann man aber nicht viel sehen.

Sarangkot

Der Ausflug nach Sarangkot ist wahrscheinlich der meistabsolvierte, denn die Gegend ist wunderschön, und von dem Ort (1592 m) hat man eine **gute Aussicht** auf den Fewa Lake und den Himalaya, besonders bei Sonnenaufgang. Sarangkot liegt ca. 9 km westlich von Pokhara, eine nicht asphaltierte, halbwegs gute Straße windet sich den Berg hinauf, endet jedoch schon vor dem Gipfel. Dieser ist dann noch einige hundert Meter Fußweg entfernt.

In Sarangkot ist die **Unterkaste der Chetri** beheimatet, der Lamichhane Thapa, die mittlerweile aber über das ganze Land verteilt leben. Einmal im Jahr kommen sie hier zur **Kulian Puja**

ktm103 Foto: ms

ktm102 Foto: rk

Pokhara und Umgebung:
ein landschaftliches Highlight

zusammen, einem „Ahnenfest", und zelebrieren ihre gemeinsame Herkunft. Im Ort finden sich noch die Überreste einer Festung aus dem 18. Jahrhundert.

Wer nicht schon frühmorgens in Pokhara aufbrechen will, um den Sonnenaufgang in Sarangkot zu erleben, findet einige einfache **Lodges** zur Übernachtung: Didi Lodge, New Tourist Lodge, Restaurant Sarangkot, Trekking Lodge, View Top Restaurant & Lodge etc. Wer hier nicht übernachtet, sollte zumindest relativ früh erscheinen (am besten vor 9 Uhr), weil am späteren Morgen oft Wolken aufziehen und es keine Fernsicht mehr gibt.

Kahun Danda

Etwa 4 km nordöstlich des Basar-Viertels findet sich dieser 1560 m hohe **Bergrücken** (= *danda*), auf dem ein Aussichtsturm errichtet wurde. Der Fußweg dorthin ist eine gute Möglichkeit für potenzielle Trekker, sich ein wenig warm zu laufen.

Rupa Tal und Begnas Tal

Diese beiden **Seen** (= *tal*) 17 km östlich von Pokhara sind nach dem Fewa Lake die größten Seen des Tales. Von Touristen werden sie aber kaum besucht, eher von einheimischen Ausflüglern. Am Begnas-Tal können Boote ausgeliehen werden, und die Umgebung beider Seen eignet sich vorzüglich für Wanderungen.

Trekking in der Umgebung

Naudanda

Naudanda befindet sich in 1463 m Höhe auf dem Rücken des Kaski-Massivs, und der Weg dorthin bildet die erste Etappe auf dem **Jomson-Muktinath-Trek.** Ab dem Shining Hospital am Nordrand Pokharas fahren Jeeps nach **Suikhet,** von wo man Naudanda in ca. 3 Std. erreicht. Wer den ganzen Weg trekken will, geht vom Shining Hospital über die tibetische Siedlung Hyangja nach Suikhet (ca. 2 Std.) und dann nach Naudanda; Gesamtzeit also ca. 5 Std. Im Ort finden sich einfache Herbergen und Restaurants sowie ein Markt. Seit dem Bau der Pokhara-Baglung-Straße ist Naudanda auch mit einem Fahrzeug zu erreichen.

Ghachowk

Ebenfalls in Hyangja beginnt der **2-Tage-Trek** (hin und zurück) nach Ghachowk (1341 m), eine der ältesten Siedlungen der Pokhara-Region, von wo man den Machhapuchre aus der Nähe betrachten kann. Entfernung ab Pokhara ca. 24 km. Von Hyangja führt die Route über Mardi Lahanchowk, Listi Khola, Tallo Ghachowk („Unteres Ghachowk") nach Uppalo Ghachowk („Oberes Ghachowk").

Annapurna Base Camp

Von Suikhet (s.o.) führt die Route zum Ort **Dhampus** auf dem gegenüber gelegenen Bergkamm. Von dort aus sind es vier Tage bis **Chamrong** (2000 m), über Landrung und Gandrung. Von Chamrong sind es weitere zwei bis drei Tage. In Chamrong bietet sich die letzte Möglichkeit, Proviant einzukaufen – zwar gibt es am Base Camp Teehäuser, es besteht jedoch keine Gewähr, dass sie auch geöffnet sind!

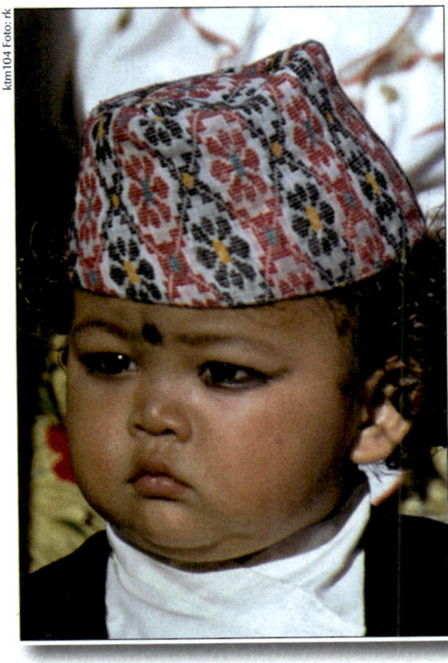
ktm104 Foto: rk

Topi: die Kopfbedeckung nepalesischer Buben und Männer

ktm055 Foto: rk

Anhang

ktm056 Foto: rk

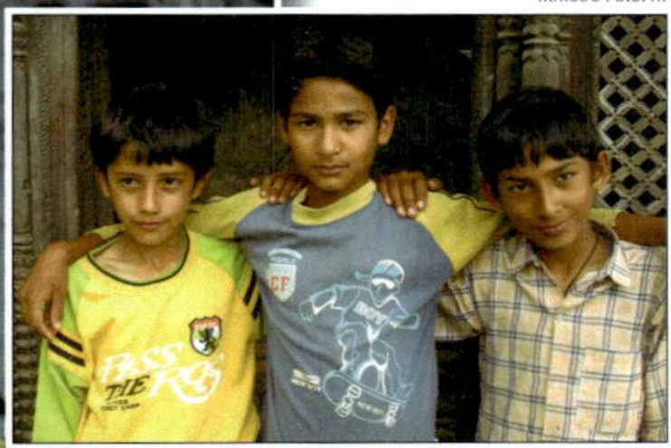

ktm057 Foto: rk

„Wedding-Mercedes“

Jungs in Panauti

Shiva-Lingams in Budhanilakantha

Websites

● **www.asien-feste.de/index.html**
Schön gestaltete Website mit einer Übersicht über Feste in Nepal, Indien und anderen asiatischen Ländern, mit aktueller Terminangabe.

● **www.auswaertiges-amt.de/diplo/de/Laenderinformationen/Nepal/Sicherheitshinweise.html**
Reise- und Sicherheitshinweise des deutschen Auswärtigen Amtes.

● **www.cpnm.org**
Die Homepage der (Maoistisch-)Kommunistischen Partei Nepals, der gegenwärtigen Regierungspartei – rote Propaganda unter Bildnissen von *Mao, Marx* und *Lenin*.

● **www.dach-der-welt.de**
Deutschsprachiges Nepal-Forum, Landesinformationen und Berichte.

● **http://dsal.uchicago.edu/dictionaries/schmidt/**
Online-Wörterbuch Englisch-Nepalesisch; die nepalesischen Vokabeln sind in Devanagari, aber auch in lateinischer Umschrift wiedergegeben.

● **www.freunde-nepals.de**
Homepage der Freunde Nepals e.V., einer Vereinigung zur Förderung der deutsch-nepalesischen Beziehungen, die u.a. karitative Projekte initiiert.

● **www.jwajalapa.com**
Informationen über die Newar-Kultur des Kathmandu Valley.

● **www.kathmandu.diplo.de**
Die Homepage der deutschen Botschaft in Kathmandu.

● **www.kathmandu.gov.np**
Informationen über Kathmandu von der Stadtverwaltung.

● **www.nepalboard.de**
Deutschsprachiges Internetforum zu Nepal.

● **www.nepalgov.gov.np**
Die Homepage der nepalesischen Regierung, mit Links zu allen Ressorts.

● **www.nepalforum.de**
Nepal- und Trekking-Forum (deutsch).

● **www.nepalhomepage.com/dictionary/**
Online-Wörterbuch Englisch-Nepali; die nepalesischen Vokabeln sind allerdings im Devanagari-Alphabet geschrieben.

● **www.nepalresearch.org**
Interessante Artikelsammlung zu verschiedenen Themen, von der Lage der Menschenrechte in Nepal bis zu Medien, Natur und Gesundheitswesen.

● **www.oanda.com/convert/classic/**
Die Wechselkurse aller wichtigen Währungen der Welt.

● **www.timeanddate.com/worldclock/city.html?n=117**
Wetterbericht und Wettervorhersage zu Kathmandu und die lokale Uhrzeit.

● **www.tourism.gov.np/**
Die Homepage des Ministeriums für Tourismus und Luftfahrt, mit Landesinformationen, Adressen und sogar einer Sektion über Flugzeugunfälle in Nepal.

● **www.travelblog.org/Asia/Nepal/Kathmandu**
Reise-Blogs über Kathmandu und Nepal-Forum.

● **www.un.org.np**
Seite der UN zu Nepal mit Nachrichten, Pressemitteilungen, Studien, Berichten (u.a. zur Sicherheitslage), thematischen Karten usw.

● **www.who.int/countries/npl/en/**
Informationen der Weltgesundheitsbehörde über Nepal.

Glossar

Acharya – Sanskrit für „Lehrmeister" oder „Professor"; häufig ein Ehrentitel, der dem Namen von Gelehrten beigefügt wird.

Adi Buddha – Der „Urbuddha", der sich selbst geschaffen und auch die fünf Dhyani Buddhas (⇗) hervorgebracht hat.

Akshobhya – Der Dhyani Buddha (⇗), der die Himmelsrichtung Osten repräsentiert und dessen Reittier ein Elefant ist.

Amitabha – Der Dhyani Buddha (⇗), der die Himmelsrichtung Westen repräsentiert, meist zusammen mit seinem Reittier, einem Pfau, dargestellt.

Annapurna – Sanskrit für „die Essensreiche"; gemeint ist die hinduistische Göttin des Überflusses und Wohlstandes, eine Verkörperung der Glücksgöttin Lakshmi; Annapurna ist gleichzeitig der Name eines der höchs-

ten Berge (8091 m) des Himalaya und gilt vielen Nepalesen als heilig.
Asarh/Asadh – Der dritte Monat des nepalesischen Jahres (Juni/Juli).
Ashoka – Indischer Herrscher (269 bis 233 v.Chr.) der Maurya-Dynastie und unermüdlicher Verfechter des Buddhismus; er sandte Missionare aus, die die Religion über den indischen Subkontinent und auch darüber hinaus verbreiteten, und pilgerte selbst im Jahre 249 v.Chr. nach Lumbini, dem Geburtsort Buddhas. Umstritten ist, ob er tatsächlich auch das Kathmandu Valley besuchte und dort – wie überliefert – zahlreiche religiöse Bauten stiftete.
Ashta Matrika – Die „Acht Muttergottheiten".
Ashta Nag – Die „Acht Schlangengötter", die die Elemente beherrschen.
Aushadheshwara – Der „Gott der Heilkräuter", eine Bezeichnung für Shiva in seiner Eigenschaft als Schutzpatron der traditionellen Medizin.
Avalokiteshvara/Awalokiteshwara – Der Bodhisattva (↗) des gegenwärtigen Zeitalters und im Mahayana-Buddhismus (↗) der Gott der Barmherzigkeit; in Nepal wird er oft unter dem Namen Machhendranath verehrt.
Avatar – Die auf der Erde lebende Inkarnation einer Gottheit.
Ayurveda, ayurvedisch – Sanskrit für „Wissenschaft vom langen Leben"; traditionelle indische Heilkunde, in der nur pflanzliche und mineralische Mittel verwendet werden. Ayurvedische Präparate sind heute noch überall auf dem indischen Subkontinent erhältlich; Nepal exportiert große Mengen ayurvedischer Heilkräuter.

Baba – Nepali/Hindi für „Vater", „Väterchen"; häufig die Bezeichnung für Einsiedler, Yogis u.Ä.
Bahal – Buddhistische, meist zweistöckige Klosteranlage, die um einen Innenhof herum gebaut ist.
Bahil – Eine einfachere und kleinere Version des Bahal.
Bajra/Vajra – Sanksrit für „Donnerkeil" oder „Blitz", ein an buddhistischen Tempeln angebrachter symbolischer Donnerkeil, ein Sinnbild für Macht.
Balkumari – Eine der Gemahlinnen des Bhairav (↗).
Betel – Gemisch aus klein gehackten Areca-Nüssen *(Areca catechu)*, Kalk und verschiedenen Gewürzen, die in ein Blatt des Betel *(Piper betle)*, einer Kletterpflanze, gerollt und gekaut werden. Je nach Mischung entsteht eine leicht berauschende, belebende oder verdauungsfördernde Wirkung; regelmäßiger Gebrauch führt zur Zerstörung des Gebisses, in Einzelfällen auch zu Lippen- oder Gaumenkrebs.
Bhaat/Bhat – Nepali für „gekochter Reis"; das Standard-Gericht Nepals; die Bedeutung dieses Grundnahrungsmittels zeigt sich u.a. im Vorhandensein verschiedener Vokabeln für Reis, je nachdem ob es sich um Reis handelt, der auf dem Feld steht *(Dhan)*, rohe Reiskörner *(Chawal)* oder gekochten Reis.
Bhadgaon – Ein anderer Name für Bhaktapur, eine der wichtigsten Städte des Kathmandu Valley. Der Name wird in westlichen Reiseführern häufig falsch mit „Dorf des Reis" übersetzt, in Wirklichkeit bedeutet er jedoch „Dorf der Bhadra Kali" (↗).
Bhadra Kali – Eine tantrische Göttin, die als Gemahlin von Shiva angesehen wird.
Bhagavad Gita – Sanskrit für „Das göttliche Lied", der zentrale Teil der Mahabharata (↗), in dem Krishna seinen Kampfgefährten und Schüler Arjuna unterweist.
Bhagwan – Sanskrit für „Gott"; in seine Bestandteile zerlegt, bedeutet es exakt: „Der, der am Segen teilhat" *(bhaga-van)*, und der gleichzeitig auch Segen weitergibt.
Bhairav/Bhairab – Die furchterregende Form von Shiva, in der er in Nepal häufig verehrt wird.
Bhang – Stark berauschendes Getränk aus der Cannabis-Pflanze (*Cannabis sativa;* Hanf, Marihuana) und einigen anderen Zutaten; wird besonders zu Holi getrunken, dem hinduistischen Frühlingsfest.
Bhatti/Bhati – Einfache Herberge oder Teehaus, vornehmlich in Westnepal.
Bhimsen – Eine Gottheit und Verkörperung von Kraft und Mut.
Bhote – Nepalesische, oft herablassende Bezeichnung für Bergbewohner oder Tibeter.
Bhot – Die kargen Hochsteppen nahe der Grenze zu Tibet.

Bodhi, Bo – Der Pipal-Baum *(Ficus religiosus),* unter dem Buddha angeblich seine Erleuchtung erlangte, und in dem nach hinduistischer Auffassung die Trimurti, die hinduistische Dreifaltigkeit aus Brahma, Vishnu und Shiva, wohnt.

Bodhisativa – Begriff aus dem Mahayana-Buddhismus (↗); er bezeichnet ein erleuchtetes Wesen, das, statt endgültig ins Nirvana (↗) überzugehen, auf der Erde bleibt, um anderen zur Erlösung zu verhelfen.

Bon – Eine vorbuddhistische tibetanische Religion mit starken animistischen und magischen Elementen.

Bonpo – Anhänger des Bon-Glaubens.

Brahma – Der Schöpfergott der Hindus, dem im Gegensatz zu allen anderen Gottheiten aber kaum ein Tempel geweiht ist; als Grund dafür gilt die Heirat Brahmas mit seiner Tochter Saraswati (↗), durch die er sich versündigt habe. Das Reittier Brahmas ist ein Schwan, mit dem er oft zusammen dargestellt wird.

Brahmanen – Die oberste Kaste (↗) des Hinduismus, deren Mitglieder in der Vergangenheit zahlreiche Privilegien genossen, da sie als der „Kopf" der Gesellschaft angesehen wurden. Sie umfasste die Priester und Gelehrten, sozusagen die intellektuelle Elite der Gesellschaft.

Brahmanismus – Der Vorläufer des Hinduismus; von zahlreichen magischen Riten durchsetzte Religion.

Buddha – Sanskrit für „der Erleuchtete"; Ehrentitel des Gautama Siddharta. Dieser wurde 543 v.Chr. oder früher (das Datum ist umstritten) als Sohn des Königs von Kapilavastu in Lumbini geboren; nach einem Leben der Entsagung und Meditation wurde ihm, unter einem Pipal-Baum sitzend, die Erleuchtung zuteil.

Chaitra – Der zwölfte und letzte Monat des nepalesischen Kalenders (März/April).

Chaitya – Eine kleine Stupa, in deren Innerem sich ein Götterbildnis oder eine buddhistische Reliquie befindet.

Chakra – Eine Art Scheibe oder Diskus, einer der vier Gegenstände, die Vishnu (↗) in den Händen hält.

Chang – Tibetanisches Reisbier aus fermentiertem Hopfen, Roggen, Mais oder Hirse.

Chapati – Rundes, dünnes Fladenbrot.

Charas – Nepali/Hindi für „Haschisch"; Nepal gilt als der Produzent einer der potentesten Sorten dieses (auch in Nepal verbotenen) Rauschmittels.

Chaturmukha – Sanskrit für „der Viergesichtige", ein Shiva Lingam (↗) mit vier daran angebrachten Gesichtern Shivas.

Chautara – Steinplattform, die um den Stamm schattiger Bäume angelegt ist und Ruhezwecken dient.

Chetri/Chhetri – Die zweithöchste Kaste (↗) des Hinduismus (die der Krieger). Die Sanskritbezeichnung und die heute in den meisten Teilen des indischen Subkontinents verbreitete lautet Kshatriya.

Chhura – Zerstampfter Reis.

Chirag – Öllampe, die zu zeremoniellen Zwecken benutzt wird.

Chitrakar – Sanskrit für „Bildermacher"; Bezeichnung einer Künstler- und Handwerkerkaste im Kathmandu Valley.

Chitwan National Park – Mit einer Fläche von 932 km² eines der größten Dschungelgebiete des Landes. So wie in diesem Nationalpark hatte es vor den Massenrodungen in den 1960er Jahren in den meisten Teilen des Terai ausgesehen. 1973 wurde das Gebiet von Chitwan unter Naturschutz gestellt. Nach dem Kathmandu Valley und Pokhara ist der Chitwan-Park die drittwichtigste Touristenattraktion des Landes. Die Besucher finden Grasland, Sümpfe und dichten Dschungel vor. Letzterer wird häufig von den imposanten, 30 bis 40 m hohen Sal-Bäumen dominiert. Gelegentlich werden Tiger oder Leoparden gesichtet; der Höhepunkt für die meisten Besucher ist aber eine Elefanten-Safari, bei der man mit Nashörnern konfrontiert wird. Angeboten werden auch Kanufahrten. Die meisten preiswerten Unterkünfte finden sich im Dorf Sauraha am Rande des Parks; einige sehr teure Unterkünfte, die zumeist von Package-Touristen angesteuert werden, liegen mitten im Park. Anreise nach Sauraha über den Ort Tadi Bazar am Mahendra Rajmarg nahe der Stadt Narayanghat (13 km). Der nächstgelegene Flughafen befindet sich in der Zwillingsstadt Bharatpur-Narayanghat.

Chiya – Nepali für „Tee".
Chorten – In den Hochlagen die Bezeichnung für einen kleinen buddhistischen Schrein.
Chowk – Die englische Schreibweise für Chauk, das Nepali-Wort für einen „Platz" oder „Hof".
Chura – Farbiger Armreif, der nur von verheirateten Hindu-Frauen getragen und im Falle des Todes des Mannes zerschlagen wird.
Churante – Verkäufer(in) von Chura (↗).

Dahi – Nepali für „Joghurt".
Dal – Linsenbrei aus gelben oder schwarzen Linsen, eines der nepalesischen Standardgerichte.
Dalai Lama – Das spirituelle Oberhaupt des tibetanischen Buddhismus, aufgrund religiöser Verfolgung in Tibet heute ansässig in Dharamshala, Nordindien.
Darbar – Siehe Durbar.
Dattatraya/Dattatreya – Relativ wenig verehrte Göttergestalt, eine gemeinsame Inkarnation von Brahma, Vishnu und Shiva.
Deva/Dev – Sanskrit für „Gott", abgeleitet von *div*, „leuchten".
Deval – Nepali für „Tempel".
Devanagari – Schrift, in der Sanskrit, Nepali, Hindi und Marathi (Lokalsprache des indischen Bundesstaates Maharashtra) geschrieben werden. Zahlreiche andere Alphabete sind vom Devanagari abgeleitet, so z.B. das Thai-Alphabet, das kambodschanische und das laotische.
Devghat – Heiliger Ort 8 km nördlich von Narayanghat am Zusammenfluss zweier Flüsse in wunderschöner und waldreicher Landschaft. Der Ort zieht zahlreiche Pilger an, und am Flussufer lebt der eine oder andere verehrte Sadhu oder Einsiedler. Zu Magh Sankranti (14. Jan.) findet die Devghat Mela statt, das wichtigste hinduistische Badefest Nepals.
Devi – Sanskrit für „Göttin"; in Nepal ist es oft die Kurzbezeichnung für Mahadevi, das weibliche Pendant zu Shiva.
Dharamshala – Eine Pilgerherberge an religiösen Stätten, die zur kostenlosen Übernachtung zur Verfügung steht.
Dharma – Nicht leicht übertragbarer Sanskrit-Begriff, der etwa „religiöses Gesetz" bedeutet, im weiteren Sinne aber auch „Religion"; Buddhisten verwenden oft die Pali-Version des Begriffs, Dhamma.
Dhoka – Nepali für „Tor", „Pforte".
Dhoti – Von Männern getragenes indisches Wickelgewand; in Nepal ist „Dhoti" auch die abfällige Bezeichnung für einen Nordinder.
Dhvaja/Dhwaja – Bedeutet im Sanskrit „Fahne"; ein Metallstreifen, der von Tempelspitzen herabhängt und über den die Götter zwischen Himmel und Erde hin- und herwandern können.
Dhyana – Sanskrit für „Meditation".
Dhyani Buddhas – Die vom Adi Buddha (↗) geschaffenen fünf Dhyani Buddhas sind die Schöpfer des Universums in verschiedenen Zeitaltern; der Erschaffer der gegenwärtigen Epoche ist der Amitabha Buddha.
Diwali – Das hinduistische „Fest der Lichter", im Kathmandu Valley auch Tihar genannt.
Doko – Von Lastenträgern oder Bauern getragener Korb, der oft mit einem Stirnband an den Kopf gebunden wird.
Dorje – Siehe Bajra/Vajra.
Durbar – Englische Schreibweise von Darbar, „Königshof", „Palast".
Durga – Ein anderer Name für Kali (↗), die Göttin der Zerstörung; Shivas Gemahlin.
Dvarapala/Dwarapala – Sanskrit für „Türwächter"; Figuren, die Tempeleingänge bewachen.
Dzopkyo – Kreuzung zwischen einem Yak und einer Kuh.
Dzu-Tch – In der Sherpa-Mythologie ein Yetiähnliches Wesen von riesenhafter Gestalt, das sich an Viehherden schadlos hält.

Ekamukha – Sanskrit für „der Eingesichtige"; Bezeichnung für einen Shiva Lingam (↗), an dem ein (statt mehrerer) Gesicht Shivas angebracht ist.
Ek – Nepali für „Eins" und ein Symbol für die Einheit aller Lebensformen.
Everest – Der Everest oder Mount („Berg") Everest ist mit 8848 m der höchste Berg der Welt und wurde nach einem gewissen George Everest benannt, seines Zeichens Generalkartograf von Indien. Die Nepalesen bezeichnen den Berg jedoch als Sagarmatha, „Der Kopf des Meeres".

Falgun/Phalgun – Der elfte Monat des nepalesischen Kalenders (Februar/März).

Gaine – Trad. Straßenmusikant oder -sänger.
Ganesh – Der elefantenköpfige Sohn von Shiva und Parvati, der als Beseitiger von Hindernissen und Garant für Glück verehrt wird.
Ganja – Die Stängel und Blätter der Cannabis-Pflanze *(Cannabis sativa)*, die geraucht, gegessen oder in Getränken genossen Rauschzustände erzeugen; Marihuana.
Garuda – Mystisches Fabelwesen, halb Mensch, halb Adler, das Reittier Vishnus; knieende Figuren von Garudas finden sich vor allen Vishnu-Tempeln.
Gautama Siddharta – Der Geburtsname des Buddha (↗).
Gelugpa – Die sogenannte „Gelbmützen"-Sekte des Buddhismus.
Ghanta – Symbolische Glocke an Tempeln, die als das weibliche Gegenstück zum Bajra/Vajra bzw. Dorje (↗) gilt.
Ghat – Nepali für „Ufer" oder auch „ Ufertreppen".
Ghazal – Lied, inbrünstig vorgetragen.
Ghi – Geklärte Butter, der besondere Reinheit zugesprochen wird; englisch: ghee.
Go-Mata – Sanskrit für „Mutter Kuh", eine respektvolle Anrede für dieses so nützliche Tier.
Gompa/Gumba – Kloster des tibetanischen Buddhismus.
Gopal/Gopala – Sanskrit für „Kuhhirte", ein anderer Name für Krishna.
Gopis – „Kuhhirtinnen" oder „Milchmädchen", gleichzeitig die Gespielinnen Krishnas, mit denen sich der Gott vergnügt haben soll – mit bis zu 16.000 zur gleichen Zeit!
Gorakhnath – Yogi des 11. Jh., der den Kult der Kanphata-Yogis (↗) gründete und als Schutzpatron Nepals angesehen wird.
Gorkhali – Die Bewohner der Stadt Gorkha.
Gos – Alte indische Längeneinheit, die angeblich die Hörweite des Blökens einer Kuh umfasst; verschiedenen vagen Quellen gemäß zwischen 3,3 und 10 Meilen.
Gurkhas – Nepalesische Soldaten, benannt nach der Stadt Gorkha, deren Truppen 1768 Nepal vereinten. Die meisten Gorkhas verdingen sich als Söldner hauptsächlich in der indischen und der britischen Armee; Letztere baut ihre Gurkha-Regimenter derzeit jedoch drastisch ab. Entgegen einem weit verbreiteten Irrtum gehören die Gurkhas nicht einer homogenen Volksgruppe an, sondern setzen sich aus Mitgliedern der verschiedensten Bergvölker zusammen.
Guru – Sanskrit für einen „Lehrmeister", womit meistens ein spiritueller Lehrer gemeint ist, oft aber auch ein Lehrer in künstlerischen Sparten wie Musik, Tanz, Malerei o.Ä. Verschiedenen Interpretationen nach bedeutet der Begriff „Der, der von Dunkelheit zum Licht führt" oder aber „Der Gewichtige".
Gurung – Bergvolk aus der Region um Gorkha und Pokhara, das einen hohen Anteil der Gurkhas (↗) stellt.
Hanuman – Der Affengott und Held des Epos Ramayana (↗), der als Sinnbild von Kraft und Ausdauer gilt; aus diesem Grunde ist er ein beliebter Gott der Soldaten, und Hanuman-Schreine oder -Figuren waren stets fester Bestandteil von Forts oder anderen militärischen Anlagen.

Harmika – Das Augenpaar, das an Stupas angebracht ist und den allsehenden Buddha repräsentiert.
Himal – Von Sanskrit hima, „Schnee", ein schneebedecktes Bergmassiv.
Hinayana – Das „Kleine Fahrzeug", ein Zweig des Buddhismus, dessen Ideal die persönliche Erleuchtung und Erlösung von Leiden ist. Siehe auch unter Mahayana.
Hiti – Wassertank, der aus (oft kunstvoll gefertigten) Wasserhähnen gespeist wird.
Holi – Hinduistisches Frühlingsfest.
Hookah – Englische Schreibweise für die Huka, eine Wasserpfeife zum Rauchen von Tabak oder berauschenderen Substanzen.

Indra – Die Hauptgottheit des vorhinduistischen Brahmanismus und Gott des Regens.
Inkarnation – „Verkörperung" oder „Fleischwerdung"; nach hinduistischer und buddhistischer Auffassung werden alle Wesen, die noch nicht die Vollkommenheit erlangt haben, nach ihrem Tod in einem neuen Körper wiedergeboren. Die Art und Weise dieser Inkarnation hängt vom individuellen Karma (↗) ab.

Jag – Bezeichnung für die Fundamente von Tempeln, wörtlich etwa „Erwachen".

Jagannath – Vishnu in seiner Form als „Herr der Welt" (Jagannath) und die Grundlage der englischen Vokabel Juggernaut („Moloch", „Götze").

Jahnkrismus – Trad. Kult mit ausgeprägten animistischen und okkulten Elementen.

Janakpur – Stadt mit ca. 90.000 Einw. im Terai nahe der indischen Grenze. Der Legende nach ist Janakpur der Geburtsort der Göttin Sita, einer der wichtigsten Figuren des Hindu-Epos Ramayana, und somit ist die Stadt eines des prominentesten Pilgerziele Nepals. Sie beherbergt zahlreiche heilige Badetanks und Tempel. Allen voran steht der überwältigende, im Mogul-Stil errichtete Janaki-Tempel, erbaut 1911 von der Maharani von Tikamagarh (Indien). Der Tempel soll genau an der Stelle stehen, an der die Göttin Sita in einer Erdscholle „geboren" wurde (Janaki = Sita). Eine weitere Besonderheit Janakpurs ist die Janakpur Railway, die einzige Bahnlinie Nepals, die hier ihren Ausgang nimmt. Die Bahnstrecke ist nur 51 km lang und führt zum indischen Ort Jaynagar. Touristen dürfen die Grenze allerdings nicht überqueren. Janakpur ist die interessanteste Stadt des Terai und sollte bei einem längeren Aufenthalt in Nepal nicht ausgelassen werden. Anreise ab Kathmandu per Flugzeug oder Bus.

Jatra – Religiöses Fest.

Jeshth – Der zweite Monat des nepalesischen Kalenders (Mai/Juni).

Jhankri – Schamane oder Zauberer

Kailash Parbat/Mount Kailash – Heiliger Berg in Tibet, nahe der nepalesischen Grenze, der als Wohnsitz Shivas betrachtet wird und so ein wichtiges Pilgerziel darstellt.

Kalasha – Wassergefäß, das häufig an Tempeln angebracht ist.

Kali – Die Göttin der Zerstörung, eine andere Form von Durga (↗); Kali wird jeweils schwarz dargestellt, mit einer Vielzahl von Armen, in denen sie bedrohliche Waffen schwingt. In früheren Jahrhunderten wurden Kali oder einer ihrer Manifestationen häufig Menschenopfer dargebracht – heute nur noch in (illegalen) Ausnahmefällen. Im Normalfall begnügt man sich mit Tieropfern.

Kanphata-Yogis – Wörtlich „Spaltohr-Yogis", da diese mit einem großen Ohrring ausgestattet waren, der ihre Ohren fast auseinanderriss. Die Kanphatas folgten oft bizarren tantrischen (↗) Ritualen, die ihnen ermöglichen sollten, Herrschaft über die Elemente zu erlangen.

Karma – Sanskrit für „das Getane"; der Begriff bezeichnet den Verdienst bzw. die Schuld, die Lebewesen in ihren vergangenen Inkarnationen (↗) angehäuft haben und die ihre zukünftigen Existenzen bestimmen. In der Philosophie des Karma werden gute Taten durch ein gutes Schicksal vergolten, schlechte durch ein schlechtes.

Kartik – Der siebente Monat des nepalesischen Kalenders (Oktober/November).

Kaste, Kastensystem – Das Wort Kaste stammt vom portugiesischen casta und bedeutet „Gruppe", „Familie" oder „Clan". Die hinduistische Gesellschaft ist traditionell in eine Vielzahl unterschiedlicher Kasten oder sozialer Gruppen unterteilt, deren Rechtfertigung aus dem Gesetz des Karma (↗) bezogen wird: Jemand, der sich ein gutes Karma geschaffen hat, wird demzufolge in einer höheren, privilegierteren Kaste wiedergeboren, jemand mit schlechtem Karma in einer niederen Kaste oder gar als „Kastenloser" (↗). Wie in der Rig Veda (ca. 1500 v.Chr.) angedeutet, war das Kastensystem von seinem Ursprung her ein System der Arbeitsteilung; dieses verfestigte sich im Laufe der Zeit zu einem erblichen Klassensystem, in dem niemand die Grenze der Kaste, in die er hineingeboren war, überschreiten konnte. Ehen wurden und werden zum größten Teil nur innerhalb der eigenen Kaste geschlossen. Die vier Hauptkasten sind die Brahmanen (Priester, Gelehrte), die Kshatriya, in Nepal Chetri genannt (Krieger, Soldaten), die Vaishya (Händler, Kaufleute, Bauern) und die Shudra (Arbeiter); diese unterteilen sich noch in ein unüberschaubares System von Unterkasten, deren Zahl und Art regional variiert. Erkennbar ist die Kastenzugehörigkeit in vielen Fällen am Namen, meist jedoch nur innerhalb eines regionalen Kulturkreises: Ein Nepalese könnte am Namen eines Tamilen kaum dessen Kastenzugehörigkeit identifizieren und umgekehrt.

Kastenlose – Außerhalb des hinduistischen Kastensystems (↗) angesiedelte gesellschaftliche Gruppe, die in früheren Jahrhunderten mit dem unschönen Namen Acchut, „Unberührbare", bezeichnet wurden. Den Kastenlosen fielen traditionell nur niedere, „unreine" Arbeiten zu (z.B. die Verarbeitung toter Tiere, Reinigungsaufgaben etc.), und sie waren von der besseren Gesellschaft dermaßen gemieden, dass selbst der auf einen Brahmanen (↗) fallende Schatten eines Unberührbaren jenen spirituell „verunreinigte". Die Stellung der Kastenlosen hat sich sehr verbessert, in Indien werden aber gelegentlich noch Kastenlose, die ihre Grenzen unstatthaft überschreiten (z.B. durch Heiraten oder Affären mit Höherkastigen), Opfer von Lynchjustiz.

Khat – Eine Art zeremonielle Sänfte, auf der Götterfiguren während Prozessionen getragen werden.

Khola – Nepali für „Fluss".

Khukri – Das legendäre Messer der Gurkhas (↗), lang, leicht geschwungen und gelegentlich mit Götterbildnissen verziert. Ursprünglich war es eine Art Sichel, mit der Unterholz und Sträucher geschnitten wurden. Heute gilt es als die „Nationalwaffe" Nepals.

Kinkinimala – Reihen von kleinen Glocken an Tempeldächern.

Kot – Nepali für „Fort"; häufiger Bestandteil von Ortsnamen, siehe Nagarkot, Thankot, Tiraulakot u.v.a.

Krishna – Die zentrale Gottheit der Bhagavad Gita (↗) und die achte Inkarnation Vishnus; in der Ikonografie wird Krishna gern als tollendes, verspieltes Kind oder flötenspielender Kuhhirte dargestellt.

Kshatriya – Siehe Chetri.

Kubera – Der Gott des Reichtums.

Kumari – Sanskrit für „Jungfrau"; im Kathmandu Valley wird jeweils ein durch esoterische Methoden ausgewähltes Mädchen, die Kumari, als Inkarnation der Göttin Kali betrachtet. Ihr gottgleicher Status gilt aber nur solange, bis sie den ersten Blutstropfen verloren hat (sei es durch Menstruation oder aus anderen Gründen), danach wird eine Nachfolgerin erkoren.

Kund/Kunda – Nepali/Sanskrit für einen größeren Badebereich, oft an religiösen Bauten angelegt.

La – Ein (Berg-)Pass.

Lakshmi – Die Göttin für Glück und Wohlstand, meist in einer Lotusblume stehend dargestellt, mit zwei Elefanten an den Seiten, die sie mit Wasser besprühen.

Lali Gurans/Laligurans – Rhododendronart, Nepals „Nationalblume".

Lama – Priester oder Mönch des tibetanischen Buddhismus.

Ling/Linga/Lingam – Das phallische Symbol Shivas, das in einer Yoni (↗) stehend dargestellt wird, dem sinnbildlichen weiblichen Geschlechtsteil und Symbol weiblicher Energie. Nepals bekanntester Lingam ist der von Pashupatinath.

Lokeshwara/Lokeshvara – Der „Gott der Welt", in hinduistischer Auffassung eine Inkarnation Shivas, für Buddhisten eine Verkörperung Awalokiteshwaras (↗).

Lumbini – Der Geburtsort Buddhas, er liegt ca. 20 km westlich der Stadt Bhairawa im Terai. Das spirituelle Zentrum des Ortes ist die Ashoka-Säule, die im Jahr 249 v.Chr. von König Ashoka errichtet wurde und die Stelle markiert, an der Buddha („Der Erleuchtete") – mit richtigem Namen Siddhartha Gautama – geboren wurde. Gleich daneben befindet sich der Maya-Devi-Tempel, der der Mutter Buddhas geweiht ist. Dazu finden sich einige Ruinen auf dem umliegenden parkähnlichen Gelände sowie Klosterbauten neueren Datums. Lumbini ist der Zielort zahlreicher Pilger aus buddhistischen Ländern. Anreise von Kathmandu mit dem Bus oder Flugzeug. Der nächstgelegene Flughafen befindet sich in Bhairawa.

Machhendranath – Schutzpatron des Kathmandu Valley und Herr über Regen und Wohlstand.

Magh – Der zehnte Monat des nepalesischen Kalenders (Januar/Februar).

Mahabharata – Wichtiges Hindu-Epos, das auch die Bhagavad Gita (↗) umfasst.

Mahadev – Wörtlich „Der große Gott", ein anderer Name für Shiva.

Mahakal/Mahakala – Shiva in seiner Form als der Gott des Todes.

Maharaja – Sanskrit für „Großer König", zusammengesetzt aus Maha („groß") und Raja („König"), letzteres abgeleitet von Sanskrit raj, „glänzen".

Maharishi – Populäre, aber grammatisch falsche Sanskritbezeichnung für einen „großen Weisen“; die nach den Sanskrit-Regeln korrekte Form lautet Maharshi.
Mahayana – Das „Große Fahrzeug“, Zweig des Buddhismus, der sein Ziel im Lindern des Leids aller Kreaturen sieht, nicht wie der Hinayana („Kleines Fahrzeug“) in der Erlangung der eigenen Erlösung.
Maithuna – Darstellung eines Geschlechtsaktes, zu sehen an zahlreichen Tempeln.
Maitreya – Ein Buddha, der in Zukunft das Licht der Welt erblicken wird.
Makara – Mystisches Krokodil, das oft auf Toranas (↗) abgebildet ist.
Malla-Dynastle – Dynastie der Malla-Könige des Kathmandu Valley (13. bis 18. Jh.), unter denen eine Vielzahl von religiösen als auch säkulären Bauten entstand.
Mandala – Mystisches Diagramm aus hinduistischer oder buddhistischer Tradition, das der Meditation dient.
Mandap – Schrein oder Plattform an Tempeln, meistens ohne Dach.
Mandir – Nepali für „Tempel“.
Manjushri – Göttergestalt, die mit ihrem Schwert einen Einschnitt in die Berge um das Kathmandu Valley schlug und so den dort einst vorhandenen See abfließen ließ; wird oft auch als Gott des Lernens dargestellt.
Mantra – Mit spiritueller Energie behaftete mystische Silben, Worte oder Formeln, die zu Gebets- oder Meditationszwecken rezitiert werden.
Marga – Der achte Monat des nepalesischen Kalenders (November/Dezember).
Marwari – Händler-Kaste aus der Gegend von Marwar, Rajasthan (Indien), die auch in Nepal zunehmend an Einfluss gewinnt. Zahlreiche Mitglieder der Kaste haben sich in Kathmandu niedergelassen, wo sie diverse Geschäfte betreiben. Aufgrund der ihnen unterstellten Verschlagenheit in Geschäftsangelegenheiten und ihres angeblich sprichwörtlichen Geizes sind sie nicht überall gut angesehen. Im Volksmund ist der Begriff Marwari daher gleichbedeutend mit „Geizhals“!
Math – Das Wohnhaus eines Priesters.
Maya – Begriff aus der Hindu-Philosophie, der die sichtbare Welt bezeichnet, die vom spirituellen Blickwinkel aus aber als „Illusion“ oder „Täuschung“ angesehen wird. Das Wort stammt von der Sanskrit-Wurzel ma, „messen“, und umfasst somit die gesamte messbare und erfassbare Welt, im Gegensatz zur spirituellen.
Mela – Jahrmarkt, oft in Verbindung mit religiösen Feierlichkeiten.
Moksha – Das hinduistische Pendant zum buddhistischen Nirvana (↗), die Erlösung aus der Welt des Leidens.
Momos – Art tibetanische Fleischklöße.
Mount Kailash – siehe Kailash Parbat.
Mudra – Symbolische Handgeste oder Körperstellung, die oft an Götterdarstellungen zu sehen ist.

Nag/Naga – Einer der acht Schlangengötter, die das Element Wasser beherrschen.
Nagin/Nagini – Schlangengattin.
Namaskar – Gleichbedeutend mit Namasté (↗); wörtlich übersetzt: „Ich grüße den Gott in dir“.
Namasté – Die nepalesische (und indische) Allzweck-Begrüßungs- und Abschiedsformel; frei zu übersetzen mit „Guten Tag“, „Seien Sie mir gegrüßt“ etc., aber auch „Auf Wiedersehen“ u.Ä.
Nandi – Ein Bulle, das Reittier Shivas; als solcher wird er an Shiva-Tempeln in demütig knieender Stellung dargestellt, wobei er immer in Richtung des Allerheiligsten blickt.
Narasinha/Narsingh – In seiner korrekten Sanskritform Narasinha geschrieben, ist dies Vishnus Inkarnation als zur einen Hälfte Mensch (Nara = „Mann“, „Mensch“) und zur anderen Löwe (Sinha).
Narayan – Die in Nepal meist verehrte Form von Vishnu (↗); der Name bedeutet verschiedenen Interpretationen zufolge „Der, der auf dem Wasser schwimmt“ (eine Anspielung auf Vishnus schlafenden Zustand am Grunde des Ur-Ozeans), bzw. „Sohn des Nara, erster der Menschen“.
Newar – Im Kathmandu beheimatete Volksgruppe, die als die „Urbevölkerung“ des Kathmandu Valley betrachtet wird.
Newari – Die Sprache der Newar (↗), die etwa von 3% der nepalesischen Bevölkerung gesprochen wird.
Nirvana – Sanskrit für „Nichts weht mehr“, ein Zustand „positiver Leere“ und die Auflö-

sung des Ichs; das höchste spirituelle Ziel der Buddhisten, das durch einen rechten Lebensweg und Meditation erreicht werden kann.
Nriteshwar – Shiva in seiner Form als „Gott des Tanzes".

Padma – Die Lotusblume.
Panchayat – Wörtlich „Fünferrat", ehemals ein Verwaltungssystem mit auf lokaler, regionaler und nationaler Ebene gewählten Mitgliedern; nachdem den Panchayats Korruption vorgeworfen und sie als ein Werkzeug einer undemokratischen Monarchie betrachtet wurden, gelang es der Demokratie-Bewegung von 1990, das Ende des Panchayat-Systems zu erzwingen.
Pandit – Ein hinduistischer Schriftgelehrter.
Parvati – Hinduistische Göttin und Gemahlin Shivas.
Pashupati – Wörtlich „Der Herr der Tiere", Shiva in seiner Form als Beherrscher aller Kreaturen. Der ihm geweihte Tempel Pashupatinath ist Nepals wichtigstes Pilgerziel.
Pataka – Siehe Dhvaja/Dhwaja.
Pipal-Baum – Lat. *Ficus religiosa;* als heilig verehrter Baum, unter dem Buddha seine Erleuchtung erlangt haben soll; auch Bodhi oder Bo genannt.
Pokhri/Pokhari – Ein Badeteich.
Prasad – Rituelle Nahrung, die Götterfiguren dargeboten wird und von der die Gottheit symbolisch isst; danach wird sie unter den Gläubigen verteilt und gegessen.
Puja – Hinduistische Gebetszeremonie.
Pujari – Ein Hindupriester.

Raja – Sanskrit für „König"; siehe auch unter Maharaja.
Raksi – Weit verbreiteter Reisschnaps.
Ramayana – Diese „Romanze des Rama" ist das verbreitetste Hindu-Epos, das in leicht abgewandelten Versionen auch in Thailand, Laos, Malaysia und Indonesien weitererzählt wurde und wird. Die Ramayana erzählt vom Gottkönig Rama und seiner getreuen Ehefrau Sita, die vom Dämon Rawana nach Lanka (Sri Lanka) entführt, mit Hilfe des Affengottes Hanuman (↗) und des Garuda (↗) aber auch wieder befreit wird.
Rana-Dynastie – Erbfolge von sogenannten „Premierministern", die von 1841 bis 1951 über Nepal herrschten.
Rath – Zeremonieller Prozessionswagen, jeweils mit einer Götterfigur darauf.
Riksha/Rikshaw – Meist von einem Fahrrad gezogenes Vehikel zur Personenbeförderung, daher auch „Fahrrad-Riksha" genannt; durch laufende Menschen gezogene Rikshas gibt es auf dem indischen Subkontinent nur noch in Kalkutta.
Rimpoche – Abt in tibetanischem Kloster.
Rudra – Der vedische Gott des Blitzes und eine Art Vorläufer Shivas.
Rudraksha – Samenkern eines Baumes der Gattung *Elaeocarpus,* dem spirituelle Eigenschaften sowie eine Beziehung zu Shiva nachgesagt wird. Das Wort bedeutet soviel wie „Auge des Rudra", wobei Rudra eine andere Form von Shiva ist. Die Rudraksha-Samen weisen Furchen, die sogenannten Mukh oder „Gesichter", auf, und je weniger Furchen, desto seltener und teurer ist das betreffende Exemplar.

Sagarmatha – Siehe Everest.
Sal-Baum – Lat. *Shorea robusta;* stark vertreten in den niederen Hügelgebieten und dem Terai; das Holz des Baumes ist extrem robust (vgl. den lateinischen Namen!) und findet häufig zu Bauzwecken Verwendung.
Sangam – Der Zusammenfluss zweier oder mehrerer heiliger Flüsse, dem eine besondere Verehrung dargebracht wird.
Sankha – Die Muschel, die Vishnu in der Hand hält; eines seiner vier Symbole.
Sanskrit – Heute „tote" Sprache, die sowohl die Grundlage aller nordindischen Sprachen (inkl. Nepali) als auch der meisten europäischen Sprachen (außer Baskisch, Finnisch, Ungarisch, Estnisch, Türkisch) darstellt. Seine Blütezeit erlebte das Sanskrit um 400 v.Chr. Alle wichtigen Hindu-Schriften sind in Sanskrit verfasst. Sanskrit bedeutet übersetzt etwa „perfektioniert", und tatsächlich ist die Sprache extrem ausgefeilt und exakt, zur gleichen Zeit aber auch doppeldeutig, vielschichtig und interpretationsabhängig. Um zu überleben, war sie damit aber wohl zu kompliziert und wird heute bestenfalls noch von einigen Priestern oder Universitätskoryphäen be-

herrscht. Sanskrit-Elemente finden sich noch im Latein, Altgriechischen, Thai, Kambodschanischen, Malaiischen sowie einer Reihe anderer Sprachen.

Sanyasin – Hindu-Asket, jemand, der sich von der Welt ab- und dem religiösen Leben zugewandt hat; der Sanskritbegriff bedeutet, in seine Einzelteile (san-ny-asin) zerlegt, etwa „Jemand, der nieder- und zusammengeworfen hat", womit alle weltlichen Werte gemeint sind.

Sarangi – Wörtlich „Die Hundertfarbige", eine kleine viersaitige Fiedel, häufig von den Gaine (↗) gespielt.

Saraswati – Die hinduistische Göttin des Lernens und Schutzpatronin von Kunst, Musik und Sprache; wird mit einer Vina (einem Saiteninstrument) und einem Buch in der Hand dargestellt, begleitet von einem Schwan.

Satal – Eine Pilgerunterkunft.

Sati – Die unglückselige Sitte der Witwenverbrennung, die vor allem durch Bemühungen der englischen Kolonialmacht in Indien eingedämmt wurde; nach dem Tod ihres Mannes hatte die Hindu-Witwe die Wahl zwischen einem Leben als sozial Ausgestoßene und dem Freitod auf dem Scheiterhaufen ihres Mannes. Frauen, die sich auf diese Art verbrennen ließen, galten posthum als Inkarnation der Göttin Sati-Savitri. In Nepal werden derartige Fälle heute nicht mehr registriert, in Indien kommen sie jedoch bisweilen noch vor.

Shakti – Sanskrit für „spirituelle Kraft" oder „Energie", aber auch Bezeichnung für den weiblichen Aspekt von göttlicher Allmacht, oft dargestellt als Shivas weibliches Gegenstück.

Shakya-Dynastie – Herrschergeschlecht eines kleineren Königreiches um Kapilavastu, dem heutigen Tiraulakot (nahe Bhairawa), das ca. vom 8. Jh. v.Chr. bis zum 2. Jh. n.Chr. existierte und dem auch Buddha (↗) angehörte.

Shalagrama – In Flüssen gefundener Ammonit oder auch Basaltsteine, die vom Wasser in eine ovale oder runde Form geschliffen wurden und als eine Repräsentation Vishnus gelten. Besonders auffällige Shalagrama konnten in früheren Jahrhunderten astronomische Preise erzielen, und gelegentlich wurden Shalagrama in kostspieligen Zeremonien mit Tulsi-Pflanzen *(Ocimum sanctum)* „verheiratet", die als Manifestation von Lakshmi, Vishnus Frau, angesehen werden.

Shikhara – Quadratischer Steintempel mit hohem, schlankem Turm darauf.

Shiva – Der hinduistische Gott der Zerstörung und Erneuerung; wird mit einem aufgetürmten Haarknoten dargestellt, aus dem der Ganges entspringt; um seinen Hals rankt sich eine Kobra, in der Hand hält er einen Dreizack, den Trishul. Wie alle Götter taucht auch Shiva (wörtl. „Der Gesegnete") unter zahllosen anderen Namen auf, so Mahadeva und Maheshvara (jeweils „Großer Gott"), Pashupati („Herr der Tiere"), Nilakantha („Blaukehle"), Nataraja („König des Tanzes") u.v.a. In der Form des Nataraja tanzt Shiva am Ende des Weltenzyklus den Tandava, den Tanz der Vernichtung. In der Mahabharata werden 1000 verschiedene Namen Shivas erwähnt.

Shrawan – Der vierte Monat des nepalesischen Kalenders (Juli/August).

Shreshta – Wörtlich „Der Beste", Kastenbezeichnung und Nachname der Newar (↗).

Shudra – Die unterste Kaste (↗) der hinduistischen Gesellschaft.

Sita – Hinduistische Göttin und Gemahlin Ramas; der Überlieferung nach ist sie die Tochter der Erde und wurde in einer Ackerfurche im heutigen Janakpur geboren. Aufgrund ihrer ehelichen Treue zu Rama gilt sie als Idealbild der Hindu-Frau.

Stupa – Glockenförmige Kuppel, die meist über geheiligte, buddhistische Reliquien gebaut wurde.

Surya – Der hinduistische Sonnengott.

Tabla – Kleine traditionelle Handtrommel.

Taleju/Taleju Bhavani – Ursprünglich südindische Göttin, eine Inkarnation von Durga oder Kali (↗); die Hausgöttin der Malla-Dynastie von Kathmandu.

Tantra, tantrisch – Esoterische Form von Buddhismus oder Hinduismus mit zahlreichen magischen Elementen.

Thakali – Volksgruppe aus dem Gebiet des Kali-Gandaki-Tales, die sich größtenteils dem Gastronomie-Gewerbe (kleine Guest Houses, Restaurants) verschrieben hat.

Thangka – Tibetanisches Stoffgemälde, hauptsächlich mit Motiven von Mandalas (↗) und tantrischen (↗) Gottheiten.
Tihar – Im Kathmandu Valley Bezeichnung für das hinduistische „Fest der Lichter".
Tika – Rote Sandelholz- oder andere Paste, die von Hindus auf die Stirn aufgetragen wird, etwas über der Nasenwurzel, wo das mystische „Dritte Auge" vermutet wird; dient als Symbol des Göttlichen.
Tilak – Streifen aus einer roten Paste, die sich die Anhänger bestimmter Gottheiten auf die Stirn malen; die Anhänger Shivas, die Shivaiten, tragen drei waagerechte Streifen, die Anhänger Vishnus, die Vaishnaviten, drei senkrechte Streifen.
Tola – Gewichtseinheit, ca. 11,664 g.
Tol/Tole – Straße, Straßenblock oder Platz.
Topi – Nepali für „Kappe" oder „Mütze"; die bunte oder einfarbige Kappe der nepalesischen Männer.
Torana – Halbkreisförmiger, metallener Portalaufsatz an Tempeln, der zumeist mit filigran gearbeiteten Figuren oder auch Mustern versehen ist.
Trishul – Der Dreizack Shivas.
Tsampa – Getreidebrei mit Milch, Tee oder Wasser, Standardgericht der Bergbewohner.

Uma – „Göttin der Morgenröte", Form von Parvati, der Gemahlin Shivas.
Unberührbare – Siehe Kastenlose.

Vahana – Sanskrit für „Fahrzeug", „Vehikel"; bezeichnet die Reittiere der Gottheiten, z.B. Shivas Nandi-Bullen, Vishnus Garuda, Ganeshs Ratte etc.
Vaishya – Die dritthöchste Kaste (↗) der hinduistischen Gesellschaft.
Vaitarani – Mystischer Fluss, angefüllt mit Schmutz und Fäkalien, den es nach dem Tod auf der Reise in das Totenreich des Gottes Yama zu überqueren gilt.
Vajra – Siehe Bajra.
Vajra Yogini – Tantrische Göttin.
Vamana – Auch Vikranta genannt; Vishnus Inkarnation als Zwerg, der später aber so groß wurde, dass er das Universum in drei Schritten abschreiten konnte.
Varahi – Vishnu in seiner Inkarnation als Wildschwein.
Veden – Von Sanskrit Veda, „die Erteilung des Wissens"; die frühesten hinduistischen Texte, verfasst im 2. Jahrtausend v.Chr. Das deutsche Wort „Wissenschaft" ist ethymologisch mit dem Begriff Veda verwandt.
Vihara – Buddhistische Klosteranlage, die auch einen Bahal oder Bahil (↗) umfasst.
Vikrantha – Siehe Vamana.
Vishnu – Einer der drei Hauptgötter des Hinduismus und Erhalter des Universums; in Nepal hauptsächlich als Narayan (↗) verehrt, in Indien als Krishna oder Rama, die beide Inkarnationen Vishnus darstellen.

Yak – Last- und Nutztier aus der Büffel-Familie, dessen optimaler Lebensraum Höhen von 3000 bis 7000 m sind. Sehr begehrt bei Bergvölkern ist die Yak-Milch, die einen doppelt so hohen Fettgehalt aufweist wie Milch von Tieren aus dem Flachland. Der wilde Vorfahre des Yaks, der tibetanische Drong, ist fast ausgestorben.
Yama – Der hinduistische Totengott.
Yeh-Tch – Die Sherpa-Bezeichnung für einen Yeti (↗), übersetzt etwa „der Mann aus den felsigen Gebieten".
Yeti – Der mystische „Schneemensch", der durch Bergsteigergeschichten und die nepalesische Folklore geistert, für dessen Existenz es jedoch keine Beweise gibt.
Yoga – Ein System von Körper- und Meditationsübungen, die das Göttliche im Praktizierenden wecken sollen. Es gibt allerdings eine Reihe verschiedener Yoga-Zweige, die zwar das gleiche Ziel verfolgen, sich aber unterschiedlicher Methoden bedienen. Das Wort Yoga ist ethymologisch mit dem deutschen „Joch" verwandt und deutet darauf hin, dass Körper und Geist „unterjocht" oder diszipliniert werden sollen.
Yogi – Jemand, der Yoga (↗) praktiziert.
Yogini – Das weibliche Pendant zum Yogi.
Yoni – Symbol des weiblichen Geschlechtsteils und weiblicher Energie; wird meist mit einem Lingam (↗) darin dargestellt.

Sprachhilfe Nepali

Aussprache

Das Nepali benutzt bekanntlich nicht die lateinische Schrift, sondern das Devanagari. Die Buchstaben in der üblichen lateinischen Umschrift, die auch in diesem Buch verwendet wird, spricht man im großen und ganzen wie im Deutschen aus, auch die Doppelbuchstaben. Man beachte jedoch folgende Besonderheiten:

aa	wie das lang gezogene deutsche a in Nase; z.B.: *aamaa* = Mutter
a	wie das kurze, dumpfe o in Ross; z.B.: *kalam* = Bleistift, Kugelschreiber
o	lang gezogen, wie in Oma, Motor
oi	deutsches „eu"; z.B.: *hoina* = nein
kh	beide Laute sind hörbar, werden aber als einer gesprochen; an ein k wird ein weiches h angehängt; z.B.: *khaanaa* = Essen
ch	wie tsch in „Matsch"; z.B.: *chaang* = Nepal-Bier
chh	tsch und h (zwei Silben); z.B.: *maachhaa* = Fisch
y	wie j in Jäger, z.B.: *yo* = dies
j	wie dsch in Dschungel; z.B.: *raajaa* = König
kk	kurzes k, wie in Jacke; z.B.: *chakku* = Messer
ph	wie f; z.B.: *phuul* = Blume
s	immer „scharf" (stimmlos); z.B.: *sisi* = Flasche
sh	scharfes s und deutliches h; z.B.: *aashaa* = Hoffnung

Wichtige Begriffe und Redewendungen

Guten Morgen/ Tag/Abend! Seien Sie gegrüßt! Auf Wiedersehen!	**Namasté**
Okay! Alles klar!	**Thiik tscho!**
Was gibt's Neues?	**Ke khabar tscho?**
Entschuldigen Sie!	**Maaph garnus!**
Mein Name ist	**Mero naam ho**
Wie heißen Sie?	**Aaphuko naam ke ho?**
Wo befindet sich?	**kaahaa chhaa?**
Wie heißt das?	**Naam ke ho?**
groß	**thulo, baraa**
klein	**tschhoto**
schön	**sundar**
hässlich	**kurupii**
gut	**raamro**
schlecht	**buro**
teuer	**mahango**
billig	**sasto**
Hotel	**hotel**
Zimmer	**kothaa**
Schlüssel	**tschaabii**
Geld	**rupiyaa**
Preis	**mol, daam**
Rechnung	**hisaap**
essen	**khaanu**
trinken	**piunu**
hungrig	**bhoko**
durstig	**piyaaso**
links	**bauñ**
rechts	**daahiino**
geradeaus	**siidhaa**
Ja!	**An! Jyu! Ho!**
Nein!	**Na! Nahiiñ!**
Mann	**maantschhe, maanis, purusch**
Frau	**naarii, strii**
Kind	**baalakha, naanii**
Stadt	**sahar**
Haus	**ghar, grihe**
Straße	**sadak**

Zahlen

0	**sunne**	8	**aath**
1	**ek**	9	**nau**
2	**dui**	10	**das**
3	**tiin**	100	**sai/sahe**
4	**tschhaar**	1.000	**hajaar**
5	**paañtschh**	10.000	**das hajaar**
6	**tschha**	100.000	**laakh**
7	**saat**		

Literaturtipps

• *Amatya, Saphalya:* **Art and Culture of Nepal,** Nirala Publications, Jaipur/New Delhi. Ein guter allgemeiner Überblick über die nepalesische Kultur, mit Kapiteln zu Architektur, Kunsthandwerk, Tanz u.a.

• *Anderson, Mary M.:* **The Festivals of Nepal,** Rupa & Co., Calcutta/Allahabad/Bombay/ Delhi. Eine sehr ausführliche Zusammenstellung aller nepalesischen Feste, samt ihren Ursprüngen und der Beschreibung, wie sie gefeiert werden. Da in Nepal fast immer gerade ein Fest ansteht, ein sehr nützliches Buch.

• *Bernier, Ronald M.:* **The Temples of Nepal,** S. Chand & Company, New Delhi. Für diejenigen, die sich genauer mit der nepalesischen Tempelarchitektur befassen wollen. Detaillierte Erklärungen zu den wichtigsten religiösen Bauten des Kathmandu Valley sowie eine allgemeine Einführung in die nepalesische Architektur.

• *Bista, Dor Bahadur:* **People of Nepal;** Ratna Pustak Bhandar. Eine Beschreibung der wichtigsten nepalesischen Volksgruppen, ihrer Lebensweisen, Riten etc. Sehr empfehlenswert zum Beispiel auch für Trekker, die mehr über die von ihnen durchkreuzten Gebiete und deren Bewohner erfahren wollen.

• *Chaudhuri, Nirad C.:* **Hinduism;** Oxford University Press. Eine scharfsinnige und unsentimentale Analyse des Hinduismus; der Autor, ein notorischer Querdenker, ist aufgrund seiner oft sehr kritischen und zynischen Art in seiner indischen Heimat nicht unumstritten, und einige seiner Bücher waren zeitweise verboten.

• *Choegyal, Lisa & Potton, Craig & Rana, Gautam SJB:* **Kathmandu Valley Style;** Serindia Publications, Chicago. Großartiger Fotoband, in dem die Innenarchitektur vieler bekannter und unbekannter Gebäude präsentiert wird (mit erläuternden Texten).

• *Donner, Wolf:* **Nepal;** Beck'sche Reihe, Verlag C.H. Beck, München. Landeskundlicher, informativer kleiner Band, gut geeignet als Einstiegshilfe in nepalesische Kultur, Geschichte, Wirtschaft u.v.m.

• *Dubois, Abbé J.A.:* **Leben und Riten der Inder** (im Original: Hindu Manners, Customs and Ceremonies); REISE KNOW-HOW Verlag. Die erstmals auf Deutsch erschienenen Aufzeichnungen eines französischen Priesters, der 1792–1831 in Indien lebte. Das Buch gibt einen unübertroffenen Einblick in das Leben, die Denkweise und Rituale der Hindus, die sich zum Teil bis heute nicht verändert haben. Ein absoluter Klassiker.

• *Egerton, Wilbrahim:* **An Illustrated Handbook of Indian Arms and those of Nepal, Burma, Thailand and Malaysia;** White Orchid Press, Bangkok. Die Neuauflage eines Buches von 1880, das sich in erster Linie mit den Waffen des indischen Subkontinents und Südostasiens befasst, aber gleichzeitig auch einen Einblick in die militärische Geschichte des Subkontinents verschafft.

• *Goodman, Jim:* **Kathmandu;** The Times Travel Library, Times Editions, Singapore. Eine gute Einführung für Besucher des Kathmandu Valley, mit schönen Fotos, aber ohne praktische Reisehinweise.

• *Harrer, Heinrich:* **Die Götter sollen siegen – Wiedersehen mit Nepal;** Ullstein Verlag, Berlin.

• *Hillary, Sir Edmund:* **Ich stand auf dem Everest – Meine Erstbesteigung mit Sherpa Tensing;** Verlag F. A. Brockhaus, Wiesbaden. Die Geschichte der historischen Everest-Erstbesteigung.

• *Jha, P.K.:* **Environment & Man,** Know Nepal. Series No. 5; erschienen bei Craftsman Press in Bangkok, erhältlich in Buchgeschäften in Kathmandu und Bangkok.

• *Kirkpatrick, William:* **An Account of the Kingdom of Nepaul;** Asian Educational Services, New Delhi. Eine der ersten europäischen Reisebeschreibungen von Nepal, aufgezeichnet von einem britischen Colonel im Jahr 1792.

• *Le Bon, Gustave:* **Voyage to Nepal;** White Orchid Press, Bangkok. Die Neuauflage eines Nepal-Klassikers aus dem Jahr 1883; der Autor, ein französischer Archäologe, beschreibt in kurzen, prägnanten Kapiteln das Nepal seiner Zeit, unterlegt mit vielen interessanten Zeichnungen.

• *Majupuria, Trilok Chandra and Indra:* **Erotic Themes of Nepal;** S. Devi, Lashkar (Gwalior), Indien. Die Autoren, ein nepalesisches Dozentenpaar der Universität von Kirtipur, haben einen großen Fundus von Literatur über ihr Land veröffentlicht. Dieses Buch durchleuchtet die erotische Kunst Nepals und deren religiöse Hintergründe.

• *Majupuria Trilok Chandra and Indra:* **Glimpses of Nepal;** S. Devi, Lashkar (Gwalior), Indien. Recht ausführliche Beschreibungen der wichtigsten Sehenswürdigkeiten Nepals, mit Schwerpunkt auf dem Kathmandu Valley.

• *Majupuria Trilok Chandra and Indra:* **The Complete Guide to Nepal;** M.D. Gupta, Lashkar (Gwalior), Indien. Eine Menge allgemeine Informationen zu Nepal und insofern ein brauchbares Nachschlagewerk, aber kein Reiseführer im praktischen Sinne, wie der Titel glauben machen könnte.

• *Majupuria, Trilok Chandra and Joshi D.P.:* **Religious & Useful Plants of Nepal & India;** M. Gupta, Lashkar (Gwalior), Indien. Eine ausführliche Beschreibung der bei religiösen Ritualen verwendeten Pflanzen und Kräuter.

• *Messner Reinhold:* **Bergvölker im Himalaya;** Verlagsanstalt Athesia, Bozen.

• *Mishra, Hemanta and Jeffries, Margaret:* **Royal Chitwan National Park – Wildlife Heritage of Nepal;** The Mountaineers, Seattle. Ein sehr gutes Handbuch für Besucher des Chitwan-Parks, mit vielen Informationen zu dessen Flora und Fauna, aber auch zu der am Rande des Parks lebenden Volksgruppe der Tharu.

• *Rau, Heimo:* **Nepal;** Verlag W. Kohlhammer, Stuttgart. Informativer Kunstreiseführer, aber nicht zur Reiseplanung geeignet.

• *Ray, Prakash A.:* **Kay Gardeko? The Royal Massacre in Nepal;** Rupa & Co., New Delhi. „Kay Gardeko?" ist Nepalesisch für „Was hast Du getan?" – dies sollen die letzten Worte König Birendras gewesen sein, nachdem er von seinem Sohn, Prinz Dipendra, niedergeschossen worden war. Das Buch erläutert die Hintergründe des Massakers am nepalesischen Königshof und deutet einen möglichen Komplott an, was der offiziellen Erklärung der Ereignisse zuwiderläuft.

• *Sanday, John:* **An Illustrated Guide to the Kathmandu Valley;** The Guidebook Company, Hongkong. Viele interessante Informationen zu den Sehenswürdigkeiten des Kathmandu Valley, aber ohne brauchbare praktische Reisetipps. Dafür weist der Band einige schöne Fotos auf.

• *Shreshta, Aditya Man:* **Bleeding Mountains of Nepal;** Ekta Press, Kathmandu. Ein schonungsloser Blick hinter die Kulissen der nepalesischen Politik und v.a. der allgegenwärtigen Korruption. Eine sehr deprimierende Lektüre, aber ein Muss für jeden, der sich näher mit dem Land beschäftigen will.

• *Stevenson, Sinclair:* **The Rites of the Twice Born;** Oxford University Press. Eine hochinteressante Zusammenstellung der Riten der Brahmanen, deren Lektüre aber auch einen vertieften Einblick in den Hinduismus im Allgemeinen gibt.

• *Tüting Ludmilla (Hrsg.):* **Menschen – Bäume – Erosionen;** Der Grüne Zweig 120. Mit dem Untertitel „Kahlschlag im Himalaya – Wege aus der Zerstörung". Eine interessante, schonungslose Analyse von Umweltproblemen des indischen Subkontinents.

• *Tüting, Ludmilla:* **Nepal verstehen;** Broschüre aus der Reihe „Symphatie Magazine", die einen guten Überblick über Land und Leute vermittelt. Zu beziehen beim Studienkreis für Tourismus, Dampfschiffstraße 2, 82319 Starnberg.

• *Uhlig Helmut:* **Himalaya – Menschen und Kulturen In der Heimat des Schnees;** Gustav Lübbe Verlag, Bergisch-Gladbach.

• *Versch. Autoren:* **Nepal;** Nelles Verlag, München. Erschienen in der Serie Nelles Guides.

• *Voßmann, Gayaka:* **Nepali – Wort für Wort;** Kauderwelsch Band 9, REISE KNOW-HOW Verlag, Bielefeld. Ein leicht verständlicher, alltagsnaher und tatsächlich sofort anwendbarer „Sprechführer", mit separat erhältlichem CD-AusspracheTrainer.

• *Werner, David:* **Wo es keinen Arzt gibt;** REISE KNOW-HOW Verlag, Bielefeld. Ein altbewährtes Reise-Gesundheitslexikon, das hoffentlich nie gebraucht werden wird – falls doch, ist es ein wertvoller Ratgeber, mit dem im Notfall eine Selbstbehandlung möglich ist.

• *Wiesener, U.:* **Kunstreiseführer Nepal;** DuMont Buchverlag, Köln. Kein Reiseführer im praktischen Sinne, aber sehr informativ für alle kulturell Interessierten.

Magazine

- **Himal:** Hochinteressantes, zweimonatlich erscheinendes Magazin in englischer Sprache, das ökologische, tourismusbezogene, soziologische oder sonstige Probleme Nepals anpackt. Sehr lesenswert! Erhältlich in vielen Buchhandlungen in Kathmandu und Pokhara oder im Abonnement bei Durga Press, Luitpoldstr. 20, 82211 Herrsching, oder c/o Helene Zingg, Tannenweg 18, 3037 Gümlingen/Schweiz.
- **Nepal Traveller:** Kostenloses, informatives Magazin mit tourismusbezogenen oder landeskundlichen Themen. Liegt in nepalesischen Hotels und Geschäften aus und wird am Flughafen verteilt.

HILFE!

Dieses Reisehandbuch ist gespickt mit unzähligen Adressen, Preisen, Tipps und Infos. Nur vor Ort kann überprüft werden, was noch stimmt, was sich verändert hat, ob Preise gestiegen oder gefallen sind, ob ein Hotel, ein Restaurant immer noch empfehlenswert ist oder nicht mehr, ob ein Ziel noch oder jetzt erreichbar ist, ob es eine lohnende Alternative gibt usw.

Unsere Autoren sind zwar stetig unterwegs und versuchen, alle zwei Jahre eine komplette Aktualisierung zu erstellen, aber auf die Mithilfe von Reisenden können sie nicht verzichten.

Darum: Schreiben Sie uns, was sich geändert hat, was besser sein könnte, was gestrichen bzw. ergänzt werden soll. Nur so bleibt dieses Buch immer aktuell und zuverlässig. Wenn sich die Infos direkt auf das Buch beziehen, würde die Seitenangabe uns die Arbeit sehr erleichtern. Gut verwertbare Informationen belohnt der Verlag mit einem Sprechführer Ihrer Wahl aus der über 220 Bände umfassenden Reihe „Kauderwelsch".

Bitte schreiben Sie an:

REISE KNOW-HOW Verlag Peter Rump GmbH, Pf 14 06 66

D-33626 Bielefeld, oder per e-mail an: info@reise-know-how.de

Danke!

sound))) trip®
Musik bei
REISE KNOW-HOW
REISE KNOW-HOW
ISBN 978-3-8317-5101-3
Australia
ISBN 978-3-8317-5106-8
Argentina
ISBN 978-3-8317-5109-9
China
ISBN 978-3-8317-5102-0
Finland
ISBN 978-3-8317-5108-2
Japan
ISBN 978-3-8317-5105-1
Cuba
ISBN 978-3-8317-5104-4
Switzerland
ISBN 978-3-8317-5103-7
The Balkans
ISBN 978-3-8317-5107-5
Northeast Brazil
ISBN 978-3-8317-5110-5
Northern Africa
ISBN 978-3-8317-5111-2
The Andes
ISBN 978-3-8317-5114-3
Iceland
ISBN 978-3-8317-5117-4
Ireland
ISBN 978-3-8317-5118-1
Scotland
ISBN 978-3-8317-5119-8
South Africa
ISBN 978-3-8317-5120-4
Turkey
Die Compilations der CD-Reihe sound))) trip stellen die aktuelle, typische Musik eines Landes oder einer Region vor. Im Buchhandel erhältlich, jede CD 50–60 Min., 22-seitiges Booklet.
Unverbindl. Preisempf.: 15,90 € [D]
Kostenlose Hörprobe im Internet unter:
in cooperation with
(((piranha)))
www.reise-know-how.de

Die Reiseführer von REISE

Reisehandbücher
Urlaubshandbücher
Reisesachbücher
PANORAMA
Edition RKH, Praxis

Agadir, Marrakesch, Südmarokko
Ägypten individuell
Ägypten/Niltal
Alaska ⇗ Kanada
Argentinien
Äthiopien
Australien – Auswandern
Australien, Osten und Zentrum
Australien, Westen und Zentrum

Baikal, See u. Region
Bangkok
Bolivien kompakt
Botswana
Brasilien
Brasilien kompakt

Cabo Verde
Chicago
Chile, Osterinsel
Chinas Osten
Costa Rica
Cuba

Djerba & Zarzis
Dominikanische Republik
Dubai, Emirat

Ecuador, Galápagos
El Hierro
Erste Hilfe unterwegs

Fahrrad-Weltführer
Florida
Fuerteventura

Georgien
Gomera
Gran Canaria
Guatemala

Havanna
Hawaii
Honduras
Hongkong, Macau, Kanton

Indien, der Norden
Indien, die schönsten Orte u. Regionen
Indien, der Süden
Iran

Japan
Jemen
Jordanien

Kalifornien und USA Südwesten
Kalifornien, Süden und Zentrum
Kambodscha
Kamerun
Kanada, USA
Kanadas Maritime Provinzen
Kanadas Osten, USA Nordosten
Kanadas Westen, Alaska
Kapstadt – Garden Route (Südafrika)
Kapverdische Inseln
Kenia
Kenia kompakt
Kerala (Indien)
Krügerpark – Kapstadt (Südafrika)
KwaZulu-Natal

Ladakh, Zanskar
Lanzarote
La Palma
Laos
Lateinamerika BikeBuch
Libyen

Malaysia, Singapur, Brunei
Marokko
Mexiko
Mexiko kompakt
Mongolei
Motorradreisen
Myanmar

Namibia
Namibia kompakt
Neuseeland BikeBuch
Neuseeland Outdoor
New York City
New York im Film

Oman
Outdoor-Praxis

Panama
Peru, Bolivien
Peru kompakt
Phuket (Thailand)

Rajasthan

San Francisco
Senegal, Gambia
Shanghai
Singapur
Sri Lanka
St. Lucia, St. Vincent, Grenada
Südafrika
Südafrika: Kapstadt – Garden Route
Südafrika: Krügerpark – Kapstadt
Südafrika: KwaZulu-Natal
Sydney, Naturparks
Syrien

Taiwan
Tansania, Sansibar
Teneriffa
Thailand
Thailands Süden
Tokyo, Kyoto, Yokohama
Transsib
Trinidad und Tobago
Tunesien
Türkei, Hotelführer
Türkei, Mittelmeerküste

Uganda, Ruanda
USA, als Gastschüler
USA, Kanada
USA, Canada BikeBuch
USA Nordosten, Kanada Osten
USA, der große Süden
USA Südwesten, Kalif., Baja California
USA, Südwesten, Natur u. Wandern
USA, der ganze Westen

Venezuela
Vereinigte Arabische Emirate
Vietnam

Westafrika – Sahel
Wo es keinen Arzt gibt

Yucatán, Chiapas (Mexiko)

Know-How auf einen Blick

PANORAMA

Australien
Cuba
Kambodscha
Mundo Maya
Rajasthans Palasthotels
Südafrika
Thailand
Thailands Bergvölker und Seenomaden
Tibet
Vietnam

Edition RKH

Abenteuer Anden
Auf Heiligen Spuren
Durchgedreht – Sieben Jahre im Sattel
Inder, Leben und Riten
Mona und Lisa
Myanmar – Land der Pagoden
Please wait to be seated
Rad ab!
Salzkarawane
Südwärts durch Lateinamerika
Suerte – 8 Monate durch Südamerika
Taiga Tour
USA – Unlimited Mileage

Praxis

Aktiv Marokko
All inclusive?
Australien: Outback/Bush
Australien: Reisen/Jobben
Auto durch Südamerika
Ayurveda erleben
Buddhismus erleben
Canyoning
Clever buchen/fliegen
Daoismus erleben
Drogen in Reiseländern
Essbare Früchte Asiens
Expeditionsmobil
Fernreisen, Fahrzeug
Fliegen ohne Angst
Frau allein unterwegs
Früchte Asiens
Fun u. Sport im Schnee
Geolog. Erscheinungen
GPS f. Auto, Motorrad
Handy global
Hinduismus erleben
Höhlen erkunden
Hund, Verreisen mit
Indien und Nepal, Wohnmobil
Japan: Reisen und Jobben
Kartenlesen
Konfuzianismus erleben
Kreuzfahrt-Handbuch
Küstensegeln
Langzeitreisen
Maya-Kultur erleben
Mountainbiking
Mushing/Hundeschlitten
Neuseeland: Reisen und Jobben
Nordkap Routenbuch
Orientierung mit Kompass und GPS
Panamericana
Paragliding-Handbuch
Pferdetrekking
Radreisen
Reisefotografie
Reisefotografie digital
Reisekochbuch
Reiserecht
Respektvoll reisen
Safari-Handbuch Afrika
Selbstdiagnose unterwegs
Shopping Guide USA
Sicherheit am Meer
Sonne, Wind, Reisewetter
Sprachen lernen
Südamerika, Auto
Survival-Handbuch Naturkatastrophen
Tango in Buenos Aires
Tauchen Kaltwasser
Tauchen Warmwasser
Transsib – Moskau-Peking
Trekking-Handbuch
Trekking/Amerika
Trekking/Asien Afrika, Neuseeland
Tropenreisen
Unterkunft/Mietwagen
USA Shopping Guide
Verreisen mit Hund
Volunteering
Vulkane besteigen
Wann wohin reisen?
Was kriecht u. krabbelt in den Tropen?
Wildnis-Ausrüstung
Wildnis-Backpacking
Wildnis-Küche
Winterwandern
Wohnmobil-Ausrüstung
Wohnmobil-Reisen
Wracktauchen
Wüstenfahren

KulturSchock

Afghanistan
Ägypten
Argentinien
Australien
Brasilien
China, Taiwan
Cuba
Ecuador
Familienmanagement im Ausland
Kl. Golfstaaten, Oman
Indien
Iran
Japan
Jemen
Kambodscha
Laos
Leben in fremden Kulturen
Marokko
Mexiko
Mumbai (Bombay)
Pakistan
Peru
Russland
Thailand
Thailands Bergvölker und Seenomaden
Türkei
USA
Vietnam
Vorderer Orient

Fernziele

Wo man unsere Reiseliteratur bekommt:
Jede Buchhandlung Deutschlands, der Schweiz, Österreichs und der Benelux-Staaten kann unsere Bücher beziehen. Wer sie dort nicht findet, kann alle Bücher über unsere **Internet-Shops** bestellen.
Auf den Homepages gibt es **Informationen** zu allen Titeln:
www.reise-know-how.de oder **www.reisebuch.de**

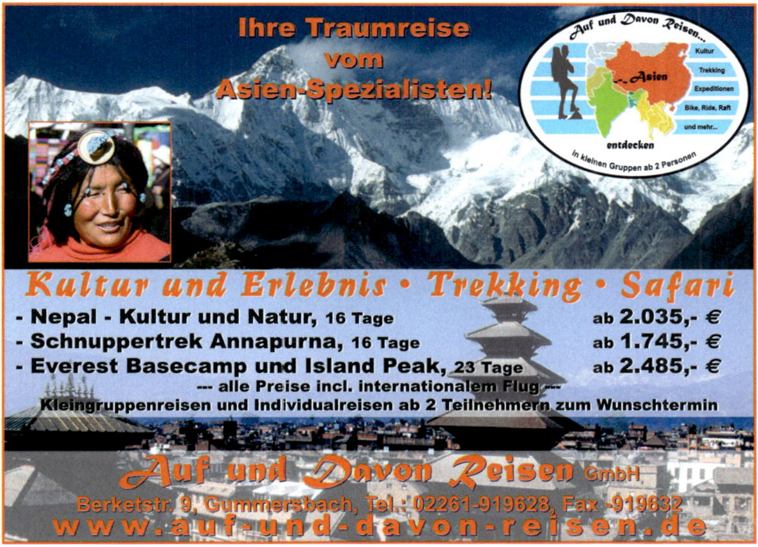
Ihre Traumreise
vom
Asien-Spezialisten!
Auf und Davon Reisen...
Kultur
Trekking
Expeditionen
Bike, Ride, Raft
und mehr...
Asien
entdecken
In kleinen Gruppen ab 2 Personen
Kultur und Erlebnis • Trekking • Safari
- Nepal - Kultur und Natur, 16 Tage ab 2.035,- €
- Schnuppertrek Annapurna, 16 Tage ab 1.745,- €
- Everest Basecamp und Island Peak, 23 Tage ab 2.485,- €
--- alle Preise incl. internationalem Flug ---
Kleingruppenreisen und Individualreisen ab 2 Teilnehmern zum Wunschtermin
Auf und Davon Reisen GmbH
Berketstr. 9, Gummersbach, Tel.: 02261-919628, Fax -919632
www.auf-und-davon-reisen.de

Spezialreisen in Nepal
Genießen Sie einen besonders persönlichen Service, der Sie tief eintauchen lässt in dieses faszinierende Land.
Privatservice schon ab 2 Personen!
Weitere Reiseziele:
Ägypten, Marokko, Libyen, Ghana, Namibia, Madagaskar, Indien, Mustang, Bhutan und Myanmar (Birma)
BLUE PLANET
Erlebnisreisen GmbH
Suckweg 83, 22419 Hamburg
Tel. 040-386123-11, Fax -12
E-mail: bluereisen@aol.com
www.blue-planet-reisen.de
BLUE PLANET

Register

A

B

C

D

E

L

M

R

S

T

U

V

W

Y

Z

Der Autor

Rainer Krack, Jahrgang 1952, lebt seit 1978 hauptsächlich in Asien. Bevor er zum ersten Mal Nepal besuchte, hatte er bereits fünf Jahre auf dem indischen Subkontinent verbracht, zumeist in Indien und Pakistan. Dort erlernte er Hindi, Urdu und Bengali, und seine folgenden Nepal-Aufenthalte vermittelten ihm zusätzlich Nepali-Kenntnisse. Seit 1987 lebt der Autor in Bangkok, verbringt aber jedes Jahr drei Monate in Nepal, das ihm zu einer Art „dritten Heimat" geworden ist. Dort kam ihm auch die Idee zu dem vorliegenden Buch.

Rainer Krack begann schon während vorangegangener Indien-Aufenthalte über Gesehenes und Erlebtes zu schreiben und wurde so, eher ohne es zu beabsichtigen, zum Journalisten. In der Folgezeit arbeitete er für verschiedene Agenturen, die seine Artikel weltweit verkauften.

1986 stieß er „per Zufall" auf den Reise Know-How Verlag, und es begann eine Zusammenarbeit, die sich bisher in elf Büchern niedergeschlagen hat. Zwischen seinen Buchprojekten arbeitet *Rainer Krack* weiterhin als freier Journalist.

004in